LA THEORIE DU CHANGEMENT ET DE LA REPONSE

5-7, rue de l'École polytechnique, 75005 Paris

http://www.harmattan.fr
diffusion.harmattan@wanadoo.fr
harmattan1@wanadoo.fr

ISBN : 978-2-343-05905-1
EAN : 9782343059051

Sous la direction de
Véronique PETIT

LA THEORIE DU CHANGEMENT ET DE LA REPONSE

Nouvelles perspectives de recherche sur la population et le développement

L'Harmattan

Collection « Prospective du développement »

Cette collection s'adresse aux publications centrées sur la problématique du développement. Au moment où les pays émergents se développent à grande vitesse, au moment où les frontières entre le Nord et le Sud sont de moins en moins pertinentes, où les inégalités se creusent entre pays, où la prise en compte de l'environnement oblige tous les pays à revoir leur modèle, il devient de plus en plus urgent d'envisager, de rechercher, d'essayer de proposer un avenir durable pour notre humanité. Bien entendu, on pourrait se contenter de mettre en exergue les antagonismes et d'affirmer haut et fort que le développement pour tous n'est qu'une utopie, n'est qu'un leurre manipulé par les plus riches. Ce n'est pas l'axe principal de cette collection qui entend valoriser les dynamiques positives bien qu'elle puisse accueillir également des analyses prospectives qui envisagent les scénarii les plus pessimistes. Cette collection entend plutôt privilégier la recherche de trajectoires sociales, économiques, environnementales permettant à tous un développement équilibré, synonyme de bien-être pour le plus grand nombre.

Cette collection est donc ouverte à tous ceux qui cherchent à décrypter ce que sera le monde de demain en se donnant les moyens d'une réflexion prospective et indépendante proposant des solutions d'avenir.

Cette collection est dirigée par *Stéphane Madaule*, docteur en économie, auteur de plusieurs livres sur le développement, maître de conférences à Sciences Po Paris, ancien chef de la division prospective à la direction de la stratégie de l'Agence française de développement et actuellement directeur à Brazzaville. Cet établissement public, institution financière spécialisée, est l'opérateur pivot de la coopération française et engage chaque année près de 8 milliards d'euros de prêts et de dons en faveur des pays en développement dans le monde entier.

Déjà parus

ZERAH Dov et de VIRVILLE Michel (dir.), *Religions et développement*, (2014)
MADAULE Stéphane, *Plaidoyer pour une nouvelle modernité : théorie du partage par le socle d'indépendance*, (2014)
MADAULE Stéphane, *Le manuel du développement*, (2012)

Ce livre est dédié à Yves Charbit. Qu'il trouve derrière ces pages l'expression de notre gratitude pour la richesse de ce qu'il a su nous transmettre avec passion et intelligence : l'intérêt de la démographie en général et d'une démographie compréhensive en particulier, le goût de la recherche et des problèmes tant théoriques que méthodologiques, l'intérêt pour les questions de population et de développement dans une perspective interdisciplinaire, la passion des enquêtes et du terrain.

Cette transmission d'expériences et de savoirs n'aurait pas été si marquante et si stimulante sans son goût pour la pédagogie, son intérêt sincère et bienveillant pour ses étudiants et ses doctorants, son exigence intellectuelle et son enthousiasme contagieux. Merci.

Alhassane, Aurélie, Barbara, Franck, Laure, Lucas, Mustapha, Sarah et Véronique, ses anciens étudiants.

LISTE DES AUTEURS

CHARBIT Yves, professeur émérite de démographie, UMR CEPED Université Paris Descartes-INED-IRD, travaille sur l'histoire de la pensée démographique et les théories. Il a également participé à de nombreuses recherches relatives notamment aux migrations internationales, à la santé de la reproduction, aux questions de pauvreté et de développement.
yves.charbit@ceped.org

BALDE Alhassane, sociodémographe, chargé de cours à l'Université du Québec à Montréal et chercheur au sein du Groupe de Recherche Immigration, Equité et Scolarisation de l'Université de Montréal. Ses travaux portent sur la demande sociale d'éducation en Afrique subsaharienne et sur la réussite scolaire des élèves issus de l'immigration.
balde.alhassane@uqam.ca

GODARD-MARCEAU Aurélie, après une thèse en démographie du développement, elle a rejoint l'équipe de recherche « éthique et progrès médical » dirigée par le Professeur Régis Aubry (CHRU de Besançon) et interroge en tant que sociodémographe les problématiques éthiques dans les situations médicales complexes.
amarceau@chu-besancon.fr

HADJ Laure, attachée temporaire d'enseignement et de recherche en démographie à l'Université de Picardie Jules Vernes, post-doctorante associée à l'UMR CEPED Université Paris Descartes-INED-IRD, travaille sur l'analyse des inégalités sociales et la pauvreté.
laure.hadj@ceped.org

HILLCOAT-NALLETAMBY Sarah, Associate Professor, Social Policy & Ageing, College of Human and Health Sciences, Swansea University, spécialiste des politiques sociales et de population, du vieillissement.
S.Hillcoat-Nalletamby@swansea.ac.uk

MEFFE Barbara, sociodémographe, travaille sur les inégalités et la prévention des expulsions.
meffebarbara@gmail.com

OMRANE Mustapha, maître de conférences en sociodémographie, Université de Khemis-Miliana (Algérie), après avoir débuté sa carrière à l'UNFPA. Il est spécialiste des questions de santé de la reproduction, de développement et de la relation population-environnement.
mustapha.omrane@gmail.com

PETIT Véronique, professeur de démographie, UMR CEPED Université Paris Descartes-INED-IRD, travaille sur les migrations internationales dans la perspective des pays du Sud, sur la santé de la reproduction en Afrique subsaharienne.
veronique.petit@parisdescartes.fr

TCHETGNIA Lucas, sociologue, chercheur associé au Centre Georges Chevrier UMR 7366 - CNRS Université de Bourgogne, s'intéresse aux représentations et pratiques relatives à la santé et au bien-être des populations au Nord et au Sud.
lucas.tchetgnia@paris5.sorbonne.fr

TEMPORAL Franck, maître de conférences en démographie, UMR CEPED Université Paris Descartes-INED-IRD, travaille sur les migrations, les mobilités, les comportements familiaux et les Dom-Tom.
franck.temporal@parisdescartes.fr

SOMMAIRE

PRESENTATION DE L'OUVRAGE : UNE THEORIE ET SA MISE EN ŒUVRE

Véronique PETIT

Ce livre propose de nouvelles perspectives de recherche sur les questions de population et de développement. De plus en plus, les spécialistes s'orientent en effet vers une approche large dite « Population Studies » qui ne se limite pas à la simple mesure de la croissance démographique, mais qui permet d'interpréter les comportements en matière de fécondité, de nuptialité, de famille, de santé de la reproduction, de migrations. A cet effet, il réactualise une théorie formulée par un démographe américain Kingsley Davis pour la première fois en 1963, dite du changement et de la réponse. Elle constitue un agenda pour la recherche qui est à notre sens bien plus utile que la théorie de la transition démographique[1] pour mettre en œuvre des projets concrets ayant une dimension sociodémographique. Ce livre démontre donc, études de cas à l'appui, la faisabilité de cette stratégie de recherche.

Pourquoi est-il en effet nécessaire de proposer une alternative à la théorie de la transition démographique ? La première partie présente le cadre théorique et méthodologique. Les insuffisances de la théorie de la transition démographique sont d'abord brièvement rappelées (chapitre 1. Yves Charbit, D'une théorie à l'autre). La problématique de la population et du développement dépasse largement la seule question de la dynamique de la population, qui est l'unique objet de la théorie de la transition

[1] Sur la base des séries statistiques disponibles pour le passé des pays développés, les démographes ont dégagé un modèle dit de la transition démographique, qui met en relation l'évolution du taux de natalité et du taux de mortalité sur plusieurs siècles. Dans le passé – phase pré-transitionnelle – les taux annuels de natalité et de mortalité s'équilibraient à un niveau élevé (de l'ordre de 45 naissances et 40 décès pour mille habitants), d'où un faible taux d'accroissement naturel (5 pour mille par an) et une croissance lente de la population. Historiquement, le taux de mortalité a décroché le premier, tandis que la natalité restait à son niveau antérieur et la croissance s'est accélérée. C'est le premier temps de la phase transitionnelle. Dans un deuxième temps, la natalité se met à son tour à décliner, d'où un resserrement du ciseau et un ralentissement de la croissance. Au terme du processus, – phase post-transitionnelle – la natalité et la mortalité s'équilibrent à nouveau, mais à un niveau bas (15 et 10 pour mille habitants par exemple) et la progression annuelle de la population redevient faible.

démographique et une large gamme de problèmes, arbitrairement définis comme démographiques, relèvent tout autant de l'économique, du social, du culturel, du politique. La théorie de la transition démographique ne peut donc constituer l'unique référence et il est nécessaire de recourir à une autre théorie, mieux adaptée à l'approche que les Anglo-saxons qualifient de Population Studies. La théorie du changement et de la réponse, telle que formulée en 1963 par Kingsley Davis pour les pays développés, offre des possibilités largement sous-estimées. De même Malthus et Marx méritent d'être relus car ils ont anticipé cette théorie, mais avec leurs propres concepts.

Prendre en compte la spécificité des pays en développement nécessite de renouveler en profondeur la théorie de Kingsley Davis (chapitre 2. Yves Charbit et Véronique Petit, Une théorie pour les pays en développement) car Davis ne sortait pas du cadre étroit des dynamiques démographiques au sens classique du terme : croissance démographique totale, fécondité, nuptialité, mortalité, migrations internes et internationales. Or, dans les pays en développement et surtout en Afrique subsaharienne, bien d'autres types de changement affectant le développement sont observés : les épidémies, la dégradation de l'environnement, etc. Ensuite, parler de changements, c'est oublier que le sous-développement est caractérisé par des inerties structurelles aussi bien sociales qu'économiques, au premier plan desquelles figure une pauvreté persistante. Mais en outre, la théorie étant très sommaire sur la notion de réponse à ces changements aussi bien qu'aux inerties, nous proposons une typologie des réponses bien plus fine que celle de Davis. Ceci nous a conduit à poser le problème de l'interprétation des comportements démographiques : par exemple, en quoi la fécondité élevée est-elle une réponse rationnelle à la pauvreté ? Comment la culture informe-t-elle ce que le démographe analyse comme un flux annuel de naissances ? Qu'est-ce que la culture ou la rationalité des acteurs ? Enfin, Davis s'était focalisé sur les individus (niveau micro), en négligeant les niveaux méso (les familles et les communautés) et macro (l'Etat comme acteur). Ce deuxième chapitre théorique se clôt sur les méthodologies qui ont été élaborées et concrètement mises en œuvre afin d'explorer de manière adéquate les inerties, les changements et les réponses et ceci à ces trois niveaux sociologiques.

La deuxième partie rassemble cinq chapitres consacrés à des études de cas réalisées en Afrique subsaharienne et focalisées sur l'analyse des comportements au niveau individuel et communautaire. Les recherches qui prennent en compte les politiques de population, donc les Etats et la société civile en tant qu'acteurs, sont rassemblées dans la troisième partie. Comment analyser les stratégies et les marges de manœuvre dont disposent les populations face à une situation de paupérisation et en fonction du capital, au sens de Bourdieu, dont elles disposent ? Le chapitre 3 (Aurélie Godard,

Barbara Meffe, Véronique Petit, Les réponses des ménages ruraux face à la pauvreté en Guinée maritime) présente dans un premier temps les enjeux théoriques. La description des contextes économiques national, régional et local, met ensuite en évidence le décalage entre la richesse du pays (ressources minières) et la faiblesse des ressources des ménages. Les stratégies des ménages sont alors analysées : la diversification des activités, la mobilisation accrue de la main-d'œuvre, l'investissement dans la scolarisation et l'émigration.

Ce premier niveau d'analyse est approfondi sous l'angle de l'appartenance ethnique (chapitre 4. Véronique Petit, Aurélie Godard, Stratégies socio-économiques et dynamiques ethniques en Guinée maritime). Le peuplement de cette région est pluriethnique et s'inscrit dans une histoire profonde qui modèle les relations entre les groupes présents qui sont autant de modèles (Peul, Nalou, Diakanké). Les ménages ne disposant pas en effet des mêmes ressources (accès à la terre, réseaux migratoires, relation aux savoirs religieux et modernes), ils ne valorisent pas les mêmes types d'activités économiques ; et l'organisation sociale repose sur des valeurs différentes qui constituent leurs ethos ethniques[2]. Les ménages développent ainsi un rapport particulier à leur environnement et ils se projettent diversement dans l'avenir comme le démontrent leurs stratégies d'investissement. Un cycle de paupérisation affecte les groupes des riziculteurs, tandis que les ethnies plus dégagées dans des activités agricoles profitent d'une dynamique d'enrichissement, qui induit progressivement des rapports de domination entre groupes ethniques.

Au sein de l'organisation économique évoquée dans les chapitres précédents, la division sexuelle du travail conditionne les possibilités de réponses économiques des hommes et des femmes (chapitre 5. A. Godard, Les réponses liées au genre). L'histoire économique de la Guinée et les données de terrain permettent d'établir que les relations de genre définissent les marges de liberté économiques des hommes et des femmes des ménages

---

[2] Terme issu du grec ancien introduit dans la sociologie classique par Max Weber dans son analyse de l'éthique protestante. Il est repris par exemple par Norbert Elias dans *La société de cour* (Elias Norbert, 1985, Paris, Flammarion). Le concept d'ethos lui permet « de déceler la rationalité socialement et éthiquement encastrée des comportements » (Fusulier Bernard, Le concept d'ethos, *Recherches sociologiques et anthropologiques*, 2011, 42-1, 97-109). Pierre Bourdieu popularise le concept d'ethos en le définissant comme suit : « Le système de valeurs implicites que les gens ont intériorisé depuis l'enfance et à partir duquel ils engendrent des réponses à des problèmes extrêmement différents. » (Bourdieu Pierre, 1984, *Questions de sociologie*, Paris, Editions de Minuit, 228). L'ethos est une des trois composantes de l'habitus, concept que le sociologue privilégiera ensuite dans ses travaux et dans la perspective théorique qui sont les siens : « échapper à la fois à la philosophie du sujet, mais sans sacrifier l'agent, et à la philosophie de la structure, mais sans renoncer à prendre en compte les effets qu'elle exerce sur l'agent et à travers lui » (Bourdieu Pierre, *Réponses*, 1992, Paris, Seuil, 97).

ruraux guinéens. Cependant les relations de genre se modifient en fonction du contexte économique afin de permettre la survie du groupe tout en perpétuant le déséquilibre entre hommes et femmes en défaveur de celles-ci.

En matière d'éducation, les enjeux liés à l'organisation domestique du travail agricole dans un contexte de pauvreté influent profondément sur la scolarisation des jeunes d'âge scolaire (chapitre 6. A. Baldé, L'éducation face à la pauvreté en Guinée). La préparation des champs est un travail réservé aux jeunes garçons et aux hommes adultes ; la surveillance et le désherbage sont assurés par les enfants et les femmes ; enfin, la récolte et son transport mobilisent l'ensemble du ménage. La scolarisation, qui est une des réponses mises en avant par ces populations pour changer leurs situations ou du moins celles de leurs enfants, se heurte à diverses contraintes liées au caractère vital de l'agriculture.

Sur l'île de Madagascar, (chapitre 7. Mustapha Omrane, Les réponses sociodémographiques face à la pression foncière), la croissance démographique a réduit la disponibilité en terres et la population rurale des hautes terres est enfermée dans une économie d'autosubsistance. La dimension culturelle est décisive pour comprendre les mécanismes d'accès à la terre : la transmission intergénérationnelle doit respecter le devoir de transmettre les terres des ancêtres. Les réponses sociodémographiques au manque de terres arables sont la migration des enfants, une marchandisation grandissante de la terre contrairement au respect de l'ancestralité, tandis que l'entrée en union est conditionnée par la disponibilité de la terre.

La troisième partie rassemble cinq autres études de cas. Celles-ci creusent la question des interactions des acteurs individuels, des familles, des communautés avec un acteur majeur, l'Etat et sa politique de population.

Les mutilations génitales féminines constituent un grave problème de santé en termes de morbidité et de mortalité, sachant que la forme la plus dangereuse, l'infibulation, affecte environ les trois quarts des femmes dans la corne de l'Afrique. Pourtant on observe depuis peu à Djibouti un recul significatif de la pratique des mutilations féminines génitales et en particulier de l'infibulation (chapitre 8. Véronique Petit, Mutilations génitales féminines et politique de santé à Djibouti). Une enquête quantitative clinique originale, qui renouvelle la mesure de ces comportements, établit de manière indiscutable une rupture dans la pratique des MGF. D'autre part, une recherche socio-anthropologique conduite au même moment auprès des acteurs impliqués saisit les dynamiques familiales et sociales à l'œuvre dans le contexte socioculturel de Djibouti. Le rôle de l'Etat et des agences internationales de développement dans ce processus de changement social est observé à travers la construction et la mise en œuvre de la politique de lutte contre les MGF. Cette perspective permet d'interroger les décalages entre les attentes des populations et la perception qu'en ont les acteurs supposés initier les évolutions sociales et sanitaires.

Pénurie et sous-développement caractérisaient l'île de La Réunion au moment de sa départementalisation en 1945 (chapitre 9. Franck Temporal, Individus et familles face à la politique de développement de la Réunion). Deux changements majeurs, la forte croissance démographique et la hausse continue du chômage, ont conduit les pouvoirs publics à mettre en place une politique de contrôle des naissances et d'émigration vers la métropole. Le départ de l'île pour suivre des études ou pour un emploi à l'extérieur est une alternative privilégiée par de nombreux jeunes adultes confrontés à des difficultés d'insertion sur place. Cependant, malgré les aides publiques à la mobilité, les individus ne sont pas tous égaux devant la migration et les départs, en tant que réponses, concernent plus spécifiquement les jeunes les plus diplômés. Enfin, les déterminants familiaux de la migration des individus montrent qu'il est nécessaire de faire varier les niveaux d'analyses micro, méso et macro pour l'étude des parcours migratoires.

En Nouvelle-Calédonie la politique de développement vise à rééquilibrer les inégalités spatio-ethniques issues de la colonisation (chapitre 10. Laure Hadj, Société et politique de réduction des inégalités provinciales en Nouvelle-Calédonie). La persistance de ces inégalités, avérées par le niveau de diplôme et le taux d'emploi, démontre l'échec partiel de cette politique. Dès lors, une attention particulière a été portée en direction des ménages pauvres, centrée sur le renforcement des prestations sociales monétaires. Le recours à un système économique hybride (subsistance et marchand) est l'une des réponses spécifiques des pauvres pour réussir leur intégration sociale.

Alors que l'Ile Maurice (chapitre 11. Sarah Hillcoat-Nalletamby, L'échec de la planification familiale dans les cités de l'Ile Maurice) est un des premiers pays à avoir réussi à réduire sa fécondité et à connaître un réel développement économique, cette *success-story* a son revers : la population logée dans des cités du nord de l'île reste enfermée dans la pauvreté, cumulant une série de handicaps sociodémographiques. Elle ne pratique pas ou que de manière inefficace, la contraception et a parfois recours à l'avortement. La religion (catholicisme et hindouisme) est un des facteurs explicatifs, à côté du rapport au corps et des relations de genre. Mais ces problèmes de demande sont renforcés par l'inadéquation de l'offre nationale et internationale de contraception qui constitue une réponse inadaptée à cette population. Au total, celle-ci se sent stigmatisée.

Dans les grandes villes du Cameroun (chapitre 12. Lucas Tchetgnia, Les jeunes face au vih/sida au Cameroun), l'épidémie de vih/sida peut s'analyser comme un choc exogène, qui n'a pas donné lieu à une réponse institutionnelle nationale immédiate et adaptée, malgré les pressions et priorités imposées de l'extérieur. Des facteurs « macro » surdéterminent les réponses des jeunes : les représentations du rôle joué par les pays développés, le contexte urbain, les effets de la pauvreté et enfin les rapports de genre, les représentations et usages du corps et de la sexualité. Du coup les pratiques des jeunes se situent entre refus et « bricolage » : absence totale de protection, petites pratiques empiriques, parfois contre-productives. Les jeunes restent ambigus face au test du vih, utilisent de manière « circonstanciée » le préservatif et s'en remettent finalement à Dieu.

Une conclusion générale (chapitre 13, Yves Charbit et Véronique Petit) élargit la réflexion aux problématiques posées par la relation entre la recherche et l'action autour d'une idée centrale : comment concilier une contribution scientifique incontestable et les attentes et besoins des programmes et des projets définis par les institutions nationales, les organisations internationales ainsi que les associations issues de la société civile ?

Ce livre est donc un bilan et une mise en perspective de près de quatre décennies de travaux (1985-2010), issus de recherches, parfois liées à des thèses de doctorat et qui souvent répondaient à des demandes institutionnelles émanant des grandes organisations internationales (UNICEF, FNUAP, PNUD, ONUSIDA) ou des agences nationales de coopération (Coopération française, USAID). Un exemple typique est le programme de recherche sur la pauvreté et l'environnement en Guinée réalisé en collaboration avec la Direction nationale de la statistique. Le Document stratégique de réduction de la pauvreté (DSRP) avait souligné l'urgence de produire des enquêtes sociodémographiques analysant la pauvreté grâce à la production d'indicateurs mesurant les niveaux et les formes de la pauvreté selon les spécificités écologiques et économiques des régions naturelles du pays. De plus, le DSRP insistait sur la nécessité de réaliser des analyses qualitatives permettant d'identifier et de comprendre les réponses élaborées par les populations selon le système de contraintes et d'opportunités dans lequel elles vivent quotidiennement. Nous avons donc réalisé, à la demande de la Direction nationale de la statistique les deux premières enquêtes dans la région de la Guinée Maritime en 2002 et 2003, dont nous présenterons ici les résultats et une troisième dans la région de Haute Guinée en 2005. Ces recherches ont été financées par le PNUD pour le développement et l'Ambassade de France en République de Guinée.

Les auteurs des chapitres sont des enseignants-chercheurs, des chercheurs ou des experts français ou étrangers, dotés d'une solide expérience de terrain. Tous sont soucieux d'articuler rigueur scientifique et recherche appliquée en population et développement (voir liste des auteurs). Pour la plupart démographes, avec une sensibilité sociologique ou anthropologique, ils témoignent, dans leurs contributions, d'une forte orientation Population Studies, sans pour autant négliger l'analyse démographique classique. C'est pourquoi les sources mobilisées sont aussi bien des données existantes des recensements et des enquêtes enrichies, que des données issues de collectes originales réalisées selon des méthodologies d'inspiration interdisciplinaire.

CHAPITRE 1.
D'UNE THEORIE A L'AUTRE

Yves CHARBIT

La problématique très générale de la population et du développement dépasse largement la seule question de la dynamique de la population, et porte sur une large gamme de problèmes caractérisés par l'encastrement des faits démographiques dans l'économique, le social, le culturel, le politique. La conséquence directe de cet élargissement des objets de recherche est que la théorie de la transition démographique ne peut constituer l'unique cadre de référence car elle est trop centrée sur les évolutions démographiques proprement dites et a largement négligé leur contextualisation. Indépendamment de la question des critiques qui ont été faites à son encontre et qui ont donné lieu à une vaste littérature, il est donc nécessaire de recourir à un nouveau cadre théorique. Ce chapitre rappelle d'abord brièvement les insuffisances de la théorie de la transition démographique (I), puis présente la théorie du changement et de la réponse telle que formulée par Kingsley Davis (II). Il se poursuit par une réflexion sur deux précurseurs Malthus et Marx (III).

LES INSUFFISANCES DE LA THEORIE DE LA TRANSITION DEMOGRAPHIQUE

Le constat des insuffisances de la théorie de la transition démographique fait l'objet d'un consensus assez large : elle n'est pas vérifiée dans son phasage et on a relevé des exceptions historiques en Europe (France, Hongrie, etc.). Mais il y a plus grave : il y a ambiguïté sur sa nature, ce qui a donné lieu à des débats souvent confus : s'agit-il d'une véritable théorie ou d'une simple généralisation à partir de séries statistiques ? D'autre part, l'idée d'un processus transitionnel a été généralisée sans précautions. Développons ces deux points.

Un débat confus

Si les débats sur la théorie de la transition démographique sont souvent confus, c'est parce qu'en toute rigueur on devrait ne discuter que de la validité du modèle de passage d'un équilibre « haut » à un équilibre « bas » des taux de mortalité et de fécondité, et donc de la réalité ou non du phasage. Par exemple on ne sait toujours pas pourquoi dans certains pays européens la baisse de la mortalité a suivi et non précédé celle de la fécondité. Or, face au constat de la pauvreté théorique de cette simple modélisation de données démographiques existantes, principalement européennes, des théories ont été ensuite « greffées » sur la théorie de la transition démographique, la première étant celle de la modernisation[1]. Mais ni les théories culturalistes, ni les théories micro-économiques de la fécondité ne devraient entrer dans la discussion de la transition en tant que telle, car elles n'ont pas le même objet : savoir si les faits culturels ou économiques expliquent la baisse de la fécondité n'est en effet pas expliquer la nécessité de ce quasi-dogme du phasage. L'objet même de la transition démographique a été de chercher à théoriser la dynamique de la population. Se placer dans sa perspective c'est se positionner *de facto* dans une perspective diachronique sur le long terme (observer la succession de phases), afin de vérifier la conformité au modèle descriptif d'une population donnée (par exemple quand et comment la fécondité a-t-elle commencé à baisser au Mexique ?). C'est donc implicitement adopter une posture évolutionniste. Pourquoi en est-il ainsi ? Si l'on met à part tous les enjeux institutionnels décrits par Szreter (1993), c'est en raison d'un piège épistémo-méthodologique. La focalisation sur les séries longues a conduit inévitablement à privilégier la dynamique de population, au détriment des faits proprement dits.

Des champs entiers de recherche entrant dans le paradigme de la population et du développement se sont d'ailleurs construits d'une manière totalement indépendante de la théorie de la transition démographique, alors même qu'ils étaient directement liés à l'une de ses deux variables centrales, la natalité.

[1] Selon la théorie de la modernisation socioculturelle, avec le développement économique, l'urbanisation et l'élévation du niveau général d'instruction, la famille perd son importance en tant qu'unité de production ; les femmes exerçant de plus en plus d'emplois rémunérés et diverses activités autres que ménagères ou familiales. Tous ces changements contribuent à alourdir les frais à engager pour élever les enfants et font que ceux-ci participent de moins en moins au revenu familial et, plus tard, à l'entretien de leurs parents devenus âgés. Le nombre d'enfants que les couples estiment avoir les moyens d'élever tend également à diminuer au fur et à mesure que s'accroissent les exigences quant au niveau de vie de la famille et à celui de l'éducation à dispenser aux enfants. Les données des enquêtes internationales montrent que ce modèle de comportement s'applique assez bien aux femmes instruites et qui vivent en milieu urbain. Elles se marient plus tard et font moins d'enfants grâce à une utilisation bien maîtrisée de la contraception. On parle souvent à leur sujet de « pionnières », susceptibles par un effet d'imitation d'entraîner les autres dans une logique de fécondité restreinte. Des spécialistes ont récemment repris cette idée : ce qui explique la baisse de la fécondité c'est la diffusion des idéaux occidentaux, favorisés par la mondialisation de la culture.

C'est le cas de la santé de la reproduction : les recherches conduites dans ce champ n'ont pratiquement jamais été réellement problématisées en termes de transition démographique, même si on affirme qu'elles s'inscrivent dans ce cadre théorique. Pour une bonne raison : l'évolution du taux de natalité (qui n'est que le simple rapport des naissances d'une année donnée à la population) n'est absolument d'aucune utilité pour des recherches approfondies sur la stérilité (par exemple pour évaluer la mortalité intra-utérine) ou même sur l'efficacité de la contraception (calcul des taux d'échec respectifs de la pilule et du stérilet). Il faut disposer de données beaucoup plus fines sur la fécondité des femmes. Une exception notable est un article de Bongaarts, montrant le rôle respectif des différentes variables dites « intermédiaires » (contraception, allaitement, âge au mariage) aux stades successifs de la transition démographique (1982 : 184-186). Mais c'est le seul, dans toute la production de Bongaarts, qui établisse cette passerelle. On peut aussi évoquer une étude de Léridon (1987), qui compare la contribution des déterminants proches au nombre d'enfants survivants à l'âge adulte en France dans deux cohortes de femmes, celles nées en 1750 ou en 1950. Pour autant, ces deux travaux ne résultent pas de la théorie de la transition démographique ; Bongaarts comme Léridon partent des variables intermédiaires qu'ils raccrochent en quelque sorte à la théorie. Leurs deux recherches ont donc le statut de tentatives ex post. Et comme l'écrit Freedman (1986), le problème reste de savoir ce qui « détermine les déterminants » de la fécondité. Plus généralement, la mobilité et les dynamiques de peuplement, la nuptialité et la famille, les relations intergénérationnelles, l'épidémie de sida, la pauvreté constituent des questions de population en soi qui peuvent être totalement traitées – et qui l'ont été – en dehors du cadre de la théorie de la transition démographique, définie une fois encore en tant qu'articulation de séries longues.

McNicoll dénonce la fermeture de la recherche actuelle, dans la mesure où elle prend pour acquise la transition démographique : « les activités, dignes d'employés de bureau travaillant dans des arrière-salles, qui constituent aujourd'hui presque l'essentiel des études sur la population sont des contributions significatives à la connaissance quantitative des changements démographiques, mais le divorce avec une entreprise scientifique cumulative plus large est de plus en plus profond » (1992 : 400). L'article publié par Ronald Lesthaege en 2010 est révélateur de cette tendance. En dépit d'une contextualisation approfondie des changements démographiques durant la dernière phase de la transition démographique, il se borne à discuter de la nature même de cette dernière phase et à démontrer l'existence d'une variante de la transition démographique, mais il ne remet nullement en cause la validité de la théorie dans son ensemble.

Le processus transitionnel

La transition démographique a été déclinée en théorie de la transition des migrations internationales, en transition épidémiologique, sanitaire, de la famille, etc. Or, tous ces avatars ne s'attaquent pas à la question de la validité théorique de la théorie centrale. Là encore, tout se passe comme si on retenait comme valide l'idée d'un processus et cette idée seulement ; on a privilégié la possibilité de mobiliser les données existantes pour quantifier des phases et donc mesurer les évolutions dans le temps, et ceci au détriment d'une réflexion de fond sur chacune de ces théories dérivées. Tel est le cas de la transition épidémiologique, qui postule le passage, avec le développement, des maladies infectieuses aux maladies chroniques (Omran, 1971). Selon cet auteur, les sociétés pré-transitionnelles étaient marquées par la famine et les maladies infectieuses ; sous l'effet du développement, qui s'accompagna d'une meilleure alimentation et de progrès médicaux majeurs (vaccins, antibiotiques), les maladies infectieuses reculèrent (deuxième stade de la transition), ce qui conduisit à un troisième stade, caractérisé par une mortalité moindre et une prédominance des maladies de dégénérescence. Ainsi, dès lors que l'on constate le recul des maladies infectieuses et leur remplacement par des maladies chroniques, on parle de transition épidémiologique, ce qui est en soi acceptable. Ce qui l'est moins, c'est de supposer que ce passage correspond à des prédictions fondées sur des bases théoriques solides, et que les pays en voie de développement vont nécessairement suivre le modèle occidental permis par la révolution pasteurienne, la découverte des sulfamides et des antibiotiques, à savoir l'éradication définitive des maladies infectieuses et par contrecoup la prédominance des cancers, des maladies cardio-vasculaires et de celles dites de société, telles que tabagisme, alcoolisme, hypertension artérielle, diabète, accidents de la route, maladies respiratoires dues à la pollution. Il n'en est rien. Dans la plupart des pays en voie de développement, on constate le maintien des pathologies infectieuses auxquelles se surajoutent les maladies chroniques de société. Force est alors de constater l'existence d'une double charge de morbidité (Gaimard, 2011).

En résumé, la focalisation sur le processus transitionnel a évidemment contribué à mettre en évidence des dynamiques mais on est dans une démarche de fait empirique ou encore d'un raisonnement ad hoc, sinon tautologique. Et encore certaines dynamiques sont plus mal connues que d'autres. C'est le cas des migrations et ceci pour deux raisons au moins. D'une part, la forte variabilité des formes de mobilité s'est traduite par des champs de recherche disjoints (migrations internes et urbanisation *versus* migrations internationales) ce qui a empêché un traitement théorique et conceptuel unifié de la mobilité ; d'autre part, du point de vue des données disponibles, la migration a été pendant longtemps une parente pauvre par rapport à la mortalité, la fécondité et la nuptialité. La théorie du changement et de la réponse proposée en 1963 par Kingsley Davis permet-elle de pallier ces insuffisances ?

LA THEORIE DU CHANGEMENT ET DE LA REPONSE DE KINGSLEY DAVIS (1963)

La théorie a été formulée dans un article de Kingsley Davis paru en 1963. Davis s'intéressait uniquement aux pays industrialisés : Japon, Pologne, Pays nordiques, Irlande et il ne dit pas un mot sur les pays en développement. Ce texte stimulant, bien en avance sur son temps, a anticipé des débats ultérieurs, qui n'entrent pas dans notre propos, mais qu'il faut au moins évoquer : quel crédit accorder aux explications culturelles de la baisse de la fécondité ? Quelle est la valeur explicative de facteurs tels que les systèmes de transmission des propriétés foncières ? Peut-on vraiment croire à l'immobilisme des sociétés paysannes ? Le cas de l'Irlande est-il vraiment exceptionnel ? (1963 : 353, 354, 358-361). Mais pour l'essentiel Davis restait strictement à l'intérieur de la démographie. En ce sens que les changements comme les réponses qu'il envisage portent uniquement sur les variables démographiques proprement dites, et non sur les facteurs sociaux, culturels, économiques, politiques explicatifs. L'exemple central qu'il donne est le suivant. Supposons une baisse de la mortalité infantile (comme ce fut le cas en Europe lors de la révolution industrielle sous l'effet des progrès de l'hygiène et de la médecine, ou encore d'une amélioration de l'alimentation), des décès moins nombreux vont automatiquement induire une croissance démographique plus rapide. Celle-ci va inciter les couples à répondre par le report de leur mariage, par l'utilisation de la contraception ou par l'avortement et enfin par la mobilité, interne (exode rural) ou internationale (Tableau 1).

Il qualifie sa théorie de réponse multiphasique (1963 : 349) mais il ne dit pas dans quel ordre surviennent les réponses, ni à propos du Japon, ni à propos de l'Irlande. Un de ses successeurs, Friedlander, s'est attaché à trois exemples de pays européens : l'Angleterre, le Pays de Galles et la Suède et il apporte une attention particulière à la migration interne (1969 : en particulier 367-377).

Tableau1. Les chaînes de causalité selon K. Davis

Changements
Diminution de la mortalité infantile ⟶ Croissance démographique plus rapide
Réponses
⟶ baisse de la fécondité
⟶ *[et/ou]* âge mariage plus tardif
⟶ *[et/ou]* exode rural et émigration internationale

Quant à Mosher, qui applique la théorie au cas de Porto Rico, il montre qu'entre 1940 et 1970 la croissance démographique induite par la baisse de la mortalité tant infantile qu'adulte, au moment où se mettait en place une réforme agraire et des programmes d'industrialisation, a entraîné comme première réponse la migration interne, suivie de l'émigration vers les Etats-Unis, et seulement ensuite la diffusion de la contraception. Une contribution importante de Mosher est la distinction entre les réponses possibles, qui dépendent du contexte économique, social et politique et des réponses préférées, qui sont modelées par les normes socioculturelles (Mosher, 1971). Ainsi, dans des sociétés rurales la migration, interne ou internationale, est préférée au contrôle de la fécondité par la contraception, ou au recul de l'âge au mariage, parce qu'elle présente trois avantages : elle permet de profiter des opportunités de revenus sur d'autres marchés d'emploi (ici les villes ou les pays étrangers), elle réduit immédiatement la pression démographique, elle peut être utilisée sans remettre en cause, à court terme du moins, les systèmes de valeurs. Mosher a donc bien identifié des phases, du moins dans le cas de Porto Rico. En résumé, on peut considérer que l'objectif de Davis était de théoriser les réponses démographiques à l'accroissement naturel. Et même s'il évoque des facteurs économiques en arrière-plan (par exemple les couples ne veulent pas perdre leur niveau de vie (1963 : 362), ces derniers n'ont que le statut d'éléments contextuels et ne sont pas réellement intégrés à la théorisation.

Les causes d'un échec

De fait, la théorie du changement et de la réponse se plaçait comme une théorie concurrente de la transition démographique, mais Davis ne réussit pas à réitérer en 1963 la magnifique percée de l'article qu'il avait écrit avec Judith Blake en 1956. Rappelons qu'ils avaient proposé un cadre d'analyse extraordinairement fructueux en distinguant les variables du milieu (éducation, résidence, activité économique) des variables intermédiaires de la fécondité (contraception, nuptialité, auxquelles on ajouta ensuite l'allaitement et l'avortement). Grâce à la masse des données collectées à partir des années 1970 dans le cadre des enquêtes internationales de fécondité, John Bongaarts put quantifier et modéliser le rôle de ces variables intermédiaires dans la baisse de la fécondité ; progrès décisif pour l'analyse de l'évolution démographique des pays en développement. Une autre autorité, John Cleland, faisant référence à Frank Notestein, l'inventeur de la théorie de la modernisation, évoquée ci-dessus, et à Davis, évoque ces deux « représentations classiques de la transition démographique » (2001 : 60), impliquant par là même que la théorie du changement et de la réponse est une contribution ultérieure à la théorie de la transition démographique. Ceci constitue une grossière erreur. En effet, un examen attentif de l'article de Davis de 1963 montre qu'il parle à deux reprises de « démographie historique » (1963 : 345, 351) et à nouveau deux fois de « théorie de population » (1963 : 352, 353). Mais pourquoi n'a-t-il pas établi une relation plus étroite entre les deux termes ? Ce qu'il écrit à propos des termes « tradition » et « contraception » n'est pas moins surprenant : « Une explication en termes de tradition n'a aucune valeur dans les sciences sociales parce que la "tradition" n'est rien d'autre qu'une absence de changement [...]. Nous n'avons pas une véritable théorie, mais simplement un autre vocable. Quant aux soi-disant valeurs elles devraient être reconnues comme une partie ou un aspect du comportement lui-même et doivent par conséquent être expliquées plutôt qu'utilisées comme une explication » (1963 : 354). Et plus loin : « les populations rurales dans les pays en voie d'industrialisation n'ont pas fourni des réponses démographiques. Leur échec à utiliser la contraception et l'avortement n'était pas dû à des "attitudes traditionnelles" (l'exode rural n'était pas non plus traditionnel), mais à une alternative qui s'est présentée et qui correspondait bien aux intérêts et à la structure des familles paysannes dans une économie en train de se transformer » (1963 : 355. Tous les guillemets figurent dans le texte original).

L'intérêt épistémologique de l'argument de Davis est évident, en ce qu'il dénonce la faiblesse des concepts mobilisés par la théorie de la modernisation. Le ton quelque peu irrité de l'article tourne d'ailleurs à une critique acerbe du rôle central attribué par les chercheurs à la contraception : « le comportement démographique des populations rurales changea, et de manière drastique, parce qu'il devait changer. L'hypothèse contraire, qui est la plus courante, semble provenir de notre attitude quelque peu paroissiale à ignorer tous les changements exceptés la réduction de la fécondité légitime par le biais de la contraception » (1963 : 354). Pour comprendre la virulence de cet argumentaire, il faut faire appel au contexte. L'article de Davis publié en octobre 1963 est en fait le discours qu'il fit le 26 avril, en tant que Président de la Population Association of America, à l'occasion du traditionnel banquet de clôture. Selon nous, David utilisa cette excellente opportunité pour lancer une attaque conceptuelle américaine contre l'article de Notestein qui, on l'a dit, avait jeté en 1953 les bases de la théorie de la modernisation et ceci en présence de la fine fleur de la démographie. L'article de Notestein avait eu un immense retentissement et il est d'ailleurs encore très largement cité. C'est ce qui explique cette attaque voilée, mais parfaitement claire, sur les concepts. L'enjeu n'était rien moins que le contrôle du champ théorique, d'autant qu'un facteur biographique ne doit pas être négligé. Notestein s'était constamment opposé à la nomination de Davis comme professeur titulaire à Princeton (communication personnelle de Paul Demeny).

DEUX PRECURSEURS : MALTHUS ET MARX

Malthus et Marx sont les deux théoriciens qui ont le plus directement traité des relations entre population et développement, et leurs apports respectifs sont d'une richesse évidente (Charbit, 2009), à qui nous empruntons ce qui suit. Certes, ils l'ont fait à propos de la phase de développement économique de l'Europe du XIXe siècle, mais leurs analyses et leurs concepts restent heuristiques pour notre propos.

Malthus : principe de population et demande de travail dans le secteur agricole

La théorie du changement et de la réponse est en quelque sorte implicite dans la pensée de Malthus. Elle l'est aussi chez un auteur contemporain, Esther Boserup, qu'on lui oppose généralement, et à tort à notre sens. L'un et l'autre se sont en effet attachés à l'analyse des relations entre la croissance démographique et le changement économique. En 1965, Boserup soutint d'abord que des densités plus fortes induisaient des améliorations dans les techniques agricoles. Plus tard, elle élargit l'argument aux technologies agricoles et aux moyens de transport, dans ce qu'elle appelait les sociétés primitives anciennes (Boserup, 1976 : 21-35 ; 30-32). Quant à Malthus, son *Essay on the Principle of Population* (1798) est très généralement présenté comme la référence classique démontrant que la mortalité résulte d'une pression démographique excessive ; il s'agit donc à proprement parler d'une réponse passive. On en déduit que Malthus a produit un modèle homéostatique (Wilson and Airey, 1998). Malthus part de deux idées fortes qui ont fait sa gloire. D'une part, dans certaines formes d'économie ou dans certaines situations, la population n'a aucun moyen d'augmenter les subsistances nécessaires à sa survie (cas des peuplades primitives vivant de la cueillette et de la chasse, mais aussi du prolétariat anglais, qui n'avait aucun moyen d'augmenter ses revenus dans les conditions d'exploitation du temps de Malthus). D'autre part, dans ces mêmes populations, la fécondité n'est pas régulée par la contraception. Aussi, après une poussée démographique, la sanction par la mortalité est-elle inévitable et la population est ramenée au niveau des subsistances disponibles. Ce cycle se reproduit indéfiniment tant que les populations ne changent pas de comportement, en maîtrisant leur instinct sexuel ou plus exactement en dissociant sexualité et procréation, ce qui est précisément le rôle de la contraception.

Pourtant, cette idée d'une réponse passive des populations à ce que l'on peut appeler l'inertie structurelle des conditions économiques qu'elles subissent, ne donne qu'une vision très restrictive de la pensée de Malthus. Dès le premier Essai de 1798, il proposa un tout autre modèle qui décrit le fonctionnement du secteur agricole et qui s'inscrit parfaitement dans une interaction active entre changements démographiques et réponses démographiques et économiques. C'est pourquoi l'on peut parler d'un véritable modèle démo-économique sectoriel. En effet, dans la conceptualisation même de Malthus, la forte fécondité de ces populations qui ne pratiquent pas la contraception déclenche une croissance démographique, indépendamment des subsistances disponibles. Cette nouvelle situation suscite très rapidement une réponse du groupe socio-économique constitué par les fermiers, qui vont augmenter de diverses manières la production des subsistances pour répondre à la demande d'une population plus nombreuse. Ce modèle articule ainsi des concepts et des indicateurs démographiques : le principe de population, la "contrainte prudente" (et plus précisément l'âge au mariage), et économiques : la demande de travail, le salaire, les marchés du travail et de la production agricole. L'auteur écrit : « Nous supposerons que, dans un pays donné, les moyens de subsistance soient juste suffisants pour entretenir sans peine les habitants. La poussée constante de la population, que l'on voit se manifester même dans les sociétés les plus dissolues, accroît le nombre des hommes avant que les moyens de subsistance ne se soient accrus. Par conséquent, la nourriture qui auparavant faisait vivre 7 000 000 d'hommes doit maintenant être répartie entre 7 500 000 ou 8 000 000. Les pauvres vivent alors nécessairement beaucoup plus mal, et nombre d'entre eux sont réduits à une extrême misère. Le nombre des travailleurs étant également en excès par rapport à l'emploi disponible sur le marché, le prix du travail ne peut qu'avoir tendance à baisser ; tandis que, dans le même temps, le prix des produits alimentaires tend à monter. Le travailleur doit donc se donner plus de peine pour gagner autant qu'auparavant. Pendant cette période de misère, les raisons de ne pas se marier et la difficulté d'entretenir une famille sont si grandes que la population stagne. Dans le même temps, le bas prix du travail, l'abondance des travailleurs, et la nécessité où ils sont d'intensifier leur activité, incitent les agriculteurs à employer davantage de main-d'œuvre sur leurs terres, afin d'opérer de nouveaux défrichements et de fumer et amender plus à fond ce qui est déjà en culture, jusqu'à ce qu'enfin les moyens de subsistance redeviennent à la mesure de la population, comme ils l'étaient à la période initiale. La condition du travailleur étant alors à nouveau passablement satisfaisante, les entraves à l'accroissement de la population se relâchent dans une certaine mesure, et ces mêmes mouvements de recul et de progrès de bien-être se répètent » (1970 : 77). Nous avons formalisé ce mécanisme dans la figure 1.

Figure 1. Croissance démographique et réponses démo-économiques (secteur agricole).

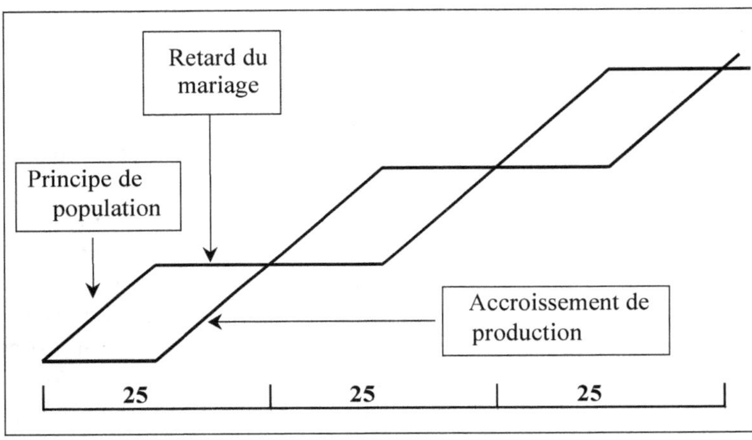

Il est clair que Malthus, plus d'un siècle et demi avant l'article de Davis, avait conceptualisé une construction cohérente en termes de changement et de réponse appliquée au secteur agricole. Ici, le facteur de changement est la pression exercée par la croissance démographique, variable exogène conceptualisée par Malthus en termes de principe de population. Les réponses sont données par deux groupes sociaux (les salariés agricoles et les fermiers) et elles sont de deux ordres. Réponse démographique chez les salariés avec le recul de l'âge au mariage et la baisse de la fécondité sous l'effet de la détérioration de leur niveau de vie causée par la hausse du prix du blé. Réponse économique chez les fermiers (accroissement de la production agricole) du fait de la demande accrue de produits alimentaires. Enfin, l'analyse de la double croissance démographique et économique, dans la mesure où elle se reproduit en cycle de 25 ans, associe logiquement court terme et long terme.

Cependant, Malthus étant l'inventeur de la théorie des rendements décroissants, nous avons proposé une variante qui les intègre dans l'analyse (figure 2). La production agricole ne peut alors être multipliée par deux tous les 25 ans et on peut espérer au mieux un accroissement selon une progression arithmétique (1, 2, 3, 4, 5) ce qui implique donc des taux d'accroissement décroissants de la production agricole (100%, puis 50%, 33%, 25%, etc.).

Figure 2. Croissance démographique et rendements agricoles décroissants.

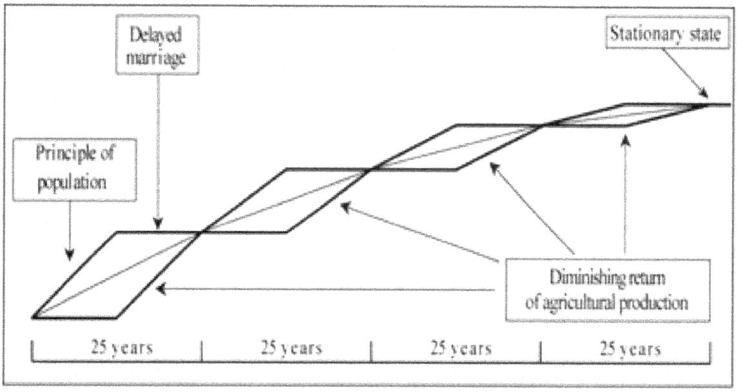

Il faut souligner les implications de ces deux modèles par rapport à la traditionnelle opposition que l'on établit entre Malthus et l'économiste danoise Esther Boserup. Selon la figure 1, l'idée d'un accroissement de la production agricole en réponse à la croissance démographique conduit à une remise en cause radicale de cette opposition. Ainsi, très exactement 158 ans avant Boserup, Malthus parle bel et bien de pression créatrice, puisque les conditions du marché « incitent les agriculteurs à employer davantage de main-d'œuvre sur leurs terres, afin d'opérer de nouveaux défrichements, et de fumer et amender plus à fond ce qui est déjà en culture » (Malthus, 1980 : 31).

L'objection qui vient immédiatement à l'esprit, cette fois au vu de la figure 2, c'est qu'à terme, la pression créatrice aura cessé, puisque la société aura atteint l'état stationnaire. Toute la question est donc de savoir à quel horizon la loi des rendements décroissants imposera sa contrainte sur la croissance démographique. Wrigley (1986 : 50-53) estime que si la découverte de cette loi par Malthus, spécifique de l'agriculture, s'explique d'abord par le rôle central que ce secteur joue dans l'économie de l'Angleterre à son époque, Malthus ne pouvait croire à un risque immédiat de pénuries croissantes dans le secteur agricole. De fait, la *Summary View* publiée par Malthus en 1830 est parfaitement explicite sur ce point, les subsistances ne sont qu'un plafond jamais atteint : « Comme les bonnes terres abondent, le rythme auquel on pourrait augmenter les subsistances dépasserait l'accroissement démographique le plus rapide que permettraient les lois de la nature appliquées à l'espèce humaine. » (Malthus, 1970 : 239). Ceci est vrai même dans les vieux pays, sans pour autant que les conditions de vie des populations en soient aggravées (Malthus, 1989 : 469). Et Malthus affirme que cet objectif vaut pour l'Angleterre de son temps : « Je peux aisément concevoir que ce pays, si l'on donne une orientation correcte à son économie, puisse, en quelques siècles, être deux ou trois fois plus peuplé, et pourtant chaque homme du royaume sera mieux nourri et mieux vêtu qu'aujourd'hui » (Malthus, 1965 : II, 172, 174). Le même raisonnement vaut pour les grands pays développés et peuplés. Ceux-ci, écrit-il, auraient pu l'être deux ou trois fois plus, et de nombreux autres pays [entendons moins développés] auraient pu compter une population dix, voire cent fois plus nombreuse, si les structures socio-économiques « avaient été depuis plusieurs siècles les plus favorables à la croissance du capital et de la demande de produits et de travail » (Citations : *Essay* : 172, 174 ; *Summary View*: 249).

Marx : contextualisation et conceptualisation de la pauvreté et de la vulnérabilité

Marx se centre sur un changement majeur, le processus d'accumulation du capital, qui exerce une contrainte extraordinairement puissante sur plusieurs groupes sociaux urbains et ruraux. Les analyses de Marx présentent deux caractéristiques importantes au regard de la théorie du changement et de la réponse: au niveau de la conceptualisation et à celui de la contextualisation.

Il intègre organiquement la démographie aux autres perspectives disciplinaires : celle-ci est inséparable de l'économie et du politique. Ainsi, le concept d'« armée industrielle », sort d'emblée la population du champ de la démographie pure pour la resituer dans le champ économique : « Si l'accumulation, le progrès de la richesse sur la base capitaliste, produit donc nécessairement une surpopulation ouvrière, celle-ci devient à son tour le levier le plus puissant de l'accumulation, une condition d'existence de la production capitaliste dans son état de développement intégral. Elle forme une armée industrielle de réserve qui appartient au capital d'une manière aussi absolue que s'il l'avait élevée et disciplinée à ses propres frais. Elle fournit à ses besoins de valorisation flottants, et, indépendamment de l'accroissement naturel de la population, la matière humaine toujours exploitable et toujours disponible » (Marx, 1969 : I, 461). L'utilisation de la machine a en effet une conséquence directe sur la force de travail : elle permet de remplacer l'homme par la femme et l'enfant. Mais si les salaires d'appoint représentent pour la famille ouvrière une masse de numéraire supérieure à celle fournie jadis par le seul salaire du chef de famille, il n'en reste pas moins que le degré d'exploitation a augmenté car c'est désormais toute la famille qui est enrôlée dans la grande industrie. C'est la question de la surpopulation relative (Marx, 1969 : I, 468, 484-485). Celle-ci se présente sous plusieurs formes : flottante, latente, stagnante ou plutôt, elle se décompose en ces trois segments. Dans l'industrie moderne, la surpopulation est flottante, car elle varie au gré de la conjoncture, même si la tendance est à la croissance du fait du progrès de cette forme de production par rapport à la manufacture ou au travail domestique, et même si le capital variable diminue au profit du capital constant. La surpopulation est « latente » en milieu rural : le mouvement d'exode rural ne se déclenche que si des opportunités s'ouvrent en milieu urbain. La troisième composante, la surpopulation « stagnante », fait partie de l'armée industrielle active, et non de « réserve ». Autrement dit, il s'agit d'une main-d'œuvre employée, mais dont l'activité est très irrégulière et le salaire au niveau du minimum vital. Il s'agit selon Marx avant tout du « travail à domicile », dont les caractéristiques démographiques sont spécifiques et rappellent « la reproduction extraordinaire de certaines espèces animales faibles et constamment pourchassées » (Marx, 1969 : I, 470).

Quant à la contextualisation historique, lorsque Marx étudie la population de l'Angleterre des années 1840-1860, il innove en créant une véritable socio-démographie du prolétariat, bien plus approfondie que ce que l'on trouve chez les auteurs dont il est le contemporain en France et en Angleterre. Les lignes relatives aux formes de la surpopulation relative dans deux comtés, le Worcestershire et le Lincolnshire, décrivent la contradiction liée au caractère saisonnier de l'agriculture. Hormis les pointes saisonnières, la main-d'œuvre y est excédentaire, aussi les fermiers renoncent-ils peu à peu à l'emploi de travailleurs à demeure, trop coûteux, au profit du recours à des bandes de dix à cinquante personnes, essentiellement des femmes et des enfants, placés sous la direction d'un *gangmaster*, et qui se louent de ferme en ferme. Ce système des bandes ne cesse de s'étendre et les enquêtes rassemblent des témoignages de gros fermiers, très explicites sur l'intérêt qu'ils y trouvent. Marx a certes bénéficié des remarquables enquêtes sociales conduites au milieu des années 1860 et publiées au moment où il rédige *Le Capital*, mais il opère une remarquable synthèse de ces faits, à partir du concept de surpopulation relative : « Ce système qui, depuis ces dernières années, ne cesse de s'étendre, n'existe évidemment pas pour le bon plaisir du chef de bande. Il existe parce qu'il enrichit les gros fermiers et les propriétaires. Quant aux fermiers, il n'est pas de méthode plus ingénieuse pour maintenir son personnel de travailleurs bien au-dessous du niveau normal – tout en laissant toujours à sa disposition un supplément de bras applicable à chaque besogne extraordinaire – pour obtenir beaucoup de travail avec le moins d'argent possible, et pour rendre « superflus » les adultes mâles. On ne s'étonnera plus, d'après les explications données, que le chômage plus ou moins long et fréquent de l'ouvrier agricole soit franchement avoué, et qu'en même temps « le système des bandes » soit déclaré « nécessaire », sous prétexte que les travailleurs mâles font défaut et qu'ils émigrent vers les villes. La terre du Lincolnshire nettoyée, ses cultivateurs souillés, voilà le pôle positif et le pôle négatif de la production capitaliste » (Marx, 1969 : I, 685).

En résumé, les réponses des acteurs ne sont donc nullement libres comme le prétend la philosophie utilitariste smithienne et ricardienne de l'*homo oeconomicus*. Elles sont une adaptation passive, totalement gouvernée par le processus d'accumulation du capital.

CONCLUSION

Même si la théorie du changement et de la réponse fut un échec dans les cercles démographiques et même si (comme d'ailleurs la théorie de la transition démographique) son objet principal demeura la dynamique des populations, elle proposait un quadruple renouvellement théorique. D'abord en parlant de changement, la théorie présentait une caractéristique épistémologique originale, elle évitait le piège de l'illusion évolutionniste entretenue par la théorie de la transition démographique. Ensuite elle s'attachait beaucoup plus aux changements à court et moyen terme qu'aux évolutions à long terme et au sempiternel déclin séculaire des taux de mortalité et de natalité. Troisièmement, elle donnait en quelque sorte la parole aux acteurs puisqu'elle s'attachait à leur réponse, au lieu de tenter de déduire des comportements des seules séries agrégées. Enfin elle proposait une typologie intéressante, qui opposait les réponses possibles aux réponses préférées (c'était la contribution de Mosher). Le chapitre suivant montre comment il est possible et nécessaire de prolonger et d'élargir considérablement ces quatre apports de K. Davis et de ses rares héritiers.

Malthus a développé une pensée bien plus complexe que la lecture courante et extrêmement superficielle de sa pensée ne le donne à penser. Ce malentendu tient avant tout à une lourde erreur épistémologique : on juge sa contribution à l'analyse de la pauvreté uniquement sur la base de la double progression de la population et des subsistances, donc d'un point de vue étroitement démographique, en ignorant délibérément toute la dimension économique de son œuvre. En réalité Malthus a proposé un remarquable modèle de sortie de la pauvreté par la croissance du secteur agricole, qui n'est pas suffisamment reconnu et dont l'analyse dépasse les limites de ce texte. Sa théorisation vaut pour les économies de nombreux pays en développement caractérisées par une forte prépondérance du secteur agricole et par une population vivant à la limite du seuil de pauvreté absolue et dépendante du cours des produits alimentaires de première nécessité.

Comme pour Malthus, les concepts de Marx permettent d'interpréter des situations actuelles de pauvreté et de vulnérabilité dans des sociétés au début du processus d'industrialisation. Evoquons trois exemples où l'interaction entre changements et réponses n'entre pas en synergie positive. Bien au contraire, face aux contraintes structurelles les réponses sont purement passives et témoignent de formes aiguës d'anomie[2] (éclatement des familles, alcoolisme, délinquance, prostitution, autres formes de violence). Les mouvements actuels de millions de ruraux vers les grandes mégalopoles chinoises et la précarité de leurs conditions de travail dans le secteur du bâtiment n'ont rien à envier à Manchester. Les chantiers de démolition des carcasses de navires à Chittagong au Bengladesh se caractérisent par une forte morbidité due à l'exposition à l'amiante et à une mortalité accidentelle élevée sans que ces ouvriers peu qualifiés puissent améliorer leur sort, même de manière minime. Enfin, en Colombie, pour assurer la reproduction de la force de travail du père qui travaille comme mineur, les familles lui réservent les rares protéines dont elles disposent pour se nourrir, condamnant à la malnutrition les femmes et les enfants.

Le recours aux théoriciens classiques constitue donc une des pistes possibles pour enrichir conceptuellement le cadre analytique de la théorie du changement et de la réponse. Il va sans dire que pour les autres questions de population et de développement, tout le travail de choix du paradigme et d'identification des concepts pertinents est également à faire, mais quatre remarques s'imposent d'emblée. Si l'on admet la nécessité de renoncer à une approche étroitement démographique au profit des Population Studies, bien plus larges, une théorie de la population et du développement doit pouvoir :

- intégrer d'autres disciplines que la démographie, qui soient susceptibles de fournir des concepts, des problématiques et des données, en particulier l'économie, la sociologie, l'anthropologie, l'écologie, les sciences politiques ;

- considérer le développement aussi bien au niveau micro (individu), que méso (famille et réseaux sociaux, communauté villageoise ou quartier urbain d'appartenance), ou enfin macro (systèmes de valeurs, Etat, niveau

[2] Le concept d'anomie en sociologie cherche à rendre compte la notion de dérèglement social. Dans la perspective d'Emile Durkheim, il y a anomie lorsque les actions des individus ne sont plus réglées par des normes claires et contraignantes (cf. Raymond Boudon et François Bourricaud, 1982, *Dictionnaire critique de sociologie*, Paris, PUF).

international) ;

- apporter des éléments de réponses et des contributions réellement explicatives à des problématiques telles que celles du genre, du pouvoir, de la pauvreté ;

- enfin et surtout contribuer à la compréhension des inerties structurelles caractéristiques du sous-développement, et ne pas se limiter aux seuls changements.

Afin de répondre à cet agenda qui, à notre sens, permettrait de mieux cibler les programmes de population et de développement, le chapitre qui suit propose un cadre théorique issu de la théorie du changement et de la réponse initialement formulée en 1963 par Kingsley Davis, considérablement renouvelé au plan conceptuel à partir de nos propres problématiques et méthodologies de recherche dans la Caraïbe et en Afrique subsaharienne. Le cas des pays en développement nécessite en effet de repenser la théorie en profondeur.

REFERENCES BIBLIOGRAPHIQUES

Bongaarts J., 1982, The fertility-inhibiting effects of the intermediate fertility variables, *Studies in Family Planning*, vol. 13 n° 6/7, 179-189.

Boserup E., 1965, *Conditions of Agricultural Growth*, Chicago, Aldine.

Boserup E., 1976, Environment, Population, and Technology in Primitive Societies, *Population and Development Review*, vol. 2, n° 1, 21-36.

Charbit Y., 2009, *Economic, Social and Demographic Thought in the XIXth Century. The Population Debate from Malthus to Marx,* Dordreich, Springer.

Cleland J., 2001, The Effect of improved survival on fertility: a reassessment, in Bulatao R. A. and Casterline J. B. (eds.), Global fertility transition, Supplement to *Population and Development Review,* vol. 27, 39-65.

Davis K., 1963, The Theory of change and response in modern demographic history, *Population Index*, vol. 29, n° 4, 345-366.

Davis K. and Blake J., 1956, Social Structure and Fertility: An Analytic Framework, *Economic Development and Cultural Change*, vol. 4, n° 3, April, 211-235.

Freedman R., 1986, Theories of Fertility Decline, in Mahadevan K. (ed.), *Fertility and Mortality, Theory, methodology, and empirical issues*, Delhi, Sage, 30-36.

Friedlander D., 1969, Demographic responses and demographic change, *Demography*, vol. 6, 359-381.

Gaimard M., 2011, *Population et santé dans les pays en développement*, Paris, l'Harmattan.

Léridon H., 1987, Deux siècles de régulation des naissances, in Léridon H., Charbit Y., Collomb P., Sardon J.-P. (éds.), *La seconde révolution contraceptive : la régulation des naissances en France de 1950 à 1985,* Paris, INED-PUF, 7-16.

Lesthaege R., 1983, A Century of demographic and cultural change in Europe, *Population and Development Review,* vol. 9, n° 3, 411-435.

Malthus T. R.,
-1970 (1798), *A Summary View on the Principle of Population*, Harmondsworth, Penguin Books.
-1989 (1820), *Principles of Political Economy*, Cambridge, Cambridge University Press.
-1965 (1826), *Essay on the Principle of Population*, London, Dent, Everyman's Library.

McNicoll G., 1992, The agenda of population studies: a commentary and a complaint, *Population and Development Review*, vol. 18, n° 3, 399-420.

Marx K., 1969 (1867), *Capital,* Livre I, Paris, Garnier Flammarion.

Mosher W., 1971, The Theory of change and response, an application to Puerto Rico, *Population Studies*, vol. 20, n° 1, 45-58.

Notestein F., 1983 (1953), Economic problems of population change, *Population and Development Review*, vol. 9, n° 2 (Jun., 1983), 345-360.

Omran A., 1971, The epidemiologic transition: a theory of the epidemiology of population change, *Milbank Memorial Fund Quarterly*, vol. 49, n° 4, 509-538.

Szreter S., 1993, The Idea of Demographic Transition and the Study of Fertility Change. A Critical Intellectual History, *Population and Development Review*, vol. 19, n° 4, 659-701.

Wilson C. and Airey P., 1999, How can a homeostatic perspective enhance demographic transition theory, *Population Studies*, vol. 53, n° 2, 117-128.

Wrigley A. E., 1986, Elegance and experience: Malthus at the bar of history, in Coleman D. and Schofield R. (eds), *The state of Population Theory. Forward from Malthus*, London, Blackwell, 50-53.

CHAPITRE 2.
UNE THEORIE POUR LES PAYS EN DEVELOPPEMENT

Yves CHARBIT et Véronique PETIT

Dans son article de 1963, Davis n'a illustré sa théorie que par un seul exemple, la croissance démographique induite par la baisse de la mortalité infantile. La faiblesse de la théorie est évidemment le risque de dérive systémique, car il insiste sur des chaînes de causalité, comme si elles étaient inévitables (voir le Tableau 1 du chapitre 1). Mal maîtrisée, elle aboutit à présenter des causalités partielles comme cohérentes entre elles et faisant système dans l'univers clos de la démographie. Or, dans le cas des pays en développement et surtout en Afrique subsaharienne, bien d'autres types de changement sont à prendre en considération : les maladies émergentes ou endémiques, la raréfaction des ressources naturelles et l'environnement, la dégradation de l'agriculture et l'insécurité alimentaire croissante, la pression sur le foncier en milieu rural comme en milieu urbain ; au niveau macro enfin, l'impact de la globalisation économique[1]. Il est donc indispensable d'élargir la perspective.

Partons de l'idée qu'il existe deux paradigmes : le premier peut être qualifié d'économico-politique, car l'économique et le politique sont largement indissociables comme le montrent les problèmes de corruption dans les programmes internationaux de population et le second est le paradigme socio-culturel, car la culture ne peut s'analyser indépendamment de son contexte. Trois stratégies de recherche sont possibles : donner la primauté à l'économique et au politique, privilégier au contraire le social et le culturel ou n'exclure aucun des deux paradigmes. Lorsqu'on travaille sur une variable bien définie, la fécondité par exemple, il est raisonnable de privilégier une seule des deux dimensions et par conséquent d'appuyer la recherche sur les théories culturalistes ou au contraire sur la micro-économie de la fécondité. Mais pour l'étude du changement et de la réponse en tant que théorie globale des relations entre population et développement, il est impossible de trouver des arguments convaincants pour trancher entre les

---

[1] Bien entendu, il existe des changements positifs : l'amélioration du statut des femmes, les progrès de la scolarisation, etc. Mais du point de vue qui est le nôtre dans ce livre, ils n'appellent pas une analyse spécifique.

deux paradigmes en raison même de l'extraordinaire diversité des enjeux de la population et du développement. Notre positionnement scientifique est de considérer que les facteurs économiques, politiques, sociaux, culturels constituent un complexe de facteurs dont on ne peut évaluer les importances respectives que par rapport à la thématique étudiée (le genre, la pauvreté, etc.). Vouloir exclure l'une ou l'autre des dimensions implique automatiquement une vision réductrice qui va à l'encontre de la réalité des contextes de sous-développement dans lesquels s'inscrivent les comportements démographiques.

Autrement dit, la théorie du changement et de la réponse est tout autant une démarche d'analyse et de recherche qu'une théorie complète, définie par son paradigme de référence, son cadre analytique, ses concepts, ses hypothèses. Elle est aussi envisagée dans ce livre comme une méta-théorie, qui pourra alimenter des théories spécifiques de chaque variable démographique (fécondité, nuptialité, migration). La présentation des grandes catégories d'analyse en termes de changements et d'inertie (I), puis de réponses (II), conduit à la question de l'interprétation des comportements démographiques, économiques ou sociaux (III) et à leur mise en œuvre grâce à des méthodologies de terrain adéquates (IV). La conclusion évoque les enjeux épistémologiques sous-jacents (V).[2]

CHANGEMENTS ET INERTIES DU DEVELOPPEMENT

Davis s'attachait essentiellement aux changements, alors que la prise en compte des permanences est indispensable, car le développement n'est jamais homogène ; des pans entiers des sociétés peuvent être caractérisés par des inerties structurelles. En d'autres termes, s'il y a absence de changement c'est justement à cause de facteurs de blocage qui sont précisément ceux du sous-développement. Il convient donc de définir de manière pertinente non seulement les niveaux d'observation (macro, micro, méso), mais aussi les échelles temporelles et spatiales.

Le problème des niveaux d'analyse

Ronald Friedman (1986) rappelle qu'au début du programme de l'Enquête mondiale sur la fécondité (1974-1980) il avait contribué à faire évoluer l'analyse du niveau individuel vers le niveau sociétal en mettant au point un « module communautaire » qui permettait de mesurer des facteurs tels que la distance du ménage par rapport aux équipements communautaires (poste de santé, école). Ces indicateurs, qui par nature ne sont pas individuels, étaient

[2] Ce chapitre s'appuie sur Charbit et Petit, 2011.

traités informatiquement comme une caractéristique parmi d'autres (l'âge, le statut matrimonial, le niveau d'instruction) des individus du ménage. Bien que l'Enquête mondiale sur la fécondité ait été un programme pionnier et une étape majeure vers la contextualisation des comportements démographiques, évaluer la contribution réelle des équipements communautaires au développement local est bien évidemment impossible sur la base d'une enquête ponctuelle. Les méthodologies utilisées en recherche-action sont bien plus rigoureuses : délimitation d'une zone expérimentale et d'une zone témoin, organisation de deux passages, au début et à la fin du projet, pour mesurer l'impact sur les comportements.

Dans le même sens, comme on peut le constater dans bien des faubourgs des capitales africaines, les logements sont certes équipés de robinets, mais il n'en coule pas une seule goutte d'eau plusieurs heures par jour. L'item « eau courante dans le logement », qui figure en bonne place dans les questionnaires des enquêtes sociodémographiques, est-il dans ces conditions un réel indicateur de la modernisation et un facteur de réduction de la mortalité grâce à une meilleure hygiène ? Au-delà de cet exemple anecdotique, un problème plus général se pose. Comment faire la part des inerties structurelles évoquées plus haut, qui sont une des caractéristiques du sous-développement, dans une théorie des dynamiques de population? L'accent mis sur les contraintes est en soi une première piste d'analyse et d'identification des facteurs de blocage. Mais il faut ajouter une qualification importante à la distinction entre réponses possibles et réponses souhaitées : ni les unes ni les autres ne sont forcément efficaces du point de vue des individus et des ménages car elles peuvent être économiquement et sociologiquement d'une parfaite rationalité à leur niveau, mais elles peuvent échouer si le contexte au niveau national annule tous ces efforts. Prenons deux exemples relatifs au milieu rural, mais qui pourraient être transposés au milieu urbain. Un agriculteur peut développer une pluriactivité et commercialiser lui-même sa récolte pour maximiser son revenu. Cependant, les phénomènes de violence sociale (racket, banditisme) réduiront à néant une année de travail, si le paysan est dévalisé au retour du marché où il est allé vendre sa production. Ce problème d'insécurité montre clairement l'importance des enjeux de gouvernance. Le ménage peut aussi investir à long terme dans l'éducation d'un enfant. Mais cet investissement sera perdu, si le contexte éducatif se caractérise par des carences graves (absence de matériel pédagogique, enseignants peu qualifiés et surtout en nombre insuffisant), car il en résulte inévitablement des taux d'abandon et de redoublement élevés. En résumé, la contextualisation, entendue comme le poids réel des contraintes macro (le niveau institutionnel dans la terminologie de McNicoll), ne doit pas être négligée dans l'évaluation de l'efficacité des réponses au niveau micro.

Stratégies de survie, crise et malthusianisme de pauvreté

La question des inerties renvoie à la dialectique du couple stratégies de survie/crises dont les deux termes sont à notre sens problématiques. Dans les situations de pauvreté ou encore dans les sociétés où les relations de genre impliquent des inégalités fortes, il est clair que les acteurs ne disposent pas d'une marge totale de liberté : leurs comportements sont souvent sous contraintes, que celles-ci soient économiques, sociales, culturelles, voire écologiques. Puisque les populations pauvres subissent le changement plutôt qu'elles n'en sont les acteurs, on ne saurait parler de stratégies (des paysans, des ménages, etc.) face à la vulnérabilité. Le terme de stratégie, utilisé à tort et à travers, est ainsi particulièrement inadapté à la réalité des migrations forcées résultant des violences et des génocides. Quant à la notion même de crise, elle pose un sérieux problème conceptuel. Elle renvoie implicitement à des présupposés évolutionnistes qui, en plaquant l'histoire du développement des pays industrialisés sur les réalités africaines, latino-américaines ou asiatiques d'aujourd'hui aboutissent à des interprétations pour le moins discutables car biaisées par les schémas intellectuels et plus généralement une vision occidentale des réalités. A nouveau, analyser les migrations comme des stratégies adaptatives à des situations de crise mérite d'être sérieusement nuancé. Dans nombre de sociétés rurales africaines, la décision de migrer s'inscrit dans le contexte de systèmes agraires en perpétuelle tension et ce, sans qu'il soit nécessaire d'invoquer des événements plus ou moins imprévus et exceptionnels tels que les catastrophes naturelles (sécheresse) ou les conflits politiques. En d'autres termes, dans nombre de sociétés rurales africaines, le cas le plus général est celui, apparemment paradoxal, où la situation de crise devient ou est devenue au fil du temps « la situation normale » à laquelle les paysans s'adaptent en envisageant le départ. Lorsque la situation de pauvreté chronique est étroitement corrélée à la pression démographique et foncière, les sociétés rurales africaines ont une manière simple et efficace d'y répondre. Une partie de la population – souvent les générations montantes – se déplace des régions les plus peuplées vers celles encore vides ou moins peuplées. Ce processus de colonisation agricole en tache d'huile a pu être observé dans de nombreux pays africains. Il se traduit par un double phénomène de densification de l'espace et de redistribution de la population dans l'espace. Dès lors, les mobilités et les migrations doivent être probablement perçues davantage comme une réponse normale à la fragilité des systèmes agraires. En un mot, contrairement à l'idée qui prévaut encore trop souvent de sociétés immuables, voire « sans histoire », la mobilité et la migration font partie intégrante des systèmes agraires.

Enfin, Maria Cosio-Zavala a proposé (Cosio, 1992) un concept, celui de « malthusianisme de pauvreté ». Ce serait la pression de la pauvreté qui induirait chez les plus démunis le recours à la contraception et à l'avortement. Si c'est bien ce que l'on observe, notamment en Amérique latine, la théorie pèche par l'absence de mise en perspective historique : la situation économique actuelle des individus et des ménages est-elle vraiment plus critique que jadis ? On n'a pas fourni la preuve d'une aggravation de la pauvreté depuis les années 1950 par rapport au début du siècle : l'espérance de vie était alors beaucoup plus basse qu'aujourd'hui, signe de conditions de vie d'une dureté impitoyable. Il faudrait alors au minimum poser les choses en termes différentiels : c'est l'aggravation de l'écart entre riches et pauvres qui est devenue insupportable avec les aspirations à la démocratie. Mais s'il en est ainsi, le pouvoir explicatif de la crise doit être reconsidéré : ce n'est pas tant la dimension économique de la crise que les idéologies liées à l'évolution sociale qui sont le moteur de l'adoption de la contraception par les pauvres. Par conséquent c'est le paradigme de la culture et non celui de l'économie, qui doit être mobilisé, ce qui du coup invalide la théorie avancée, uniquement centrée sur la pauvreté objective. Même si le ménage n'est pas vraiment pauvre, il suffit que son niveau de vie soit ressenti comme insupportable. Une dernière mise en garde s'impose. A propos de la fécondité, McNicoll souligne (1994 : 204) que les espoirs et les attentes des individus font partie des processus d'institutionnalisation. Cet argument, qui soulève le problème des interactions entre les niveaux micro et macro, n'est pas développé par cet auteur. Il est cependant crucial pour comprendre les changements actuels, parce que définir des processus de changement conduit à prendre en compte les conflits potentiels entre l'autonomie de l'acteur et les contraintes auxquelles il est soumis.

LES REPONSES

Les réponses apportées par les populations aux inerties comme aux changements sont sans doute bien plus diversifiées que ne l'envisageait Kingsley Davis. En première analyse, puisque les familles sont des unités de reproduction démographique et sociale, mais aussi et en même temps des lieux de socialisation et des unités de production économique, les réponses ne peuvent être purement démographiques et face à un changement, ou au contraire à une situation de blocage, les individus et les familles vont mobiliser d'autres ressources. Les baisses de l'intensité et les reculs des calendriers de la fécondité liés à l'utilisation accrue de la contraception ou de l'avortement, au recul de l'âge au mariage, ou encore une mobilité géographique plus forte, sont des mécanismes classiques, bien maîtrisés par les démographes, mais il faut aller plus loin et puiser dans d'autres disciplines en particulier la sociologie, l'anthropologie, l'économie, la géographie, des corpus théoriques, des concepts et des données autres que ceux de la démographie afin de conceptualiser les autres types de réponses, plus distantes du démographique. Par exemple, l'homme chef de famille va mobiliser la main-d'œuvre féminine et enfantine dont il dispose pour maximiser les ressources agricoles du ménage. Cependant, d'un point de vue théorique, considérer cela comme une réponse aux besoins des ménages ruraux ne conduit nulle part, car c'est une quasi-tautologie. Il est beaucoup plus heuristique de partir de l'idée que cette mobilisation s'inscrit avant tout dans une double logique de domination de genre et de séniorité exercée par les hommes sur les femmes et les enfants, pour en comprendre les modalités concrètes.

Les dimensions psychologiques et sociologiques des réponses

Distinguer, comme l'avait fait Mosher, les réponses souhaitées des réponses possibles, implique logiquement d'analyser leur dimension socio-anthropologique. Toute réponse est en effet porteuse de valeurs sociétales, étant entendu que les aspirations purement économiques modèlent aussi ces réponses, par exemple le désir d'améliorer son niveau de vie par l'exode rural ou l'émigration internationale. Il pourrait d'ailleurs y avoir ici une ébauche de rapprochement entre les théories démographiques d'orientation socio-économique et celles qui privilégient les facteurs culturels car les réponses possibles renvoient à une grande diversité de facteurs : les rapports de pouvoir (voir McNicoll, 1980 sur Bali et le Bangladesh), les opportunités économiques, les contraintes écologiques (Petit et Charbit, 2000). Mais c'est surtout la distinction entre réponses possibles et souhaitées proposée par Mosher qui reste très sommaire et doit être approfondie.

Une réponse est à la fois l'élaboration d'une solution pour sortir d'une situation sociale jugée insatisfaisante et sa mise en œuvre ultérieure concrète. Cette prise de conscience, de nature psychologique, peut apparaître chez des individus, des couples ou des communautés entières. Elle varie d'abord selon les caractéristiques objectives individuelles, car pour élaborer intellectuellement une ou des réponses et les transformer en réalisations concrètes, un capital humain et des ressources suffisantes sont indispensables. Ces caractéristiques constituent un élément clé de la détermination des capacités adaptatives des acteurs : ceux qui sont dominés et en position d'infériorité pour des raisons de genre, d'âge, d'éducation, auront davantage de difficultés pour identifier des solutions, pour les opérationnaliser et s'assurer de leur faisabilité et de leur pérennité. Cependant, il ne faut pas sous-estimer le fait de disposer de ressources sociales, notamment à travers la participation à des réseaux ou des associations. Ensuite, les réponses s'alimentent d'appréciations subjectives quant à sa propre situation sociale et économique, voire politique (sentiments de discrimination, de domination, de violence). Cette évaluation par les acteurs est donc nécessairement élaborée au regard de leur milieu de vie : ils vont comparer leur situation à celles des membres du même groupe social ou ethnique, mais également, dans un contexte de mondialisation, aux conditions de vie dans les sociétés les plus avancées. Les migrants jouent alors un rôle important dans la diffusion d'informations sur les possibilités de changement ; mais surtout les médias contribuent à l'établissement d'opinions qui sous-tendent ces auto-évaluations à travers les informations, les indicateurs socio-économiques, les représentations des groupes sociaux qu'ils diffusent, les valeurs et les comportements qu'ils mettent en avant en termes de réussite, ou au contraire qu'ils stigmatisent.

Au regard de la complexité des mécanismes en jeu, on peut au minimum proposer une typologie classificatoire qui articule les dimensions psychologique et sociologique ébauchées ci-dessus. Nous distinguons les réponses héritées-préférées, orientées, acceptées. Nous nous attacherons ici surtout aux acteurs pertinents au niveau micro (individus) et méso (familles, communautés d'appartenance, groupes ethniques), à l'exclusion du niveau macro (Etats, agences internationales, diasporas) car c'est pour les deux premiers d'entre eux que les méthodologies proposées plus loin prennent tout leur sens. Des exemples concrets illustreront la mise en œuvre des propositions théoriques ; ils seront pris dans les domaines de la fécondité, de la nuptialité et de la famille d'une part, des migrations d'autre part.

Les réponses héritées-préférées

Les réponses héritées-préférées s'imposent spontanément à l'esprit des acteurs car elles s'ancrent dans leurs manières d'être et de faire ; leur culture et leur ethos transmis de génération en génération. Qu'elles répondent ou non à une « rationalité inconsciente » (Wrigley, 1978, cité par Wilson and Airey, 1999) n'est pas un problème de notre point de vue. Ce qui importe, si l'on part du système de valeurs des individus, c'est d'identifier les facteurs qui modifient leurs réponses. C'est aussi une première étape vers la clarification du problème complexe du traitement de la culture dans les recherches démographiques, que nous évoquerons plus loin. Ces réponses sont conformes aux codes et aux prescriptions de la société d'appartenance des acteurs ; elles sont en quelque sorte pré-formatées. Cependant, bien que congruentes à l'organisation sociale, elles peuvent être source de tensions dans les ménages ou les communautés en raison de la montée de l'individualisme : pour les jeunes hommes africains, l'émigration dans les pays occidentaux apparaît comme la solution idéale, car aux opportunités d'emplois s'ajoutent la liberté et l'autonomie par rapport à une société contrôlée par les anciens. Ou encore, comme les systèmes de famille patriarcaux mobilisent les femmes pour accomplir les travaux agricoles, empêchant leur prise d'autonomie, celles-ci s'organisent en associations de commercialisation ou de production pour accéder à une autonomie économique. Ces réponses opposent ainsi des individus à leur entourage immédiat, en fonction de leur statut au sein de la famille, de leur genre, de leur position générationnelle, de leur capital personnel. Sous cet angle, elles sont heuristiques ; leur analyse permettant de mettre en évidence les processus d'individualisation, voire de marginalisation, au sein des collectivités.

Les réponses orientées

Les réponses orientées sont celles jugées souhaitables, et donc favorisées, par les acteurs institutionnels et politiques. Elles sont le plus souvent un des objectifs avoués des politiques démographiques. Au Sénégal, plusieurs années de campagnes de propagande en faveur de la planification familiale produisirent un changement significatif dans les réponses des femmes à la question classique sur le nombre désiré d'enfants. En 1978, lors de la première enquête de fécondité jamais réalisée, 29% furent incapables de fournir un chiffre et affirmèrent que « *cela dépendait de Dieu* ». Les deux enquêtes suivantes révélèrent en 1992 et 1996 que cette réponse fataliste n'était plus donnée que par 16% d'entre elles. S'il est clair que les campagnes de sensibilisation avaient produit un effet, elles n'avaient pas pour autant atteint leur but ultime. On n'observa nullement durant ces années-là un accroissement parallèle de l'utilisation de la contraception moderne, ce qui suggère que ces réponses étaient avant tout déterminées par un certain conformisme social et par une prudente adhésion aux valeurs véhiculées par les projets gouvernementaux de développement.

Les réponses acceptées

Les réponses acceptées sont le fruit d'un compromis au sein du ménage ou de la famille, voire de la communauté, entre les partisans du *statu quo* et les attentes et les intérêts de ceux qui désirent innover, notamment les responsables des politiques de population. Une question cruciale est de savoir pourquoi les réponses orientées finissent ou non par être acceptées. Selon l'ampleur du fossé entre les valeurs héritées et les valeurs orientées, et bien sûr compte tenu du degré de coercition plus ou moins fort des programmes et des politiques de population, un compromis peut ou non être atteint et se traduire ou non par un changement effectif de comportement. Comme Demeny l'écrit : « l'essence d'un problème de population, pour autant qu'il s'agisse d'un problème, est que les choix au niveau individuel ne sont pas congruents avec l'intérêt collectif» (1986 : 473). Mais la question est précisément de savoir pourquoi il n'y a pas congruence. A propos de l'échec des programmes de diminution de la fécondité dans plusieurs pays d'Afrique de l'Ouest où des dizaines de millions de dollars ont été dépensées sans progrès majeur, on soutient généralement que le problème n'est pas celui de la demande par les populations, mais de l'offre de planification familiale, et très précisément de l'engagement des gouvernements centraux et de leurs services décentralisés dans la mise en œuvre de ces programmes. Cependant, la perspective devrait être renversée et ce problème d'offre pourrait bien être en fait un problème de demande : pourquoi des leaders politiques, considérés en tant qu'acteurs institutionnels, n'assument-ils pas leurs responsabilités ? Dans un village sénégalais étudié en 1989, nous avons observé que les leaders traditionnels, la matrone et l'imam, étaient favorables à l'utilisation de la contraception moderne par les villageois, hommes comme femmes (Petit, 1994). De manière surprenante, c'est l'infirmier et l'instituteur qui manifestèrent leur opposition. Ce résultat paradoxal est facile à comprendre. Dans ce village dont la totalité de la population était musulmane, et qui était convaincue que le Coran interdisait la contraception, ces derniers étaient soumis à un conflit intérieur entre leurs croyances personnelles et leur rôle professionnel. Au contraire, la matrone, témoin de la souffrance des femmes causée par de trop nombreuses grossesses et l'imam, assuré dans son autorité, pouvaient avoir une attitude tolérante. Cet exemple de terrain a une valeur heuristique. La réticence de certains leaders politiques africains (ce fut aussi le cas en Amérique Latine dans les années 1960) à soutenir réellement les programmes de planification familiale renvoie au conflit entre d'une part les valeurs de leur propre société et de leurs bases politiques et électorales, et d'autre part la logique occidentale des programmes, qui fonctionnent sous contrainte de temps et d'argent. Les experts qui travaillent dans les programmes de planification familiale en Afrique se plaignent souvent des retards ahurissants accumulés dans leur mise en œuvre. Le sociologue du développement, quant à lui, s'interrogera plutôt sur les logiques sous-jacentes à ce sabotage de fait et sur les contraintes qui s'exercent sur les individus responsables de ces programmes. Mais en tant que représentants officiels de l'Etat, ils ont pourtant signé des accords internationaux qu'ils doivent honorer et ils sont d'autant plus incités à le faire que les dons ou les prêts bilatéraux ou internationaux leur donnent accès à des moyens incommensurables aux budgets récurrents dérisoires de leurs ministères. La contradiction est patente. Bien sûr ce constat ne doit pas être généralisé et encore moins expliqué culturellement, car les entrepreneurs africains privés sont extrêmement efficaces, mais tout ceci soulève un fascinant problème de sociologie des organisations : qu'est-ce qu'un Etat en Afrique de l'Ouest aujourd'hui ?

Les relations internationales ne sont pas épargnées par de tels conflits. A partir des années 1970, la France avait tenté d'inciter les travailleurs étrangers à rentrer dans leurs pays d'origine, en donnant aux candidats potentiels des primes au retour. Ces mesures étaient emballées dans de pieuses considérations sur la contribution des retours des migrants au développement local ; le non-dit étant que la France espérait ainsi tarir les flux migratoires. C'était faire preuve d'une vue bien courte quant à la rationalité économique des travailleurs étrangers : les incitations financières étaient beaucoup trop faibles pour compenser la perte des revenus générés par l'emploi en France. En Algérie par exemple, où les perspectives économiques étaient sombres, les migrants acceptèrent cet argent et revinrent en France dès que possible. Il en va de même des conflits potentiels, cette fois entre deux acteurs micro-économiques : les réponses acceptées résultent d'un compromis entre ceux qui désirent le changement et ceux qui préfèrent le *statu quo*. Ainsi, les migrants qui retournent définitivement dans leurs pays d'origine après avoir transféré pendant plusieurs années des sommes parfois considérables et qui ont servi à améliorer le niveau de vie de la communauté (construction d'écoles, de postes de santé, emplois induits par la construction de villas) contestent les élites qui contrôlent politiquement et socialement le village, en général les anciens et les familles propriétaires foncières non bénéficiaires de la manne migratoire.

Seules des méthodologies qualitatives peuvent révéler de telles tensions. Pour autant, les questionnaires démographiques classiques peuvent dans certains cas fournir des indicateurs intéressants. En Martinique où la fécondité avait diminué de 40% entre 1965 et 1975, la comparaison des mêmes indicateurs, qui figuraient dans les deux enquêtes réalisées en 1968 et 1976, révéla que tous ceux relatifs à la fin de la vie féconde (âge à la dernière naissance, nombre total d'enfants désirés, etc.) avaient diminué. Au contraire, ceux qui mesuraient les choix en début de vie féconde (âge à la première union, à la première naissance, etc.) n'avaient pas changé. Ces résultats contrastés, bien loin d'être incohérents, traduisent le seul compromis possible dans le contexte des années 1970 : les femmes devaient répondre aux attentes de leurs familles et de leurs partenaires relatives à leur rôle de mère, ce qu'elles exprimaient parfaitement : « *je fais d'abord mes enfants* ». Mais en même temps elles sous-entendaient « *et ensuite je fais ce que je veux* » (Charbit et Léridon, 1981 : 172-174). L'analyse de ce type de réponse révèle donc des conflits et des divergences entre acteurs (ici les femmes et leurs partenaires) ainsi que les réponses acceptables en termes de compromis. Cet exemple n'est pas sans faire écho au conseil que Hammel et Friou donnent aux anthropologues : « construire des modèles fondés sur les motivations [...] et jouer simplement le rôle d'interprètes opportunistes qui utilisent tout commentaire énoncé par les populations ou toute théorie du comportement qui fait le plus sens » (1997 : 180-181).

Pour conclure sur les réponses, ces catégories ne sont pas mutuellement exclusives. Le chercheur peut avoir intérêt à privilégier les réponses héritées-orientées lorsqu'il analyse le contexte social et politique et mettre plutôt l'accent sur les réponses préférées et acceptées lorsqu'il se focalise sur le comportement effectif des individus et des couples. D'autre part, les réponses acceptées, qui sont en quelque sorte le produit des deux autres, vont émerger dans des délais qui vont varier considérablement selon l'ampleur des changements contextuels et la lenteur ou la rapidité de la prise de conscience par les acteurs. Ce point est désormais conceptualisé par les théories de la pauvreté : la pauvreté subjective est aussi importante que la pauvreté objective, en tant que ressort des réponses au changement. Mais on oublie que ceci avait été bien plus fortement pensé par Marx et sa théorie de l'action : quand et comment une population aliénée se révoltera-t-elle contre un ordre oppressif ?

INTERPRETER LES REPONSES : LA DEMOGRAPHIE COMPREHENSIVE

Puisque la théorie du changement et de la réponse appliquée aux questions de population et de développement doit nécessairement dépasser les frontières étroites de la démographie classique, il faut repenser la façon d'analyser les comportements des acteurs et ne pas en rester à une contextualisation sommaire de ces réponses. Afin d'expliquer, et non simplement décrire les comportements, nous proposons une démographie authentiquement compréhensive au sens de Max Weber, qui s'attache à la signification qu'un comportement donné a pour un individu. Celle-ci se distingue radicalement de l'approche durkheimienne qui est au contraire une tentative systématique d'objectiver les comportements et qui a profondément influencé la recherche démographique depuis ses origines. Encore aujourd'hui, l'essentiel du travail de l'immense majorité des démographes consiste à mesurer de manière aussi précise que possible les comportements humains en utilisant des indicateurs quantitatifs parfaitement normés. Ils sont convaincus qu'ils expliquent ainsi les variations de la fécondité, de la nuptialité, etc.

Le sens qu'il faut attribuer aux comportements est central en anthropologie et il est significatif qu'un ouvrage majeur tel que *Anthropological demography. Towards a new synthesis* dirigé par David Kertzer et Tom Fricke rassemble essentiellement des contributions d'anthropologues (qui manifestent d'ailleurs un degré variable de sympathie à l'égard de la démographie), et d'un petit nombre de démographes internationalement reconnus et qui ne veulent pas s'enfermer dans une défense étroite de leur discipline. Nous avons dans des articles antérieurs, en partie repris ici, proposé des pistes pour combler le fossé entre la démographie et l'anthropologie, mais en partant de l'autre extrémité de la passerelle (Charbit, 1999 ; Charbit et Petit, 2011). On va le voir, dans une large mesure l'anthropologie démographique et la démographie compréhensive sont convergentes, en particulier à propos de la fécondité. Une deuxième question est celle de la rationalité des acteurs, qui conduit inévitablement à poser le problème du rôle de la culture, en tant qu'elle gouverne la perception de la réalité.

La fécondité : mécanismes ou explications démographiques ?

Les baisses de fécondité résultant de l'utilisation de la contraception, du recours à l'avortement ou du retard du mariage sont des mécanismes classiques pour le démographe, mais il va sans dire que ces facteurs purement démographiques ont des déterminants plus profonds. Le démographe mesure simplement les changements observables dans le comportement des acteurs, et s'il est légitime de parler de mécanismes démographiques, parler d'explication démographique n'a aucun sens : le chercheur doit se tourner vers les dimensions sociales, culturelles, économiques et politiques dans lesquelles les comportements démographiques sont encastrés.

Ainsi, la décision d'utiliser la contraception pour avoir moins d'enfants a une dimension sociale et culturelle qui met en jeu le statut de la femme, les relations de pouvoir entre les partenaires, les représentations culturelles et sociales de la fécondité. Il ne s'agit en aucun cas d'une simple question technologique. La théorie du changement et de la réponse permet d'analyser d'une manière dynamique les compromis élaborés par les acteurs quand ils sont confrontés à des conflits potentiels ou ouverts entre leurs valeurs culturelles et les changements, qu'ils soient économiques ou politiques. Changements économiques : lorsque la pauvreté s'aggrave, les parents ferment les yeux quand leurs filles, pour payer les dépenses scolaires de leurs petits frères, se prostituent avec un risque de grossesse précoce, voire de contamination par le sida. Changements politiques : un bon exemple est la pression exercée par les programmes de population lorsqu'ils sont concrètement mis en œuvre localement à travers des campagnes de stérilisation des hommes. Compte tenu des fantasmes sur la virilité, le mari qui a été stérilisé peut justifier d'avoir accepté la vasectomie en se réfugiant derrière des rationalisations économiques : « *nous n'aurons plus jamais la charge de nouveaux enfants* ». Mais comme l'argument vaut tout autant pour les ligatures de trompes pratiquées sur les femmes, pourquoi les stérilisations masculines sont-elles statistiquement nettement moins fréquentes ? Il est clair qu'il est beaucoup plus acceptable socialement et culturellement de stériliser une femme qu'un homme et la réponse précitée est bien une rationalisation qui n'explique rien. Les *gender studies* ont leur mot à dire sur la question.

La culture

Plus généralement, si les formes culturelles sont à la fois des modèles de et pour la réalité, il faut éviter les deux impasses du traitement habituel de la culture par les démographes, d'une part la réduire aux caractéristiques individuelles et d'autre part faire référence à des notions aussi vagues que la « culture occidentale », la « culture globale » (Fricke, 1997 : 252-256). De manière très générale, les démographes s'accordent à considérer que la culture est un des trois éléments constitutifs de la réponse des individus, à côté des inclinations psychologiques individuelles et des facteurs économiques. Au niveau micro, la culture n'est trop souvent pour eux que l'une des nombreuses caractéristiques sociodémographiques des individus inclus dans les échantillons de leurs enquêtes et ils la quantifient à travers un petit nombre d'indicateurs mesurables tels que la langue parlée, la religion, l'appartenance ethnique, parfois combinés en un indicateur global. En même temps, au niveau macro sociologique, ils traitent la culture comme une catégorie, un « facteur résiduel », ou pire encore une « boîte noire » au fond de laquelle la vérité est supposée se trouver (Kertzer and Fricke, 1997 : 18). Quand ils généralisent à partir de l'analyse des données, nos collègues se contentent de faire référence à la culture en opposant les mots traditionnels et modernes, soigneusement mis entre guillemets, afin de parer aux objections des sociologues et des anthropologues qui, tels Hammel et Friou (1997 : 192, note 3), ironisent sur le fait que « dans la tradition de Notestein, il suffit que la "modernisation" (mais de quoi s'agit-il ?) se réalise et de laisser les acteurs sociaux s'y adapter mystérieusement, sans que nous comprenions ce à quoi exactement ils sont en train de s'adapter ». Et en 1990 Hammel avait remarqué sur un ton encore plus acerbe que « l'utilisation de la culture en démographie semble embourbée dans des concepts structuraux-fonctionnalistes vieux d'environ quarante ans, qui se durcissent rapidement et qui présentent tous les signes de fossilisation » (Hammel, 1990 : 456).

La démographie compréhensive se démarque de cette utilisation simpliste de la culture, qui selon l'expression de Kreager n'est qu'une « étiquette » ou « un exercice d'approximation » (Kreager, 1997 : 143). Mais proposer une autre définition de la culture soulève d'autres problèmes. Quelle piste le démographe trouve-t-il en effet chez Hammel ? Pour lui, la culture est un « ensemble de signifiants transitoires et négociés [...] un système de symboles moraux constamment modifiés et réélaborés » (1990 : 467). Parfaitement conscient de la nature polysémique du concept, il propose aux démographes de prendre en compte la culture « comme un outil pour penser les comportements » (1990 : 456). S'il suit cet avis, le démographe doit s'attacher aux valeurs et aux croyances des personnes, au niveau non seulement individuel, mais aussi méso et macro. Malheureusement, ceci ne lui permettra pas d'aller très loin. Une question plus intéressante est de savoir comment et pourquoi des changements se sont produits dans l'ethos culturel des individus ou des groupes. En 1992, Mason ne manqua pas de critiquer les théories culturelles de la fécondité et les « équations invalides » entre processus culturel, processus idéationnel et décision en matière de fécondité. Un changement idéationnel, par exemple l'émergence du désir d'une fécondité plus faible, peut se produire en l'absence de changements culturels et peut être totalement disjoint dans l'esprit des couples de l'idée qu'il est possible d'avoir moins d'enfants. Mais précisément parce que la culture n'est nullement fixée de manière rigide dans le temps et dans l'espace, les changements idéationnels finissent par s'intégrer dans la culture à un moment ou à un autre.

Il y a une bonne raison à cela. Ces sociétés rurales supposées traditionnelles n'ont cessé d'évoluer au cours des siècles et il faut absolument rejeter la vision simpliste de cultures autochtones immobiles. Les historiens ne manquent pas de rappeler aux démographes l'évolution des techniques agricoles au cours des siècles ; on ne voit pas pourquoi ces sociétés seraient restées figées uniquement en matière de reproduction et de fécondité. Mais comment démêler l'écheveau des changements idéationnels et culturels ? L'avantage du cadre analytique du changement et de la réponse est que cette distinction perd de sa pertinence, la typologie des réponses héritées-préférées, orientées, acceptables, permettant d'analyser les deux types de changement et, comme on l'a vu chez les femmes martiniquaises, de comprendre les compromis parfois subtils auxquels les acteurs aboutissent quand ils sont confrontés à des conflits potentiels ou patents entre leurs valeurs culturelles et ces changements.

Les migrations aussi bien internes qu'internationales sont en général traitées comme des phénomènes économiques ou politiques, mais leur analyse doit aussi s'attacher à leur dimension culturelle. Le cas des Dogon est exemplaire. Les diverses formes de leur mobilité (migrations en plaine, exode rural, migrations internationales) ont incontestablement une rationalité économique, mais elles ne peuvent être interprétées correctement si l'on ignore un des mythes fondateurs des Dogon, le refuge dans la falaise de Bandiagara face aux menaces d'autres groupes, l'importance des fétiches dans plusieurs aspects de la vie et enfin la double séniorité de sexe et d'âge. Il est impossible de résumer ici l'ensemble des facteurs anthropologiques qui expliquent les différences entre les migrations des jeunes hommes et celles des jeunes femmes ou encore les caractéristiques de la colonisation de la plaine au pied de la falaise de Bandiagara (Petit, 1998). Nous ne présenterons dans les pages qui suivent que le cas particulier des foyers dirigés par des femmes.

La rationalité des acteurs

Expliquer les réponses comportementales conduit à rechercher la rationalité de l'acteur en se détachant de celle du chercheur. Qu'est-ce qui fait sens pour l'acteur ? Or la personnalité d'un acteur est constituée de plusieurs identités qui se manifestent dans des situations particulières (Kreager, 1997 : 164). En outre, elles peuvent être mal intégrées ou même être conflictuelles et par conséquent générer des réponses contradictoires. C'est typiquement le cas dans le domaine de la santé de la reproduction où les réponses héritées peuvent entrer en conflit, on l'a vu, avec les objectifs des programmes de santé. Lorsque l'on explore la question de la rationalité, le choix entre les deux paradigmes possibles, l'économique et le culturel, est crucial. On présume en général que l'économie est plus importante pour les questions de population et de développement. Et pourtant ce n'est pas toujours le cas, comme le montre la transmission du patrimoine foncier à Madagascar. Les règles y sont incroyablement floues dans le cas d'une transmission de terres entre parents et enfants ; elles deviennent rigides et tatillonnes quand la terre est vendue à un étranger (Omrane, 2008). Il est tentant d'interpréter ce constat par rapport aux deux théories alternatives de Malthus et de Boserup, qui l'un et l'autre traitent du rapport entre la terre et la population, d'autant que la *land-fertility hypothesis* reste muette sur ce point.

En réalité, l'alternative Malthus/Boserup, qui privilégie l'économie, est totalement inopérante pour analyser la gestion patrimoniale du foncier : des pratiques de vente et de transmission apparemment contradictoires sont avant tout conditionnées par l'ancestralité et le caractère sacré de la terre. La notion d'usufruit apparaît alors heuristique : elle n'a jamais été prise en compte par les démographes alors qu'elle est familière aux anthropologues. Il convient de dépasser ce simple constat de la diversité des formes de réponses pour s'interroger sur ce qui est au cœur de la rationalité. La contribution de l'anthropologie à la compréhension des comportements démographiques est cruciale, car à travers ses diverses sous-disciplines (anthropologie économique, sociale, culturelle, politique) elle a développé de longues traditions de recherches sur des objets tout autres que ceux de la démographie, mais dont on peut tirer profit. Elle a par exemple révélé le contre-sens habituel commis par les démographes sur le tabou post-partum (interdiction des relations sexuelles pendant plusieurs semaines après l'accouchement), présenté comme un moyen traditionnel de planification des naissances alors qu'en réalité c'est une pratique qui assure la survie du groupe et qui n'est jamais pensée par les acteurs en termes de régulation de la fécondité.[3] En effet, la séparation des époux après la naissance permet à la femme de prolonger l'allaitement de son dernier-né, qu'elle serait obligée de sevrer si une nouvelle naissance survenait. Le dicton populaire : « le sperme gâche le lait » traduit bien le risque de mortalité infantile lié à des naissances successives trop rapprochées. En Gambie, Bledsoe, Banja et Hill ont par ailleurs montré que l'utilisation de la contraception n'a pas grand-chose à voir avec l'espacement des naissances, mais reflète l'inquiétude des femmes quant à l'épuisement de leur corps du fait des grossesses (1998 : 16). Cependant si l'anthropologie apporte un éclairage profond sur les comportements reproductifs, la démographie a d'autres atouts. Hammel et Howell la créditent de « traverser et d'unifier des sous-disciplines de l'anthropologie comme peu d'autres disciplines le font » (1987 : 141)[4].

IMPLICATIONS METHODOLOGIQUES

L'apport des collectes sociodémographiques classiques

Les recensements et les grandes enquêtes sur échantillon sont généralement utilisés dans deux perspectives : mesurer les niveaux et les tendances, notamment en matière de fécondité et analyser les structures sociodémographiques, dans la logique de la « morphologie sociale » prônée par Maurice Halbwachs pour étudier la société française dès 1926 dans son *Manuel d'ethnographie*, puis théorisée en 1938. Les recensements répondent parfaitement à ce deuxième objectif car ils fournissent les données nécessaires pour quantifier la répartition des populations par entité administrative, profession, religion, groupe ethnique, etc. ou encore les caractéristiques des logements. Les analyses produites à partir d'un recensement sont dites « transversales », sur la base de cette photographie instantanée d'une population qu'est un recensement.

Les grandes enquêtes sont mieux adaptées à l'analyse des dynamiques démographiques et les démographes ont développé des analyses dites longitudinales, plus tard sophistiquées en analyses biographiques. Mais dans

---

[3] On trouvera un exemple bien contextualisé chez Lockwood (1998 : 92-93) ; voir aussi Caldwell et al. (1981) ; Page et Lesthaege rejettent l'argument de la « rationalité inconsciente » (1981 : 14-15).

[4] Voir les diverses contributions dans le volume publié par Kertzer et Fricke en 1997. Levine et Scrimshaw (1983) sont moins convaincants. Kreager (1982) présente, à propos de trois exemples (les Nuer, les Redille, les Nwenbu) les contextes anthropologiques dans lesquels des éléments de ce qu'il appelle des « régimes démographiques » sont encastrés.

tous les cas, le traitement de la dimension sociétale des comportements reste peu élaboré (Petit et Charbit, 2013). Prenons l'exemple de la construction d'une typologie à partir d'une enquête démographique et de santé. Elle permettra d'identifier, parmi toutes les femmes qui constituent l'échantillon, celles présentant au moins une caractéristique commune, par exemple d'être non mariée et d'avoir eu leur première naissance avant 19 ans. Les grossesses des adolescentes étant un véritable problème de santé publique, ce sous-ensemble peut être identifié à une « population à risque ». On peut poursuivre la réflexion en vérifiant si les autres caractéristiques collectées dans le questionnaire démographique prédisposent ou non ces jeunes femmes à une grossesse précoce : sont-elles analphabètes, sans emploi, vivent-elles en ville, etc. ? Les régressions logistiques sont un outil robuste pour établir le rôle respectif de ces divers facteurs, mais pour utile que soit cette quantification, elle ne permet pas d'aller bien loin dans la compréhension des comportements. Car comme pour toute méthodologie, le chercheur est dépendant des données disponibles, et par contrecoup des objectifs et des questions de recherche qui sous-tendent l'enquête. Or, dans les Enquêtes démographiques et de santé, organisées avant tout pour quantifier et analyser la fécondité et qui permettent sans aucun doute de mesurer la fréquence des grossesses précoces, la compréhension du rôle de la pauvreté dans la survenance des grossesses chez ces femmes est tributaire de données précises sur la pauvreté (ou encore la culture), alors que les questions explorant ces deux dimensions sont très peu nombreuses dans le questionnaire.

C'est pourquoi les anthropologues ne manquent pas de critiquer les démographes pour leur traitement superficiel de la rationalité, de l'identité ou encore de la culture, lorsqu'ils analysent les comportements des populations. Comprendre la fécondité, la nuptialité, la migration nécessite d'aller bien au-delà des frontières disciplinaires de la démographie et de l'expertise quantitative que cette discipline valorise au plus haut point. Les méthodologies conçues seulement pour mesurer des indicateurs simples, tels l'âge ou le statut matrimonial[5], ne sont pas d'un très grand secours lorsque le chercheur s'attaque à des enjeux complexes. C'est le cas en particulier du traitement si médiocre des relations de genre par les démographes. Par contraste, l'anthropologie peut proclamer légitimement qu'elle a une compréhension beaucoup plus profonde des réalités, grâce à des terrains plus longs et une bonne maîtrise de la langue et par ailleurs elle s'enorgueillit de méthodes spécifiques, telles que l'observation participante, l'histoire orale,

[5] Et encore, dans les pays en développement, le démographe se heurte à de sérieuses difficultés, liées entre autres à l'analphabétisme ou à des réalités sociales élusives. Dans la Caraïbe par exemple, une femme va se déclarer « mariée » alors qu'elle est en « concubinage » en raison du prestige du modèle occidental du mariage légal.

le recueil de généalogies. Cependant la démographie a un rôle central à jouer lorsqu'elle fournit des indications quantitatives solides sur les aspects structurels des sociétés, même si l'on admet que certains indicateurs peuvent être biaisés (Hill, 1997). Il serait absurde de croire comme le prétend Scheper-Hugues, qu'il faut aller vers une « démographie sans chiffres », au nom d'un déconstructivisme poussé à l'extrême.

Les structures familiales dans la Caraïbe fournissent une exemplaire étude de cas interdisciplinaire de démographie compréhensive, associant collectes quantitatives, mesures précises des formes de familles, mise en perspective historique, contextualisation anthropologique, collecte sociologique, cette dernière éclairant le sens que revêt telle ou telle forme de famille pour les populations elles-mêmes.

La nuptialité et les structures familiales dans la Caraïbe sont-elles instables?

Sur la foi d'un grand nombre de travaux de recherche sociologiques et anthropologiques réalisés depuis le début des années 1940, on a longtemps considéré que l'instabilité de la nuptialité et de la famille caractérisait la région. Il y avait de bonnes raisons à cela. Après la disparition des populations autochtones amérindiennes, la quasi-totalité des îles de la Caraïbe et certains pays du continent latino-américain avaient été peuplés presque exclusivement d'esclaves. La famille nucléaire semblait incompatible avec l'esclavage pour diverses raisons et notamment les obstacles légaux au mariage des esclaves (car les esclaves avaient le statut d'objet et non de personnes) et l'abus sexuel des femmes esclaves par des planteurs blancs en mal de partenaires en raison de la pénurie de femmes blanches dans les colonies. Il en serait résulté une dévalorisation et même une marginalisation des hommes esclaves ; la cellule familiale se resserrant sur la mère et ses enfants, d'où le concept de « famille matrifocale », caractérisée par l'absence d'hommes dans le ménage. Pourtant, la famille nucléaire ne ré-émergea pas après l'abolition de l'esclavage pour deux raisons principales, d'abord le manque de terres dans des îles très densément peuplées (ce fut le cas de la Barbade) força les anciens esclaves à continuer à travailler pour leurs anciens maîtres ; ensuite la pauvreté se traduisit jusqu'au milieu du XXe siècle par une anomie assez profonde et largement répandue dans les populations. Dans ces conditions, la matrifocalité, en tant que structure familiale alternative de la famille nucléaire persista chez les populations métissées issues de l'esclavage, non seulement en termes de modèle résidentiel, mais également comme mode relationnel ; les hommes étant réputés encore aujourd'hui assumer peu et mal leurs rôles et responsabilités paternels.

A partir des années 1970, des données démographiques nombreuses et de qualité devinrent disponibles. Grâce aux recensements et aux diverses enquêtes réalisées dans le cadre du programme de l'enquête mondiale sur la fécondité, il fut possible de quantifier les diverses formes de famille, dans une perspective tant transversale que longitudinale et de mieux mesurer l'instabilité supposée de la nuptialité. Nous avons analysé les données des six enquêtes nationales sur la fécondité (République Dominicaine, Guadeloupe-Martinique, Guyana, Haïti, Jamaïque, Trinidad et Tobago), celles disponibles dans les recensements de Cuba et de Porto Rico, et enfin des enquêtes isolées à Barbade en Jamaïque, en Guyana, à Antigua (Charbit, 1987). En contradiction totale avec ce que l'on tenait pour acquis sur la prévalence de la famille matrifocale, presque partout dans la Caraïbe les deux tiers de l'ensemble des ménages sont (donc au moment de l'enquête ou du recensement[6]) des familles nucléaires, alors que les familles matrifocales – telles que définies par les anthropologues et les sociologues (soit trois générations en ligne féminine sans aucun partenaire masculin présent) – ne représentent jamais plus de 5% de l'ensemble des ménages. Les données disponibles sur les familles des esclaves, collectées en Jamaïque, aux Bahamas à Barbade par des historiens confirmèrent que même au temps de l'esclavage, la famille n'était pas totalement déstructurée. Nous avons aussi calculé la répartition des femmes selon le nombre de partenaires avec qui elles avaient eu des enfants et qualifié cette forme de paternité séquentielle de pluripaternité. En Guadeloupe et Martinique, notre enquête réalisée en 1975 sur un échantillon de 2 400 femmes révéla que dans les deux tiers des cas les femmes avaient eu tous leurs enfants d'un seul père. La pluripaternité, loin d'être un modèle culturel traversant l'ensemble des couches sociales, était en réalité étroitement liée à la pauvreté, ce que les caractéristiques socio-culturelles et économiques de ces femmes en situation de pluripaternité démontraient. Des entretiens approfondis avec ces mêmes femmes confirmèrent les difficultés matérielles, psychologiques, affectives auxquelles les femmes élevant seules leurs enfants étaient confrontées. Quant à la nuptialité proprement dite, le nombre moyen de partenaires, le temps passé hors union par les femmes, la fréquence des biographies matrimoniales simples par rapport aux biographies complexes, tous ces indicateurs témoignaient d'une relative stabilité dans la Caraïbe. Ainsi toutes ces données allaient à l'encontre des thèses sociologiques et anthropologiques dominantes.

[6] Les démographes, dans leur jargon utilisent le terme de « transversal » au sens d'une photographie instantanée à instant « t » qui saisit toute la population et donc qui prend en compte l'ensemble des générations qui la composent. Ce terme s'oppose à l'analyse « longitudinale », qui suit une génération, née à une année donnée, et analyse sa fécondité, sa mortalité, ses migrations ou sa nuptialité.

Que penser au regard de ce conflit entre les points de vue disciplinaires, d'un côté les données historiques et démographiques, de l'autre les études sociologiques et anthropologiques ? D'un point de vue épistémologique d'abord, comment privilégier un unique facteur (qui disparut au milieu du XIXe siècle avec l'abolition de l'esclavage) tout en passant sous silence un siècle de colonisation ultérieure, au cours duquel s'est largement diffusé le modèle de la famille nucléaire occidentale ? Ensuite la comparaison avec les mêmes indicateurs disponibles dans plusieurs pays d'Amérique centrale et du Sud, où l'esclavage n'a pas été un facteur décisif du peuplement, ne révèle pas un degré d'instabilité plus fort dans la Caraïbe, ce qui *ipso facto* invalide l'explication par l'esclavage. Il faut alors recourir à une grille d'analyse radicalement différente, en termes de groupes sociaux. En Amérique latine comme dans la Caraïbe, les journaliers agricoles employés dans les grandes exploitations spécialisées dans des monocultures (café, agrumes, etc.) connaissent une forte mobilité géographique et une vulnérabilité économique qui fragilisent leur vie de famille. La matrifocalité qu'on observe n'est alors rien d'autre qu'un isomorphe de celle du passé, elle renvoie plutôt à la logique du prolétariat rural moderne. En même temps, les paysans propriétaires, jamaïcains ou autres, vivent dans des familles nucléaires stables où les maris et les pères sont des figures fortes et bien présentes.

Les biais méthodologiques des terrains anthropologiques

Les méthodologies démographiques ont une légitimité qui ne peut relever de l'anthropologie démographique et qui tient au concept même de représentativité statistique. Celle-ci s'oppose à la spécificité des études anthropologiques, qui n'ont pas pour objectif d'atteindre une représentativité de cet ordre. Ceci pose le problème de la généralisation des résultats obtenus dans des recherches de nature monographique. On a pu noter à juste titre que dans la Caraïbe les petits échantillons sur lesquels les travaux anthropologiques reposaient avaient été sélectionnés dans les segments noirs, pauvres et ruraux de la population, trois caractéristiques supposées proches de celles des populations esclaves anciennes. Les recherches ignoraient en général les hommes et les femmes métissés, vivant en milieu urbain et appartenant aux classes moyennes. Ensuite la dimension économique de la matrifocalité avait été presque totalement négligée, l'accent au contraire fortement mis sur la dimension culturelle et sociale de l'esclavage. Or, dans toutes les enquêtes qui ont pris en compte la présence d'un homme économiquement actif, on a pu constater qu'il participait activement aux dépenses des ménages et en particulier à l'éducation et la santé des enfants. Enfin, dans des enquêtes nationales représentatives, il ne peut y avoir, par définition, de déficit d'hommes, à moins d'une émigration massive d'hommes, ce qui justement n'est le cas dans aucun des pays de la Caraïbe : les proportions d'hommes et de femmes adultes sont donc équilibrées au niveau national. Si les hommes sont absents des ménages ruraux, c'est souvent parce qu'ils ont trouvé un emploi en milieu urbain, mais au total on doit trouver, comme partout ailleurs dans le monde, bien plus de ménages dirigés par les hommes. Un ultime argument pourrait être opposé au constat démographique, qui s'appuie sur une supposée caractéristique culturelle de la Caraïbe, le *machismo.* Il serait important pour un homme de prouver sa virilité à travers une descendance nombreuse, et les femmes ne seraient pas seulement contraintes de se plier à ce désir narcissique ; en raison de leurs difficultés économiques, elles seraient soucieuses d'obtenir l'aide économique des hommes et seraient prêtes à prendre le risque d'une nouvelle grossesse, quitte à être abandonnées ensuite. D'où la forte expression populaire « chercher du pain, trouver de la viande ». Il semble donc assez logique pour une femme de tenter d'ancrer un partenaire sexuel en lui donnant un enfant, dans l'espoir qu'il s'occupera de ses enfants déjà nés de partenaires précédents.

Cette thèse séduisante est pourtant discutable. Au moins une anthropologue, Susan Brown, a observé au contraire en République Dominicaine que la femme risquait d'accumuler les inconvénients d'avoir un concubin chez elle et de perdre son indépendance, sans pour autant avoir les avantages du mariage légal, car une femme qui travaille est souvent considérée comme une femme de mauvaise vie. Les femmes dominicaines préféraient donc rester seules. D'autre part, les chiffres ne confirment pas la thèse avancée. Certes ce comportement existe et quand une femme rencontre un homme, il est possible qu'elle recherche sécurité et protection économique. Mais, même si les prémisses sont correctes la conclusion est fausse. En effet, pour qu'une grossesse se produise, il faut une certaine fréquence des relations sexuelles. Or, celles-ci sont plus fréquentes dans un couple marié que dans le cadre d'une union consensuelle sans co-résidence, où la femme ne voit son partenaire que de manière occasionnelle. Mais en outre, une femme pauvre, mère de trois ou quatre enfants et surchargée de travail, a toutes les chances de ne pas être très attractive comme partenaire sexuelle et par conséquent de connaître de longues périodes de solitude, sans aucune relation sexuelle. Statistiquement elle a donc moins de risque d'être enceinte qu'une femme mariée. En un mot, la composante purement biologique de la démographie conduit à contester des généralisations trop rapides fondées sur des arguments purement culturalistes.

Les méthodologies mixtes au niveau micro-local

En 1984, un colloque organisé à Canberra avait abouti à la publication d'un volume de référence *Micro-Approaches to Demographic Research* coédité par Caldwell, Hill et Hull (1988). Aux yeux des éditeurs, les avantages de l'approche micro-locale étaient triples : encourager une vue plus holistique que les enquêtes habituelles et par conséquent mieux démontrer le rôle d'un facteur donné à différents niveaux d'analyse ; deuxièmement, mieux prendre en compte les déterminants lointains de la fécondité (la religion, les systèmes de valeurs, les relations de genre, etc. étant difficiles à transformer en variables quantitatives, ils ont été relativement délaissés dans les grandes enquêtes sur échantillon au profit des déterminants proches, bien plus faciles à mesurer, en particulier la nuptialité, la contraception, l'allaitement) ; troisièmement, en ce qui concerne la recherche appliquée, on peut tester sur un village, pour ainsi dire *in vivo*, théories et hypothèses (Caldwell and Hill, 1988 : 1-3).

Depuis le milieu des années 1980, nous avons réalisé plusieurs projets de recherche appliquée qui privilégiaient le niveau micro-local au Sénégal, à Maurice, au Mali, en Guinée Conakry, à Madagascar. Certains sont présentés dans les chapitres qui suivent et constituent autant d'exemples concrets de la manière dont la démographie compréhensive a été mise en œuvre dans des recherches de terrain. A la différence de Caldwell et de ses collègues, nous distinguons le niveau micro-local au sens strict (l'individu) du niveau méso (la famille ou la communauté) car nous pensons qu'ils doivent être traités différemment, à la fois d'un point de vue théorique et méthodologique. Nous avons donc mis au point une méthodologie interdisciplinaire, dite des enquêtes régionales intensives. Quatre à huit villages sont sélectionnés par choix raisonné dans une région donnée, au sein d'un pays (par exemple la Guinée maritime en République de Guinée). L'enquête ménage est immédiatement suivie d'une enquête démographique classique auprès de toutes les femmes d'âge fécond (15-49 ans) et des hommes (20-69 ans), mariés ou pas. A la collecte quantitative succède une enquête qualitative par *focus group* et entretiens approfondis individuels des hommes et des femmes, mais aussi des leaders traditionnels ou modernes. Cette double enquête quantitative et qualitative est complétée par une analyse du fonctionnement concret des équipements communautaires et des projets de développement et l'utilisation, le cas échéant, des bases de données existantes dans les villages (par exemple les fichiers du poste de santé). La durée du terrain est en moyenne de 8 semaines, une première restitution des résultats est faite dans les villages, et trois ou quatre jours après, des données et des analyses plus élaborées sont présentées dans un séminaire national. Les comportements sont analysés au niveau micro-local, dans une perspective pluridisciplinaire, associant principalement la sociologie, la démographie, l'anthropologie. Le cadre conceptuel et la méthodologie sont conçus en fonction de deux grandes hypothèses que les Tableaux 1a et 1b présentent de façon schématique, en précisant brièvement leurs implications méthodologiques et les outils de collecte correspondants (Charbit et Ndiaye, 1994). La première hypothèse explore le niveau psychosociologique et culturel des relations interindividuelles (Tableau 1a).

Tableau 1a. Hypothèses et méthodologie des recherches de terrain

HYPOTHESE 1. Les comportements démographiques ont une dimension interindividuelle		
SOUS-HYPOTHESES	**METHODOLOGIE**	**OUTILS DE COLLECTE**
1. Normes et valeurs	Choix raisonné (critères ethniques, économiques)	Recherches bibliographiques
2. Les groupes de référence	Enquête socio-anthropologique	Grilles d'entretien de groupes et individuelles
3. Les relations entre les sexes	Enquête socio-anthropologique	Grille Homme Grille Femme
4. L'individu lui-même	Enquête socio-démographique Entretiens individuels	Questions et grilles d'entretien femme/homme

Les comportements individuels en matière de fécondité et de régulation des naissances sont analysés comme le produit d'interactions entre les individus du village. Ceci implique l'identification et l'analyse de quatre objets sociologiques distincts : les valeurs et les normes culturelles partagées par l'ensemble des villageois, les groupes de référence (classes d'âge, groupes de pairs), les relations entre les sexes (statut de l'homme et de la femme, incidence de la polygamie), les individus eux-mêmes en distinguant les leaders d'opinion modernes ou traditionnels.

La seconde hypothèse (Tableau 1b) considère que le village, en tant qu'entité socio-économique, influe sur les comportements individuels. Quatre autres objets sociologiques sont ainsi identifiés : l'habitat, la structure démographique des familles, les équipements communautaires, les migrations et les projets de développement qui relient le village au monde extérieur. Enfin, précisons que les données quantitatives collectées au niveau micro-local sont comparées avec les données disponibles au niveau régional ou national lorsque des recensements ou des enquêtes ont été réalisés.

Tableau 1b. Hypothèses et méthodologie des recherches de terrain

HYPOTHESE 2 : le village, en tant qu'entité socio-économique et culturelle, influe sur les comportements démographiques		
SOUS-HYPOTHESES	**METHODOLOGIE**	**OUTILS DE COLLECTE**
1. Modalités de l'habitat villageois	Topographie socio-culturelle	Plan du village Observations
2. Structure des familles	Enquête Ménage	Questions sur les structures familiales
3. Équipements communautaires et projets de développement	Enquête socio-démographique	Grille communautaire
4. Migrations individuelles et flux économiques	Enquête socio-démographique	Questionnaires individuels et ménages : module "migrations"

Source : Charbit et Ndiaye, 1994

Nous nous bornerons ici à analyser deux exemples, l'un qui illustre la première hypothèse, relative à la surdétermination des décisions individuelles de fécondité (qu'est-ce que faire un enfant en milieu rural sénégalais ?), l'autre qui met en évidence l'importance de la dimension communautaire (pourquoi et comment une femme dogon devient-elle chef de famille ?).

Le niveau individuel : faire des enfants en milieu rural sénégalais

La mesure de la fécondité désirée par la femme donne lieu à une méthodologie démographique bien rôdée : les enquêtes démographiques contiennent une question sur le nombre idéal d'enfants, que l'on compare au nombre total de grossesses que la femme a eues. Si celles-ci sont plus nombreuses que le nombre idéal déclaré, on en déduit que cette femme doit être comptabilisée parmi celles qui ont une demande potentielle de contraception. Dans un des villages sénégalais étudiés en 1990 selon la méthodologie décrite ci-dessus, une femme déclara au cours de la passation du questionnaire démographique individuel avoir eu 19 grossesses et désiré 8 enfants. Sa demande potentielle de contraception est donc apparemment très forte. Cependant elle affirma, en réponse à une autre question, ne regretter aucune de ses 19 grossesses. Cette forte contradiction suggère, soit une totale incohérence chez cette femme, soit un problème méthodologique très sérieux. Or un entretien qualitatif réalisé peu après avec la même femme mit en lumière une toute autre réalité : elle avait une coépouse stérile et une sœur qui avait un seul enfant. Elle pouvait donc donner des enfants à sa coépouse, lui évitant ainsi la malédiction de la stérilité, et à sa sœur, lui permettant de parer au malheur de la mortalité infantile en cas de décès de son unique enfant.

L'entretien qualitatif apporte des informations qui changent complètement la perspective, et qui sont parfaitement cohérentes avec une valeur centrale des sociétés africaines, la fertilité de la femme. Ici encore, la qualification socio-anthropologique est décisive : dans cette société et cette ethnie, comme dans bien d'autres en Afrique, le rôle social de mère est au moins aussi important que le rôle biologique de génitrice. Trois enseignements se dégagent de cet exemple. Méthodologiquement, la fécondité, la nuptialité et la mortalité sont en interrelation dans le vécu des individus et gagnent à être analysées dans un même mouvement. Deuxièmement, cette femme ne se situe nullement dans une logique individualiste de réduction de sa fécondité : la réalité du milieu rural sénégalais, c'est que les enfants n'appartiennent pas à la femme, mais au couple et à la famille (entendue ici au sens de famille polygamique) et enfin au lignage. On affirme généralement qu'en Afrique de l'Ouest la compétition entre les coépouses peut être féroce, et que la part d'héritage étant proportionnelle au nombre d'enfants, aucune coépouse n'a intérêt à utiliser la contraception. Mais les solidarités de genre se révélèrent bien plus fortes que les rivalités, comme ce fut le cas dans ce village sénégalais. L'explication est simple. Même si à long terme la compétition autour de l'héritage peut être une source de conflit ouvert, à court terme ce sont les solidarités qui prévalent car les femmes ont la lourde responsabilité d'assurer le quotidien de familles étendues rassemblant vingt ou trente personnes, voire bien davantage dans certaines ethnies tels les Peul. C'est dire qu'il importe de bien identifier l'échelle temporelle pertinente. Troisièmement, ce qui est fondamentalement en cause ici, par-delà le manque de pertinence du concept de demande potentielle de contraception, c'est la conception occidentale de la famille, qui est un élément central de la théorie de la modernisation et par contrecoup des programmes de planification familiale, alors qu'elle ne correspond pas au vécu des femmes rurales africaines.

Le contraste avec les effets dévastateurs de la pauvreté sur l'acceptation par les mères de la mort de leurs nourrissons dans les bidonvilles est frappant. Scheper-Hugues décrit comment les mères laissent leurs « bébé-anges » mourir en arrêtant de s'occuper d'eux (1997 : 204-215). Certes, les contextes sont profondément différents. Les liens sociaux dans les villages sénégalais sont forts : les enfants constituent un capital et les jeunes femmes ont très peu d'autonomie et sont sous l'autorité des générations de femmes et d'hommes plus âgés. Par contraste, la situation dans les bidonvilles brésiliens, même si bien évidemment des formes d'organisation sociale existent nécessairement, rappelle les descriptions par Villermé ou par Marx des conditions anomiques du prolétariat urbain au moment de la révolution industrielle. Mais les deux études de cas révèlent la même inadéquation des interprétations habituelles de la mortalité infantile. En milieu rural sénégalais, la rationalité sociale est plus forte que la pure utilité économique, tandis que dans les bidonvilles brésiliens les mères, écrit Scheper-Hugues, « peuvent presque toujours dire pourquoi un enfant est mort, mais comme leurs explications étiologiques établissent des passerelles entre les réalités biologiques, sociales, politiques, spirituelles et magiques, leur savoir est généralement rejeté par l'Etat et par les chercheurs. Les hypothèses, les modèles et les paradigmes de ces femmes ne s'accordent pas aux notions séculaires, biomédicales, épidémiologiques et démographiques de causalité, de rationalité, et de choix rationnel qui gouvernent la recherche scientifique » (Scheper-Hugues, 1997 : 207).

Le niveau communautaire : les femmes dogon chefs de famille

Les Dogon représentent un peu moins de 5% de la population du Mali. Le sous-groupe sur lequel porte les données présentées ici réside dans l'arrondissement de Sangha dans la boucle du Niger au nord-est de Bamako. La population dogon de cette région est bien connue d'un point de vue ethnologique grâce aux travaux de Marcel Griaule, Germaine Dieterlen, Denise Paulme et Geneviève Calame-Griaule, pour ne citer qu'eux, mais on ignorait tout de leur régime démographique jusqu'à l'enquête réalisée entre 1991 et 1994 (Petit, 1994, 1998). Que nous apprend le recensement démographique ? En tout 21 150 personnes ont été dénombrées en 1991 et sur les 1 314 chefs de famille, on ne compte que 14 femmes, et parmi elles, presque huit sur dix sont âgées et veuves. Les familles sont d'une taille réduite dans les villages d'éboulis[7], 9,3 personnes en moyenne contre 22,8 personnes dans les villages situés sur le plateau, et elles sont surtout composées de personnes âgées et d'enfants. Dans les éboulis, les familles sont souvent composées d'un seul noyau et l'âge moyen des individus qui la composent est plus élevé que sur le plateau. Et surtout, lorsqu'une femme est chef de famille c'est toujours dans un village d'éboulis.

Qu'y a-t-il de spécifique aux villages d'éboulis qui explique cet ensemble de caractéristiques sociodémographiques ? En particulier pourquoi si peu de

[7] Lors du peuplement de la falaise de Bandiagara par les Dogon, des villages ont été créés soit sur le plateau en haut de la falaise, soit dans la zone dénommée « les éboulis », c'est-à-dire l'amas rocailleux constitué au fil du temps en contrebas par les effondrements de blocs. Cette localisation si elle répondait aux origines à une logique de défense contre leurs ennemis, s'est avérée coûteuse puisqu'elle n'est propice ni aux activités agricoles (terroir très réduit), ni aux échanges économiques (accessibilité difficile). Ces contraintes expliquent en partie les mouvements migratoires qui se développeront vers la plaine du Séno Gondo, située dans le prolongement de la falaise, où les conditions de vie sont plus clémentes.

femmes sont-elles chef de famille et pourquoi n'en trouve-t-on que dans les villages d'éboulis ? Evacuons d'emblée l'objection du petit nombre de cas qui sont observés (14 sur 1 314). S'il s'agissait d'une enquête sur échantillon, ces faibles chiffres pourraient résulter de biais d'observation, mais c'est un recensement exhaustif qui a été réalisé et ce chiffre de 14 ménages est bel et bien la réalité. Mais surtout, il fait sens sociologiquement, car il est parfaitement cohérent avec la logique socio-culturelle de la société dogon. Dans le cas des femmes dogon, deux éléments sont décisifs pour comprendre les faibles proportions de femmes chef de famille : le statut de la femme, le milieu topographique (Charbit et Petit, 1996). Deux logiques apparemment contradictoires sont à l'œuvre : le statut de la femme explique qu'elles soient peu nombreuses à être chef de famille ; les contraintes topographiques rendent inévitable qu'il y en ait quelques-unes. Mais cette contradiction n'est qu'apparente et se résout dès lors que l'on se situe au niveau anthropologique.

Le statut de la femme dogon

Le statut de la femme, et à travers lui la problématique du genre, sont indispensables pour rendre compte des structures familiales. Dans la société dogon, l'homme est toujours l'aîné de la femme et ce sont les aînés qui disposent du pouvoir de décision. Dans une situation socialement normale, le chef de famille est donc obligatoirement l'aîné mâle des individus présents. Statutairement, être femme c'est être considéré comme appartenant à la catégorie des cadets, en dehors de toute considération d'âge. La relation de sexe prime donc sur la relation d'âge. En effet, les femmes ne sont pas reconnues comme les égales des hommes ; on les tient socialement pour leurs cadettes. La femme ne doit pas boire avant un homme. Elle ne doit pas non plus manger avant lui, même s'il s'agit d'un garçon, car « l'homme est plus âgé que la femme » (Calame-Griaule, 1965 : 360). Denise Paulme souligne que la femme n'appartient pas à la famille de son époux et qu'elle reste une étrangère, même après plusieurs années de mariage (Paulme, 1935, 1940).

L'analyse démo-anthropologique (Petit, 1998) confirme que les femmes deviennent chef de famille uniquement là où les structures familiales sont les plus affaiblies et où la situation économique est la plus dégradée. La survenance du décès du mari illustre bien la dépendance statutaire de la femme. Elle peut demeurer au sein de la famille comme veuve ou accepter, selon la coutume du lévirat[8], de se marier au frère (au sens de la parenté classificatoire) de l'époux décédé. Elle peut au contraire décider de quitter la

---

[8] Lévirat : forme de mariage au sein duquel à la mort de son conjoint, la veuve épouse un frère de son époux décédé.

famille en rentrant chez son père, ou en se remariant avec un homme extérieur à la famille de son époux décédé. En fait, l'option que choisit la femme dépend de son âge, et par là de sa capacité à enfanter. Tant qu'elle peut procréer, elle cherchera à se remarier rapidement. Si c'est une femme âgée, ménopausée, elle deviendra vraisemblablement une seconde ou une troisième épouse par lévirat. Sinon, elle restera une veuve ; ses enfants ayant pour devoir de l'entretenir. Même si elle n'a plus d'enfants présents ou en vie dans la famille de son époux, elle n'en sera pas chassée, car ce serait un manque de respect. De cette hiérarchie sexuelle, il résulte qu'une femme n'a guère de chance d'être chef de famille et qu'elle ne peut être dépositaire de cette autorité que dans des circonstances exceptionnelles qui obligent le groupe à aller contre un des principes structurants de sa culture.

Les femmes ne sont donc chefs de famille que dans des situations très précises et transitoires et tel est le cas si le mari décède. Elles occupent cette position en quelque sorte comme une régente, en situation d'attente. Et dans cette société caractérisée par des migrations importantes, le temps que la succession se règle peut s'éterniser si l'homme de la famille qui est appelé à en devenir le chef est à Bamako ou à l'étranger au moment du décès. D'autre part, quelle que soit la raison pour laquelle les femmes accèdent au statut de chef de famille, elles n'exercent pas cette fonction avec toutes les prérogatives qui y sont attachées, en particulier le pouvoir économique et politique. Elles sont sous le contrôle des autres hommes de la famille, sous le regard des anciens du village et elles ne décident que par procuration. Ainsi, c'est en général le frère du conjoint de la femme qui détient les ressources. Les grains qui nourrissent quotidiennement la famille sont entreposés dans un grenier mâle, celui du chef de famille traditionnellement ; la femme ne complétant l'alimentation par ses propres réserves qu'en cas de nécessité (Bouju, 1984 : 133-134). Le grenier mâle, *gê ana*, est d'ailleurs le plus grand de tous les greniers. Il peut contenir 80 à 120 paniers d'épis, c'est-à-dire de 1 600 à 2 400 kg de grains. En disposer, c'est affirmer son pouvoir, nourrir des individus, c'est en faire ses dépendants, c'est maîtriser leurs destinées. La femme ne dispose pas de ces réserves. Ainsi, pour la femme dogon, se retrouver chef de famille correspond forcément à une situation temporaire. Mais les contraintes écologiques jouent aussi.

Le facteur écologique

Au pays dogon, l'opposition entre le plateau et les éboulis est fondamentale. La première zone bénéficie de conditions naturelles permettant les cultures maraîchères, notamment celle de l'oignon et des retombées du tourisme, tandis que la seconde souffre d'enclavement, d'une topographie accidentée et de faibles ressources en eau, ce qui entrave le développement des cultures maraîchères, seule source de revenus monétaires avec le tourisme. Ces contraintes écologiques expliquent les différences constatées par le recensement démographique entre les structures familiales des villages du plateau et ceux des éboulis et en particulier l'accès des femmes au statut de chef de famille.

Ces femmes, le plus souvent veuves et âgées, se retrouvent à la tête de quelques personnes ayant le statut de mineur, les enfants et les personnes âgées, ce qui est socialement tolérable ; une telle situation ne remettant pas en cause, on l'a dit, le fonctionnement d'une société qui repose sur la double hiérarchie de l'âge et du sexe. Une femme, au décès de son conjoint, peut donc plus aisément se retrouver à la tête d'une cellule familiale réduite faute d'hommes, car ces derniers sont très souvent partis s'installer définitivement ou temporairement dans les villages de culture en plaine. Le siège de la grande famille, la *gina*, reste cependant dans le village d'origine dans les éboulis. C'est là que sont les fétiches des familles et celles qui ont quitté les éboulis faute de ressources suffisantes pour s'installer dans les villages de plaine, y reviennent pour toutes les grandes fêtes dogon, comme le *boulo* (fête des nouvelles semailles) ou le *dama* (cérémonie de relevé de deuil). Il est indispensable de se tourner vers l'histoire des Dogon et les grands mythes fondateurs pour comprendre l'importance des éboulis. La tradition orale rapporte qu'ils auraient quitté le Mandé au XIVe siècle. Au cours de leur périple, ils ont sans doute croisé différents peuples : les Tellem, les Peul, les Môsé, les Bambara et les Bozo. Les premiers contacts avec ces ethnies, qu'ils aient été pacifiques ou guerriers, ont forgé l'actuel mode de communication entre eux et les Dogon : méfiance et hostilité envers les Peul par exemple, liens de parenté avec les Bozo. Cette première grande migration, qui est de l'ordre du mythe fondateur, est centrale dans l'identité des Dogon, car au terme de leur exode, ils se sont installés dans la Falaise de Bandiagara après en avoir chassé les autochtones, les Tellem. Les Dogon en ont fait une forteresse et un sanctuaire contre les invasions successives des Peul, des Mossi, des Toucouleur. Elle est devenue consubstantielle à leur identité, au point qu'ils considèrent que les « vrais Dogon » sont ceux qui y vivent, d'où le prestige des villages d'éboulis. Faute d'un terroir suffisant, les Dogon ont dû coloniser la plaine qui s'étend au pied de la falaise. Il n'est donc guère surprenant que les migrants soient à 68% originaires des éboulis, alors que les villages d'éboulis regroupent seulement 55% de la population totale. Aujourd'hui, les Dogon qui sont partis en plaine procurent aux vieux restés au village d'origine les sacs de mil qui leur permettront d'assurer la soudure. Par conséquent, le pouvoir économique est de plus en plus l'apanage des villages de plaine, qui assurent une plus grosse production de mil, et le fait que des femmes soient chefs de famille dans ces villages d'éboulis est bien l'indice d'un déplacement du pouvoir. C'est cette conjonction de facteurs anthropologiques, économiques, socioculturels et écologiques qui explique que les femmes n'ont guère de chance de devenir chef de famille et seulement dans les éboulis.

Ces deux exemples suggèrent que le couplage des méthodes démographiques et anthropologiques est heuristique. Il existe plusieurs manières de les mêler, mais comme le souligne Hill (1997 : 223) c'est au niveau des villages que les deux disciplines peuvent collaborer de la manière la plus fructueuse. Finalement, la démographie compréhensive, surtout si elle met en œuvre la typologie des réponses, nous semble échapper à la critique de McNicoll selon laquelle « lorsque l'attention se focalise sur les individus pour tenter d'avoir une vision compréhensive du comportement des acteurs en termes de ce qu'ils pensent et de ce qu'ils perçoivent, il est très facile de perdre de vue le contexte institutionnel qui dans une large mesure est une contrainte sur ces comportements » (1988 : 23). Au contraire la démographie compréhensive resitue, selon l'expression de Greenhalgh les comportements individuels dans leurs contextes et nous partageons pleinement son plaidoyer (1995 : 13) pour une démographie politico-économique d'orientation anthropologique et son insistance sur la nécessité de ne pas confiner la recherche de terrain à la collecte de données individuelles. Notre démarche résout une des questions difficiles que soulève le niveau sociétal si peu et si mal exploré par la recherche démographique classique fondée avant tout sur les données individuelles. Comme si le niveau collectif n'était que la simple agrégation de données individuelles ! Le parallèle s'impose avec les sondages d'opinion dans les pays développés qui réduisent l'opinion publique à la seule information tirée d'échantillons par quota, cette pseudo-conceptualisation de l'opinion publique ignorant le rôle et la diversité des canaux d'information et des réseaux sociaux qui façonnent les attitudes politiques au moment des votes.

ENJEUX EPISTEMOLOGIQUES

Les analyses actuelles des comportements démographiques dans les pays en développement souffrent d'au moins trois faiblesses. Certes la fécondité, la migration, la mortalité, la nuptialité sont des sujets d'étude en soi et peuvent techniquement s'analyser indépendamment les unes des autres. Les démographes, qui se sont très souvent spécialisés sur l'une ou l'autre des variables, tendent à ignorer leurs interrelations, ce qui est tout à fait acceptable à condition toutefois de ne pas transformer leurs résultats spécifiques en généralisations sociologiques péremptoires sur la population et le développement. Une vision holistique du comportement démographique est indispensable et ces grandes variables doivent être considérées comme une palette de réponses dont disposent les acteurs dans une situation donnée et qu'ils peuvent mobiliser en décidant ou non de les combiner.

Deuxièmement, la réflexion sur les caractéristiques individuelles des personnes interrogées, généralement présentées comme des « facteurs explicatifs », doit être sérieusement repensée. On définit par exemple le « statut de la femme » à partir de son niveau d'instruction, de sa profession et de son milieu de résidence, alors qu'il ne s'agit de conditions ni nécessaires ni suffisantes pour que son statut soit plus ou moins élevé. En témoignent les riches commerçantes togolaises, les *Nana Bentz* qui roulent en Mercedes. De plus en plus de démographes conscients que le seul statut de la femme n'est pas satisfaisant, explorent les relations de genre en analysant, lorsqu'ils disposent d'échantillons appariés, les opinions et les comportements des femmes (notamment en matière de contraception) et ceux de leurs maris. A défaut, ils comparent les données de deux échantillons respectivement constitués d'hommes et de femmes. Cependant ces données ne permettent pas d'aller très loin dans l'analyse des relations de genre, surtout si l'on adopte une définition maximaliste telle que « la perspective du genre prend en compte simultanément les niveaux d'analyse symboliques et structurels, idéologiques et matériels, interactionnels et institutionnels » (Ferree citée par Riley, 1997 : 116). On peut douter de la faisabilité concrète, sur un terrain donné, d'un projet scientifique d'une telle ambition, mais il est clair que le statut est une construction sociale ou, dans la terminologie de Fricke, une matrice culturelle. Une implication méthodologique majeure s'impose alors : le statut de la femme ne peut pas être réellement évalué à travers un questionnaire sociodémographique individuel. La dimension socio-anthropologique est probablement décisive et elle l'est au minimum pour deux caractéristiques, l'ethnie et la religion. En Afrique, les individus changent parfois d'appartenance ethnique au cours de leur existence en fonction par exemple des rapports de domination. Quant à la religion, les démographes en font une caractéristique individuelle explicative, largement essentialisée. On observe un recul de l'animisme au profit du catholicisme, des religions évangéliques et de l'islam, mais comment croire que la religion explique les différences de fécondité entre chrétiens et musulmans, quand on sait que le vieux fond animiste persiste et que les individus procèdent par syncrétisme. Un exemple relatif à un autre contexte peut être évoqué. Dès l'abolition de l'esclavage et tout au long du XIXe siècle, plusieurs millions d'Indiens furent importés pour remplacer les esclaves dans plusieurs Iles de la Caraïbe (surtout Trinidad) et sur le continent (Surinam, Guyane, Guyana). Dans leur pratique religieuse ils invoquaient des figures empruntant leurs traits aux dieux hindous et à Jésus, Marie ou Saint-Georges.

Troisièmement, les analyses de ces comportements individuels présupposent le plus souvent une rationalité d'*homo oeconomicus*, qui est très rarement discutée au niveau épistémologique dans les travaux de démographes. Quant aux autres rationalités – sociales, culturelles ou encore politiques – elles ne sont presque jamais prises en compte. De ce point de vue, les hypothèses implicites des politiques de population postulent une adhésion des populations qui renvoie à la logique d'un contrat social consensuel fondé sur une rationalité économique néo-malthusienne utilitariste. Un argument central des campagnes de planification familiale est qu'une faible fécondité individuelle, donc une faible croissance démographique permet de « maximiser la croissance économique nationale », argumentaire typiquement néo-malthusien. Or pour un fermier vivant de sa terre, aucun de ces quatre termes n'a probablement de sens dans sa *Weltanschauung*, et il ne verra pas du tout pourquoi il devrait se priver de sa seule richesse économique, sa force de travail familiale, pour se plier aux incitations gouvernementales en faveur d'une faible fécondité. Rien ne lui garantit qu'il sortira de la pauvreté. Une vigilance épistémologique peut donc contribuer à mieux définir les hypothèses des projets de recherche et à analyser les données de manière plus appropriée aux contextes dont elles sont issues.

REFERENCES BIBIOGRAPHIQUES

Bledsoe C., Banja F., Hill A., 1998, Reproductive mishaps and Western contraception. An African challenge to fertility theory, *Population and Development Review,* vol. 24, n° 1, 15-57.

Bouju J., 1984, *Graine de l'homme, enfant du mil*, Société d'Ethnographie, Paris, Gallimard.

Calame-Griaule G., 1965, *Ethnologie et langage, la parole chez les Dogon*, Paris, Gallimard.

Caldwell P. and Caldwell J., 1981, The function of child spacing in traditional societies and the direction of change, in Page H. and Lesthaege R. (eds.), *Child Spacing in Tropical Africa*, London, Academic Press, 73-92.

Caldwell J., Hill A., Hull V., 1988, *Micro-Approaches to Demographic Research*, London, Kegan.

Caldwell J. and Hill A., 1988, Introduction, Recent development using micro-approaches to demographic research, in Caldwell J., Hill A., Hull V. (eds.), *Micro-Approaches to Demographic Research*, London, Kegan, 1-9.

Charbit Y.,

-1987, *Famille et nuptialité dans la Caraïbe*, Paris, INED-PUF.

-1999, Famille et fécondité : pour une démographie compréhensive, *Sociologie et Société,* vol. XXXI, n° 1, 23-34.

Charbit Y. et Léridon H., 1980, *Transition démographique et modernisation en Guadeloupe et Martinique,* Paris, INED-PUF.

Charbit Y. et Ndiaye S. (éds.), 1994, *La population du Sénégal*, Paris, DPS/CERPAA.

Charbit Y. et Petit V., 2011, Toward a Comprehensive Demography: Rethinking the Research Agenda on Change and Response, *Population and Development Review*, vol. 37, n° 2, 219-204.

Cosio-Zavala M. E., 1992, Demographic transition and social development in low-income countries, in *Population Growth and Demographic Structure, Proceedings of the United Nations Expert Group Meeting for preparation of ICPD*, 16-20 November, Paris, 123-149.

Davis K., 1963, The theory of change and response in modern demographic history, *Population Index*, vol. 29, n° 4, 345-366.

Demeny P., 1986, Population and the invisible hand, *Demography*, vol. 23, n° 4, 473-487.

Freedman R., 1986, Theories of fertility decline, in Mahadevan K. (ed.), *Fertility and Mortality, Theory, methodology, and empirical issues*, Delhi, Sage, 30-36.

Fricke T., 1997, The use of culture in demographic research: a continuing place for community studies, *Population and Development Review,* vol. 23, n° 4, 825-832.

Greenhalgh S., 1995, Anthropology theorizes reproduction: integrating practice, political economy, and feminist perspectives, in Greenhalgh S. (ed.), *Situating Fertility. Anthropology and Demographic Enquiry*, Cambridge, Cambridge University Press, 3-28.

Griaule M., 1966, *Dieu d'eau, entretiens avec Ogotemeli*, Paris, Poche Biblio Essai.

Hammel E. A. and Howell N., 1987, Research in population and culture: an evolutionary framework, *Current Anthropology*, vol. 27, n° 2, 141-160.

Hammel E. A. and Friou D., 1997, Anthropology and demography: marriage, liaison, or encounter? in Kertzer D. I. and Fricke T. (eds.), *Anthropological Demography, Towards a new Synthesis*, Chicago and London, The University of Chicago Press, 175-200.

Hill A. G., 1997, Truth lies in the eye of the beholder, in Kertzer D. I. and Fricke T. (eds.), *Anthropological Demography, Towards a new*

Synthesis, Chicago and London, The University of Chicago Press, 223-247.

Kertzer D. I. and Fricke T., 1997, Toward an anthropological demography, in Kertzer D. I. and Fricke T. (eds.), *Anthropological Demography, Towards a new Synthesis*, Chicago and London, The University of Chicago Press, 1-35.

Kreager P.,

-1982, Demography in situ, *Population and Development Review*, vol. 8, n° 2, 237-266.

-1997, Population and identity, in Kertzer D. I. and Fricke T. (eds.), *Anthropological Demography, Towards a new Synthesis*, Chicago and London, The University of Chicago Press, 139-174.

Levine R. A. and Scrimshaw S. C. M., 1983, Effects of culture on fertility: anthropological contributions, in Bulatao R. A. and Lee R. (eds.), *Determinants of Fertility in Developing Countries*, vol. II, New-York, Academic Press, 666-695.

Lockwood M., 1998, *Fertility and household labour in Tanzania, demography, economy and society in Rufiji District 1870-1986*, Oxford, Clarendon Press.

McNicoll G.,

-1980, Institutional determinants of fertility change, *Population and Development Review*, vol. 6, n° 3, 441-462.

-1988, On the local context of demographic change, in Caldwell J., Hill A., Hull V. (eds.), *Micro-Approaches to Demographic Research*, London, Kegan, 10-24.

-1994, Institutional analysis of fertility, in Lindhal-Kiessling K. and Landberg H. (eds.), *Population, Development and Environment*, Oxford, OUP, 199-230.

Mason K., 1992, Culture and the fertility transition: thoughts on theories of fertility decline, *Genus*, vol. 48, n° 3/4, 1-13.

Page H. and Lestaghe R., 1981, *Child Spacing in Tropical Africa*, London, Academic Press.

Paulme D.,

-1935, *Essai sur la vie domestique chez les Dogon du Soudan Français*, Paris, répertorié au Musée de l'homme.

-1940, *L'organisation sociale des Dogon*, Paris, Domat-Montchrestien.

Petit V.,

-1993, *Counting population. Understanding societies. Toward an interpretative demography*, Dordreicht, Springer Verlag.

-1994, Société villageoise et planification familiale à Téré-Wolof, in Charbit Y. et Ndiaye S. (éds.), *La population du Sénégal*, Paris, DPS/CERPAA, 319-342.

-1998, *Migrations et société dogon,* Paris, l'Harmattan.

Petit V. et Charbit Y., 2000, Le facteur topographique, déterminant des migrations de Dogon au Mali ? in Auclair L., Gubry P., Picouet M., Sandron F., *Régulations démographiques et environnement*, Paris, CEPED-IRD, 183-194.

Riley N. E., 1997, Similarities and differences: anthropological and demographic perspectives on gender, in Kertzer D. I and Fricke T. (eds), *Anthropological Demography, Towards a new Synthesis*, Chicago and London, The University of Chicago Press, 115-138.

Scheper-Hugues N., 1997, Demography without numbers, in Kertzer D. I and Fricke T. (eds.), *Anthropological Demography, Towards a new Synthesis*, Chicago and London, The University of Chicago Press, 201-222.

Wilson C. and Airey P., 1999, How can a homeostatic perspective enhance demographic transition theory, *Population Studies*, vol. 53, n° 2, 117-128.

CHAPITRE 3.
LES REPONSES DES MENAGES RURAUX FACE A LA PAUVRETE EN GUINEE

Aurélie GODARD-MARCEAU, Barbara MEFFE et Véronique PETIT

PROBLEMATIQUE : ECONOMIE ET CULTURE

La pauvreté est un phénomène complexe et pluridimensionnel qui ne peut être réduit à sa dimension monétaire. Comme le souligne Serge Latouche (1998), il s'agit d'un concept relatif. Mais si cet auteur considère ce concept comme une création de l'Occident contemporain, il semble possible d'affirmer à l'instar de Fichte (1800) et de Ricardo (1817) que tout système économique engendre des formes de pauvreté. On est pauvre parce qu'une autre personne est plus riche que soi et la pauvreté est ressentie de manière plus prégnante quand les besoins augmentent. En cela, c'est un fait social total dans le sens où la pauvreté met en jeu l'ensemble des institutions sociales et politiques représentées dans la société observée à travers les relations de dépendance et de domination entre individus et entre groupes, de clientélisme, les échanges au sein de la parenté que ce soit au niveau des ménages, de la famille élargie, de la communauté et des relations de celle-ci avec les zones rurales et urbaines plus ou moins éloignées, voire l'étranger ; la pauvreté affecte l'ensemble des aspects de la vie des individus quel que soit leur statut. De plus, comme l'ont démontré les travaux anthropologiques, la sphère économique est encastrée dans la sphère culturelle et l'analyse compréhensive de la première ne peut être réalisée de manière indépendante du contexte sociétal (Bourdieu, 1977 ; Godelier, 1996 ; Meillassoux, 1964, 1975, 2001 ; Polanyi, 1944).

METHODOLOGIE : LES ENQUETES INTENSIVES INTERDISCIPLINAIRES ET TERRITORIALISEES (EIIT)

Les données mobilisées dans ce chapitre, ainsi que celles utilisées dans les chapitres 4, 5 et 6, sont tirées d'une série d'enquêtes réalisées en Guinée-Conakry entre 2003 et 2005. Les Enquêtes Intensives Interdisciplinaires et Territorialisées reposent sur une approche interdisciplinaire mobilisant des disciplines centrales comme la démographie, la sociologie, l'anthropologie, l'économie, que ce soit au niveau de l'élaboration de la problématique et des hypothèses, de la méthodologie, de la collecte des données et de l'analyse. Les EIIT sont complémentaires des enquêtes de type EIBEP, QUIBB ou EDS[1] qui sont des enquêtes nationales représentatives au niveau régional, car elles sont réalisées à un niveau intra régional celui des préfectures. Elles mettent par conséquent en évidence les spécificités locales et les différences intra régionales souvent sous-estimées. Elles saisissent grâce à une contextualisation approfondie l'ensemble des facteurs explicatifs et leurs interactions. Enfin, les EIIT permettent d'identifier les acteurs impliqués dans les processus sociaux observés et mettent en exergue les contraintes et les opportunités offertes par le milieu ainsi que les relations entre agents sociaux au sein de la communauté.

L'approche ethnologique porte également une attention particulière aux relations de pouvoir et de dépendance qui définissent ce qui est socialement admis pour chaque acteur en fonction de son statut dans son groupe d'appartenance (caste, ethnie, groupe de pairs, genre) et dans sa communauté villageoise ou urbaine. C'est dans cette marge entre traditions, contraintes et nouvelles opportunités que les familles construisent et négocient leurs réponses à la crise économique. Cette contextualisation par l'anthropologie offre la possibilité de développer une démographie anthropologique interprétative des comportements démographiques et économiques (Charbit et Petit, 2012 ; Petit, 2013).

Ceci est possible grâce à la mise en œuvre d'un dispositif de recherche combinant méthodologies quantitatives et qualitatives et la collaboration de chercheurs français et guinéens. Les enquêtes se sont déroulées dans huit villages des Sous-préfectures de Mankountan et de Kanfarandé. Ces villages ont été sélectionnés par choix raisonné en fonction de critères rendant compte de la spécificité du milieu naturel et de l'histoire du peuplement : situation topographique, degré d'enclavement et répartition ethnique. La première phase de l'enquête a été constituée par le recensement de la population (708 ménages et 9 762 personnes recensées) et par la passation d'un questionnaire sociodémographique et économique individuel auprès de 800 hommes âgés de 18 à 69 ans et de 700 femmes âgées de 15 à 69 ans. Parallèlement, une enquête de type ethnologique a été conduite en privilégiant l'observation et des entretiens semi-directifs approfondis auprès de la population générale (130 entretiens individuels et 4 collectifs) et auprès d'informateurs privilégiés tels que l'imam, l'instituteur, le médecin, les

[1] EIBEP : Enquête Intégrée de Base pour l'Evaluation de la Pauvreté.
QUIBB : Questionnaires des Indicateurs de Base du Bien-être.
EDS : Enquête Démographique et de Santé.

notables, les responsables d'ONG par exemple (66 entretiens). Un bilan communautaire a également été établi pour chaque village (équipements, infrastructures scolaires et sanitaires, activités et ressources économiques, associations, etc.).

UN PARADOXE NATIONAL : RICHESSE DU PAYS, PAUVRETE DES HABITANTS

Au moment de l'enquête, ce pays est l'un des pays les plus pauvres du monde comme le montre sa position dans les classements du PNUD et de la Banque mondiale[2], alors qu'il dispose de richesses naturelles considérables. La Guinée est le second producteur mondial de bauxite. Elle exploite des ressources aurifères et diamantaires, et bénéfice de ressources halieutiques importantes. Elle a un fort potentiel agricole en raison de son réseau hydraulique, de la pluviométrie et de la richesse de ses terres. Malgré ses atouts, 49,2% de la population vit sous le seuil de pauvreté fixé en fonction de la consommation moyenne des ménages par la Direction nationale de la statistique de Guinée[3] ; et le pays appartient à la catégorie des pays les plus endettés. Cette situation s'explique essentiellement par une succession de mauvais choix politiques durant ces dernières décennies dans un contexte de crise économique depuis les années 1980 et de mondialisation accrue : fermeture politique et développement d'une économie socialiste entre 1958 et 1984 (régime de Sékou Touré), puis un retour au libéralisme combiné à une mauvaise gestion des affaires publiques depuis l'accession au pouvoir de Lansana Conté en 1984. Depuis plusieurs années, ce pays traverse une crise économique et politique d'une ampleur sans précédent comme en témoignent les manifestations violemment réprimées qui ont opposé l'Etat à sa population en milieu urbain en 2007.

Contexte régional : la Guinée maritime, une région de mangroves

Ce contexte national, s'il a des conséquences sur l'ensemble de la population (retard dans le paiement des salaires dans la fonction publique, plan d'ajustement structurel, hausse des prix, etc.), est à moduler en fonction du contexte régional. La Guinée est découpée en quatre régions dites naturelles en fonction du climat, de la végétation, du relief et des sols. La Guinée

---

[2] Au classement annuel de l'indicateur de développement humain, la Guinée est classée 160e sur 170 pays depuis 2002 (PNUD, 2004).

[3] L'enquête EIBEP menée entre octobre 2002 et octobre 2003 fixe le seuil de pauvreté à 387 692 Francs guinéens à Conakry, 313 702 Francs guinéens dans les autres villes et 272 825 Francs guinéens en milieu rural par personne et par habitant (Ministère du plan, DNS, 2003).

maritime est considérée comme la région la plus riche en raison de la présence de la capitale, de ports de commerce importants et de l'exploitation minière (bauxite). Ces atouts en font une région d'immigration interne.

La Guinée maritime fait partie de l'ensemble des pays des Rivières du Sud, région qui s'étend de la Gambie à la Sierra Leone. Aux contreforts qui marquent la retombée occidentale du Fouta-Djalon succèdent un plateau côtier, puis un ensemble de plaines et de formations de mangroves qui forment une frontière amphibie entre l'océan et le continent. Les zones éloignées des axes de communication sont marquées par un enclavement très prononcé dû aux difficultés d'accès et à la pénurie d'infrastructures (Rossi, 2001).

Une économie de phase transitionnelle : la « subsistance marchande »

Les populations vivent dans un relatif isolement qui limite la monétarisation de l'économie rurale et qui favorise le maintien de modes de mises en valeur où l'autoconsommation reste un trait caractéristique de l'organisation économique. Cependant, des facteurs comme le paiement de l'impôt, l'achat de riz en périodes de soudure et l'émergence de nouveaux besoins (santé, équipements, scolarisation) contraignent les ménages à s'engager dans des activités non agricoles génératrices de revenus. Les populations vivent dans un système économique qui ne correspond plus à l'économie domestique d'autosubsistance[4] définie par Meillassoux (1964, 1975). En effet les cadres sociaux traditionnels de l'organisation de l'économie sont progressivement déstructurés sous les effets conjugués de l'intensification des échanges avec l'extérieur (commerce régional et international, transferts liés aux migrations internationales), de l'émergence de nouveaux rapports sociaux entre groupes (salariat, montée de l'individualisme) et de la paupérisation de la société. L'aspect domestique de l'organisation familiale perdure néanmoins, car chaque membre du groupe domestique participe à la production et à la consommation tout en gardant une part individuelle de dépense.

Du fait des changements macroéconomiques, les revenus monétaires prennent une place de plus en plus importante dans l'organisation économique des ménages. Les membres du ménage s'organisent pour répondre à deux types de dépenses : la dépense quotidienne, d'ailleurs appelée dans le langage courant « *la dépense* », correspond au budget quotidien nécessaire pour nourrir la famille que ce soit en nature (riz, autres

[4] « La communauté domestique est la cellule de base d'un mode de production constitué par un ensemble de ces communautés organisées entre elles pour la production économique et sociale et la reproduction du rapport de production spécifiquement domestique (Meillassoux, 2003 : 58-59).

céréales ou légumineuses selon la saison) ou en monétaire (achat des condiments nécessaires à la confection des repas), ainsi que les dépenses plus occasionnelles (habillement, santé, scolarisation, impôts, et autres objets de consommation). Les femmes participent à tous les postes du budget[5] du ménage, contrairement au discours commun selon lequel elles n'apportent que le complément à la dépense quotidienne. La division sexuelle du travail structure les possibilités économiques des hommes et des femmes en termes d'activités économiques et donc en termes de revenus (Godard, 2010). Ainsi, ils ne participent pas de la même manière au budget du ménage. Concernant la dépense quotidienne, la division sexuelle est assez claire : les hommes apportent les céréales et les femmes les condiments. En ce qui concerne les autres dépenses, la répartition sexuelle est davantage liée aux possibilités de chacun au moment où le besoin se fait sentir. L'organisation économique du ménage repose sur l'entraide entre ses membres dont la contribution est fonction des contraintes inhérentes à leur sexe et à leur âge qui limitent leurs possibilités économiques. La répartition sociale du travail sera décrite de manière approfondie dans le chapitre 5.

REPONDRE A UNE SITUATION DE PAUPERISATION

Nous présenterons les principales réponses apportées par les ménages que sont la maximisation des ressources agricoles, le développement de la pluriactivité, l'extension de la mobilisation de la main-d'œuvre du ménage, le recours à l'émigration urbaine ou internationale, la scolarisation et enfin la mobilisation des ressources monétaires par l'épargne ou l'emprunt.

Renforcer et assurer la sécurité alimentaire dans un contexte d'incertitude

Seule une faible proportion de ménages ne possède pas de terres. Ce sont des primo-immigrants qui n'ont pas accès à la terre du fait de leur installation récente – car le propriétaire de la terre est celui qui l'a défrichée en premier – ou ceux qui en raison de leur activité principale (commerçants, fonctionnaires) ne souhaitent pas s'engager dans la culture. Cependant, pour la grande majorité des familles, l'agriculture reste la première occupation en milieu rural : 70,2% des hommes et 54,8% des femmes déclarent pratiquer la riziculture. Le riz constitue depuis des siècles la base de l'alimentation dans cette région et sa culture contribue à structurer l'organisation sociale de certains groupes ethniques. Chez les riziculteurs, de multiples rites et

[5] Nous entendons par budget la somme des revenus disponibles pour la consommation du ménage. Cela n'a rien à voir avec un budget au sens économique du terme qui sous-entend une prévision comptable que n'ont pas les ménages ruraux guinéens.

symboles expriment l'attachement et la dépendance vis-à-vis de cette céréale. 51,2% des hommes et 54,6% des femmes considèrent cette activité comme étant la culture principale (Tableau 1).

Tableau 1. Activités pratiquées et activité principale selon le sexe (% pondérés)

	Activités pratiquées		Activité principale	
	Hommes	Femmes	Hommes	Femmes
Riziculture	70,2	54,8	51,2	54,6
Culture arachide	24,1	20,1	14,8	12,9
Autres cultures	35,3	8,9	4,5	1,1
Total agriculture*	84,2	77,4	70,5	68,6
Commerce	9,2	42,1	4,1	11,7
Artisanat	22,1	54,8	8,4	10,3
Pêche	23,4	29,0	5,8	6,2
Elevage	2,8	1,0	1,7	0,7
Fonction publique	4,8	0,5	3,5	0,4
Saliculture	0,0	5,5	0,0	1,4
Autre	3,2	2,9	5,9	0,8
Total	Total supérieur à 100 car question à choix multiples		100,0	100,0
Effectifs enquêtés	763	604	575	444
	Population de référence : hommes (18-69 ans) et femmes (15-69 ans) actifs. Question à choix multiples.		Population de référence : hommes (18-69 ans) et femmes (15-69 ans) ayant au moins 2 activités (18 manquants).	
* Il ne s'agit pas de l'addition des différentes cultures car un agriculteur peut être polyculteur.				

Source : POPINTER/DNS, 2002-2003, nos calculs

Les champs de riz sont situés dans une vaste plaine à proximité des villages. En dépit de l'espace disponible, cette vaste zone n'est que partiellement mise en culture en raison du système de jachère et de l'envasement du Rio Kapachez qui ne permet plus la régulation de l'irrigation des rizières (Rüe, 1988). Presque un tiers des agriculteurs ne parvient pas à subvenir aux besoins alimentaires de son ménage avec les terres qu'ils cultivent. Les observations, ainsi que les entretiens, conduits en partie durant la soudure ont montré, que les restrictions alimentaires sont importantes durant cette période. Les chefs de ménage cherchent à garantir un repas par jour en privilégiant l'alimentation des membres actifs de la famille qui travaillent durement aux champs. Généralement les enfants se nourrissent de mangues. Certaines familles s'endettent néanmoins afin de ne pas consommer les réserves de graines qui serviront de semences. Les rendements rizicoles restent dépendants de la pluviométrie, de l'accès aux meilleures terres dans la zone de mangroves, ceci en l'absence de procédés modernes de production. Le travail de labour de la terre est réalisé à l'aide de bêches en bois (*koffis*), les engrais chimiques et naturels sont marginalement utilisés en raison de leur coût élevé. Ce constat n'a pas évolué depuis les observations de Paulme en 1957 et de Cheneau-Loquay en 1987.

Afin d'éviter d'entrer dans un cycle d'endettement et d'accroître leur appauvrissement, les ménages cherchent à réduire le risque de sous-production et donc de sous-alimentation en cumulant plusieurs stratégies à court terme afin d'obtenir le meilleur rendement rizicole possible dans leur contexte de vie. Dans un terroir dont les limites semblent atteintes compte tenu de l'absence de mécanisation et d'intrants, ils tentent d'accéder aux terres situées dans la zone de mangroves, par opposition aux terres situées sur le plateau, qui offrent les rendements les plus élevés. Ces dernières en raison de l'histoire du peuplement appartiennent aux lignages les plus anciennement installés, et ceux-ci alors même qu'ils ne cultivent pas l'ensemble de leurs terres faute de main-d'œuvre disponible[6] rechignent à les prêter ou à les louer. Ils craignent en effet de ne pas pouvoir les récupérer au moment où ils auraient les moyens humains ou financiers de les mettre en culture. Les familles les plus pauvres se voient donc refuser le prêt et la location de terres, qu'elles ne peuvent pas acheter dans tous les cas. Elles cherchent aussi à élargir la répartition spatiale des parcelles sur le terroir afin de réduire les risques de destruction des récoltes en raison de déprédations

[6] L'aménagement d'une terre de mangroves prend trois ans environ et suit toujours les étapes décrites par Denise Paulme (1957 : 263-264) : « La tâche initiale, pour qui veut aménager un nouveau terrain [de mangroves] au-delà de ces premières rizières, est de couper à hauteur d'homme les cimes des palétuviers ; celles-ci demeurent sur place emmêlées aux racines. Une fois sèches, on les brûle. Puis vient le travail le plus dur, l'arrachage des racines. Le terrain nettoyé, il faut encore l'isoler des influences marines, pour cela construire une digue qui empêchera, dans la mesure du possible, les infiltrations de l'eau de mer. Cette digue est munie à sa base de vannes, dont chacune, creusée dans le tronc d'un palmier ou faite d'une vieille pirogue, est fermée par un bouchon d'herbes et de vase. A l'abri de la digue, de nombreux petits canaux facilitent à la fois le drainage de l'eau toujours salée qui imbibe le sol, et l'irrigation par l'eau de ruissellement. La vanne est fermée à la marée montante, ouverte à la marée descendante. La rizière ainsi préparée doit dessaler pendant deux ou trois ans. Mais travail et attente sont justifiés, car la terre ainsi récupérée peut ensuite être cultivée sans relâche : il suffit de veiller au bon état de la digue et d'assurer l'écoulement des eaux stagnantes ».

dues aux animaux sauvages, aux troupeaux des éleveurs de bovins et aux aléas climatiques.

A défaut de pouvoir étendre les superficies cultivables, ces familles cherchent à maximiser leurs semailles et à préserver leurs récoltes. Les ménages les plus pauvres s'entraident car ils ne disposent pas de revenus suffisants afin d'embaucher une main-d'œuvre salariée (journaliers). Tout au long du calendrier agricole, ils ont recours aux solidarités communautaires. L'entraide paysanne s'exprime à travers le recours à une association d'hommes, le *landji* qui regroupe voisins et amis appartenant à la même génération. Lors de la période des labours, le groupe travaille la terre de chacun des membres du groupement. Le riziculteur dont on cultive le(s) champ(s) nourrit le landji durant la journée. Ce type d'association intervient également dans les champs des femmes mais à leur demande et celles-ci doivent alors le rémunérer. Les femmes font par conséquent moins facilement appel à ces groupes d'entraide en raison de leur coût. Un autre type de groupement, constitué de femmes, est mobilisé pour l'activité de repiquage. Elles interviennent de manière similaire aux hommes : elles demandent une rémunération lorsqu'elles travaillent sur le champ d'un homme et un repas lorsqu'il s'agit de la parcelle d'une femme du groupe. Au moment du battage et du ramassage du riz, les riziculteurs ayant peu de moyens financiers font appel au *kilé,* une association de jeunes hommes. Si leur rémunération est traditionnellement appelée « prix de la cola » car ils recevaient ces fruits marquant classiquement les échanges en Afrique de l'Ouest, aujourd'hui ils préfèrent comme leurs aînés recevoir de l'argent. Néanmoins le montant de leur rémunération reste d'ordre symbolique.

Les deux préoccupations centrales sont d'assurer la subsistance des ménages et de garantir la capacité de production agricole pour l'année suivante. La production rizicole est stockée et autoconsommée. Les paysans évitent de devoir vendre leur riz car cela implique de risquer de manquer de riz durant la période de soudure. Se retrouver dans cette situation se traduit inévitablement par un endettement auprès des usuriers peul ou des paysans plus riches et contribue fortement à la fragilisation des ménages. De saisonnière, la pauvreté devient chronique et est difficilement réversible si plusieurs années de mauvaises récoltes se succèdent. Toutefois, la prudence paysanne veut que le stock conservé pour les semailles de la saison suivante ne soit jamais commercialisé ou consommé en dépit des moments de disette. La perspective d'entrer dans un cycle de paupérisation en raison de l'endettement, conduit de plus en plus de paysans à diversifier leurs cultures afin de réduire l'impact d'une récolte de riz insuffisante. Si la riziculture reste l'activité principale, un cinquième des agriculteurs cultivent désormais l'arachide. L'arachide est vendue sur les marchés villageois locaux ; d'autres productions agricoles (fonio, manioc, patate douce) et fruitières (noix de coco, oranges, bananes, mangues) sont écoulées vers les marchés urbains de Kamsar et de Conakry. Cette commercialisation permet aux hommes et aux femmes qui y prennent part de compléter leurs revenus durant une partie de l'année. Ainsi l'agriculture ne s'inscrit pas uniquement dans une logique de subsistance mais contribue à l'obtention de revenus monétaires par le ménage.

Développer la pluriactivité

Le développement des cultures vivrières ne suffit pas cependant à assurer un revenu tout au long de l'année. Par conséquent les ménages développent des activités artisanales et commerciales durant la saison sèche. La situation géographique et le milieu offrent aux ménages la possibilité de diversifier leurs sources de revenus. Les villages étant situés dans une zone de mangroves parcourue de bras de mer ; les hommes et les femmes s'investissent dans la pêche, le fumage, le salage du poisson et la saliculture. Ces activités complémentaires leur permettent d'obtenir et d'étaler leurs revenus tout au long de l'année. L'activité étant ici définie comme un travail en échange d'un revenu, les activités domestiques ne sont donc pas prises en compte. Disposer même de faibles revenus tout le long de l'année, permet partiellement de répondre aux besoins de la famille et de résister aux contraintes sociales liées à la redistribution et à la solidarité. En effet, celui qui dispose de quelques revenus a le devoir d'aider les membres de son entourage familial et communautaire qui le sollicitent. L'exigence de solidarité et de redistribution, à laquelle se superposent l'absence de système bancaire et l'accessibilité limitée au crédit rural, réduit considérablement les capacités d'épargne des individus. Rompre avec ces exigences c'est réciproquement se priver de pouvoir les solliciter à son tour et, c'est s'isoler socialement.

La mesure de la pluriactivité

Dans les villages étudiés, les hommes âgés de 18 à 69 ans et les femmes âgées de 15 à 69 ans ont en moyenne deux activités économiques. Respectivement 74,5% des hommes et 71,4% des femmes pratiquent au moins deux activités économiques, et plus d'un tiers des hommes et des femmes (32,4% et 40,1%) cumulent trois activités ou plus (Tableau 2). Le plus souvent, ces personnes superposent différentes activités tout au long de l'année.

Tableau 2. Importance de la pluriactivité (% pondérés)

	Hommes	Femmes
1 activité	35,5	38,6
2 activités ou plus	74,5	71,4
3 activités ou plus	32,4	40,1
Effectifs enquêtés	763	604
Population de référence : hommes (18-69 ans) et femmes (15-69 ans) actifs.		

Source : POPINTER/DNS, 2002-2003, nos calculs

Tableau 3. Résultats du modèle de régression de logistique binaire sur l'impact des variables démographiques sur le nombre d'activités

Variable testée : pluriactif Variables du modèle	*Odds ratio*
Sexe	
Hommes (réf.)	
Femmes	0,7098*
Age	
18-24 (réf.)	
25-34	1,8374**
35-49	1,6913*
50 et +	1,1233
Situation matrimoniale	
Célibataire (réf.)	
Union polygame	2,1421**
Union monogame	1,5123^
Veuf /séparé	0,7506
Ethnie	
Soussou (réf.)	
Peul	0,8108
Baga	2,3614***
Nalou	2,2363**
Diakhanké	0,9251
Autre	0,8743
Taux de charge	
Peu d'actifs (réf.)	
Intermédiaires	1,0997
Beaucoup d'actifs	1,0016
Pauvreté estimée à partir des matériaux de construction de l'habitat	
Riche (réf.)	
Intermédiaire	1,2525
Plus pauvre	1,4352
Légende : *** significatif entre 0 et 0,1% ** significatif entre 0,1% et 1% * significatif entre 1% et 5% ^ significatif entre 5% et 10%	

Source : POPINTER/DNS, 2002-2003, nos calculs (avec pondération)

Le profil des pluriactifs

Outre les différences liées au genre, les différences dans les comportements économiques s'expliquent en partie par l'appartenance ethnique. Les Baga et Nalou ont environ deux fois plus de chances que les Soussou d'être pluriactifs (Tableau 3). En effet, ces familles sont celles qui s'inscrivent dans un cercle chronique de paupérisation où la pluriactivité est une stratégie pour faire face aux problèmes alimentaires et de première nécessité (Petit et Godard, 2005 ; Godard, 2010). L'agriculture offre peu de possibilités de revenus monétaires ; elle est donc souvent complétée par des activités de transformation et de commercialisation. Les personnes vivant dans des unions polygames ont deux fois plus de chances d'être pluriactives que les célibataires. En effet, le système de tours que respectent les coépouses leur permet de libérer davantage de temps. En ce qui concerne les hommes, la polygamie leur offre la possibilité de s'appuyer sur une main-d'œuvre plus nombreuse (femmes et enfants) et donc de répartir cette main-d'œuvre entre différentes activités. En outre, les hommes polygames ont plus de charges à assumer que les hommes monogames et la pluriactivité devient alors indispensable pour multiplier les sources de revenus.

Une pluriactivité socialement contrainte

La pluriactivité s'organise à deux niveaux : au niveau individuel et au niveau du groupe domestique. Chaque individu peut multiplier les activités, soit en les cumulant soit en les pratiquant sur diverses périodes tout au long de l'année. Par exemple, une femme pourra cumuler la pêche et le commerce pendant quelques semaines puis consacrer les semaines suivantes à la saliculture. Mais si chaque individu peut pratiquer plusieurs activités, la pluriactivité se joue aussi au niveau des ménages. En raison de la division sexuelle du travail, les hommes et les femmes ne pratiquent pas les mêmes activités économiques. En général, les hommes disposent des matières premières, tandis que les femmes les transforment afin de les vendre (Godard, 2010). Par exemple, les hommes cueillent les noix de palme et les femmes fabriquent l'huile et le savon noir à partir de ces noix. Les activités féminines et masculines sont complémentaires dans le procès de production. Mais elles sont aussi complémentaires en termes de revenus. Accumuler les activités individuelles permet d'accroître les revenus de la famille, dans la mesure où chaque membre en âge d'être actif participe à la vie économique du ménage. Dans la limite des opportunités matérielles et sociales dont ils disposent, les hommes et les femmes maximisent les revenus du ménage. Cependant les opportunités et les marges d'action dont disposent les femmes sont fortement contraintes par la division sexuelle du travail et le statut des femmes.

Mobiliser l'ensemble des ressources humaines du ménage

Alors que les discours masculins – parfois repris par les femmes – véhiculent l'idée que ce sont les hommes qui assurent la subsistance de leur famille, les données montrent que c'est l'ensemble de la main-d'œuvre familiale qui contribue à assurer les besoins alimentaires et monétaires. Les discours renvoient ici davantage aux représentations des rôles masculins et féminins qu'à la réalité domestique quotidienne. En effet, si les femmes sont moins actives que les hommes (85,4% contre 94,6%), elles sont néanmoins très majoritairement actives. En outre, comme nous l'avons déjà souligné la définition de l'activité économique utilisée dans l'enquête ne prend en compte que les activités procurant un revenu. Ainsi il ne faut pas confondre activité et travail.

Les femmes qui n'ont pas d'activité économiquement ne sont pas « *assises* » selon l'expression commune, elles travaillent le plus souvent au sein des activités économiques de leur mari sans en retirer de revenus propres, ce à quoi s'ajoutent leurs activités domestiques. Le recours à l'activité féminine est cependant limité par le temps que celles-ci doivent impérativement consacrer aux tâches domestiques. La gestion du facteur temps est essentielle à l'analyse de l'organisation économique des femmes (Coquery-Vidrovitch, 1994). Elles mobilisent la main-d'œuvre enfantine (enfants utérins ou confiés), soit pour s'extraire de certaines activités domestiques, soit pour l'utiliser dans certaines activités de production comme par exemple la fabrication de l'huile palme ou de savon noir et de leur commercialisation (2,7% des filles). Selon les données du QUIBB, 30% des enfants ont travaillé durant les sept jours précédant l'enquête. Cependant rares sont les enfants qui ont une réelle activité économique (7,7% des filles et 10,6% des garçons), les autres constituent la main-d'œuvre familiale (Tableau 4). Mais il est possible que le travail des enfants soit sous-déclaré. Premièrement parce qu'il est difficile de définir le travail des enfants : à quel moment un enfant cesse-t-il d'être une aide ponctuelle pour devenir une aide familiale au sens économique du terme ? Deuxièmement, parce que l'aide des enfants apparaît souvent comme faisant partie de l'éducation et elle n'est donc pas considérée comme un travail ; c'est notamment le cas des travaux champêtres. En outre, l'appartenance à la catégorie « enfant » repose uniquement sur un critère d'âge : avoir moins de 15 ans pour les filles et moins de 18 ans pour les garçons. Cette définition, communément utilisée dans les études internationales, apparaît trop large dans les pays en développement où l'adolescence n'existe pas en tant que telle et où une fille de 15 ans peut être mère et donc déjà adulte au sens social du terme.

Tableau 4. Statut des enfants actifs (7 jours précédant l'enquête) (%)

	Filles 7-14 ans révolus	Garçons 7-17 ans révolus
Aide familiale non rémunérée	92,3	89,4
Indépendant	6,3	5,9
Apprenti	1,0	3,7
Autre	0,1	0,5
Non déclaré	0,3	0,5
Total	100,0	100,0
Effectifs enquêtés	1383	1723
Manquants	2	2
Population de référence : population rurale active		

Source : QUIBB, 2002-2003, nos calculs

L'activité économique des enfants s'inscrit essentiellement dans les travaux agricoles (Tableau 5). Les garçons ont cependant des activités plus diversifiées que les fillettes. Parmi leur groupe (8%), 2% ont des activités artisanales, 1,3% travaillent dans le BTP, 1,7% dans les services et 1% ont d'autres activités non classées. Les tâches des enfants sont définies selon leur âge et selon leur sexe. Les plus jeunes aident à la surveillance des champs, les plus âgés s'inscrivent dans les tâches sexuées pratiquées par les hommes et les femmes du groupe producteur. Dans l'organisation économique familiale, les enfants prennent part à toutes les activités qu'elles soient économiques ou domestiques. Ils peuvent avoir des activités économiques qui leur procurent des revenus personnels mais le plus souvent ils participent aux activités économiques des adultes du ménage et particulièrement celles des femmes. Aussi, les femmes sont-elles souvent réfractaires à l'idée de scolariser les enfants, en particulier les petites filles, car cela les priverait d'un apport de main-d'œuvre non négligeable. Autrement dit, cette organisation économique offre peu de chances aux enfants de sortir une fois adulte de la situation de pauvreté dans laquelle vivent leurs parents.

Tableau 5. Activité principale des enfants qui ont travaillé durant les 7 jours précédant l'enquête (%)

	Garçons 7-17 ans révolus	Filles 7-14 ans révolus
Agriculture	91,1	93,5
Commerce	0,9	2,7
Autre	7,6	2,4
Non déclaré	1,4	1,4
Total	100,0	100,0
Effectifs enquêtés	1725	1385

Population de référence : population rurale active
NB : autre pour les garçons : 2% en production/transformation, 1,3% en BTP, 1,7% services, 1% autre.

Source : QUIBB, 2002-2003, nos calculs

Les migrations : une solution marginale

Alors que la migration fait partie des solutions classiques visant à améliorer une situation de précarité ou de pauvreté, peu de ménages dans cette population ont recours à cette alternative. En effet, la part des migrations de travail est peu élevée puisqu'elle ne concerne que 33,6% des hommes migrants et quasiment aucune femme (Tableau 6). Emigrer, en particulier à l'étranger, nécessite à la fois un capital financier et un capital social (réseaux, expériences migratoires, savoir-faire) dont semble dépourvue la majorité des ménages observés. Les groupes Peul et Diakhanké (cf. chapitre 4) qui disposent de ces ressources financières et humaines sont ceux qui ont réussi à se désengager d'une économie de subsistance. Les Peul sont très impliqués dans le commerce national et international, de surcroît ils peuvent s'appuyer sur une diaspora déjà ancienne et solidement établie en Afrique, en Europe et en Amérique du Nord en raison de l'histoire politique du pays.

Tableau 6. Motif de départ en migration selon le sexe (%)

	Hommes	Femmes	Total
Mariage	1,0	46,9	23,3
Confiage	13,0	23,3	18,0
Travail	33,6	3,7	19,0
Scolarité/études	40,4	15,9	28,4
Soins médicaux	0,8	1,6	1,2
Regroupement familial	2,5	7,7	5,0
Autres motifs	3,3	0,8	2,1
Aide familiale	1,3	0,3	0,8
Ecole coranique	4,3	-	2,2
Total	100	100,0	100,0
Effectifs enquêtés	399	378	777
Manquants	29	15	

Source : Poirel, 2003 : 83

De leur côté, les Diakanké retirent du commerce de l'arachide et d'une économie du religieux particulièrement lucrative des bénéfices (Petit et Godard, 2005) qu'ils réinvestissent dans l'émigration internationale et se constituent ainsi des réseaux migratoires vers l'Europe et l'Amérique du Nord. Par économie du religieux, nous nous référons à deux types d'activités économiques liées à la religion que développent les marabouts ayant acquis une certaine réputation dans la région : l'exercice de l'enseignement de l'islam dans les médersas et celui de pratiques thérapeutiques liées aux croyances attachées à cette religion. Les Peul et les Diakanké savent jouer pleinement des conséquences positives de la mondialisation. La mobilité constitue une ressource qui dans leur cas ne les tire pas de la pauvreté, mais conforte leur position au sommet de la hiérarchie économique et sociale.

La majorité des ménages ne dispose pas du capital nécessaire à l'investissement que représente une stratégie migratoire. Sachant que ces familles sont principalement celles de riziculteurs, réunir le capital financier nécessaire à l'envoi d'un membre du ménage en ville implique que l'ensemble des membres du ménage se mobilise et nécessite parfois le recours à l'emprunt. Ensuite, ce départ constitue la perte d'un actif dans le processus de production agricole qui n'est pas forcément compensée par l'entrée dans le ménage d'un individu appartenant à la même catégorie sociodémographique. En effet, ce sont les hommes qui émigrent pour rechercher un emploi alors que ce sont des femmes qui entrent dans la famille grâce aux unions matrimoniales. Le travail des enfants confiés ne remplace en aucune manière les activités des hommes. De plus, en raison du contexte économique en zone urbaine guinéenne (économie informelle), en l'absence de compétences professionnelles spécifiques comme par exemple la mécanique, et sans le soutien d'un réseau ethnique ou communautaire, les jeunes hommes auront les plus grandes difficultés à obtenir une activité rémunératrice en dépit des lourdes attentes qui pèsent sur leurs épaules. En cas d'échec, ils sont fréquemment dans l'impossibilité de revenir au village pour des raisons d'honneur et de fierté puisqu'ils ont failli à la mission que leur avait confiée leur famille. N'ayant pas rempli leur part du contrat migratoire (Guilmoto et Sandron, 2000), ils sont donc en position de débiteurs. Les (rares) migrants internes qui parviennent à s'insérer dans l'économie informelle, effectuent des transferts monétaires ou en nature sous forme de cadeaux (tissus, sacs de riz) qui contribuent avant tout à satisfaire les besoins primaires. Alors que les transferts effectués par les migrants internationaux sont investis dans l'habitat, l'équipement (téléphone portable, télévision, groupe électrogène), la scolarisation poussée, la santé ou dans le développement d'activités commerciales.

L'apprentissage professionnel et la scolarisation : moyen et long terme

L'apprentissage et la scolarisation constituent des réponses à moyen terme puisque les familles considèrent que les enfants diplômés pourront obtenir un emploi salarié et constitueront ultérieurement une source de revenus régulière. Cette conception de l'avenir est fortement dépendante de la situation présente des familles (ont-elles les moyens d'investir dans l'éducation de leurs enfants ?), de leurs représentations de la scolarisation (quels enfants sont encouragés à poursuivre des études ?) et de la situation socio-économique du pays (offre de formation, réduction des effectifs de la fonction publique). Selon les représentations sociales en vigueur, l'école doit permettre à l'enfant d'acquérir un statut économique et social supérieur à celui des parents ce qui n'est pas le cas en Guinée où depuis la mise en place des plans d'ajustements structurels, les jeunes diplômés ne sont plus systématiquement recrutés par l'Etat. En outre, étant donné la faiblesse du secteur privé, ils ne trouvent pas non plus de débouchés dans les entreprises. Au même titre que la migration, la scolarisation et l'apprentissage nécessitent un investissement reposant sur un pari risqué dans le contexte guinéen ; le coût de cette scolarisation ne peut être accepté par les ménages que si son bénéfice est réel. Dans ces conditions, la scolarisation n'apparaît pas comme une priorité. Ainsi, seuls 64% des hommes et 49% des femmes de moins de vingt ans avaient été scolarisés ou étaient scolarisés au moment de l'enquête (Tableau 7)[7].

Les ménages ruraux préfèrent socialiser les enfants aux activités traditionnelles et donc les inscrire le plus tôt possible dans l'économie du ménage. Cependant l'impact du travail des enfants a des conséquences négatives sur la scolarisation : une partie des enfants n'est pas scolarisée afin de participer aux activités domestiques et économiques de la famille ; d'autres enfants, en particulier les filles, sont déscolarisés une fois le primaire achevé afin d'éviter les frais liés à une migration dans un village possédant un collège[8]. De plus le travail domestique des enfants, même s'il a lieu hors des heures scolaires, augmente les risques d'échec (Marcoux et al., 2006). La concurrence entre activités scolaires et économiques ou domestiques est en défaveur des premières (Kouwonou, 2006), surtout lorsque la scolarisation n'est pas ou n'est plus synonyme de promotion sociale.

Tableau 7. Proportion de personnes qui ont été scolarisées selon le sexe et la classe d'âge (% pondérés)

	Hommes		Femmes	
	%	Effectifs enquêtés	%	Effectifs enquêtés
moins de 20	63,8	68	49,1	104
20-24	39,4	100	17,2	85
25-29	45,1	97	14,5	90
30-34	42,4	89	17,8	97
35-39	35,5	82	9,1	85
40-44	39,9	88	15,4	46
45-49	51,3	81	14,7	50
50-54	29,4	44	16,1	53
55-59	22,4	53	4,3	38
plus 60	9,7	97	5,0	50
Total	37,9	799	18,9	698

Population de référence : hommes 18-69 ans et femmes 15-69 ans
Lecture : 64,7% des hommes âgés de moins de 20 ans sont ou ont été scolarisés.

[7] Les personnes définies comme ayant été scolarisées peuvent être dans des situations très diverses. Par exemple un jeune garçon peut avoir suivi une scolarité en primaire, tandis qu'un autre sera allé au collège et un autre peut aussi n'avoir été scolarisé qu'une année.

[8] Dans les sous-préfectures étudiées, seuls les villages de Mankountan-centre et de Victoria disposent d'un collège.

Source : POPINTER/DNS, 2002-2003, nos calculs

Dans ces conditions l'apprentissage semble constituer une solution alternative réaliste, puisqu'il permet aux familles d'espérer bénéficier plus rapidement d'un retour monétaire de la part de l'enfant qui quitte sa famille pour recevoir une formation professionnelle. Les formations professionnelles dans le cadre scolaire sont encore peu nombreuses en Guinée et l'acquisition d'un métier artisanal s'effectue dans le cadre d'une transmission traditionnelle des savoir-faire auprès d'un maître. L'enfant placé comme apprenti n'est plus à la charge de sa famille puisqu'il est nourri et logé par son maître d'apprentissage. Les jeunes qui ont suivi un apprentissage professionnel ont, dans le contexte économique guinéen, plus de chances de trouver un emploi qu'un adolescent scolarisé dans le secondaire ou le supérieur. Pourtant le départ en apprentissage reste faible : seuls 13,1% des migrants et 3% des migrantes ont quitté la Sous-préfecture de Mankountan[9] pour cette raison. La faible attractivité de l'apprentissage peut s'expliquer de différentes manières non exclusives les unes des autres. La première raison pourrait être liée à l'investissement que demande un départ en apprentissage. Si l'apprenti est entièrement pris en charge par son maître, il faut toutefois lui payer son trajet ainsi que son installation dans sa nouvelle ville. En outre, le départ d'un jeune garçon ou adolescent est vu comme une perte de main-d'œuvre. La deuxième raison pourrait être la difficulté que semblent éprouver, d'après les entretiens, les jeunes du milieu rural à trouver un maître en ville. A ces raisons s'ajoute pour les filles, l'idée que l'apprentissage, comme la scolarisation en ville, ne les pervertisse et qu'elles ne « *piquent une grossesse* » selon l'expression locale. La scolarisation d'un enfant dépend donc essentiellement de la situation économique de la famille quand il atteint l'âge d'être scolarisé. Seuls les enfants dont le ménage n'a pas besoin de main-d'œuvre et dont les ressources sont suffisantes pourront accomplir une scolarité continue et sur le long terme. Pour des familles cherchant à assurer d'abord leur sécurité alimentaire, la formation des enfants reste un luxe.

Epargne et emprunt : accumulation et redistribution

Moins de la moitié des personnes enquêtées, quel que soit le sexe, déclarent avoir épargné une partie de leurs revenus au cours de l'année précédant l'enquête. Certes, les réponses concernant l'épargne peuvent être sujettes à des sous-déclarations liées à la crainte de voir cette épargne convoitée, d'autant plus que les conditions d'enquête ne permettaient pas toujours à l'enquêteur et à l'enquêté d'être seuls pendant la passation des

[9] Nous ne disposons pas de données pour la Sous-préfecture de Kanfarandé.

questionnaires. Nous ne disposons pas de données sur le montant de l'épargne car au même titre que celles concernant les revenus ; il s'agit de données difficiles à collecter du fait de la sous-déclaration, mais aussi de la difficulté à calculer exactement ces revenus lorsque ceux-ci ne dépendent pas d'une saisonnalité fixe (revenus annuels, mensuels) et donc aléatoires. Quoi qu'il en soit, les observations ont montré que les ménages disposaient de peu d'épargne puisqu'en cas de besoin urgent de liquidités, ils doivent le plus souvent faire appel à l'emprunt. Le système bancaire est quasi inexistant en milieu rural et seuls les salariés des entreprises minières ou les fonctionnaires peuvent accéder à l'épargne et au crédit dans des conditions modernes. Trois modes d'épargne coexistent dans la zone d'étude : la cachette personnelle (65,4% des hommes et 48,7% des femmes qui épargnent) ; la tontine[10] (respectivement 8,1% et 36,7%) ; en outre, 22,5% des hommes et 16,6% des femmes déclarent confier leur épargne à quelqu'un de confiance ce qui est en contradiction avec le discours souvent tenu tant par les hommes que les femmes qui font état de vol au sein des ménages (Tableau 9). L'élevage (caprins, ovins, volailles) a dans les questionnaires été considéré comme une activité économique et non comme une modalité d'épargne. Cependant, il s'avère qu'il représente plus fréquemment un investissement qu'une activité : on achète un jeune animal à bas prix en espérant le revendre plus cher en cas de besoin.

Les types d'épargne et le montant limité de celles-ci s'expliquent, outre par la faiblesse des revenus, par les obligations sociales d'entraide qui induisent des systèmes d'emprunts proches du don/contre-don décrit par Mauss (1924). Epargner alors que le reste du ménage ou que la famille élargie est dans le besoin est perçu comme une marque d'égoïsme, d'individualisation et donc de rupture avec le groupe. Celui qui a de l'argent doit partager avec celui qui n'en a pas, et cette obligation sociale et religieuse réduit considérablement les possibilités d'épargne des individus.

---

[10] Les tontines sont des associations dont l'objectif premier est d'assurer une forme de solidarité entre ses membres afin de leur permettre d'initier une activité économique. A tour de rôle les membres qui versent tous une cotisation à intervalles réguliers, reçoivent le montant global des adhésions. Ce système leur permet de disposer d'une somme qu'individuellement ils ne pourraient pas réunir et ainsi de financer un projet entrepreneurial leur permettant d'accroître leurs revenus (acheter une terre, un cheptel, ouvrir un commerce).

Tableau 9. Type d'épargne pratiquée selon le sexe (% pondérés)

	Hommes	Femmes
Tontine	8,1	36,7
Crédit rural	6,4	3,4
Banque	1,6	0
Cachette personnelle	65,4	48,6
Confiée à quelqu'un	22,5	16,6
Autre	1,9	0,1
Refus de répondre	0,6	0
Effectifs enquêtés	383	307
Manquants	5	8
Population de référence : hommes (18-69 ans) et femmes (15-69 ans) qui ont épargné une partie de leurs revenus durant les douze mois ayant précédé l'enquête. Question à choix multiples.		

Source : POPINTER/DNS, 2002-2003, nos calculs.

L'emprunt est de deux types. Au sein de la famille, c'est un emprunt sans intérêt mais qui rentre dans une logique dynamique de don/contre-don. Il est impossible pour des raisons d'honneur, de prestige et de solidarité de refuser de prêter de l'argent même si l'on doit s'endetter à cet effet. Soulignons que loin de la vision occidentale tendant à présenter les solidarités familiales et communautaires comme « naturelles » ou spontanées, celles-ci ne sont pas toujours vécues de manière positive car elles se heurtent à l'émergence d'une vision de plus en plus individualiste de la réussite sociale dans une société où coexistent des trajectoires d'enrichissement et d'autres d'appauvrissement. Cette solidarité ne peut évidemment fonctionner qu'entre individus liés par des relations familiales, sociales, voire politiques impliquant la réciprocité ou certaines formes de clientélisme. La pratique de l'usure marque les limites de la solidarité dans un contexte où la majorité de la population est pauvre. Ce constat conduit également à nuancer certaines interprétations culturalistes. En effet, alors qu'au nom de l'islam les prêts dans le groupe d'appartenance sont faits sans intérêt, les Peul musulmans pratiquent des taux usuraires. Le passage de la solidarité à la dépendance économique traduit l'instauration ou l'accentuation des relations de domination et de hiérarchisation sociale.

A défaut de système bancaire formel, la majorité des emprunts se font dans un système officieux auprès des usuriers d'emprunt à intérêt. Les ménages dans le besoin empruntent aux individus les plus aisés. Ce système d'emprunt entre dans des logiques de relations ethniques car dans les zones étudiées se sont le plus souvent les Peul ou les Diakhanké qui prêtent de l'argent aux autres ethnies plus pauvres (Petit et Godard, 2005). Ce sont les ménages les plus pauvres qui y ont recours en période de soudure, et peuvent donc emprunter soit de l'argent soit des sacs de riz, qu'ils rendront au double au moment de la récolte. Ces ménages entrent donc dans un cercle endettement-appauvrissement puisque le remboursement de leur dette les ampute d'une partie de leurs revenus agricoles et avancent ainsi le moment de la prochaine soudure, où ils seront à nouveau obligés de recourir à des emprunts. Cette solution ponctuelle mais coûteuse entraîne les individus dans une dépendance sociale. Si les riziculteurs ne peuvent plus rembourser, ils perdent leurs terres, donc leur statut social et ils se retrouvent en situation de marginalisation. L'emprunt est donc la réponse à une situation de pauvreté la plus extrême.

CONCLUSION : DES EVOLUTIONS AUX MARGES DANS UN CONTEXTE D'INCERTITUDE

Notre analyse de l'organisation économique des ménages ruraux de Guinée maritime nous a permis d'identifier six réponses possibles au contexte de pauvreté dans lequel ils vivent : la maximisation des ressources agricoles, la pluriactivité, la mobilisation de la main-d'œuvre du ménage, la migration, la scolarisation ou l'apprentissage et enfin l'épargne ou l'emprunt. Pourtant, rares sont les ménages qui ont la possibilité financière ou le capital social de recourir à l'ensemble de ces réponses. Les ménages qui sont dans la situation économique la plus précaire, c'est-à-dire ceux qui sont endettés et qui luttent quotidiennement pour assurer leur subsistance alimentaire, sont contraints de se focaliser sur les réponses à court terme : pluriactivité, pratiques d'activité ne nécessitant aucun investissement et donc rapportant peu, mobilisation des ressources humaines du ménage, emprunt. On ne peut pas alors parler de stratégie de réponse à la pauvreté, ce qui sous-entendrait une vision à long terme et la conception de projets clairement définis, objectifs qui ne sont pas à la portée de cette catégorie de ménages. Il s'agit là uniquement de survie.

Les ménages qui ne sont ni dans une situation de pauvreté alimentaire, ni dans une situation d'endettement chronique peuvent développer des réponses à la pauvreté impliquant une vision à moyen ou long terme et des investissements financiers, comme la scolarisation, l'apprentissage, l'émigration urbaine ou internationale, et le développement d'activités commerciales (produits non agricoles). Ces populations, si elles ont conscience d'être dans une phase de changement social et de transition économique, éprouvent des difficultés à mettre en place des réponses car celles-ci, du fait de l'imbrication de l'économie dans la sphère socioculturelle, aboutissent à remettre en cause l'organisation sociale, les relations de pouvoir et les valeurs qui la structurent depuis des siècles : gérontocratie, domination masculine, solidarité.

Cette situation porte en elle les germes d'une fracture sociale et d'une hiérarchisation sociale construite uniquement sur la réussite économique. Les dynamiques d'appauvrissement ou d'enrichissement précédemment mises en exergue traduisent en partie cette évolution sociale. De plus, le contexte politique (corruption, tensions ethniques internes, démocratisation chaotique) freine considérablement les initiatives économiques, car les acteurs nationaux et internationaux redoutent un coup d'Etat dans un contexte régional déjà marqué par la violence et l'instabilité.

REFERENCES BIBLIOGRAPHIQUES

Antoine P. (éd.), 2006, *Enfants d'aujourd'hui : diversité des contextes, pluralité des parcours,* Colloque international de Dakar, Paris, AIDELF.

Arcin A., 1911, *Histoire de la Guinée française*, Paris, Challamel.

Bourdieu P., 1977, *Algérie 60. Structures économiques et structures temporelles*, Paris, Editions de Minuit.

Cheneau-Loquay A., 1987, *Stratégie libérale ou stratégie autocentrée. La Guinée peut-elle continuer à négliger son agriculture ?* Paris, Terrain et perspectives, ORSTOM, 93-105.

Charbit Y. et V. Petit, 2012, Culture, rationalité et démographie compréhensive, in Dianteill E. (éd.), *La culture et les Sciences de l'Homme*, Paris, Archives Karéline, 187-200.

Coquery-Vidrovitch C., 1994, *Les Africaines, histoire des femmes d'Afrique Noire du XIXe au XXe*, Paris, Editions Desjonquère.

Fichte J. G, 1980 (1800), *L'Etat commercial fermé*, Lausanne, Editions L'âge d'homme.

Godard A. et Meffe B., 2006, *Travail des femmes et ethnicité en milieu rural guinéen*, Aveiro, AIDELF.

Godard A., 2010, *Le travail des femmes en Guinée Maritime. De l'organisation sociale à l'organisation économique,* Paris, l'Harmattan.

Godelier M., 1996 (1982), *La production des grands hommes,* Paris, Flammarion.

Guilmoto C. et F. Sandron, 2000, L'approche institutionnelle des migrations. La dynamique interne des réseaux migratoires dans les pays en développement, *Population*, vol. 55, n° 1, 105-135.

Kouwonou R. K., 2006, Travail domestique des enfants et fréquentation scolaire au Togo : quelles interactions ?, in Antoine P. (éd.), *Enfants d'aujourd'hui : diversité des contextes, pluralité des parcours,* Colloque international de Dakar 2002, Paris, AIDELF, 974-987.

Latouche S., 1998, *L'autre Afrique, entre don et marché,* Paris, Albin Michel.

Marcoux R., Gueye M., Konate M. K., 2006, Environnement familial, itinéraires scolaires et travail des enfants au Mali, in Antoine P. (éd.), *Enfants d'aujourd'hui : diversité des contextes : pluralité des parcours,* Colloque international de Dakar 2002, Paris, AIDELF, 961-973.

Mauss M., 2007 (1924-1925), *Essai sur le don : forme et raison de l'échange dans les sociétés archaïques*, Paris, PUF.

Meillassoux C.,
-1964, *Anthropologie économique,* Paris, La Haye, Mouton et EPHE.
-1975, *Femmes, Greniers et capitaux*, Paris, François Maspero.

Paulme D.,
-1954, *Les gens du riz. Kissi de Haute Guinée française*, Paris, Plon.
-1957, Des riziculteurs africains : les Baga, *Cahiers d'outre-mer*, vol. 10, n° 37, 257-278.
-1976, La vente de la terre, une notion sociale, in Rambaud P. (éd.), *Sociologie urbaine,* Paris, Mouton, 179-182.

Petit V., 1993, *Counting population, understanding societies. Toward an interpretative demography*, Dordreicht, Springer Verlag.

Petit V. (éd.), 2003, *Rapport du séminaire de présentation des résultats préliminaires de l'enquête « Population, pauvreté, environnement en Guinée maritime »,* Conakry-Paris, POPINTER/DNS.

Petit V. et Godard A., 2005, Comportements démographiques, stratégies socio-économiques et dynamiques ethniques en Guinée maritime, *Congrès international sur la population*, Tours, IUSSP.

Poirel G., 2003, Profils migratoires dans un contexte de pauvreté : exemple de quatre villages de la Sous-préfecture de Kanfarandé en Guinée maritime, Mémoire de DEA, Paris, Université Paris 5.

Polanyi K., 1983 (1944), *La grande transformation, aux origines politiques et économiques de notre temps,* Paris, Gallimard.

Ricardo D., 1977 (1817), *Principes de l'économie politique et de l'impôt*, Paris, Flammarion.

Riss M. D., 1989, *Femmes africaines en milieu rural*, Paris, l'Harmattan.

Rivière C.,
-1968, La promotion de la femme guinéenne, *Cahiers d'études africaines*, vol. 8, n° 31, 406-427.
-1971a, *Mutations sociales en Guinée*, Paris, Marcel Rivière et Cie.
-1971b, Les mécanismes de constitution d'une bourgeoisie commerçante en République de Guinée, *Cahiers d'études africaines*, vol. 11, n° 43, 378-399.

Rossi G. (éd.), 2001. *Atlas infogéographique de la Guinée Maritime*, Ministère de l'agriculture et de l'élevage, Ministère de la pêche et de l'aquaculture, Conakry, Observatoire de la Mangrove.

Rossi G., Bazzo D., Lauffer M., 2002, La Guinée Maritime aujourd'hui, Les *Cahiers d'outre mer*, janvier-février, n° 217, 31-62.

Rüe O., 1998, *L'aménagement du littoral guinéen (1945-1995), mémoire de mangrove*, Paris, l'Harmattan.

CHAPITRE 4. STRATEGIES SOCIO-ECONOMIQUES ET DYNAMIQUES ETHNIQUES EN GUINEE MARITIME

Véronique PETIT et Aurélie GODARD-MARCEAU

L'approche ethnologique porte une attention particulière à la prise en compte des différents niveaux sociologiques (individu, famille, communauté, associations, ethnie), ainsi qu'aux relations de pouvoir ou de dépendance qui définissent ce qui est socialement possible pour chaque acteur en fonction de son statut dans son groupe d'appartenance (lignage, clan, caste) dans la communauté. C'est dans cette marge entre traditions, contraintes et nouvelles opportunités que les familles construisent et négocient leurs réponses à la situation économique (crise, paupérisation, croissance). Une contextualisation qualitative offre donc la possibilité de développer une anthropo-démographie interprétative quant aux situations décrites.

Avant d'entrer dans la présentation des résultats, il importe de revenir sur le concept d'ethnie compte tenu de la littérature qui lui est consacrée et des enjeux politiques qui lui sont attachés. Les anthropologues, alors qu'ils avaient contribué à la réification de la catégorisation ethnique en raison de leur rôle dans le processus de colonisation, ont depuis les indépendances et leurs conséquences tant politiques que scientifiques sur leur discipline, largement critiqué ce concept, les critères de son élaboration, et ils ont finalement opéré une déconstruction de ce mode de classification (Poutignat et Streiff-Fenart, 1995 ; Kertzer et Arel, 2002). Cependant si la pertinence de cette déconstruction ne fait pas de doute sur le plan théorique, elle n'implique pas la fin de l'usage de ce mode de catégorisation dans les enquêtes en sciences sociales. Cette pratique s'explique par différents facteurs cumulatifs qui agissent à plusieurs niveaux sociologiques : le cadre institutionnel qui renforce les traditions de collecte statistique, le contexte politique national qui légitime l'existence et la reconnaissance des groupes ethniques et le fait que pour les individus eux-mêmes les processus d'appartenance ethnique – l'ethnicité – garde une signification sociale forte.

Ce constat empirique signifie que loin d'être rejetée, l'utilisation de ce concept d'ethnie doit au contraire être davantage travaillée et contextualisée. Il s'agit, d'un point de vue statistique, de saisir réellement ce que l'on mesure par « ethnie » (qui entre dans ce groupe et en référence à quels critères : appartenance clanique, pratique linguistique, filiation, auto-déclaration, assignation, etc.), et d'un point de vue interprétatif de s'attacher à comprendre comment se construit cette forme d'identité, ce qu'elle recouvre, comment elle est utilisée et pourquoi elle est susceptible d'évolutions. La variable ethnie, comme le sexe ou la religion, a un contenu implicite beaucoup plus important et complexe, que celui que laisse paraître son traitement dans les enquêtes démographiques. Les démographes ont tendance à essentialiser ces variables, alors qu'elles sont culturellement et historiquement définies et construites. Ils oublient trop vite que l'ethnie est une construction identitaire ; qu'elle n'est pas un fait de nature. Elle implique un double processus d'assignation : on se définit comme « pullo » et l'on est classé comme « peul » par exemple ; et cette double assignation est sujette à évolution car elle est intégrée à des relations de pouvoir. Bourdieu (1991) souligne que l'acte de nommer favorise la structuration du monde et que définir l'usage des mots donne le pouvoir de créer la réalité sociale. En outre, comme le souligne Barth (1995), s'identifier à un groupe est non seulement une marque d'appartenance, mais c'est aussi une marque de différenciation. Un individu se considèrera comme étant Peul parce qu'il se sent culturellement éloigné des Soussou ou des Baga.

La démographie classique ne permet pas la compréhension de ces processus sociaux. La catégorisation ethnique, qui fige et simplifie l'identité des individus et des groupes, est devenue un critère classique d'analyse des populations au travers des recensements et des grandes enquêtes. La liste des ethnies va de soi ; sa construction n'est jamais explicitée. Son usage est contestable d'un point de vue scientifique car il empêche toute analyse dynamique de l'identité à l'heure où la globalisation, les migrations internationales bouleversent les définitions et redessinent les frontières des groupes humains, et son usage politique est toujours suspect. L'utilisation de la catégorie ethnie démontre comment démographie et politique sont inextricablement liées ; et trop souvent de manière implicite. Notre propos est de montrer, grâce à une approche interdisciplinaire que la dimension ethnique recouvre une réalité sociologique derrière le flou conceptuel et que sa critique peut contribuer à l'émergence d'un nouveau questionnement social : comment individus et familles négocient leur identité dans un contexte de plus en plus ouvert en raison de la mobilité interne et internationale, des effets de l'économie de marché, de la mondialisation sur les économies locales et de l'attrait renforcé de la modernité.

Les populations interrogées en Guinée se rattachent de manière spontanée à une identité ethnique. Répondre à la question « quelle est votre ethnie ? » ne pose pas de problème aux populations, de même que celle relative à la caste, car ces deux formes de catégorisation restent socialement à l'œuvre et sont acceptées grâce au jeu des relations de parenté à plaisanterie[1]. Cette définition identitaire fait généralement référence dans les discours à des ancêtres, à une filiation, à un territoire, à une langue, à une religion. Mais cette dimension doit être approfondie et surtout conçue comme un facteur dynamique, à géométrie variable en fonction du contexte politique, religieux, social et économique. Lorsque l'on creuse les récits de vie, que l'on dresse des généalogies, on s'aperçoit vite que la réalité est moins simple que les discours des informateurs voudraient le laisser penser au premier abord : par exemple, père et mère n'appartiennent pas à la même ethnie, on oublie tel aïeul dans la généalogie car sa caste ou son ethnie sont dévalorisées et on finit par avouer que le lignage a opéré, négocié un glissement identitaire vers une autre ethnie car il est alors plus facile de développer telle activité économique ou de s'installer à tel endroit. L'analyse des processus de différenciation ethnique permet de poser la question des relations entre la rationalité économique et la dimension culturelle dans un contexte social et écologique particulier. Il s'agit de montrer de quelles opportunités disposent les groupes ethniques et comment ils peuvent mobiliser leurs ressources (leur capital) en fonction de leurs représentations et de la position de leur groupe ethnique dans l'organisation socio-économique locale et nationale, voire internationale. On mettra ainsi en évidence l'existence de niches économiques ethniques (Guyer, 1997) dans la population étudiée.

LES ETHNIES EN GUINEE MARITIME

La Guinée maritime présente une mosaïque de groupes ethniques dont la répartition, complexe, est le fruit d'une longue histoire de migrations de peuplement (Bazzo, 2000 : 42). Les premiers récits relatifs aux populations vivant sur le littoral sont donnés par les navigateurs portugais qui touchèrent les côtes de Guinée à la fin du XVe siècle. La dynamique du peuplement de la Guinée maritime est mal connue. La plupart des groupes culturels et linguistiques de la région sont descendus du Fouta-Djalon. Les ancêtres des Baga, Nalou, Mikhiforé avaient formé des sociétés peu hiérarchisées cultivant le riz, le fonio, le mil en essartage dans les bas-fonds. Le mouvement de migration vers la côte semble avoir pour origine l'arrivée des premiers groupes Dialonké et Peul non islamisés vers le milieu du XIVe siècle. Il est vraisemblable que la pression foncière et culturelle, associée à la difficulté de cohabitation entre des sociétés d'éleveurs fortement structurées

[1] La parenté à plaisanterie est une forme de relation sociale codifiée par la coutume permettant aux membres de deux groupes sociaux potentiellement antagonistes (castes, groupes ethniques, groupes de parents) de se moquer les uns des autres sans qu'ils aient à s'en offenser et sans que cela aboutisse à des conflits ouverts. Cette pratique structure les échanges sociaux dans de nombreuses sociétés d'Afrique de l'Ouest.

et centralisées et des agriculteurs aux organisations sociales plus lâches ont poussé ces derniers à reculer vers la côte. La pression s'est ensuite accentuée avec la mise en place d'un pouvoir peul qui s'est rapidement islamisé, déclarant le djihad au début du XVIIIe siècle. A cette époque, les Nalou et Baga, qui sont animistes, fuient l'islamisation imposée par les Peul et se réfugient le long de la côte jusqu'en Guinée Bissau. Les mouvements migratoires se poursuivent jusqu'au début du XIXe siècle. Les implantations Baga actuelles ont été renforcées par des groupes d'origines très diverses progressivement assimilés. Le littoral guinéen a donc servi de refuge à des groupes qui avaient une origine continentale, des pratiques agraires semblables, fondées sur une agriculture itinérante sur brûlis (Baga, Nalou, Landouma, Diakanké, Mikhiforé, Toubaka). Les Soussou (appartenant au groupe Mandé) descendirent les derniers du Fouta-Djalon et ils s'imposèrent rapidement sur une grande partie de la côte, tant par leur organisation politique que parce qu'ils furent les premiers à se convertir massivement à l'islam et à le propager. Ils sont surtout installés à l'intérieur des terres, sur les plateaux et les collines. Les peuples anciennement installés sont aujourd'hui minoritaires et entraînés dans un processus d'assimilation puisqu'ils parlent de plus en plus soussou et se convertissent à l'islam. Les villages et les langues nalou, baga et landouma ne se maintiennent que dans un contexte d'enclavement culturel et de marginalisation économique comme nous allons le voir.

Les relations actuelles entre groupes ethniques ont été construites au cours de cette histoire conflictuelle, faite de rapports de force socioculturels, religieux, linguistiques, économiques. A ce passé ancien, il faut ajouter une dimension de politique nationale plus récente. Depuis l'indépendance en 1958 et l'accession au pouvoir de Sékou Touré, l'attribution du pouvoir au sommet de l'Etat dépend du respect d'un certain équilibre ethnique. Toute nomination à un poste administratif et politique est pesée en fonction du contexte ethnique et des relations de pouvoir entre Peul, Soussou et Malinké. De manière stéréotypée, mais révélatrice des tensions et des représentations qui existent dans la société guinéenne, les Peul sont censés détenir le pouvoir économique grâce à leurs activités commerciales et à la diaspora, les Malinké représentent l'opposition politique depuis la tentative de coup d'Etat en 1985. Quant aux Soussou, on leur attribue la mainmise sur l'administration. Dans le rapport de l'enquête EDS 1999, la variable « ethnie » n'est pas utilisée dans les analyses, sauf celles concernant l'excision et elle est uniquement mentionnée dans le tableau de présentation de l'échantillon. Les variables « religion » et « région naturelle » permettent de décoder certaines spécificités ethniques en fonction de la répartition du peuplement. Par exemple, ce sont les petites ethnies de la Guinée forestière qui sont pour l'essentiel converties au christianisme et la Haute Guinée est de peuplement malinké.

Le Tableau 1 présente la répartition ethnique de la population étudiée. Nous avons choisi de regrouper les Baga, les Landouma et les Nalou en raison de leurs fortes proximités culturelles et économiques : ils ont été ou demeurent animistes, ils tentent de préserver l'usage de leur langue et leur organisation économique s'articule autour de la culture du riz. On parlera à l'instar de Denise Paulme (1954) des « Gens du riz ». La catégorie « autres » représente 11,5% de la population. Elle comprend plus de dix ethnies, et traduit de fait l'attractivité de la Guinée maritime, qui est la région la plus riche du pays (exploitation de la bauxite et fort potentiel agricole) et qui est par conséquent une zone d'immigration. Dans la suite de notre analyse, nous ne retiendrons pas la catégorie « autres » en raison de son hétérogénéité.

Tableau 1. Répartition ethnique - Sous-préfecture de Kanfarandé

Groupes ethniques	Effectif	Pourcentage
Soussou	341	6,4
Peul	1054	19,9
Diakanké	1315	24,8
Nalou, Baga, Landouma	2039	38,4
Autres *	552	10,5
Ensemble	5301	100

Source : POPINTER/DNS, 2003, nos calculs.

* Cette catégorie regroupe les Malinké, Kissi, Toma, Guerzé, Mikhiforé, Sarakolé, Bambara, Mandingue, Toucouleur, Balante, Temné.

Carte 1 : Guinée maritime

Sources : Atlas infographique de la République de Guinée. CNRS-IRD, CNSHB-AFD.

L'APPARTENANCE ETHNIQUE COMME MARQUEUR DE COMPORTEMENTS DEMOGRAPHIQUES ET SOCIO-ECONOMIQUES

La Guinée Maritime est majoritairement peuplée par des Soussou, mais certaines zones, comme la Sous-préfecture de Kanfarandé, sont des enclaves culturelles. Elle est appelée Naloutaye, le royaume des Nalou. Ils se sont retirés dans cette région lors du djihad mené par les Peul. Les Nalou ne furent islamisés qu'à la fin du XIXe siècle par le dernier roi nalou, Dinah Salifou qui, formé à l'école coranique, imposa la religion musulmane à son peuple. Situé à l'embouchure du Rio Nunez, ce royaume présentait trois avantages : les terres de mangroves sont excellentes pour la riziculture, l'enclavement des villages – qui sont pour beaucoup des îles ou presqu'îles accessibles uniquement en marée haute – les protège d'éventuelles attaques et l'embouchure du fleuve est une position stratégique pour surveiller les échanges. Ce royaume aurait été fondé dans la deuxième moitié du XVIIIe siècle. Un siècle plus tard, le roi attira les commerçants malinké et diakhanké pour faire du royaume un grand centre commercial. Si actuellement peu de Malinké vivent dans la région, les Diakhanké se sont installés dans le district de Lansanaya. Ce district est situé à proximité du port de Victoria d'où les pirogues partent pour Kolaboui ; port important dans la région. Les Peul ont formé de petits royaumes côtiers qui payaient un tribut au royaume du Fouta-Djalon. Cela explique la présence des Peul dans tous les villages étudiés.

L'accès à la terre est contrôlé par les Nalou et donc limité en ce qui concerne les autres groupes ethniques. Dans les villages à majorité nalou, les terres les plus fertiles appartiennent aux familles nalou. Si elles ne les exploitent pas toujours par manque de main-d'œuvre, elles ne sont cependant pas disposées à les prêter craignant de ne pas pouvoir les récupérer. La terre ne s'achète pas, elle appartient à celui qui la défriche en premier lieu. Une fois défrichée, la terre appartient au lignage et est reçue en héritage par les fils de la famille. Les Nalou possèdent donc la grande partie des terres. Par exemple, dans le village de Koukouba, au cœur du Naloutaye puisque c'est là que se trouve la forêt sacrée, les Nalou contrôlent l'ensemble du terroir. Les Peul qui se sont installés ultérieurement dans le village se sont vus attribuer un secteur éloigné et sableux pour construire leur habitat et ils ont reçu des surfaces agricoles réduites. L'histoire du peuplement a donc défini les relations que les ethnies entretiennent entre elles. Elle explique aussi en partie les systèmes économiques mis en place par chaque ethnie. En effet, en fonction des possibilités offertes à chacune (accès aux terres, aux voies de communication), les différents groupes ethniques ont soit poursuivi les activités qu'ils pratiquaient traditionnellement, soit choisi d'en développer de nouvelles.

Le modèle soussou

Ce groupe ethnique est présent dans l'ensemble de la Guinée maritime. Dans la zone observée les Soussou sont minoritaires. Ils représentent 6,4% de la population recensée. L'implantation de familles dans la sous-préfecture est due en partie à la présence de l'administration et des services dans le village de Victoria. En effet, les fonctionnaires, et en particulier ceux qui sont envoyés dans les sous-préfectures, sont en majorité des Soussou, groupe ethnique fidèle au pouvoir en place. Dans cette enquête, 12% des hommes soussou recensés déclarent être fonctionnaires comme activité principale – contre 4,1% pour les Nalou/Baga/Landouma ; les autres groupes ethniques ne déclarant aucune activité de fonctionnaire en activité principale. Sur les 36 hommes travaillant pour l'administration et interrogés lors de la passation des questionnaires, 6 sont Soussou contre 12 Nalou. Ce rapport de 1 Soussou pour 2 Nalou dans l'administration est loin du rapport de 1 Soussou pour 6 Nalou dans la population recensée. 46% des chefs de ménage soussou recensés ne sont pas nés dans le village où ils ont été enquêtés, contre 38% pour les Peul, 5,5% chez les Diakanké et 22,5% chez les Nalou. Les immigrés soussou ont des activités plus diversifiées : quelques agriculteurs, des fonctionnaires, mais aussi des artisans. Les Soussou natifs des villages étudiés pratiquent essentiellement la culture de l'arachide et la riziculture. Leurs terres proviennent la plupart du temps d'un héritage et ils n'ont pas eu besoin de faire appel au don ou de défricher de nouvelles terres.

Les ménages soussou se caractérisent par des structures familiales restreintes. 75% des ménages comptent moins de vingt personnes recensées. Ceci s'explique par deux facteurs. Tout d'abord, les hommes soussou sont nombreux à être monogames. Certes, la monogamie n'est souvent qu'un stade précédant ou faisant suite à une union polygame. Mais le fait que 62% des hommes mariés au moment de l'enquête aient été monogames réduit considérablement la taille des ménages contrairement aux populations diakanké ou nalou où l'importance de la polygamie contribue à augmenter la taille des familles. En outre, les femmes soussou interrogées avaient en moyenne 3,8 enfants contre 5,8 chez les Peul[2]. Ce chiffre relativement faible pourrait être l'indicateur d'une certaine régulation des naissances. Cependant les données recueillies sur la contraception ne nous permettent pas d'établir

[2] Le nombre d'enfants par femme est calculé à partir du nombre de naissances déclarées par les femmes interrogées lors des questionnaires. Ces femmes ont entre 15 et 59 ans. Il s'agit de la descendance atteinte en moyenne par les femmes au moment de l'enquête. Notre dénominateur ne comprend ici que les femmes ayant déjà eu au moins un enfant.

une telle conclusion. En effet, si le niveau de connaissance des différentes méthodes contraceptives est élevé, les déclarations quant à l'utilisation de la contraception moderne sont très rares et elles font sans doute l'objet d'une sous-déclaration. Toutefois, le fait que les Soussou vivent majoritairement à Victoria, qui est le siège de la sous-préfecture, leur donne plus facilement accès au centre de santé. Soulignons aussi que quelle que soit la région, le fait d'habiter dans un centre administratif, même réduit, accroît déjà les opportunités offertes aux familles quant à la scolarisation, à la santé et au développement des activités commerciales du fait de la présence de la route et d'un marché en contact avec l'extérieur.

Cette localisation géographique influe sur le mode de vie, en particulier en ce qui concerne la scolarisation. Le taux net de scolarisation est de 47% au primaire et 11% au secondaire[3]. Ceci s'explique tout d'abord par la proximité des infrastructures scolaires primaires, mais aussi secondaires, puisque la localité de Victoria a suffisamment d'instituteurs pour assurer toutes les classes de primaire et possède le seul collège de la sous-préfecture. Mais la proximité des infrastructures scolaires ne suffit pas à expliquer un taux net de scolarisation supérieur aux autres ethnies (excepté en ce qui concerne les Nalou ; ce que nous expliquerons plus tard). Il existe aussi à Victoria une dynamique villageoise qui incite les parents à scolariser leurs enfants. La présence des administrations et des fonctionnaires donne une image positive de l'école car elle projette de manière idéalisée les possibilités d'emploi pour leurs enfants scolarisés. Dans un contexte social encore largement dominé par l'économie agricole, cette représentation d'un avenir possible rend acceptable pour les parents l'idée de se défaire de la main-d'œuvre que représentent les enfants. Ils ont en effet alors le sentiment que le gain (emploi, salaire) sera supérieur au capital investi (coût des études, perte d'une main-d'œuvre).

La présence du seul collège de la sous-préfecture explique aussi pourquoi les ménages soussou sont ceux qui accueillent le plus d'enfants confiés ; en moyenne 1,8 par famille (contre 0,5 aux Peul). Les familles qui résident dans des villages éloignés et qui souhaitent scolariser leurs enfants doivent les confier à une famille habitant Victoria. Quand l'enfant est confié au sein de la famille, le confiage répond à la logique de la solidarité familiale. Mais quand l'enfant est confié à une famille non apparentée, les parents doivent donner une contrepartie financière ou en nature à la famille d'accueil. L'accueil de collégiens est donc source de revenus pour beaucoup de familles soussou.

[3] Taux nets de scolarisation calculés par Baldé (2004).

Le modèle peul

Traditionnellement, les Peul sont économiquement associés au commerce et à l'élevage. Dans la population étudiée, 47% des hommes[4] ont un élevage et la moitié considère cela comme leur activité principale. Seules quelques familles ont un réel troupeau ; les autres possèdent seulement quelques têtes de bétail qui représentent avant tout un mode d'épargne. Ceci a une forte dimension symbolique ; l'identité peul s'étant construite autour de l'élevage et de la transhumance. Si l'élevage n'a plus chez les Peul de Kanfarandé de réelle fonction économique, le commerce reste une activité importante. Comme pour les Soussou, 8% des hommes considèrent le commerce comme leur activité principale contre moins de 3% dans les autres groupes ethniques. Les Peul possèdent les boutiques. Ils achètent des articles manufacturés comme le tabac, les bougies, les piles, etc., qu'ils revendent ensuite au village. Il s'agit d'un commerce demandant un certain capital de départ. Les autres ethnies en revanche se cantonnent dans la commercialisation de leurs productions agricoles (produits maraîchers, fruits, arachide, et plus rarement le riz car cette production est destinée à la consommation). Il s'agit alors d'une forme de commerce ne demandant aucun investissement, mais nécessitant que la récolte soit suffisante pour assurer la subsistance de la famille et dégager un surplus commercialisable.

Les Peul se distinguent des autres groupes par la forte proportion d'hommes développant une activité artisanale (10,5%). Ces hommes sont forgerons, cordonniers, vanniers. Ces métiers correspondent à des activités économiques traditionnelles liées au système de castes propre à chaque ethnie. Les castes pratiquant ce type d'activité artisanale n'existent pas chez les Soussou ou les Nalou. Cela montre que les opportunités économiques sont régies par la stratification sociale interne à chaque groupe qui perdure, et que le recours à ces activités est culturellement déterminé, prescrit. Grâce à leurs activités artisanales et commerciales, les Peul ont des revenus monétaires. 37,6% des hommes pratiquant l'agriculture ont déclaré commercialiser une partie de leur récolte et 5% commercialisent la totalité de leur production. Ces revenus monétaires, contrairement à ceux des Diakanké, sont difficiles à évaluer. En effet, alors que les Diakanké achètent des biens de consommations (moto, téléphone, groupe électrogène) et affichent ainsi leur réussite, les Peul réinvestissent leurs gains dans de nouvelles activités. L'habitat chez ces populations n'est pas un objet d'investissement, un espace de représentation sociale. L'argent gagné est utilisé pour faire fructifier le capital soit en élargissant l'activité commerciale, soit en pratiquant l'usure. Le crédit est fait soit en nature (riz),

[4] 93 hommes peul furent interrogés lors de la passation des questionnaires.

soit en argent. Ainsi, si les groupes ethniques sont complémentaires d'un point de vue macro économique ; cette interdépendance devient la source de rivalités et d'antagonismes au niveau social et politique. Une domination ne peut être totale sous peine de n'être plus tolérée et acceptée socialement.

Les difficultés à obtenir des informations précises d'un point de vue économique lors de la passation des questionnaires ne nous permettent pas toujours d'évaluer le niveau de vie des populations. Il est évident que les populations sont réticentes à livrer l'état de leurs finances même à des étrangers de passage et que par conséquent elles sous-évaluent leurs revenus dans leurs déclarations. Elles ont également désormais une conscience aiguë des différences sociales qui s'instaurent et de la prédominance du pouvoir économique. Elles savent que leurs revenus les positionnent socialement. Les dépenses ostentatoires et les achats de biens de consommation de par leur visibilité sont plus faciles à identifier, donc à mesurer. En revanche les formes de thésaurisation, d'épargne et d'investissement sont difficilement estimables. Ce biais se retrouve dans la grande majorité des enquêtes portant sur la pauvreté. Généralement, le niveau de vie des ménages est estimé à partir des conditions d'habitat et des biens de consommation possédés. Si le ménage investit peu dans les biens de consommation, mais épargne ou développe de nouvelles activités grâce à l'argent gagné, il est considéré comme ayant un niveau de vie moyen, ce qui peut cacher un réel enrichissement. Une observation ethnologique permettant de nouer des relations de confiance avec la population permet d'avoir de meilleurs résultats dans ce domaine.

Les types d'activités pratiquées par cette ethnie demandent une certaine autonomie et un esprit d'initiative qui ne doit pas être fortement contraint par l'organisation sociale. Cela a contribué à construire un mode de fonctionnement familial plutôt autonome et une structure de famille nucléaire. Les Peul ont une organisation plutôt individualiste. Il existe peu de systèmes d'entraide contrairement aux riziculteurs. Les familles vivent indépendamment les unes des autres. Le mode d'habitat est d'ailleurs caractéristique de cette situation. Les concessions peul sont les seules à être entourées de clôtures. Les ménages expliquent qu'il s'agit d'éviter que les troupeaux ne détériorent les maisons. Mais lors de nos déplacements sur le terrain, nous avons pu observer qu'il y avait trop peu d'animaux pour que cela puisse être la seule explication à ce mode de construction. En effet, les rares ménages qui ont des troupeaux les font garder à l'extérieur du village.

Ils ne risquent donc pas d'entrer dans les concessions[5]. Les familles peul tiennent à leur indépendance.

Ces logiques sociales se traduisent démographiquement par des familles de taille moyenne : 66% des familles recensées étaient composées de moins de 20 personnes. 62% des hommes mariés sont monogames et le confiage est peu développé (en moyenne 0,5 enfant par famille) ce qui explique la taille plus réduite des familles peul (14,2 contre 26,3 pour les Diakanké) et leur faible étendue (1,9 noyau). La structure du ménage peul s'apparente à une famille nucléaire comprenant le couple des parents et leurs enfants. Les femmes peul ont une forte fécondité en moyenne 5,8 enfants par femme, contre 3,8 aux Soussou. Elles entrent en union de manière précoce (âge moyen à la première union : 16,6 ans) et ont donc une durée de vie féconde longue. Les Peul sont le seul groupe ethnique à déclarer un âge moyen au mariage inférieur à 17 ans. Les autres ethnies ont clairement surévalué l'âge au mariage des femmes afin de se conformer à la loi, 17 ans étant l'âge légal au mariage des femmes en Guinée. L'honnêteté des Peul est aussi à interpréter comme un signe de distance et de mépris affiché et ainsi signifié vis-à-vis de la législation et du pouvoir. Les filles sont destinées au mariage et sont par conséquent peu scolarisées. Une trop longue scolarisation est d'ailleurs parfois perçue pour les jeunes filles comme un handicap. En effet, leurs pères craignent alors de ne pas réussir à les marier. Le statut de la femme chez les Peul est fortement lié à l'islam qui valorise énormément le statut de mère mais leur confère peu d'espace de liberté.

De façon surprenante, alors qu'ils en ont les moyens, les Peul avec les Diakanké sont les deux groupes qui scolarisent le moins leurs enfants, filles comme garçons. Cependant, les entretiens révèlent que les Peul instrumentalisent l'école et que le choix des enfants scolarisés est réfléchi dans une perspective à moyen terme. Ils ne scolarisent pas les aînés qui sont utilisés et formés en tant que main-d'œuvre agricole ou artisanale, selon l'activité du père[6]. Par contre, les garçons puînés sont scolarisés de bonne heure et longtemps. S'ils se révèlent capables de poursuivre des études, ils sont soutenus et deviennent l'objet d'un investissement à long terme. Les parents espèrent qu'une fois diplômés, ils pourront obtenir un emploi salarié ou développer une activité rémunératrice. Ceci explique que la première cause d'émigration chez les hommes soit la scolarisation. Ce comportement est cohérent avec le rapport qu'entretiennent les Peul avec le savoir et la

[5] En Afrique de l'Ouest on parle de « carré » ou de « concession » pour définir l'habitat d'un ménage regroupant plusieurs cases entourées d'une palissade. Usuellement le visiteur ne pénètre pas à l'intérieur de cette aire sans s'être annoncé à haute voix par des salutations.

[6] Nous parlons ici des garçons ; les filles étant de toute façon peu scolarisées du fait de leur statut particulier dans la famille.

culture. Depuis des siècles, les Peul se distinguent en valorisant l'acquisition et la transmission de la connaissance. Ils sont réputés être des lettrés. En un sens leur héritage, leur tradition d'intellectuels, leur *ethos* (défini comme le système de valeurs de la société) est également porteur de modernité puisque les études obligent les enfants à acquérir de nouveaux savoirs et compétences techniques, et à voyager. La place socialement accordée aux études permet de développer des stratégies économiques plus vastes, car non contraintes socialement, religieusement ou territorialement.

Le modèle diakanké : arachide, religion et émigration

85% des Guinéens sont musulmans (EDS, 1999 : 30, Tableau 2.12). Les Diakanké furent islamisés très tôt et ils contribuèrent avec les Peul à l'islamisation de la région. Cependant selon les ethnies, l'islam conditionne plus ou moins fortement la vie sociale. Il est notamment plus structurant dans la société diakanké que dans la société peul, puisqu'il détermine des rapports de dépendance entre individus et de soumission au sein des familles. Dans la société diakanké, les maîtres des écoles coraniques ou *karamoko*[7]sont extrêmement réputés. En raison de sa fonction religieuse prestigieuse, le *karamoko* est systématiquement déclaré comme chef de ménage. Ce prestige est aussi synonyme de pouvoir car ces leaders religieux prennent effectivement toutes les décisions importantes (mariage, scolarisation, émigration) pour l'ensemble des membres de leur famille. En plus de l'enseignement du coran, ils sont également connus comme guérisseurs. Ils prodiguent des soins à des prix élevés utilisant des amulettes et des versets du coran. Les tradipraticiens les plus renommés pratiquent des tarifs très élevés pouvant aller de 200 000 FG à 500 000 FG[8] payables en fin de traitement.

Les Diakanké ont les structures familiales les plus larges des groupes ethniques étudiés. En moyenne, 26 personnes relèvent de l'autorité du chef de ménage. Ce chiffre s'explique de trois façons. Premièrement, le *karamoko* regroupe sous son autorité plusieurs noyaux familiaux[9]. Deuxièmement, les hommes diakanké sont majoritairement polygames (53% des hommes mariés). Enfin, les familles de grands *karamoko* reçoivent des enfants confiés, 1,2 en moyenne par ménage, venus recevoir un enseignement religieux. Ce chiffre, moins important que pour les Soussou (1,8) cache une réalité plus complexe. Il s'agit d'une moyenne et comme toute moyenne, elle

---

[7] Karamoko est un terme peul signifiant maître d'école.

[8] Pour donner un ordre de grandeur, notons qu'au moment de l'enquête, un sac de riz de 50 kg, c'est-à-dire la nourriture hebdomadaire nécessaire à un ménage d'une vingtaine de personnes, se vendait 25 000 francs guinéens.

[9] Nous appelons noyau un groupe composé d'un homme, sa ou ses femmes et ses enfants.

lisse les *extremum*. Peu de familles diakanké accueillent des enfants confiés, mais les familles de grands *karamoko* en accueillent beaucoup et pour une longue durée ; les élèves restant plusieurs années. Certains arrivent très jeunes car l'enseignement du coran se fait parfois avant l'entrée à l'école, c'est-à-dire avant sept ans. Le *karamoko* reçoit de l'argent de la part des familles des élèves et également de ses anciens élèves, qui une fois adultes, continuent de lui envoyer régulièrement de l'argent. Cette activité économique construite autour d'une compétence religieuse éducative et thérapeutique a permis l'enrichissement des ménages diakanké. Soulignons que la religion, de manière paradoxale, si elle est un facteur de contrôle et de fermeture sociale (autarcie du groupe, statut inférieur de la femme), constitue une activité économique génératrice de revenus qui permet le passage d'une économie traditionnelle à une économie plus ouverte, via une économie du religieux (Copans, 1989).

En effet, l'argent obtenu grâce aux frais de scolarité et aux soins, a été investi dans l'émigration internationale. Presque 6% des hommes diakanké sont migrants. Chaque ménage compte en moyenne quatre migrants contre trois dans les autres groupes ethniques. Si l'écart en nombre absolu semble faible, il recouvre en fait deux réalités distinctes. 35% des migrants diakanké sont des hommes ayant émigré vers l'Europe, contre seulement 5% chez les Nalou. Ces émigrés ont donc des revenus en euro ; ce qui augmente considérablement la valeur du transfert vers la famille et les possibilités de redistribution. Les migrants envoient régulièrement de l'argent à leur ménage. Du fait de la dévaluation du franc guinéen, et malgré l'inflation, les ménages qui reçoivent de l'argent en euro sont économiquement gagnants. Ainsi, tout en ayant un nombre moyen d'activités inférieur à celui des autres ethnies (1,5 pour les hommes comme pour les femmes), les ménages diakanké ont un niveau de vie supérieur aux autres ménages ; ce qui est visible notamment au niveau de l'habitat et de l'équipement. L'organisation économique diakanké offre donc des gains monétaires importants aux ménages.

En plus des activités citées précédemment, les individus pratiquent la culture de l'arachide. 64,4% des hommes et 28,6% des femmes considèrent la culture de l'arachide comme leur activité principale. Une partie de la récolte est consommée dans le ménage, mais elle est essentiellement stockée afin d'être commercialisée au meilleur moment, et d'accroître ainsi les bénéfices. C'est le propriétaire du champ qui tirera un revenu personnel de cette culture de rente. L'arachide offre donc un revenu personnel aux hommes comme aux femmes des ménages diakanké.

Alors que dans les autres ethnies, la diversification des activités est pensée au niveau des individus, chez les Diakanké elle est davantage réalisée au niveau des ménages. Il s'agit donc d'une logique économique familiale et les individus ne sont pas autonomes par rapport au chef de famille qui reçoit l'argent de l'étranger ou qui a un rôle religieux. Les membres du ménage ont une faible autonomie financière ; ils sont tributaires des processus de redistribution d'un point de vue économique, et d'un point de vue social et religieux ils sont soumis au chef de ménage. Par exemple, les hommes comme les femmes diakanké épargnent peu. Les femmes diakanké sont les seules à ne pas participer à des tontines. Cela s'explique certes par le fait qu'elles ont peu d'activités, donc peu de revenus. Mais cela tient également à l'importance du contrôle social et religieux exercé sur les femmes dans les familles diakanké. La femme est soumise à l'autorité parentale puis maritale. C'est d'ailleurs dans l'ethnie diakanké que l'on rencontre le moins de femmes chef de ménage (4,1% contre 23,1% dans les ménages soussou). Son rôle principal est celui de mère. Elle n'intervient quasiment pas dans la vie économique du ménage. Soulignons aussi que la non participation des femmes diakanké dans la vie économique renforce le prestige des hommes. Quand une femme ne travaille pas, cela signifie que son mari ou la famille de ce dernier – puisqu'il s'agit d'une situation de virilocalité – a suffisamment de revenus pour assurer la subsistance du ménage.

Du point de vue géographique, les Diakanké vivent fermés sur eux-mêmes dans un village. Le contrôle social et religieux est constamment réaffirmé par la construction d'écoles communautaires et la création d'une radio en langue diakanké. La puissance du contrôle social freine également la scolarisation des enfants. En effet les parents craignent que l'école publique et laïque favorise une remise en question de l'autorité traditionnelle. De plus, la non scolarisation n'est pas perçue comme un facteur freinant une émigration internationale de main-d'œuvre non qualifiée qui s'appuie sur des réseaux déjà établis. En général, l'organisation sociale des Diakanké laisse peu de place à l'individu et en ce sens elle s'oppose au modèle peul qui se construit davantage sur des logiques individualistes et des critères de qualification.

Nalou, Baga, Landouma : la société du riz

La culture du riz a contribué dans une large mesure à définir le fonctionnement social et les valeurs du groupe ethnique composé des Baga, Nalou et Landouma. Contrairement à d'autres régions d'Afrique, notamment le Sénégal, le riz n'a pas été introduit par la colonisation en Guinée maritime. Dans son livre *Voyage à Tombouctou*, publié en 1827, René Caillé disait déjà à propos des Baga que leur principale récolte était le riz.

Selon le type de terres, on pratique une riziculture de mangroves ou une riziculture de plaine. La culture de mangroves nécessite l'aménagement des rizières (construction de digues, désalinisation des terres), ce qui implique la maîtrise des techniques d'irrigation. Reconnu pour ses qualités gustatives et nutritionnelles, le riz de mangroves est plus apprécié que le riz de plateau par les populations. Ce type de culture pourrait permettre plusieurs récoltes dans l'année, mais cela ne fait pas partie des habitudes de la population qui le cultive uniquement en saison des pluies. La culture de plateau qui est pratiquée dans les villages éloignés de la côte est une riziculture pluviale qui profite de la saison des pluies pour irriguer les terres. Les terres les plus fertiles – terres de mangroves ou terres de plateau aménagées – appartiennent aux familles les plus anciennes. Elles ne les cultivent pas toujours, parfois par manque de main-d'œuvre. Mais elles ne les donnent ni ne les prêtent espérant que la famille pourra un jour les mettre en valeur. Quelle que soit le mode de culture, il s'agit d'une culture extensive qui ne profite d'aucun intrant car les ménages manquent de moyens pour acheter de l'engrais ou des machines. La riziculture nécessite donc la mobilisation de l'ensemble de la main-d'œuvre familiale, voire communautaire.

Les ménages nalou, baga et landouma sont étendus. Ils comptent en moyenne 2,2 noyaux par ménage contre 1,9 pour les Soussou et les Peul. 40% des ménages sont composés de plus de 20 personnes Arrivés à l'âge adulte, un ou plusieurs fils restent chez le père afin de cultiver les terres de la famille. Les autres, soit fondent un nouveau ménage dans le village, soit partent en migration dans les villes (85,8% des migrants) ou les villages voisins (14,2% des migrants). De plus, les hommes sont majoritairement polygames (53% des hommes mariés) ; ce qui répond aussi à un besoin de main-d'œuvre puisque les femmes aident les hommes aux travaux des champs. Dans ce groupe ethnique, les mariages sont endogames. Seuls 27% des hommes épousent des femmes avec laquelle ils n'ont aucun lien de parenté (contre 40% environ dans les autres groupes ethniques). Pourtant, les hommes de ce groupe semblent être plus libres du choix de leur première épouse que dans les autres groupes ethniques étudiés (30% ont choisis eux-mêmes leur première épouse, contre 16% chez les Soussou). Cette contradiction apparente pourrait s'expliquer par des raisons géographiques. Le territoire nalou s'étend sur les îles et presqu'îles de la Sous-préfecture de Kanfarandé. Si les personnes circulent entre les différents villages, il existe toutefois une certaine endogamie géographique. Cette proximité géographique peut expliquer que la majorité des familles nalou dans un territoire donné aient un lien de parenté. Ainsi, même si l'homme semble être plus libre dans le choix de son épouse, un homme qui prend une épouse dans une aire géographique limitée se marie forcément à une femme qui lui est apparentée.

Les ménages nalou sont dans une situation de grande précarité économique. Leur subsistance et leurs revenus étant principalement tirés de la riziculture, ils dépendent à la fois des aléas climatiques, des déprédations causées par les animaux (singes, oiseaux, bétail malgré la surveillance des enfants) et de l'usure des digues. En effet, les terres de mangroves sont difficiles à mettre en valeur car elles nécessitent la construction de digues qui doivent être constamment entretenues. Dans ces circonstances, il n'est pas rare qu'une digue se fissure et que l'entrée de l'eau salée « *gâte* » le riz. Les récoltes sont donc aléatoires et il suffit d'une mauvaise récolte pour qu'un ménage entre dans un cycle d'endettement qu'il est difficile de rompre. Au moment de la soudure, si la récolte précédente a été insuffisante, les Nalou, Baga et Landouma empruntent aux usuriers peul des sacs de riz afin de se nourrir. Notons que ces emprunts ne concernent que la nourriture ; les ménages ne prélèvent pas de riz sur le stock gardé pour les prochaines semences. Pour un sac de riz emprunté, ils devront en rendre deux au moment de la récolte suivante. Les Peul se retrouvent donc vite à la tête de stocks de riz qu'ils peuvent consommer, stocker et vendre au meilleur prix, et ils s'enrichissent rapidement. Les riziculteurs peuvent aussi choisir d'emprunter de l'argent aux Peul qui pratiquent des taux usuraires de l'ordre de 100%. En l'absence de crédit rural, les riziculteurs n'ont d'autres choix que de se tourner vers les Peul et entrent dans un cycle de paupérisation.

Ces groupes ethniques sont encore largement inclus dans une économie de subsistance et ils sont donc dans une situation de fragilité économique que ne connaissent plus les autres groupes étudiés. Face à l'islamisation, les Nalou, Baga et Landouma se sont réfugiés dans des zones enclavées ; ils se sont appropriés l'espace, l'ont dominé et ont développé une mono-activité (la riziculture) autour de laquelle s'est profondément structurée leur culture. Ils se sont, d'une certaine manière, coupés des évolutions économiques locales et nationales. Aujourd'hui, le contrôle de la terre n'est plus un gage de stabilité économique et de sécurité alimentaire, bien au contraire. Afin de répondre aux besoins monétaires, ils ont été contraints de développer des activités complémentaires qui restent cependant peu rémunératrices. Pour les hommes, il s'agit essentiellement de la culture d'arachide (14,1%) ou de la pêche (17,4%) et en ce qui concerne les femmes du petit commerce (33,3%). Dans les deux cas, les personnes vendent leur production : soit brute pour les hommes, soit transformée (huile, poisson fumé) pour les femmes. Cela procure aux ménages de faibles revenus monétaires qui permettent, en partie seulement, de faire face aux besoins alimentaires autres que le riz, aux dépenses de santé ou d'éducation.

Les taux nets de scolarisation des Nalou, Baga et Landouma sont proches de ceux des Soussou, 44,1% au primaire et 13,2% au secondaire. Mais ces chiffres dissimulent une réalité plus complexe. Tout d'abord, la scolarisation est tardive ; rares sont les enfants qui entrent à l'école à l'âge d'entrée obligatoire (7 ans). Les enfants qui sont inscrits en classes suivent l'enseignement de manière aléatoire. Ils ne vont en classe que lorsque les parents n'ont pas besoin d'eux à la maison. Nombre d'enfants sont ainsi déscolarisés au moment des travaux des champs. En outre, et comme pour les Soussou, les taux nets sont particulièrement élevés car la population de Victoria est majoritairement composée de Nalou, Baga, Landouma. Outre la présence des administrations qui fait comme pour les Soussou que la population de Victoria est plus encline à scolariser les enfants ; le fait que la population du village où on scolarise le plus est composée à majorité de Nalou augmente le taux net de scolarisation. Dans les autres villages, la scolarisation est davantage due à un certain conformisme social plus qu'à la perception d'une réelle nécessité. En outre, à Koukouba, village où 66% de la population appartient à ce groupe ethnique, le président de district a parfois obligé les parents à inscrire les enfants à l'école. Ces enfants ont alors fait quelques classes, mais ont rarement poursuivi leurs études. En effet, les familles ne voient pas l'intérêt de scolariser des enfants, donc de dépenser de l'argent, car l'activité principale – la riziculture – ne demande pas un apprentissage scolaire. Traditionnellement, l'éducation se fait au travers du confiage. Les enfants sont confiés à leurs homonymes par qui ils seront éduqués. L'homonyme est en général quelqu'un d'apparenté, frère ou sœur, oncle ou tante du père ou de la mère, mais il peut aussi s'agir d'une personne non apparentée mais proche de la famille. Le confiage est censé socialiser les enfants car on considère que s'ils restent trop longtemps avec leur mère ils peuvent devenir capricieux. Le plus souvent, l'enfant est confié dès le moment du sevrage. Le confiage alors ne participe pas à l'augmentation du nombre moyen de personnes dans le ménage puisque les enfants « circulent » d'un ménage à l'autre.

HABITUS ETHNIQUE ET DETERMINISME CULTUREL

L'approche ethnologique permet de rendre compte du sens et des logiques que les acteurs donnent à leurs comportements et d'aller au-delà de la mesure démographique ou sociologique dans la recherche de facteurs explicatifs. En ce sens l'ethnologie est selon nous porteuse davantage de questionnements que la démographie, même si cette dernière est indispensable à la construction de réponses. L'observation des quatre systèmes socio-économiques ethniques précédemment décrits relance la question du sens de la causalité entre rationalités et faits économiques, comportements démographiques et appartenances culturelles. Dans la lignée de Godelier (1966, 1996) et Cordell (1994 : 23-32), nous avons tendance à penser au vu des faits que l'économique et le démographique sont largement inscrits dans le culturel (valeurs et idéologies) et que celui-ci détermine les marges d'action et d'évolution des acteurs. Le culturel médiatise également l'appropriation de l'environnement (Descola : 1981, 1996).

Nous avons constaté que la nature des activités économiques et l'organisation sociale sont fortement imbriquées et qu'elles impliquent des références à un modèle particulier spécifique : montée de la famille nucléaire et de l'individualisme chez les Peul, forte solidarité familiale et communautaire chez les Diakanké et les Nalou-Baga-Landouma. Ces modèles ne sont cependant pas simplement juxtaposés au sein de la société globale guinéenne. Ils se complètent au niveau des activités et des savoir-faire développés et des productions commercialisées. Parfois, la complémentarité évolue vers un système de dépendance lorsque la situation économique se dégrade. C'est le cas du rapport qui s'est progressivement instauré entre les Peul et les Nalou-Baga-Landouma. De concurrents dans l'appropriation de l'espace, ils sont devenus interdépendants économiquement. En effet, le groupe de peuples riziculteurs a été contraint de recourir à l'usure en période de soudure auprès des Peul qui, grâce aux bénéfices de leurs activités commerciales, se retrouvent en position de prêter de l'argent. Les riziculteurs eux n'arrivent pas à développer des activités qui ne soient pas liées à la production ou à la vente de produits agricoles. Leurs activités économiques sont donc peu diversifiées et génèrent peu de revenus monétaires. Plus que n'importe quel autre groupe ethnique, les riziculteurs sont contraints par le milieu naturel et social en étant les débiteurs des Peul. Cette situation a pour conséquence d'engendrer deux cycles : un cycle d'enrichissement chez les Peul et un cycle d'appauvrissement chez les Nalou. Chacun des deux cycles se nourrit de l'autre. La dimension ethnique est donc primordiale dans l'analyse des réponses à la pauvreté puisqu'elle montre que chaque groupe ethnique a développé une niche économique qui lui permet gérer le passage de l'économie d'autosubsistance à l'économie de marché à la fois de manière économique et sociodémographique en ajustant ses comportements de manière spécifique.

Cependant la mise en exergue de spécificités ethniques ne doit pas faire oublier qu'il existe des différences intra-ethniques : tous les Peul ne sont pas de grands éleveurs ou commerçants, tous les Diakanké ne sont pas de grands *karamako*. Une analyse transversale, en termes de niveaux de revenus et de classes sociales, doit compléter l'approche que nous avons développée afin d'éviter de tomber dans un déterminisme culturel absolu. La notion d'« habitus » définie par Bourdieu (1970, 1980) comme « l'ensemble des dispositions inculquées, intériorisées par les individus et telles qu'ils tendent à les reproduire en les adaptant aux conditions dans lesquelles ils sont engagés » (notion synthétisée par Akoun et Ansart, 1999 : 251) peut permettre de résoudre la fausse dichotomie entre l'individuel et le social, et également d'articuler les contraintes et les marges de changement qui s'offrent à chaque individu dans son contexte de vie. Ce contexte étant à analyser comme un ensemble de contraintes par rapport à l'environnement écologique, aux relations sociales donc de pouvoir, aux opportunités économiques et à l'héritage culturel dont il est le porteur.

REFERENCES BIBLIOGRAPHIQUES

Akkoun A. et Ansart P., 1999, *Dictionnaire de sociologie,* Paris, Seuil.

Bazzo D., Lauffer M., Moreau M., Fontana A., Sow M., Diallo I., 2000, *Atlas infogéographique de la Guinée maritime*, Ministère de l'agriculture et de l'élevage, Ministère de la pêche et de l'aquaculture, Conakry, IRD.

Balde A., 2004, *L'éducation dans un contexte de pauvreté en milieu rural guinéen*, Mémoire de DEA, Paris, Université Paris 5.

Bouju J., 1995, Qu'est-ce que l'ethnie dogon ?, *Cahier des Sciences humaines*, vol. 31, n° 2, 329-363.

Bourdieu P.,
-1970, *Esquisse d'une théorie de la pratique, précédée de trois études d'ethnologie kabyle*, Paris, Editions de minuit.
-1980, *Le sens pratique*, Paris, Editions de minuit.
-1991, *Language and symbolic power*, Cambridge, Harvard University Press.

Charbit Y. et Ndiaye S., 1994, Fécondité et contraception en milieu rural : méthodologie d'un projet de recherche, *La population du Sénégal*, Paris, DPS-CERPA.

Copans J., 1989, *Les marabouts de l'arachide : la confrérie mouride et les paysans du Sénégal*, Paris, l'Harmattan.

Cordell D. and Gregory J. W., 1994, *African Population and Capitalism. Historical perspectives*, The University of Wisconsin Press, Westview Press.

Descola P., 1981, From scattered to nucleated settlments: a process of socioeconomic change among the Achuar, in Whitten N. (ed.), *Cultural transformations and ethnicity in modern Ecuador*, Urbana, University of Illinois Press, 614-646.

Descola P. and Palsson G. (ed.), 1996, *Nature and society: anthropological perspectives*, Londres, Routledge.

Direction Nationale de la Statistique, 2000, *Document stratégique de réduction de la pauvreté,* Conakry, Ministère du Plan.

Direction Nationale de la Statistique, Macro International, 2000, *Enquête démographique et de santé Guinée 1999*, Conakry.

Godard A., 2010, *Le travail des femmes en Guinée maritime : de l'organisation sociale à l'organisation économique,* Paris, l'Harmattan.

Godelier M.,
-1966, *Rationalité, irrationalité en économie*, Paris, La Découverte.
-2003 (1996), *La production des grands hommes*, Paris, Champs-Flammarion.

Guyer J., 1997, *An African Niche Economy. Farming to Feed Ibadan, 1966-68*, London, Edinburg University Press.

Hulme D. and Shepherd A., 2003, Conceptualizing chronic poverty, *World Development,* vol. 31, n° 3, 403-423.

Kertzer D. and Arel D., 2002, Censuses, identity formation and struggle for political power, in Kertzer D. and Arel D. (eds.) *Census and identity. The politics of race, ethnicity, and language in national censuses*. Cambridge, Cambridge University Press, 1-42.

Mercier P., 1984 (1966), *Histoire de l'anthropologie*, Paris, PUF.

Paulme D., 1970 (1954), *Les gens du riz : les Kissi de Haute Guinée,* Paris, Plon.

Poirel G., 2003, *Profils migratoires dans un contexte de pauvreté*, Mémoire de DEA, Paris, Université Paris 5.

Polanyi K. et Arensberg C. M. (ed.), 1957, *Les systèmes économiques dans l'histoire et dans la théorie*, Paris, Larousse.

Poutignat P. et Streiff-Fenart J., 1995, *Théories de l'ethnicité*, suivi de *Les groupes ethniques et leurs frontières* de Frederik Barth, Paris, PUF.

Salhins M., 1976, *Age de pierre et âge d'abondance*, Paris, Gallimard.

CHAPITRE 5. LES REPONSES LIEES AU GENRE EN GUINEE MARITIME

Aurélie GODARD-MARCEAU

Avec son ouvrage pionnier, Esther Boserup (1983 [1970]) a ouvert la voie à une analyse de la place des femmes dans les pays en développement et plus précisément à une analyse de leur rôle économique dans le processus de développement. Depuis les années 1970, les études sur le genre ont insisté sur l'importance de l'accès à l'emploi ou plus simplement à l'activité indépendante (*versus* aide familiale) comme facteur d'émancipation des femmes dans le monde rural (Boserup, 1970 ; Bazin-Tardieu, 1975) ; aspect qui fut aussi mis en avant dans la notion d' « *empowerment* » des femmes, puisque selon sa définition même, l'*empowerment* au sens général ne peut se réaliser qu'à travers sa dimension économique (Locoh, 2001 ; Oppenheim Mason, 1995). L'embellie économique des années 1960 et 1970 a vu les femmes africaines profiter de la croissance. Mais les chocs pétroliers des années 70, le regain de protectionnisme des pays riches qui a suivi et les ajustements structurels ont entraîné une crise économique et sociale dont les femmes ne sont pas sorties indemnes. Elles qui avaient profité du changement et pour qui les observateurs étaient pleins d'optimisme (Bazin-Tardieu, 1975), ont vu leur situation économique et sociale devenir de plus en plus difficile (Blumberg, 1979).

En Guinée, la population souffre de l'inflation galopante (28,5% en 2005 et 35,5% en 2006 selon la Direction Nationale de la Statistique[1]), qui entraîne une hausse des prix des produits de première nécessité et rend donc de plus en plus nécessaire la recherche de revenus monétaires en milieu rural. En raison de cette nouvelle donne économique, les revenus féminins s'avèrent de plus en plus indispensables aux ménages car ils sont plus souvent monétaires que ceux des hommes, en particulier grâce au petit commerce (Locoh, 1996).

Ce nouveau contexte économique a conduit les observateurs à apprécier le travail des femmes avec un regard différent et celui-ci est apparu comme une des réponses des ménages aux changements macroéconomiques. Dans

[1] Site internet : http://afristat.org/ins-guinee/index.htm, consulté le 5 octobre 2006.

l'environnement guinéen, où les modifications de comportements démographiques semblent peu prégnants (fécondité toujours élevée, migrations investies uniquement par certains groupes ethniques), les ménages trouvent les ressources au sein de leur groupe par l'ajustement de leurs activités économiques comme le montre le chapitre 3. Parmi ceux-ci la maximisation de l'utilisation de la main-d'œuvre du groupe et, en particulier du groupe familial, est essentielle.

Ce chapitre a pour objectif de montrer comment l'activité économique des femmes guinéennes s'inscrit dans une logique méso-économique de réponses aux changements macro-économiques. Après avoir montré comment depuis le mouvement de colonisation les activités économiques des femmes ont évolué en fonction du contexte économique, politique et social du pays, nous montrerons comment elles s'insèrent dans l'organisation économique du ménage. Ce travail se fera à partir des données des enquêtes intensives interdisciplinaires territorialisées menées en Guinée maritime en 2002 et 2003 et dont la méthodologie a été présentée au chapitre 3. Nous utiliserons également des données nationales issues des enquêtes EIBEP[2] et QUIBB[3] respectivement réalisées en 2002 et 2003.

L'ACTIVITE ECONOMIQUE FEMININE DANS L'HISTOIRE GUINEENNE

L'histoire de la Guinée, et en particulier des deux derniers siècles qui l'ont vu naître dans sa définition actuelle, a façonné l'économie du pays et des populations qui la composent.

La période précoloniale

Les données qui renseignent sur l'économie précoloniale sont parcellaires et relaient souvent une vision misérabiliste de la société africaine. Cependant, les historiens s'accordent à considérer que l'économie guinéenne précoloniale était, comme celle du reste de l'Afrique de l'Ouest, une économie hétérogène [*multicentric*] dont l'unité principale était le ménage[4]

---

[2] Enquête Intégrée de Base pour l'Evaluation de la Pauvreté, 2002.

[3] Questionnaire des Indicateurs de Base du Bien-être, 2003.

[4] La notion de ménage ne se superpose pas avec celle de famille, ensemble plus vaste regroupant des personnes apparentées soit par le sang, soit par alliance. Le ménage, ou unité domestique, est un groupe de personnes vivant dans un espace commun et reconnaissant un même chef de ménage. Dans ce contexte, ce concept renvoie à l'idée d'un travail commun et d'une consommation commune du produit du travail. Cette séparation du travail renvoie aussi à un habitat commun ou regroupé sous forme de concessions qui sont des groupes de maisons assemblées le plus souvent autour d'une cour ou d'un espace commun.

(Hopkins, 1988). Les activités économiques étaient organisées selon la double division du travail définie par Boserup (1983 [1970]) : division horizontale (division sexuelle du travail) et verticale (organisation du travail entre générations ou plus généralement selon l'âge).

L'utilisation de la main-d'œuvre domestique a un intérêt économique non négligeable puisqu'il s'agit d'une main-d'œuvre gratuite : chaque individu travaille pour le groupe car cela est nécessaire pour sa survie, mais il ne recevra en échange qu'une part de ce qu'il a contribué à cultiver, à fabriquer, à produire. Il s'agit alors selon Meillassoux (1975, 1997) d'une mise en commun du produit du travail du groupe dans le but de sa reproduction. Si une main-d'œuvre importante permet de produire plus, elle consomme aussi plus ; il s'agit donc pour le ménage d'arriver à un certain équilibre où il produirait au moins autant (plus dans l'idéal) qu'il ne consomme (Sahlins, 1976 ; Bergman, 2000). Les femmes participent à ces activités économiques pratiquées dans le cadre domestique assurant la subsistance du groupe domestique en gérant d'une part les activités domestiques et d'autre part la production et la transformation des matières premières en produits consommables ou échangeables (Coquery-Vidrovitch, 1994).

L'activité agricole et le commerce

L'agriculture représentait une part non négligeable de l'activité économique précoloniale et elle pourvoyait à la quasi-totalité de l'alimentation du ménage. La terre appartenait au ménage, mais elle pouvait être distribuée individuellement. Dans ce double système de production : à la fois collectif et individuel, les femmes travaillaient sur les champs collectifs et possédaient leur(s) propre(s) parcelle(s) de terre, utilisée(s) le plus souvent pour la production des condiments.

Parallèlement à ces produits agricoles, avec les caravanes de marchands, arrivaient d'autres produits de l'intérieur du pays : des peaux, de la cire, de l'or, de l'ivoire et des esclaves. Si ce commerce à grande échelle était tenu par les hommes, les femmes participaient aux caravanes commerçantes en acheminant les produits vendus par leur mari, mais aussi leur propre production. Ainsi, ce sont le plus souvent les femmes qui contrôlaient le marché de l'huile de palme, produit vendu en Afrique du Nord et plus tard dans les comptoirs européens. Le budget entre époux étant séparé ; elles achetaient les noix de palme à leur mari, mais la production d'huile leur appartenait et elles géraient ensuite la vente et le revenu de cette vente (Coquery-Vidrovitch, 1994). Au début du XIXe siècle, outre ces caravanes, l'explorateur René Caillé[5] rencontre sur son parcours des marchés de villages où sont vendus les produits récoltés ou produits par les villageois. L'économie agricole était donc complétée par la présence d'activités commerciales et artisanales qui permettaient la production et l'obtention de produits non agricoles tels que le textile ou les ustensiles de cuisine par exemple, mais aussi de productions agricoles non cultivées ou manquantes dans la zone. Le commerce local était le commerce des femmes ; elles vendaient ainsi le surplus de leur récolte, mais aussi des produits transformés tels que l'huile ou des plats cuisinés, activités somme toute très proches de leurs activités domestiques quotidiennes.

Les implantations commerciales européennes : traite négrière et traite licite

En Guinée, la zone côtière fut la première région touchée par l'implantation européenne. La colonisation fut précédée d'une période plus longue (trois siècles) où les relations entre l'Afrique de l'Ouest et l'Europe étaient des relations uniquement commerciales ; les comptoirs offrant de nouveaux débouchés aux produits manufacturés de la toute nouvelle industrie européenne échangés contre des productions agricoles locales (huile, caoutchouc, indigo) et des esclaves (Kay, 1968). Les Européens pratiquaient un commerce de troc.

La traite négrière prit toute son ampleur au milieu du XVIIe siècle avec le développement de l'économie de plantation. Pour les pays africains, le commerce triangulaire signifia, parallèlement à la perte d'une population active, l'apparition de nouveaux produits. Les comptoirs commerciaux géraient non seulement la traite des esclaves, mais aussi l'import et la distribution des produits sur les marchés locaux. Les produits exportés, outre les esclaves, étaient nombreux : or, ivoire, bois, ébène, colle, cire d'abeille, cuir et épices. En échange, étaient importés des textiles, des armes et de la quincaillerie.

La période coloniale

La colonisation fut en partie motivée par les changements économiques qui font suite à l'abolition de l'esclavage. A partir du moment où la terre, plus

---

[5] René Caillé, né en 1799 et décédé en 1938, quitte la France en 1916 avec comme ambition d'explorer de nouveaux territoires. Après deux échecs, il se rend en 1924 chez les Maures dans l'actuelle Mauritanie où il se convertit à l'islam et apprend l'arabe. En 1927, il entreprend un voyage entre Boké et Tombouctou ; récit dont il rend compte dans *Voyage à Tombouctou*. Ces écrits nous intéressent particulièrement puisqu'il parcourt les régions de Guinée maritime étudiées ici.

que le commerce devenait un enjeu majeur pour les puissances industrielles, la colonisation se révéla le meilleur moyen de s'approprier une ressource économique. Il s'agissait en particulier de reproduire le système de production esclavagiste sur le sol africain. Ce n'était plus la main-d'œuvre qui était déplacée, mais les cultures. Ainsi, le coton, le maïs, le riz, la canne à sucre furent implantés en Afrique de l'Ouest, avec plus ou moins de succès, après avoir été cultivés dans les colonies d'Amérique avant l'abolition de l'esclavage.

La France fut la première puissance à s'engager dans la conquête des territoires africains. En 1879, elle commence son offensive colonialiste en s'appuyant sur les comptoirs sénégalais et ivoiriens. Les protectorats des Rivières du Sud et du Fouta Djalon, élargis par les nouvelles possessions du Nord-Est acquises lors des traités passés en 1886 et 1889, devinrent la Guinée française par décret le 17 décembre 1891. Mais les frontières actuelles de la Guinée ne furent définitives qu'en 1911 avec le traité franco-libérien (Devey, 1997).

L'esclavage change alors de forme, et les plantations de continent. D'un point de vue social, cette nouvelle donne agraire a modifié la place des femmes dans le système de production car les meilleures terres ont été distribuées aux hommes pour l'implantation des cultures nouvelles. Les femmes ont donc vu leur capital agricole diminuer tandis que la culture vivrière devenait une culture féminine. Plus de travail avec moins de possibilités et la survie du groupe à assurer : les femmes ont pâti des changements économiques qui ont précédé la colonisation et la dégradation de leur situation s'est amplifiée avec le système de gestion des ressources et des populations mis en place par l'administration coloniale (Coquery-Vidrovitch, 1994, 1997 ; Hopkins, 1988).

L'impact de la colonisation sur l'économie locale est d'une triple nature : généralisation de la monnaie, modification de l'organisation économique et bouleversement de la division sexuelle du travail. Les deux premières conséquences énoncées ici sont les causes de la troisième : c'est l'instauration d'une économie monétaire et les changements économiques qui ont modifié la place des femmes dans le processus économique.

Généralisation de la monnaie et nouvelles activités économiques

En payant uniquement les salaires et les achats commerciaux avec des francs français et en demandant le paiement de l'impôt en francs français, la France a implanté la monnaie de la Métropole dans ses colonies. Pour autant le commerce intérieur n'a pas vu le troc ou les monnaies locales disparaître complètement. Ainsi, sur les marchés locaux, les femmes notamment ont continué à accepter le troc comme mode de paiement ; la nouvelle monnaie étant gérée par les hommes.

L'administration coloniale a modifié l'organisation économique du territoire en promouvant de nouvelles activités ou en favorisant celles considérées comme plus rentables. Le passage d'une implantation commerciale à une possession de la terre et l'administration politique des territoires ont entraîné une modification certaine de l'économie ouest-africaine en général et guinéenne en particulier. L'agriculture surtout a connu des transformations importantes relatives aux modifications des transactions commerciales depuis l'installation des comptoirs commerciaux.

La Guinée, du fait de son importante capacité hydraulique et de la qualité géologique de ses terres (ressources minières), présentait un attrait particulier pour la France. La main-d'œuvre utilisée dans les mines est masculine car les colons considéraient, à l'instar de ce qu'ils croyaient voir dans leur propre culture, que seuls les hommes faisaient partie de la sphère économique ; ce qui éloigna les femmes des activités salariées. Ce salariat masculin entraîna une migration masculine des zones rurales agricoles vers les zones d'exploitation minière et contribua à augmenter la charge de travail des femmes restées au village. Afin de permettre une meilleure exploitation commerciale, les Français aménagèrent des routes et des chemins de fer pour la construction desquels une main-d'œuvre fut réquisitionnée. A cela s'ajoutait la conscription qui, à partir de 1916, était d'une durée de trois ans (Devey, 1997). Ces diverses obligations ont contribué par la généralisation des pratiques salariales à la modification des hiérarchies sociales ; le salariat mis en place sous la colonisation ayant peu intéressé les élites traditionnelles du fait de la pénibilité des travaux, ce qui a contribué à dissocier le pouvoir économique du pouvoir politique. De plus, cela a vidé les campagnes de la main-d'œuvre masculine, laissant la survie du groupe à la charge des femmes. Ainsi, l'ensemble des activités économiques développées pendant la colonisation a entraîné une modification de la division sexuelle du travail car comme le souligne Bourdieu (1977 : 14), l'adaptation à une économie nouvellement monétaire n'est pas une accommodation passive mais demande aux populations locales de faire preuve de « réinvention créative ».

Les femmes perdent leur pouvoir économique

L'apparition de nouvelles activités, mais aussi et surtout d'une nouvelle organisation liée à la rationalité économique européenne, a modifié la division du travail et notamment la division sexuelle du travail (Rodney, 1972 ; Boserup, 1983 [1970] ; Mulling 1976). La colonisation a donc fait perdre leur place économique aux femmes de deux manières. Premièrement, elle a bouleversé l'organisation économique domestique. Jusque-là, les femmes avaient des activités génératrices de revenus personnels (petit commerce, artisanat), même si ce revenu était le plus souvent utilisé à des fins familiales. La nouvelle organisation économique mise en place a largement favorisé les hommes parce que les colons considéraient que les hommes étaient les seuls acteurs économiques pertinents et les seuls porteurs de changements et que, par conséquent, la modernisation devait passer par les hommes avant d'atteindre des femmes. Mais les hommes n'ont jamais formé les femmes ; ce qui a contribué à accentuer la domination masculine (Coquery-Vidrovitch, 1994).

Deuxièmement, l'ambition « moralisatrice » de la colonisation, portée en particulier par les missions chrétiennes, a sciemment souhaité confiner les femmes au domaine domestique. Ainsi, les cours dispensés aux filles dans les écoles des missionnaires distinguent deux types d'activités : celles purement scolaires, réduites à leur minimum (apprentissage de la lecture et de l'écriture) et les activités manuelles liées à la gestion de la maisonnée (couture, cours sur l'hygiène et le soin à apporter aux enfants) qui sont destinées à faire de ces jeunes filles de parfaites maîtresses de maison, faisant écho à la situation des femmes françaises pour qui le XIXe siècle est une période de régression et de confinement au foyer (Perrot, 1991). En œuvrant à la réduction de la sphère d'influence féminine à l'intérieur du foyer, les colons ont contribué à l'affaiblissement de la condition féminine en Afrique. C'est sur la précarisation de certains groupes, notamment ceux des jeunes et des femmes, que le mouvement nationaliste guinéen s'est appuyé afin de développer ses revendications.

L'Etat socialiste de Sékou Touré

La décolonisation

L'arrivée au pouvoir de Sékou Touré s'inscrit dans la contestation montante anticolonialiste qui suit la Seconde Guerre mondiale. La Guinée devient officiellement indépendante le 2 octobre 1958 et Sékou Touré, le premier Président de la République guinéenne. A l'indépendance, la Guinée a dû entièrement réorganiser son économie dont la France était jusque-là le premier client et le premier fournisseur. Entre 1962 et 1978, une économie socialiste fut mise en place. Cette politique, par le biais de l'interdiction du commerce privé et la collectivisation des terres, rendait la situation des femmes difficile puisqu'elles perdaient leur autonomie économique. En réaction à cette situation, les femmes se révoltent contre la loi nationalisant le commerce. L'intensité des manifestations de Conakry en 1975 contraignit le gouvernement à autoriser à nouveau le commerce privé.

Sékou Touré et les femmes

Dès son accession au pouvoir, Sékou Touré a recherché l'appui des femmes. Mais ce parti pris impliquait *de facto* qu'il devait agir en leur faveur. Diverses actions ont donc été menées dans les domaines du mariage, de la scolarisation, du travail des femmes et de leur participation à la vie politique. Un code du travail, très proche du code de travail français, a été mis en place. Cette législation protégeait les femmes enceintes du licenciement, limitait leur participation aux travaux les plus pénibles, tentait de réduire les différences de salaires entre hommes et femmes et mettait en place des indemnités journalières de maternité et des allocations prénatales. Mais dans un contexte où les femmes étaient peu salariées, ces mesures n'ont eu aucun impact réel sur la vie des femmes.

Le libéralisme de l'après Sékou Touré

Après la mort soudaine de Sékou Touré en mars 1984, les militaires prirent le pouvoir et placèrent à leur tête le Général Lansana Conté. Lors de son discours-programme prononcé en décembre 1985, le nouveau président annonçait que la reconstruction économique et financière de la Guinée devait désormais passer par la voie libérale, ce qui lui permit d'obtenir l'appui du Fonds Monétaire International. En limitant les revenus des hommes, la politique d'ajustement structurel aurait augmenté l'importance des revenus des femmes dans le budget du ménage sans que cela ne remette en cause le système patriarcal (Zack-Williams, 2000 ; Locoh, 1996). Mais cet impact de l'ajustement structurel ne vaut que pour les milieux urbains et les pays où les hommes avaient, entre l'indépendance et la crise, eu accès à des emplois salariés ; ce qui n'est pas le cas de la Guinée. Dans le milieu rural, ce sont essentiellement la dévaluation de la monnaie et la mauvaise gestion des ressources naturelles du pays qui accentuent la pauvreté des ménages. En appauvrissant la population, ces réformes ont accentué la précarité économique des ménages et donc des femmes qui ont de plus en plus de difficultés à s'acquitter de leur rôle de « nourricières ».

Conclusion

Cette revue non exhaustive des changements macro-économiques et de leurs impacts sur l'économie féminine au cours des deux siècles de construction de la Guinée actuelle montre que les femmes rurales s'inscrivent dans une économie en mouvement. Toutefois, la Guinée rurale n'ayant pas développé de cultures de rente, les changements sont un demi-siècle après la décolonisation, moins visibles. En Guinée, les villages, mais aussi les villes, ne disposent que de très peu d'équipements publics : les centres de santé ou hôpitaux ont peu de personnels qualifiés et tout aussi peu d'équipements et de médicaments, les écoles n'auraient pas la capacité d'accueillir l'ensemble des enfants, les routes sont en mauvais état et la distribution d'eau et d'électricité ne dépasse que rarement le quartier présidentiel de Conakry. L'agriculture n'est toujours pas mécanisée et les paysans utilisent encore les techniques décrites par Denise Paulme (1954, 1957), par conséquent la population guinéenne « *se débrouille* » ; elle survit plus qu'elle ne vit.

L'ORGANISATION ECONOMIQUE DES FEMMES RURALES GUINEENNES

Une population pauvre

Définir la pauvreté est complexe et contextuel (Latouche, 1998 ; Mahieu, 1995). Dans l'enquête EIBEP, il était demandé à la population rurale de définir la pauvreté. Trois dimensions ressortent nettement. La première, est la dimension alimentaire puisque près de la moitié des personnes déclarent qu'être pauvre, c'est ne pas avoir les moyens de se nourrir[6]. La deuxième, est le « *manque de moyens* » que nous appellerons pauvreté monétaire et qui cumule 23,5% des personnes interrogées (manque de revenus, pas de moyens pour se vêtir, pas de possibilité de répondre aux imprévus, etc.). La troisième dimension mise en exergue dans cette enquête est liée à la structuration même des activités économiques : manque de travail, manque d'équipements, absence de terres, absence de troupeaux, pas de recours aux intrants (13,9% des répondants). Au total, 95% des personnes enquêtées considèrent que leur ménage est pauvre et 60% d'entre elles jugent que toutes les personnes de leur village sont pauvres. Nous sommes donc face à un sentiment de pauvreté généralisée.

Cette pauvreté associée aux problèmes macro-économiques de la Guinée place les ménages dans une situation de forte vulnérabilité que Sophie Rousseau (2001 : 11) définit comme « la probabilité de voir sa situation ou ses conditions de vie se dégrader ou s'enfoncer, quel que soit son niveau de richesse, face aux fluctuations de la vie ». Cette chercheuse associée à Claire Gondard-Delcroix (2004) mesure la vulnérabilité par l'équation suivante : vulnérabilité = risque/capacité. Le risque est un danger auquel le ménage est soumis. Stefan Dercon (2006) pose la différence entre le risque qui est un état possible de la nature et l'incertitude qui est un état de la nature que l'individu ne peut pas prévoir. Un risque peut être prévu, du moins envisagé, tandis que l'incertitude met les ménages dans une situation aveugle face à ce qui pourrait advenir. Il est alors plus difficile de mettre en place des réponses face à cette situation. Ainsi, la maladie possible d'un des membres du

---

[6] Tableau non reproduit.

ménage est prise en compte dans l'organisation économique des individus, puisqu'il s'agit de la raison principale de l'épargne. La maladie est donc un risque. En revanche l'évolution politique et économique du pays est une incertitude que les individus, et par extension les ménages, ne peuvent pas prendre en compte. Ils s'organisent comme si la situation actuelle ne devait pas être modifiée.

Face à cette pauvreté, les populations évoquent en entretiens différents comportements : utilisation maximum de la main-d'œuvre du ménage, maximisation des ressources agricoles, pluriactivité, migration et scolarisation (chapitre 3). Ces différentes réponses ne sont pas exclusives les unes des autres. Les ménages peuvent choisir l'une ou l'autre de ses réponses, ou organiser leur économie en utilisant chacune de ces réponses. Le choix d'une réponse plutôt qu'une autre renvoie à des logiques complexes liées en particulier aux capacités, notion développée par Amartya Sen (1981), ou au capital selon la définition que Pierre Bourdieu (1979) en a donné. Mais ces réponses ne doivent pas être considérées comme des réponses économiques, au sens où elles ne sont pas toujours économiquement rationnelles. Les réponses des ménages au contexte de pauvreté s'inscrivent dans des systèmes socioculturels complexes dans lesquelles les femmes ont une place essentiellement définie par leur rôle reproducteur.

L'activité des femmes

L'activité féminine fait partie d'une logique d'utilisation globale des ressources humaines du ménage. Elle inclut celle des enfants puisque ceux-ci, particulièrement les filles, travaillent essentiellement dans le cadre des activités féminines. Les activités économiques des individus sont étudiées dans ce chapitre non pas en termes de temps de travail mais en tant que revenu potentiel car chaque activité est pratiquée dans le but de procurer un revenu et ainsi de subvenir aux besoins du ménage. Les paysans des pays en développement travaillent pour répondre à leurs besoins et non pour accumuler des revenus (Latouche, 1998). Tout revenu supplémentaire semble superflu. Seul un changement dans les besoins semble susceptible d'entraîner une modification de la production.

Les populations rurales guinéennes sont pauvres et cette situation entraîne une organisation économique spécifique qui vise avant tout à répondre aux besoins dits primaires (alimentation, santé, éducation). Leur système économique doit également leur permettre de répondre aux attentes communautaires : sacrifices marquant les funérailles, célébrations des mariages et des baptêmes, etc., sans pouvoir compter sur l'épargne pour répondre aux nécessités imprévues. L'économie guinéenne est actuellement dans une phase transitionnelle, terme emprunté à Fatoumata-Agnès Diarra, c'est-à-dire une société « au sein de laquelle l'autochtone et l'étranger, l'ancien et le moderne sont en perpétuel conflit » alors que « une société traditionnelle se définit à la fois par une économie qui est surtout une économie de subsistance et d'autarcie et par un système de mœurs et de représentations se suffisant à soi-même et ne comportant aucune conscience de relativité culturelle. » (Diarra, 1971 : 8). Au cours de cette transition, hommes et femmes ont chacun un rôle spécifique à jouer qui s'appuie à la fois sur leur rôle social dit traditionnel et sur leur capacité à appréhender la nouvelle donne économique.

La grande majorité de la population enquêtée en Guinée maritime est active avec toutefois un taux d'activité des femmes (85,4%) inférieur à celui des hommes (94,6%) (Tableau 1). L'activité est ici définie comme un travail en échange d'un revenu ; les activités domestiques ne sont donc pas prises en compte. Sont analysées toutes les activités génératrices de revenus qu'elles soient pratiquées dans le cadre familial ou à l'extérieur. Nous n'avons pas pris ce que l'on pourrait appeler les activités altruistes des femmes, c'est-à-dire les activités qu'elles pratiquent dans le cadre familial sans que cela leur procure des revenus propres et sans qu'elles n'en aient l'entière responsabilité. D'ailleurs ce type d'activité est le plus souvent assimilé à des travaux domestiques par les femmes elles-mêmes, c'est pourquoi, il ne faut pas faire l'amalgame entre « *être sans activité* » et « *ne pas travailler* ». Comme le dit l'expression locale, les personnes qui n'ont pas d'activité économique ne sont pas « *assises* ». Ceux et celles qui ne déclarent aucune activité travaillent et participent le plus souvent au revenu du ménage en apportant leur contribution à l'activité rémunératrice ou agricole d'un autre membre du ménage. Par exemple, les femmes et les enfants peuvent travailler sur le champ du mari ou de l'homme sous la responsabilité duquel ils sont socialement placés (père, mari, beau-frère), ce qui n'est pas considéré comme une activité économique car cela s'inscrit dans une activité qui est attribuée à quelqu'un d'autre.

Tableau 1 : Taux d'activité (% pondérés)

	Hommes	Femmes
Aucune activité	5,4	14,6
Au moins une activité	94,6	85,4
Total	100,0	100,0
Effectifs enquêtés	799	697

Population de référence : hommes (18-69 ans) femmes (15-69 ans).
Le taux d'activité est calculé en rapportant les personnes ayant déclaré avoir pratiqué au moins une activité au cours des douze derniers mois à la population enquêtée, sachant que les classes d'âge enquêtées (18-69 ans pour les hommes et 15-69 ans pour les femmes) ont été choisies en considérant qu'il s'agissait des âges actifs. Cela revient à calculer un taux d'activité tel que défini en économie en retirant les chômeurs (catégorie qui n'a aucune validité en Guinée rurale) du numérateur.

Source : POPINTER/DNS, 2002-2003, nos calculs.

Les femmes et les enfants n'ayant aucune activité personnelle sont alors dépendants des autres membres du ménage, ce qui les met dans une situation précaire d'autant plus que la séparation des budgets entre hommes et femmes prévaut dans l'organisation des ménages : « *chacune son champ, chacun pour soi* » (Sedou Bah, Peul, femme polygame, Toumbeta). Ainsi, si les hommes sont moins nombreux à se déclarer inactifs, c'est aussi parce qu'ils déclarent comme personnelles des activités qui peuvent être pratiquées conjointement avec d'autres membres du noyau conjugal, mais dont ils gèrent l'organisation du travail et pour lesquelles le revenu leur revient personnellement. Par exemple, si une femme passe sa journée à vendre les produits de la boutique de son mari, elle est considérée, et se considère, comme inactive car le revenu revient à son mari. Elle est alors dans une situation d'aide familiale et non d'activité économique personnelle. En revanche, si elle apporte dans cette même boutique des productions issues de son artisanat et dont le produit de la vente lui revient personnellement elle est à la fois aide familiale et active. Il en va de même pour le travail agricole. Si une femme travaille sur le champ de son mari et ne reçoit rien, elle est considérée comme inactive. L'inactivité se définit donc comme l'absence de revenu personnel. Mais il est possible d'être inactif tout en travaillant si le travail fournit ne produit aucun revenu personnel. Ainsi, alors qu'ils réaliseront la même activité sur un champ familial, les femmes sont déclarées inactives tandis que les hommes seront considérés comme actifs. Ce qui est en jeu ici ce n'est pas tant l'implication dans le travail que la possession des moyens de production : les hommes possèdent les terres ce qui les définit comme actifs. L'impossibilité pour les femmes de posséder une terre du fait des lois traditionnelles d'héritage, de défrichage ou d'achat les met dans une position d'aide familiale. Elles ne peuvent avoir une activité personnelle, dont elles gèrent l'organisation et le revenu, que si leur mari y consent ce qui précarise leur situation économique, les rendant dépendantes de leurs relations conjugales et plus généralement de leurs relations avec le lignage de leur conjoint du fait de la virilocalité.

Les deux variables qui semblent favoriser l'inactivité des femmes sont le village d'habitation et l'ethnie. Les femmes sont plus souvent inactives dans les deux villages des sous-préfectures enquêtées ce qui peut être mis en rapport avec le fait que les hommes pratiquent plus des activités procurant des revenus monétaires dans ces villages que dans les autres. Les villages des sous-préfectures, s'ils ne peuvent pas être considérés comme urbains, ont toutefois des caractéristiques économiques et sociales spécifiques : présence de salariés, de commerces spécialisés, boutiques, accès au centre de santé et à l'instruction. L'importance relative des métiers spécialisés dans ces villages pourrait expliquer la faible activité des femmes qui occupent des postes d'aide familiale sans en retirer de revenus personnels. L'ethnie est aussi une caractéristique discriminante puisque les femmes peul et dans une moindre mesure diakhanké sont moins actives que les autres. Cela répond à l'organisation sociale et économique de ces ethnies étudiées dans le chapitre 4. Les femmes peul et diakhanké ont moins d'activités personnelles car elles ont moins de liberté que les autres femmes. Elles s'inscrivent dans les activités du ménage sans en retirer de revenu personnel. En outre, ces deux ethnies sont les groupes les plus aisés de la zone d'étude ce qui pourrait expliquer une moindre activité des femmes. Outre ces deux variables, le cycle de vie du ménage (Sahlins, 1976) influe sur le taux d'activité des femmes et leur pluriactivité. Ainsi, la présence d'enfants de moins de 7 ans influe sur le taux d'activité des femmes (Tableau 2, khi2 significatif à 0,1%) mais pas sur le nombre d'activités des femmes actives (Tableau 3).

Tableau 2 : Taux d'activité des femmes en fonction de la proportion d'enfants de moins de 7 ans présents dans le ménage (% pondérés)

	Actives	Inactives	Total	Effectifs enquêtés
0 à 9,9 %	71,3	28,8	100,0	99
10 à 19,9 %	90,3	9,7	100,0	204
20 à 29,9 %	85,2	14,8	100,0	213
30 à 100 %	88,7	11,3	100,0	161
Population de référence : femmes (15-69 ans), 677 femmes et 21 manquantes.				
Khi-deux : 53,350 à 3 ddl.				

Source : POPINTER/DNS, 2002-2003, nos calculs

Tableau 3 : Nombre d'activités des femmes en fonction du nombre d'enfants de moins de 7 ans dans le ménage (% pondérés)

	1	2	3 ou plus	Total	Effectifs enquêtés
0 à 9,9 %	29,4	29,4	41,2	100,0	73
10 à 19,9 %	28,7	30,2	41,1	100,0	185
20 à 29,9 %	22,4	37,5	40,1	100,0	185
30 à 100 %	33,5	26,2	40,3	100,0	145
Population de référence : femmes (15-69 ans), 588 femmes					
Khi-deux : 18,361 à 6 ddl.					

Sources : POPINTER/DNS, 2002-2003 nos calculs

Les femmes sont plus souvent inactives (30% environ) quand elles vivent dans des ménages où il y a peu d'enfants en bas âge ; ce qui est à mettre en rapport avec leur propre cycle de vie. En effet, une femme qui vit dans un ménage où il a peu de jeunes enfants est sans doute soit une femme très jeune, soit une femme âgée : deux catégories où l'inactivité est la plus importante. En revanche, la proportion d'enfants potentiellement actifs semble ne pas avoir d'impact sur le taux d'activité des femmes (Tableau 4), mais influe sur le nombre d'activités pratiquées : les femmes actives ont plus souvent plus de deux activités quand elles vivent dans des ménages comportant entre 20 et 30% d'enfants potentiellement actifs (Tableau 5).

Cette relation peut s'expliquer de deux façons. Quand il y a peu d'enfants potentiellement actifs, leur aide ne permet pas de compenser l'augmentation du temps passé aux tâches domestiques que leur présence implique. Quand ils sont nombreux en revanche, il est possible que les femmes réduisent le nombre d'activités pratiquées en transférant les activités des mères vers les filles. Par exemple, il est possible que le petit commerce soit pratiqué par les filles, mais qu'une partie du revenu revienne à la mère. Les femmes se comportent vis-à-vis des enfants comme les hommes vis-à-vis d'elles, contribuant de ce fait à la perpétuation des systèmes de domination sexués et générationnels.

Tableau 4 : Taux d'activité des femmes en fonction de la proportion d'enfants potentiellement actifs dans le ménage (% pondérés)

	Actives	Inactives	Total	Effectifs enquêtés
0 à 19,9 %	84,1	15,9	100,0	151
20 à 29,9 %	86,5	13,5	100,0	243
30 à 49,9 %	88,1	11,9	100,0	162
50 à 100 %	82,4	17,6	100,0	121
Population de référence : femmes (15-69 ans), 677 femmes et 21 manquantes				
Khi^2 : 5,876 à 3 ddl.				

Sources : POPINTER/DNS, 2002-2003, nos calculs

Tableau 5 : Nombre d'activités des femmes en fonction du nombre d'enfants potentiellement actifs dans le ménage (% pondérés)

	1	2	3 ou plus	Total	Effectifs enquêtés
0 à 19,9 %	33,0	31,4	35,6	100,0	73
20 à 29,9 %	23,7	29,4	46,9	100,0	185
30 à 49,9 %	29,8	34,8	35,4	100,0	185
50 à 100 %	28,7	30,0	41,3	100,0	145
Population de référence : femmes (15-69 ans) actives, 588 femmes et 15 manquantes					
Khi-deux : 18,789 à 6 ddl.					

Sources : POPINTERDNS, 2002-2003, nos calculs

Les femmes inscrivent donc leur économie dans un contexte familial et domestique spécifique leur offrant plus ou moins de possibilités en termes d'indépendance économique (activité du conjoint, ethnie) ou de main-d'œuvre (nombre d'enfants et âge des enfants). Mais au sein du groupe domestique, leurs activités économiques s'inscrivent aussi dans un système de domination masculine particulièrement prégnant.

La division sexuelle du travail

Dans un contexte où l'agriculture permet l'autosubsistance il n'est pas étonnant de constater que tant pour les hommes que pour les femmes les activités agricoles sont déclarées comme activités principales (Tableau 6).

Tableau 6 : Activités pratiquées et activité principale selon le sexe (% pondérés)

	Activités pratiquées		Activité principale	
	Hommes	Femmes	Hommes	Femmes
Riziculture	70,2	54,8	51,2	54,6
Culture arachide	24,1	20,1	14,8	12,9
Autres cultures	35,3	8,9	4,5	1,1
Total agriculture*	84,2	77,4	70,5	68,6
Commerce	9,2	42,1	4,1	11,7
Artisanat	22,1	54,8	8,4	10,3
Pêche	23,4	29,0	5,8	6,2
Elevage	2,8	1,0	1,7	0,7
Fonction publique	4,8	0,5	3,5	0,4
Saliculture	0,0	5,5	0,0	1,4
Autre	3,2	2,9	5,9	0,8
Total	Total supérieur à 100 car question à choix multiples		100,0	100,0
Effectifs enquêtés	763	604	575	444
	Population de référence : hommes (18-69 ans) et femmes (15-69 ans) actifs question à choix multiples		Population de référence : hommes (18-69 ans) et femmes (15-69 ans) ayant au moins 2 activités (18 manquants)	
* Il ne s'agit pas de l'addition des différentes cultures car un agriculteur peut être polyculteur.				

Sources : POPINTER/DNS, 2002-2003, nos calculs

Mais cette économie est actuellement dans une phase transitionnelle du fait de l'accentuation des besoins monétaires. C'est pourquoi les hommes comme les femmes pratiquent des activités annexes comme l'artisanat ou le commerce. Il est à noter que les femmes pratiquent plus souvent ces activités que les hommes mais que pour ces derniers, elles sont plus fréquemment déclarées comme activité principale.

Les activités agricoles

Si les hommes et les femmes pratiquent les mêmes activités (riziculture, arachide), ils ne les pratiquent pas de la même façon du fait d'une division sexuelle du travail, qui même si elle n'est pas rigide (Paulme, 1954), structure et limite les possibilités économiques des femmes. Seules les activités qui ne déterminent pas la possession des terres et des revenus sont modulables : le défrichage des terres par exemple reste une activité masculine tant qu'il permet l'appropriation de la terre. La division sexuelle du travail dans les activités agricoles est donc largement défavorable aux femmes qui ne peuvent accéder aux terres de bonne qualité. Cet état de fait les a amenées à développer des activités non agricoles, tournant essentiellement autour du petit commerce, mais au sein desquelles cependant la division sexuelle du travail leur est aussi défavorable.

Les activités non agricoles

Ces activités peuvent avoir deux statuts. Pour les personnes qui ont déclaré l'activité agricole comme activité principale ; il s'agit d'activités secondaires permettant l'obtention d'un revenu monétaire. Dans ce cas de figure, les revenus issus de l'activité complémentaire – voire des activités complémentaires pour ceux qui ont plus de deux activités – sont utilisés pour les dépenses de santé, de consommation d'objets manufacturés, ou encore pour compléter les ressources alimentaires. Mais pour d'autres villageois, il s'agit de l'activité principale, voire de la seule activité. Il est possible de regrouper les activités non agricoles en cinq types :

(1) Les employés de la fonction publique qui sont essentiellement des hommes (33). Parmi nos enquêtées, seules deux femmes sont fonctionnaires. Il s'agit d'un agent de santé et d'une institutrice. Les femmes sont peu nombreuses dans la fonction publique ce qui s'explique essentiellement par le fait qu'elles sont moins instruites que les hommes car moins scolarisées. En outre, pour les femmes instruites qui ont la possibilité d'accéder aux postes de la fonction publique, les dynamiques de genre régissent le type de poste qu'elles peuvent obtenir. Michèle Sona Koundouno (2002) montre que les femmes sont le plus souvent reléguées à des rôles subalternes dont la fonction principale est de servir l'homme qui occupe une fonction plus importante. La faible représentation des femmes parmi les fonctionnaires en milieu rural s'explique par le fait que dans ces régions, seul le responsable est en poste : pas de subalternes, donc pas de femmes.

(2) Les deux zones d'enquêtes ont l'avantage de posséder des rives maritimes ou des bras de mer qui offrent des ressources variées :

poissons, crustacés, coquillages. Environ un quart des hommes et 40% des femmes actives ont pratiqué la pêche au cours des douze derniers mois. Par définition, la pêche est une activité plus facilement pratiquée dans les villages de bord de mer, mais les hommes résidant dans des villages plus éloignés rejoignent parfois des campements de pêcheurs provisoirement installés pour la saison. Les hommes pratiquent la pêche de manière plus professionnelle que les femmes grâce à des pirogues et des filets tandis que les femmes pêchent seulement sur les côtes avec de petits filets. Mais dans les deux cas la pêche reste une activité secondaire qui fournit la famille en poissons et permet des revenus monétaires par la vente du poisson, une fois fumé, sur les marchés. Les femmes achètent alors le poisson aux hommes – souvent à leur époux – le fument et le revendent.

(3) Les hommes comme les femmes pratiquent l'artisanat, défini comme la fabrication de quelque chose dans un but commercial. Les activités artisanales masculines sont plus souvent que celles des femmes des activités de fabrication qui demande un savoir-faire et donc un apprentissage : forgeron, menuisier, par exemple, contrairement aux activités féminines qui sont des activités de transformation des matières premières (savon, huile).

(4) La saliculture est une activité exclusivement féminine qui est aujourd'hui pratiquée exactement comme elle l'était avant la colonisation puisque Caillé (1996 [1830]) relate un mode de récolte du sel identique à celui que nous avons pu observer.

(5) L'activité commerciale englobe la vente de toutes les productions analysées auparavant : production agricole, pêche, production artisanale, saliculture. Elle peut aussi correspondre à un autre type d'activité, à savoir l'achat et la revente de produits de consommation ce qui concerne surtout les hommes car les femmes ont rarement le capital suffisant pour développer ce type de commerce.

Les réponses de genre à la situation économique du ménage s'insèrent dans une division sexuelle du travail défavorable aux femmes. Cependant, la division sexuelle du travail n'est pas rigide et dépend du cycle de vie du ménage ainsi que de celui des individus (Sahlins, 1976). La division sexuelle du travail qui se fait au niveau du noyau[7] s'intègre aussi dans une division du travail qui se fait au niveau du ménage[8] et qui est fonction du cycle de vie du ménage. Mais elle dépend aussi des besoins budgétaires du ménage car, pour

[7] Le noyau est le groupe composé par un homme sa ou ses femmes et ses enfants.

[8] Un ménage regroupe plusieurs noyaux autour d'un chef de famille.

répondre à la pauvreté, les femmes organisent leur économie en fonction des besoins du ménage notamment en termes de ressources monétaires. En effet, les femmes participent au budget du ménage différemment selon si elles vivent dans un noyau monogame ou polygame et selon si elles ont des enfants ou non.

CONCLUSION

Face au contexte économique qui change, les ménages s'organisent et mettent en œuvre des réponses diverses telles que cela a été démontré dans le chapitre 3. Les femmes en tant que membre du ménage participent à cette organisation économique spécifique. Comme le montre l'évolution de l'activité des femmes au cours des deux derniers siècles, l'organisation économique est dépendante du système socioculturel et celui-ci est modifié par les interactions diverses que peut avoir le groupe social avec l'extérieur.

Etudier les femmes comme objet spécifique montre à quel point toute analyse nécessite une contextualisation. Dans le cas guinéen, la distinction homme-femme est plus que pertinente, car elle structure les relations interindividuelles et plus précisément l'économie. L'analyse de l'économie féminine montre à quel point l'économique est encastré (« *embedded* ») dans la société. De ce fait, il est impossible d'étudier l'organisation économique des ménages, des hommes et des femmes qui les composent sans prendre en compte le système social dans lequel cette organisation est mise en place (Meillassoux, 1964, 1975, 2001 ; Godelier, 1996 ; Bourdieu, 2003).

L'analyse du travail des femmes se fait donc à l'intersection entre l'individualisme méthodologique et le holisme ; le but étant de comprendre à la fois les mécanismes de décisions individuelles qui induisent un certain type de rationalité et de mettre en exergue les systèmes sociaux qui régissent l'organisation économique des femmes. Celle-ci est encastrée dans un système de domination qui limite leurs possibilités. Mais dans le champ des possibles qui leur est laissé, elles font des choix qui se rapportent le plus souvent à une rationalité matérielle dont le but premier est de ne pas être dans une situation d'exclusion sociale. Mais ces choix se font aussi en fonction de l'importance qu'elles accordent à leur position économique dans le ménage. Contrairement aux théories de l'*empowerment*, il semble que l'indépendance économique ne soit pas ce qui permettrait aux femmes d'avoir plus de pouvoir dans la société. D'ailleurs le travail des femmes en milieu rural ne s'apparente pas à une quelconque revendication de liberté économique de leur part. Si les femmes mettent en place des activités génératrices de revenus, c'est pour aider leur famille. Peu de femmes retirent suffisamment de revenus de leurs activités pour être vraiment indépendantes de leur mari. Le travail des femmes est donc une réponse à la pauvreté des ménages et plus largement des groupes ethniques. Cependant, il ne faut pas négliger les changements que cette plus grande implication des femmes dans l'économie marchande peut entraîner. Par exemple, certains hommes peuvent peu à peu devenir dépendants de cet apport d'argent de la part de leur(s) femme(s), ce qui déstabilise complètement les rapports de force entre les deux sexes (Locoh, 1996). L'étude du travail des femmes doit donc être intégrée aux études sur le changement social en Afrique.

REFERENCES BIBLIOGRAPHIQUES

Arcin A., 1911, *Histoire de la Guinée française*, Paris, Challamel.

Bazin-Tardieu D., 1975, *Femmes du Mali. Statut, image et réaction au changement*, Ottawa, Léméac.

Boserup E.,

-1983 (1970), *La femme face au développement économique*, Paris, PUF.

-1985, Economic and demographic interrelationships in Sub-Saharan Africa, *Population and Development Review*, vol. 11, n° 3, 383-397.

Bergman T., 2000, Hésitations sur l'exploitation familiale, in Rambaud P. (éd.), *Sociologie urbaine,* Paris, Mouton, 107-110.

Blumberg R. L., 1979, Rural women in development: veil of invisibility, world and work, *International Journal of Intercultural Relations*, vol. 3, 447-472.

Bourdieu P.,

-1963, Sociétés traditionnelles. Attitude à l'égard du temps et conduite économique, *Sociologie du travail*, janvier-mars, 24-44.

-1977, *Algérie 60. Structures économiques et structures temporelle,* Paris, Editions de minuit.

-1979, *La distinction. Critique sociale du jugement*, Paris, Editions de minuit.

-1998, *La Domination masculine*, Paris, Le Seuil.

-2000, *Les structures sociales de l'économie,* Paris, Le Seuil.

-2002 (1984), *Questions de sociologie*, Paris, Editions de minuit.

-2003, La fabrique de l'habitus économique, *Actes de la recherche en sciences sociales*, décembre, vol. 150, 79-90.

Caillé R., 1996 (1830), *Voyage à Tombouctou* (tome 1), Paris, La Découverte.

Coquery-Vidrovitch C.,

-1985, *Afrique noire. Permanence et ruptures*, Paris, Payot.

-1994, *Les Africaines. Histoire des femmes d'Afrique Noire du XIXe au XXe*, Paris, Editions Desjonquère.
-1997, Histoire des femmes d'Afrique, *Clio,* n° 6 [En ligne], Consulté sur internet le 28 février 2006, URL : http://clio.revues.org/document373.html

Dercon S., 2006, La vulnérabilité, une perspective microéconomique, *Revue d'économie du développement,* vol. 20, n° 4, 79-118 [En ligne], Consulté le 13 juin 2007, URL : http://www.cairn.info/sommaire.php?ID_REVUE=EDD&ID_NUMPUBLIE=EDD_204

Devey M., 1997, *La Guinée*, Paris, Karthala.

Diarra F.-A., 1971, *Femmes africaines en devenir. Les femmes zarma du Niger*, Paris, Anthropos.

Godelier M., 1996 (1982), *La production des grands hommes*, Paris, Flammarion.

Gondard-Delcroix C. et Rousseau S., 2004, Vulnérabilité et stratégies durables de gestion des risques : une étude appliquée aux ménages ruraux de Madagascar, *Développement Durable et Territoires,* Dossier 3 : Les dimensions humaine et sociale du Développement Durable, [En ligne], consulté le 13 juin 2007, URL : http://developpementdurable.revues.org/document1143.html

Hopkins A. G., 1988 (1973), *An economic history of West Africa*, New York, Longman.

Latouche S., 1998, *L'Autre Afrique. Entre don et marché,* Paris, Albin Michel.

Locoh T.,
-1996, Changements des rôles masculins et féminins dans la crise : la révolution silencieuse, in Coussy J. et Vallin J. (éds.), *Crise et population en Afrique*, Paris, Etudes du CEPED n° 13.
-2001, Les rapports de genre. Une nouvelle approche des questions de développement, *Colloque genre, population et développement en Afrique*, 16-21 juillet, Abidjan, UEPA/UAPS, INED, ENSEA, IFORD, [En ligne], consulté le 2 avril 2007, URL : http://www.ined.fr/coll_abidjan/publis/pdf/session1/locoh.pdf

Mahieu F.-R, 1995, Les stratégies individuelles face à la pauvreté : Côte-d'Ivoire versus Burundi, in Hugon P., Pourcet G., Quiers-Valette S. (éds.), 1995, *L'Afrique des incertitudes*, Paris, PUF, 118-141.

Meillassoux C.,
-1960, Essai d'interprétation du phénomène économique dans les sociétés traditionnelles d'autosubsistance, *Cahiers d'études africaines*, vol. 4, 38-67.
-1964, *Anthropologie économique des Gouro de Côte d'Ivoire*, Paris, La Haye, Mouton et EPHE.
-1975, *Femmes, Greniers et capitaux*, Paris, François Maspero.
-1997, *L'économie de la vie. Démographie du travail*, Cahiers libres, Lausanne, Editions Page Deux.
-2001, *Mythes et limites de l'anthropologie. Le sang et les mots*, Cahiers libres, Lausanne, Editions Pages deux.
-2003 (1975), *Femmes, Greniers et capitaux*, Paris, l'Harmattan.

Mulling L., 1976, Women and economic change in Africa, in Hafkin N. J. and Bay E. G. (eds.), *Women in Africa. Studies in social and economic change,* Standford, Stanford University Press, 239-264.

Oppenheim Masson K., 1995, *Gender and Demographic change: what do we know?*, Liège, IUSSP.

Paulme D.,
-1954, *Les gens du riz. Kissi de Haute Guinée française*, Paris, Plon.
-1957, Des riziculteurs africains : les Baga, *Cahiers d'outre-mer*, tome 10, n° 37, 257-278.
-1976, La vente de la terre, une notion sociale, in Rambaud P. (éd.), *Sociologie urbaine,* Paris, Mouton, 179-182.

Perrot M., 1991, *Histoire des femmes*, Paris, Plon.

Rodney W., 1982 (1972), *How Europe underdeveloped Africa,* Washington (D.C), Howard University Press.

Rousseau S., 2001, Capabilités, risques et vulnérabilités, in Dubois J.-L., Lachaud J.-P., Montaud J.-M., Pouille A. (éds.), *Pauvreté et développement socialement durable*, Bordeaux, PUB, 11-22.

Sahlins M., 1976 (1972), *Age de pierre, âge d'abondance. L'économie des sociétés primitives*, Paris, Gallimard.

Sano Koundouno M., 2002, *Femmes et exercice du pouvoir en République de Guinée*, Mémoire de maîtrise, Conakry, Université Gamal Abdel Nasser de Conakry.

Sen A., 1981, *Poverty and Famines: an Essay on Entitlement and Deprivation*, Oxford, Oxford University Press.

Zack-Williams A. B., 2000, Social consequences of structural adjustment, in Mohan G., Brown E., Milward B., Zack-Williams A. B. (eds.), *Structural adjustment. Theory, practice and impacts*, Londres, NY, Routledge, 59-74.

CHAPITRE 6.
LA SCOLARISATION FACE À LA PAUVRETE RURALE

Alhassane BALDE

L'AGRICULTURE EN GUINEE

La Guinée, malgré son taux de croissance urbaine rapide (5,8% entre 1990 et 1995) compte 68% de ruraux (Bocquier et Traoré, 2000) dont l'activité principale est l'agriculture. Du fait de sa pratique extensive et traditionnelle et de la faible monétarisation du secteur agricole, l'agriculture guinéenne est tournée principalement vers une agriculture familiale de subsistance dont le principal objectif est la sécurité alimentaire. Dans les localités qui permettent le développement d'autres types d'activités, comme l'extraction minière artisanale dans les zones minières, l'extraction du sel dans les régions côtières, l'écoulement des produits agricoles dans les villages péri-urbains, on constate le développement de la pluriactivité qui assure des revenus complémentaires tout au long de l'année bien que ceux-ci soient modestes.

L'agriculture demeure la principale activité des habitants de la zone étudiée, Kanfarandé : elle est pratiquée par 68,6% des hommes et 60,1% des femmes (Tableau 1). Cependant, elle concerne essentiellement la riziculture et la culture de l'arachide dont la mise en valeur demande la mobilisation d'un grand nombre de personnes et la meilleure utilisation de la main-d'œuvre disponible. L'organisation du travail au sein de la famille se traduit ainsi par une répartition sexuelle et générationnelle des tâches qui fait que l'ensemble des membres du ménage est rarement entièrement sollicité pour la même activité.

Tableau 1. Activité principale déclarée par les hommes et par les femmes

Activité		Hommes	Femmes
Riziculture		40,3	36,4
Arachide		24,3	22,0
Autre culture		4,0	1,5
Artisanat		2,3	8,0
Commerce		5,6	22,0
Autre		23,5	10,1
Total	%	100	100
	Effectifs	375	327

Source : Balde, 2009.

A Kanfarandé, comme dans le reste des zones rurales de la Guinée, la participation du plus grand nombre de personnes aux activités économiques du ménage est un « impératif » pour répondre aux besoins alimentaires et monétaires[1] de ses membres. Leur participation peut se faire de quatre manières : par le travail domestique (par exemple, celui que l'enfant effectue dans la sphère familiale : s'occuper des plus jeunes, transporter de l'eau pour un usage domestique, laver le linge), par le travail familial non domestique (participation aux activités agricoles, à la saliculture, à l'extraction minière, au petit commerce), par le travail salarié (services contre paiement en argent ou en nature[2]) dont les revenus sont utilisés dans l'entretien du ménage et enfin dans le cadre de l'apprentissage d'un métier dont les revenus générés par le travail de l'enfant reviennent entièrement au formateur.

Le travail des enfants revêt plusieurs formes et l'âge d'entrée dans la vie active dépend de plusieurs facteurs : la conception du travail des enfants par les sociétés elles-mêmes, les possibilités économiques du ménage, les contextes économiques et écologiques des localités et le degré de maturité physique de l'enfant. De plus, l'organisation du travail agricole renvoie à des dimensions socioculturelles qui sont structurantes du mode de fonctionnement des ruraux : les pratiques agricoles reposent sur un système

[1] L'argent devant servir à assurer le paiement des services et d'autres besoins primaires des membres du ménage (santé, habillement, éducation).

[2] Il s'agit en l'occurrence soit de denrées alimentaires, soit d'articles manufacturés.

de genre, de réseaux sociaux, de relations entre les générations, de gestion gérontocratique.

Malgré la place prépondérante des enfants dans l'économie domestique, en particulier dans les activités agricoles, certains ménages parviennent à les scolariser et ce, alors même que l'agriculture est l'activité principale des populations de la sous-préfecture et que sa pratique nécessite d'importantes ressources humaines pour la réalisation des travaux champêtres et les mobilise une large partie de l'année. De ce fait, ce chapitre propose d'appréhender la relation entre la scolarisation et la participation des enfants aux activités agricoles dans un contexte de chevauchement des calendriers agricole et scolaire en s'appuyant fortement sur l'organisation sociale du système de production au sein des ménages.

Les données quantitatives ont été collectées à l'aide de deux instruments. Une fiche de recensement a d'abord été administrée auprès de 364 ménages ; ce qui a permis de mesurer la taille de la population, d'établir la structure par âge et par sexe, d'identifier les structures familiales et de les mettre en rapport avec les informations recueillies sur le niveau d'éducation de la population. Elle était complétée par une série de questions sur les conditions de logement des enquêtés, le nombre de champs dont dispose la concession et ceux exploités directement par le chef de ménage.

Les données qualitatives sont également de deux ordres. Les premières ont été recueillies et consignées sur la fiche descriptive du village : situation sociale, économique et culturelle du village, bilan des ressources disponibles (infrastructures, biens et équipements), informations sur la santé et l'éducation dans la localité. Ces données permettent de comprendre les besoins de la communauté et les contraintes auxquelles elle est soumise. Les secondes ont été obtenues à partir d'entrevues réalisées auprès d'informateurs privilégiés choisis en tenant compte de leur fonction sociale (notables, responsables politiques et religieux) ou de leurs compétences spécifiques (personnel du poste de santé, tradipraticiens, enseignants, directeur d'école, courtiers en développement) et auprès d'habitants choisis dans la population générale selon la problématique approfondie. Ici, ont été interrogés par exemple les parents dont au moins un des enfants est scolarisé au moment de l'enquête afin d'analyser leurs perceptions et leurs motivations par rapport à la formation des enfants. L'objectif était de contextualiser au mieux les données quantitatives et de faire émerger les logiques sous-jacentes des acteurs concernés.

L'ORGANISATION DU TRAVAIL AGRICOLE : MIROIR DE L'ORGANISATION SOCIALE

Aux jeunes gens et aux hommes adultes : la préparation des champs

Le repérage et le choix des champs agricoles

La campagne agricole commence véritablement vers le mois de mars. Mais deux mois auparavant – à l'issue de la désignation par les chefs de villages des espaces cultivables – dans les zones de plateaux, les hommes se mettent à la recherche et au marquage des parcelles qui serviront de champs. On parle de « bonnes terres », aussi appelées les « terres vierges ». Ce sont les terres qui n'ont pas encore été défrichées et brûlées ou qui sont restées en friches pendant plusieurs années. Elles ont l'avantage de contenir beaucoup d'humus (éléments nutritifs) dont ont besoin les plantes pour leur bonne croissance. Cette course aux bonnes terres commence plus tôt à cause de la rareté de terres fertiles et du manque de fertilisants dont l'apport permettrait de mettre en valeur des terres de piètre qualité. L'occupation des parcelles se fait par quelques coups de hache ou de coupe-coupe délimitant le futur champ. Cette règle traditionnelle d'occupation des terres est valable aussi bien pour les autochtones que pour les personnes qui ont acquis cette qualité par alliance. Pour les autres résidents du village, cela passe par un prêt gratuit ou encore par le paiement d'une taxe en espèce ou en nature auprès du chef de village pour les non-résidents. A Kibanco, la taxe s'élève à 25 000 francs guinéens[3] quelle que soit la superficie du champ. Le non-résident est introduit auprès des autorités locales par son tuteur qui, selon ses affinités avec celles-ci, peut baisser la taxe jusqu'à hauteur de 10 000 francs guinéens voire négocier son paiement en nature après la récolte. Une partie de la récolte est alors remise au chef de village en paiement de ladite taxe. Bien que marginal, l'apport de fertilisants aux sols cultivables est pratiqué par une frange de la population, les Peul du village de Koukouba. Traditionnellement éleveurs, devenus commerçants, les Peul sont cultivateurs de circonstance. Ils cultivent de petits lopins de terre non loin de leurs domiciles. Pendant la saison sèche, leur bétail passe la nuit dans les enclos réservés à l'agriculture, ce qui permet de les enrichir et de pallier la dépendance qu'ils ont envers les Nalou, premiers occupants des lieux, à qui ils doivent emprunter à chaque fois qu'ils ont besoin de nouvelles terres. Ceci constitue un double avantage ; d'une part garder le bétail dans des endroits sécurisés et d'autre part recueillir les bouses de vaches réputées être de bons fertilisants.

[3] 1 euro = 940 000 francs guinéens à la date de l'enquête (2003).

Le défrichage, le labour et les semailles

Les travaux d'exploitation des champs démarrent au mois de mars par le défrichage qui consiste à couper les arbres, les lianes et les herbes. Cette étape du travail, la plus difficile, est du ressort des hommes. Elle peut durer plusieurs semaines. La parcelle dénudée est laissée au repos afin de permettre le dessèchement des plantes coupées qui seront ensuite brûlées. Pour éviter la propagation du feu, les paysans se font aider par d'autres hommes du village qui, pour circonscrire les flammes à l'intérieur des limites du champ, l'encerclent. Cette étape passée, les ménages n'attendent plus que les premières pluies, qui tombent à la fin du mois d'avril pour commencer le labour. Contrairement au premier labour qui relève entièrement du domaine masculin, le second labour voit la participation des plus jeunes et de leurs mères. Toutefois, ces derniers commencent à intervenir véritablement lors du semis mais de façon ponctuelle. Peu après cette étape, les enfants des deux sexes participent quasiment à toutes les activités qui ont lieu au champ[4] dès l'âge de huit ans et y passent plus de temps que les adultes. Le semis commence à la fin du mois de mai et se termine à la fin du mois de juin, si les paysans veulent se conformer au calendrier agricole et ainsi espérer que la récolte soit bonne. Pendant cette période, les villages se vident de leurs habitants dès huit heures du matin et les premières personnes à regagner leur domicile arrivent aux alentours de cinq heures du soir.

Pour répondre aux impératifs de temps, les ménages peuvent compter sur la mobilisation de la force de production familiale mais également extra-familiale en faisant appel à l'aide extérieure. Le chef de ménage active alors ses réseaux sociaux. Les groupes d'entraide (*kilé*) pérennes ou éphémères sont sollicités. Constitués de cercles d'amis ou de membres de la famille élargie, ces entités sociales jouent un rôle de premier plan dans l'organisation des différentes activités prévues. Les tâches sont exécutées indifféremment du sexe et de l'âge. L'autorité indiscutable du patriarche sur l'organisation familiale du travail est ici effacée. Il se contente d'encourager ses hôtes (*walikè*) et sa moindre remarque est adressée au responsable du groupe d'entraide, seul habilité à organiser la répartition des tâches. Ce qui compte est la réalisation dans un bref délai des travaux prévus à cette étape cruciale du calendrier agricole. Jusqu'à la fin de celle-ci, les enfants sont peu sollicités et les adultes peu exigeants quant à leur participation aux travaux. Toutefois, lorsque cela est jugé nécessaire, le recours à cette main-d'œuvre est pratiqué de façon ponctuelle.

[4] Nous n'insistons pas sur l'entraide qui se fait dans l'exploitation des champs lors de certaines activités parce qu'elle ne concerne pas ou concerne peu les tâches qui sont dévolues aux enfants. Elle ne participe donc pas à l'octroi de plus de temps libre aux enfants.

Femmes et enfants : la surveillance et le désherbage

Pour les enfants, la fin des semailles signifie le début de longues journées de travail dans les champs. Une fois le semis terminé, ils sont contraints de retourner tous les jours dans les champs ensemencés très tôt le matin et d'y rester jusqu'à la tombée de la nuit pour éviter que les oiseaux ne picorent les graines semées. Toutefois, l'organisation de la surveillance dépend du nombre de champs, de leur superficie et de la composition démographique du ménage. Les enfants et les femmes du ménage peuvent tous être sollicités en même temps, tout comme lorsque cela est possible, se relayent à tour de rôle pour surveiller les champs. Ils y retourneront tous les jours jusqu'à ce que les graines poussent et les plantes se développent. Cette étape du travail dure jusqu'au mois de juillet. Ces trois mois couvrent précisément la période des cours du troisième trimestre qui est sanctionnée à la mi-juin par un examen de fin de trimestre suivi aussitôt de l'examen de fin d'année qui marque la fin du calendrier scolaire.

Une fois que les plantes ne courent plus de risque vis-à-vis des oiseaux, du moins à cette étape de leur croissance, il faut alors les protéger contre d'autres prédateurs que sont les agoutis[5] et les singes. C'est à cette même période de l'année que sont organisés les premiers travaux d'entretien des champs au cours desquels tous les membres de la concession sont mobilisés pour « *enlever les mauvaises herbes* » qui empêchent la bonne croissance des plantes. Le désherbage des champs a lieu deux fois au cours de la saison agricole. Pour les femmes et les enfants, cette activité est obligatoire alors que pour les hommes elle est facultative. Puis suit la période de surveillance intensive des champs. Les graminées[6] dont les épis auront poussé et les champs d'arachides sont, en effet, la convoitise à la fois des oiseaux, des rongeurs et des primates. Les enfants surveillent de jour, les hommes prennent le relais la nuit. La pose de pièges, bien que répandue, reste inefficace dans la protection et ne remplace pas la présence humaine. Les pièges ont en réalité une tout autre fonction, celle de fournir de la protéine animale aux ménages. Dans ce cas, les champs servent d'appât. Cette étape du calendrier agricole est d'un intérêt capital pour le chef de ménage puisque c'est d'elle que dépendent la réserve alimentaire et une partie des dépenses d'entretien du ménage pour les douze mois suivants. Or, c'est justement à

[5] Les agoutis sont des petits mammifères rongeurs d'Afrique, de la taille du lièvre. Ils s'attaquent aux tiges des plantes (riz) qu'ils coupent. Les paysans parlent d'eux comme leurs « *pires ennemis* ». Parce qu'ils s'attaquent aux champs au moment où il n'y a aucune possibilité de refaire son champ. Selon eux, ils sont capables de dévaster un champ entier en une nuit seulement.

[6] Famille des plantes monocotylédones, dont la tige est un chaume (riz, fonio, mil, etc.).

cette période, au mois d'octobre, qu'a lieu la rentrée officielle des classes en Guinée.

L'ensemble du ménage : la récolte et le transport

La période de maturité des cultures dépend de la variété des plantes et de la date de leur ensemencement. Les premières récoltes ont lieu au mois de septembre et concernent les variétés hâtives de riz et quelques tubercules (manioc, patates). Les mois d'octobre et de novembre restent les moments d'intenses activités de récoltes dans la Sous-préfecture de Kanfarandé. C'est certainement pour cette raison que la récolte relève du domaine familial. A cette étape du calendrier agricole, le travail se fait à la chaîne. L'absence d'un maillon de cette chaîne affecte dangereusement la récolte.

L'organisation interne du travail dépend ici aussi de la composition sexuelle du ménage. De façon générale, en dehors de la récolte de l'arachide à laquelle toute la famille y compris les enfants âgés de huit ans et plus participent, cette activité est essentiellement masculine. Le battage du riz et la séparation des graines d'arachide de la paille sont aussi dévolus aux hommes adultes alors que le tri des graines relève des femmes. Toutefois, lorsque les femmes sont plus nombreuses que les hommes dans le ménage, quelques-unes rejoignent les hommes dans le battage et elles peuvent ainsi alterner entre les deux activités selon la charge de travail à accomplir. Pendant ce temps, le travail des enfants quant à lui consiste à des activités annexes. Il s'agit pour les filles de préparer à manger et offrir à boire et pour les garçons d'aider à retirer les céréales battues ou à préparer celles qui doivent l'être.

Le tri des graines est effectué à l'aide des vans que les femmes agitent dans un rythme harmonieux en soulevant leurs contenus de sorte à séparer les graines des pailles grâce au mouvement et au vent. Au fur et à mesure de la séparation des graines avec la paille, cette dernière est éjectée du van. Les céréales sont ensuite mises dans des seaux puis transvasées dans des sacs de riz d'origine asiatique recyclés. Le transport de la récolte à domicile se poursuit jusque vers la fin décembre. L'imprécision concernant la date de fin de la saison agricole est due au fait que la récolte est étalée et suit la maturité des plantes. Le transport de la récolte se fait sur la tête, à vélo ou en chariot. Traditionnellement, il relève de la sphère de compétences des enfants. Mais afin de ramener la totalité de la récolte le plus rapidement à domicile, dans certains ménages, les adultes notamment les femmes participent à cette activité. Parallèlement, le mois de décembre correspond également à la fin du premier trimestre de l'année scolaire, sanctionné par un examen dont le résultat compte pour la note finale, qui permet au moment venu de décider du passage de l'enfant en classe supérieure ou non.

CONTRADICTIONS ENTRE UNE POLITIQUE NATIONALE ET DES REALITES LOCALES

Réorganiser le calendrier scolaire pour améliorer la scolarisation

Le transport de la récolte marque donc la fin du calendrier agricole. Comme le montre la division sexuelle et générationnelle des tâches qui relèvent du rôle ancien et coutumier de chaque membre du ménage, les enfants ont entre 5 et 6 mois de flexibilité dans l'année (décembre à mai) pour se consacrer aux études. Bien que cette période soit couverte par l'année scolaire, elle est nettement insuffisante pour permettre à l'enfant qui participe aux activités agricoles d'avoir une scolarité normale puisqu'elle tombe en milieu d'année scolaire (octobre à juin) qui compte 9 mois en tout (Tableau 2).

La scolarisation des enfants est encore plus incertaine lorsque les champs sont éloignés. Les « terres vierges » se font de plus en plus rares aux alentours des villages et sont rationnées. Pour s'en procurer, les hommes sont obligés d'aller de plus en plus loin. Vu la distance qui les sépare de leur village, ils ne peuvent souvent pas assurer les allées et venues entre le champ et leur domicile sans compromettre le bon déroulement des activités agricoles ; ce qui les contraint à s'installer près des champs durant de longs mois. Pour permettre d'accueillir sur place le reste de la famille, les hommes construisent un campement. Le retour définitif au village ne se fera qu'au bout de 6 mois. Le transport de la récolte au village marquant la fin de la saison agricole. Pour les enfants scolarisés, l'année scolaire est perdue. Selon le directeur d'une école primaire : « *L'année dernière* [2002], *j'ai perdu 15 élèves sur 20 en quatrième année. Vers le mois de mai, ils sont partis du village sans m'informer. C'est par la suite que j'ai appris qu'ils ont rejoint leurs parents dans les campements. Ce n'est qu'il y a quelques jours qu'ils sont réapparus* [mois décembre]. *Je suis en perpétuel conflit avec les parents d'élèves qui ne veulent pas se passer de l'aide de leurs enfants. La plupart d'entre eux ne me préviennent pas quand ils ont besoin de l'aide de leurs enfants puisque je le leur refuse lorsque cela nécessite une absence de plus d'un jour* ».

Tableau 3 : le chevauchement des 2 calendriers et son impact sur la scolarisation des enfants

Trimestres	*Mois*	*Calendrier scolaire*	*Calendrier agricole*
1er trimestre	Octobre	Rentrée officielle des classes	Surveillance des champs, désherbage, récolte transport de la récolte
	Novembre	Cours et examens	
	Décembre		
2e trimestre	Janvier	Cours et examens	Période d'inactivité agricole
	Février		
	Mars		Défrichage et brûlis
3e trimestre	Avril	Cours	
	Mai		Labours
	Juin	Examens	Semailles
4e trimestre	Juillet	Vacances scolaires	surveillance
	Août		désherbage
	Septembre		

Périodes de chevauchement des calendriers qui affectent la scolarité.

(Source : Balde, 2009)

Finalement, sur trois examens trimestriels, les enfants, à cause de leur charge horaire de travail agricole, n'ont la possibilité d'en passer qu'un, celui du deuxième trimestre. Et vu le poids de chaque examen dans la note finale, il faut arriver à passer deux examens et obtenir de très bons résultats pour espérer avoir la note qui permette de passer en classe supérieure, quand bien même l'admission dans ce niveau n'est souvent pas autorisée à cause des mesures disciplinaires qui résultent de la non évaluation de l'élève sur les derniers cours. Dans ce cas, le redoublement est automatique et les chances de poursuivre les études s'amenuisent pour l'enfant.

Le travail des enfants fait l'objet de condamnation de la part notamment du Bureau International du Travail (BIT) et des Organisations Non Gouvernementales (ONG). En 1989, les Nations Unies ont rédigé une *Convention internationale des droits de l'enfant*[7] dont un extrait de l'article 32 stipule que « Les Etats parties reconnaissent le droit de l'enfant d'être protégé contre l'exploitation économique et de n'être astreint à aucun travail comportant des risques ou susceptible de compromettre son éducation ou de nuire à son développement physique, mental, spirituel, moral ou social ». Toutefois, à Kanfarandé, tout comme dans d'autres zones rurales où les possibilités économiques sont réduites du fait de l'enclavement et où l'agriculture occupe une place prépondérante dans la vie du ménage, la

[7] Cette convention a été signée par la Guinée en 1990.

participation des plus jeunes au travail domestique et aux activités agricoles du ménage est la règle. Ce processus s'accomplit progressivement selon deux caractéristiques : l'âge de l'enfant et son développement physique. Il est vu comme un processus naturel d'intégration sociale. L'enfant est préparé à se socialiser progressivement en intégrant les normes collectives de la société ; ce qui lui permettra d'assumer son futur rôle de père ou de mère. En accompagnant dès son plus jeune âge les adultes dans la réalisation des activités, l'enfant acquiert la maîtrise des techniques en œuvre dans différents domaines d'activités : le calendrier des saisonnalités, la succession des cultures, les codes qui régissent l'organisation du travail au niveau micro (individuel), méso (ménage) et macro (communauté). Le travail des enfants n'est donc pas vu comme une situation d'asservissement mais comme un processus de socialisation qui lui permet de tirer profit de la seule possibilité économique disponible. Ainsi, « [...] cette éducation "informelle", [est] confondue avec la vie même et le développement de l'enfant... » (Vinokur, 1994 : 81). On ne peut donc aborder la question de l'école sans évoquer celle du travail des enfants (Schlemmer, 1996), tant les deux sont imbriquées et semblent inséparables. Si on convient avec Fukui (1996) que l'activité scolaire n'exclut pas l'enfant du travail alors que le monde du travail, lui, peut exclure l'enfant de l'école, alors il devient pertinent dans le cas de Kanfarandé de poser la question de savoir : quelle place prendraient l'école et la scolarisation dans le village si le calendrier scolaire était aménagé en fonction du calendrier agricole ?

Cette question est d'autant plus importante que contrairement à ce qu'on peut attendre de la localité en termes de faible taux de scolarisation vu sa situation de pauvreté, d'enclavement et de prééminence de l'agriculture, elle affichait en 2003, au moment de l'enquête, un taux brut de scolarisation[8] (TBS) au primaire appréciable (67,3%), au regard de celui de l'ensemble des zones rurales qui était de 58,8%. De plus, le TBS des filles (58,9%) et des garçons (74,5%), bien qu'inférieur à celui affiché au niveau régional respectivement 66,0% et 77% (MEPU-EC, 2003), montre l'intérêt que ces populations attachent à la scolarisation des enfants. La baisse constatée en 2007, 61,1% pour les filles et 76% pour les garçons (MENRS, 2007), loin d'être un reflux, traduit une amélioration de l'indicateur. Depuis quelques années, les redoublements diminuent au sein du système éducatif guinéen de manière générale et la scolarisation concerne de plus en plus d'enfants en âge de fréquenter l'école et d'enfants scolarisés de façon précoce.

[8] Le taux brut de scolarisation au primaire est calculé en rapportant l'ensemble des enfants d'une localité inscrits au primaire aux enfants de cette localité ayant l'âge requit pour fréquenter ce niveau.

Le présupposé qui veut que les pesanteurs socioculturelles soient plus prégnantes en milieu rural qu'en milieu urbain ne se justifie donc pas pour ce qui est du rapport des habitants de la Sous-préfecture de Kanfarandé à l'école. En effet, l'écart entre le TBS des filles et celui des garçons est en moyenne de 15 points de pourcentage quelle que soit l'échelle spatiale considérée (nationale, régionale, locale). Toutefois, ces chiffres qui rendent compte de l'inscription en début d'année ne prennent pas en compte les abandons en cours d'année. Or, comme nous l'avons observé sur le terrain et cela a été confirmé par nos entrevues, les abandons scolaires sont nombreux en cours d'année, notamment à cause de la participation des enfants aux travaux agricoles.

Le caractère saisonnier de l'activité agricole et la répartition des tâches entre les membres du ménage entraînent l'intermittence de la participation des enfants aux travaux agricoles. De ce fait, l'aménagement du calendrier scolaire permettrait ainsi de scolariser plus d'enfants eu égard à l'importance particulière de l'âge dans l'appréciation des stratégies de scolarisation au sein des ménages. En effet, ce dernier est prépondérant dans la détermination du niveau d'implication de l'enfant dans les activités agricoles. Dans ces villages, le nombre d'activités dans lequel est impliqué l'enfant est proportionnel à son âge et à sa taille : plus il est âgé, plus il a de tâches à accomplir. Aussi, le devenir scolaire de l'enfant dépend-il de l'âge auquel il a été scolarisé. Plus tôt il a été scolarisé, plus il a de possibilités de rester longtemps à l'école ; ce qui accroît ses chances d'achever sa scolarité, du moins le niveau primaire. L'achèvement de ce niveau permet d'acquérir des compétences de lecture et d'écriture dont les multiples avantages permettent à ceux qui en disposent de tirer un meilleur profit des opportunités de la vie quotidienne (activités économiques, amélioration des techniques de production agricole, postes de décision, revendications citoyennes, etc.), bref d'améliorer ses conditions de vie et d'existence. Si cette remarque plaide pour un assouplissement du calendrier scolaire et vaut pour le milieu rural en général, son application doit se faire avec la plus grande rigueur en tenant compte avant tout des exigences de l'école et du droit des enfants à une éducation qui favorise leur épanouissement physique, mental et intellectuel.

Choix et stratégies des familles en matière de scolarisation

Nous avons observé chez certaines familles un réaménagement de l'agenda de travail qui attribue à l'enfant d'autres tâches en plus de celles que lui confère l'agenda traditionnel, c'est-à-dire la participation aux travaux domestiques et agricoles. Pour ces ménages, désormais, l'éducation de l'enfant passe aussi par l'acquisition du savoir scolaire ; savoir qui lui sera utile dans sa vie d'adulte et dont il tirera directement ou indirectement des bénéfices. De la reproduction à l'identique des formes de production traditionnelles, les ménages passent à une nouvelle forme de production du savoir qui permet la mobilité sociale ascendante (Vinokur, 1994) par l'acquisition d'un capital social à travers l'école.

Toutefois, le contexte économique et démographique des ménages les pousse à prendre en compte les coûts directs et indirects de la scolarisation qui sont élevés. Ainsi, seule une partie des enfants aura le privilège d'être scolarisée. C'est justement à ce niveau que s'opèrent les calculs sur le choix de l'enfant à scolariser. Les entretiens conduits sur le terrain ont permis d'identifier cinq stratégies de scolarisation :

- maintien des plus âgés à la maison afin de participer à la production familiale et scolarisation des plus jeunes dans une optique à long terme ;

- scolarisation de l'enfant [un garçon généralement] jugé comme le plus intelligent de la famille ;

- scolarisation conjoncturelle des enfants [garçons et filles] en bas âge pour leur permettre d'être alphabétisés parce que le modèle de réussite se trouve ailleurs ;

- scolarisation de tous les garçons [quand ceux-ci ne sont pas très nombreux] mais pas des filles puisque qu'elles sont destinées au mariage ;

- scolarisation de tous les enfants. Ce dernier modèle, plus rare, se retrouve chez les ménages dirigés par une personne exerçant une fonction administrative.

Le refus de scolariser tous les enfants s'explique aussi par la volonté des parents de diversifier l'orientation « professionnelle » de leur progéniture. Dans un contexte de crise de l'emploi au sein de l'administration publique et de sous-développement du secteur privé, cette stratégie permet aux parents de diversifier leurs propres sources de revenu. Ils sont, en effet, censés être pris en charge par leurs enfants pendant leurs vieux jours. Le fait que l'apprentissage d'un métier, par exemple, puisse se faire en dehors de l'école ou que la pratique du petit commerce ne nécessite aucune compétence particulière facilite cette pratique. Une jeune femme du District de Kibanco mère de trois enfants, un premier garçon de 7 ans, un deuxième de 4 ans et une fillette de 8 mois nous a expliqué ceci : « *Mon premier garçon a été scolarisé par son oncle qui voudrait qu'il devienne instituteur, un souhait que je partage entièrement. En ce qui concerne le deuxième, lorsqu'il aura 6 ans, j'ai choisi de le donner*[9] *à un maître coranique très célèbre qui se*

[9] Dans le sens où l'enfant vivra chez son maître coranique pendant tout le temps que durera sa formation. *A priori*, ses parents ne peuvent compter sur son aide dans aucune activité.

trouve dans un village à quelques kilomètres d'ici auprès duquel il apprendra le coran pour être, je l'espère, imam. Ma fille quant à elle restera avec moi et m'aidera dans mes activités ménagères et le petit commerce, notamment dans la production du sel ». Les parents apparaissent donc comme des acteurs rationnels qui mesurent les coûts et bénéfices de leur choix : « Plusieurs études révèlent, en premier lieu, la diversité de "choix" réalisés par les parents : tous ne scolarisent pas leurs enfants de la même manière ; leurs comportements diffèrent selon le nombre et le sexe de leurs enfants. Tous n'optent pas non plus pour les mêmes secteurs d'éducation. [...] Les parents choisissent donc de manière différente selon les secteurs d'éducation en présence » (Gérard, 1999 : 155).

Accorder plus de responsabilités aux partenaires à la base

Une politique de décentralisation qui octroie aux structures locales des compétences en matière de prise de décision sur le contenu des enseignements, le recrutement du personnel enseignant et d'encadrement et l'organisation du calendrier scolaire permet à coup sûr d'améliorer les indicateurs de qualité. Peu importe les politiques au niveau national, si les communautés sont étroitement associées aux autres acteurs du système éducatif dans les prises de décisions, les résultats recherchés peuvent être atteints. Ainsi, « en dépit de leur extrême pauvreté, les populations vivant dans les zones rurales sont prêtes à consentir des sacrifices pour développer le secteur de l'éducation, et leurs contributions devraient être prises en compte au niveau du système » (Midling, 2006 : 55).

Dans bien des cas, nous avons vu des organisations communautaires[10] s'investir dans la mobilisation des ressources pour construire des écoles, recruter des enseignants, offrir un salaire décent et des conditions de vie meilleures qu'en milieu urbain à leur personnel enseignant. Par leurs actions, ces associations contribuent à améliorer l'accès en stimulant la demande sociale en matière de scolarisation par le développement de l'offre et la participation aux campagnes de sensibilisation en faveur de la scolarisation. A Kanfarandé, en dehors du chef-lieu de la sous-préfecture, les écoles primaires sont toutes l'œuvre des communautés qui, dans un climat d'émulation, construisent ou agrandissent leurs établissements scolaires. Dans le District de Kibanco, l'instituteur a été recruté et son salaire payé par la communauté pendant plusieurs années avant d'être pris en charge par la fonction publique. Dans le secteur de Madina, District de Koukouba, les

[10] Communauté Rurale de Développement (CRD), Association des Parents d'Elèves et Amis de l'Ecole (APEAE).

villageois continuent à prendre en charge le salaire de l'instituteur pour faire fonctionner leurs deux salles de classe.

Rappelons qu'il y a autant d'Associations de Parents d'Elèves et d'Amis de l'Ecole (APEAE) que d'écoles et autant de Communautés Rurales de Développement (CRD) que de sous-préfectures. Il est d'autant plus important de s'appuyer sur ces structures locales lorsqu'elles sont dirigées par des personnes élues et qui jouissent d'un certain consensus. L'un des avantages de cette proximité est la facilité de circulation des messages de sensibilisation. C'est ainsi que les campagnes nationales en faveur de la scolarisation de la jeune fille ont abouti à des résultats appréciables. Un système éducatif qui prend en compte les spécificités et les contraintes locales en s'appuyant fortement sur les pouvoirs locaux est la clé de l'amélioration de la scolarisation.

CONCLUSION

La situation géographique de ces villages, caractérisée par un enclavement prononcé, a contribué à créer et à entretenir une situation quasi-autarcique. Les échanges avec l'extérieur sont rares et ceux au sein des villages peu développés. Les échanges étant peu monétarisés, la circulation des biens est donc fondée sur le troc. Les échanges directs, les emprunts, tout comme les échanges de services s'effectuent généralement par le biais de ce système ; ce qui prouve l'importance des ressources locales notamment celles tirées de l'agriculture, principale activité des populations vivant dans ces localités. Elles servent non seulement à nourrir mais aussi à satisfaire les autres besoins essentiels des membres du ménage.

La réussite scolaire, tout comme une bonne récolte, nécessite le respect du calendrier des activités. Or, le calendrier scolaire et le calendrier agricole, même s'ils commencent avec un léger décalage, ont la même durée sur l'année (9 mois). Dans les localités de Kanfarandé, Kibanco, Koukouba et Lansanaya, l'activité principale de la population est l'agriculture (Godard, 2007). Or, sa pratique nécessite la mobilisation d'importantes ressources humaines. Plus le champ est vaste et les cultures diversifiées, plus il est nécessaire de mobiliser davantage de personnes. Dans ce contexte, la participation des enfants aux activités agricoles et domestiques de la famille est un atout important pour le ménage dans la quête de la sécurité alimentaire. D'autant plus que la soudure[11] revient de façon cyclique et la

[11] Elle correspond au moment de l'année (juillet - octobre) où le stock de nourriture, principalement les céréales (riz, fonio et mil), est le plus bas. Pour pourvoir répondre aux besoins alimentaires de la famille, les paysans doivent emprunter des céréales ou de l'argent afin d'acheter du riz.

crainte de cette période est vivace dans la mémoire des habitants puisqu'elle a de lourdes conséquences sur les futures récoltes. La scolarisation des enfants et leur maintien à l'école sont donc fortement liés à l'autonomie financière ou en main-d'œuvre du ménage, ce qui leur permet de se mettre à l'abri des besoins alimentaires et de financer les dépenses de santé, de vêtement, de scolarisation, par exemple.

A cause de la pression qu'exercent les inactifs sur les rares ressources mobilisées, ceux-ci sont contraints, par les conditions économiques des ménages et la pression sociale, de travailler tôt pour les jeunes enfants et tard pour les vieilles personnes. Dans ce contexte, la présence dans le ménage d'un grand nombre de personnes pouvant participer aux activités agricoles est un atout majeur pour la satisfaction des besoins en main-d'œuvre du ménage puisqu'il permet l'autosubsistance de la famille par leur investissement dans l'unité familiale de production.

La double participation de l'enfant à la production familiale et à l'école, suggère pour les ménages de trouver un compromis entre les besoins de se nourrir et les contraintes de la scolarisation qui imposent à la famille que l'enfant fasse les neuf mois de scolarité et réussisse aux examens de contrôle des connaissances scolaires pour passer en classe supérieure. Finalement le chevauchement des deux calendriers intervient au moment de l'année où la présence de l'enfant est indispensable dans la réussite de l'une et l'autre activité, ce qui pose le problème de l'inadéquation entre l'offre scolaire et la demande du point de vue de la disponibilité en temps matériel.

REFERENCES BIBLIOGRAPHIQUES

Balde A., 2009, *Education Famille et Pauvreté en Guinée Rurale : Sous-préfecture de Kanfarandé, Basse Guinée*, Thèse de Doctorat de Démographie, Paris, Université Paris Descartes.

Bocquier P. et Traoré S., 2000, *Urbanisation et dynamique migratoire en Afrique de l'Ouest : La croissance urbaine en panne*, Paris, l'Harmattan.

Chernichovsky D., 1985, Socioeconomic and Demographic Aspects of School Enrolment and Attendance in Rural Botswana, *Economic Development and Cultural Change,* vol. 33, n° 2, 319-332.

Fukui L., 1996, Pourquoi le travail de l'enfant est-il toléré ? Le cas du Brésil, in Schlemmer B. (éd.), *L'enfant exploité. Oppression, mise au travail, prolétarisation,* Paris, Karthala-ORSTOM, 181-200.

Gérard E., 1999, Logiques sociales et enjeux de scolarisation en Afrique, *Politiques Africaines*, n° 76, 153-163.

Godard A., 2007, Economie domestique et société. Le travail des femmes en Guinée maritime, Tome I, Thèse de Doctorat de Démographie, Paris, Université Paris Descartes.

Kamuzora C. L., 1984, High Fertility and the Demand for Labor in Peasant Economies: The Case of Bukoba District, Tanzania, *Development and Change,* vol. 15, 105-124.

Marcoux R., 1994, *Le travail ou l'école. L'activité des enfants et les caractéristiques des ménages en milieu urbain au Mali*, Bamako, Editions du CERPOD.

Midling M. et al., 2006, *Evaluation du programme en éducation de base de l'USAID/Guinée*, Rapport Final, Conakry, UNSAID/Guinea, DevTech Systems, Inc., Arlington VA, USA, [En ligne], URL : http://pdf.usaid.gov/pdf_docs/Pdach432.pdf

Ministère de l'éducation pré-universitaire et de l'éducation civique, 2003, Service Statistique et Planification, *Données statistiques de l'enseignement primaire 2001/2002*, Guinée Conakry.

Ministère du plan / Direction Nationale de la Statistique et POPINTER, 2003, *Enquête Population, Pauvreté et Environnement en Guinée Maritime - Sous Préfecture de Kanfarandé*, Paris-Guinée Conakry.

Ministère de l'éducation nationale et de la recherche scientifique, 2007, Service Statistique et Planification, *Données statistiques de l'enseignement primaire 2005/2006*, Guinée Conakry.

Pilon M. et al. (éds.), 2001, *La demande d'éducation en Afrique, Etat des connaissances et perspectives de recherche*, Paris, UEPA.

Sandron F. et Gastineau B., 2002, *La transition de la fécondité en Tunisie*, Paris, l'Harmattan.

Schlemmer B., (éd.), 1996, *L'enfant exploité. Oppression, mise au travail, prolétarisation,* Paris, Karthala-ORSTOM.

Vinokur A., 1993, *Transformations économiques et accès aux savoirs en Afrique subsaharienne,* Dakar, Unesco.

Vinokur A., 1994, Les systèmes éducatifs et leur régulation, *Afrique contemporaine*, n° spécial « Crise de l'éducation en Afrique », 77-91.

Warren M., (2000), *Education pour tous, bilan à l'an 2000*, synthèse globale, Paris, Unesco.

CHAPITRE 7.
LES REPONSES SOCIO-DEMOGRAPHIQUES A LA PRESSION FONCIERE A MADAGASCAR

Mustapha OMRANE

DEMOGRAPHIE ET FONCIER

Depuis les années 1980, les crises socio-économiques et politiques qu'ont connues les pays du Sud ont mis en évidence la fragilité des populations rurales et leur vulnérabilité face à des situations de crise. Le rapport des ruraux à la terre s'inscrit dans un contexte de contraintes multiples : la pauvreté, le manque de terres arables, l'insécurité foncière et les conditions géo-climatiques peu favorables. C'est la question de la pression démographique qui nous intéresse ici : une demande grandissante de la population sur des terres limitées ou difficilement extensibles.

L'idée selon laquelle la pression démographique menace la disponibilité de la terre, dans des contextes de pauvreté et d'économies rurales peu développées, est évoquée à propos de nombreux pays (Rwanda, Somalie, Kenya, Burundi, Lesotho, Malawi, etc.) où les terres ne pourraient nourrir, même avec des techniques agronomiques optimales, que la moitié de leurs populations si elles continuent à subir la pression démographique actuelle (Roca, 1991). Selon le *State of the World's Population* 1990, « au Rwanda, le petit paysan cultivait en moyenne 1,2 hectare en 1984. Avec un indice synthétique de fécondité dépassant huit enfants par femme, dont la moitié de garçons, chaque fils recevrait en moyenne 0,3 hectare au moment de se marier (avec l'hypothèse d'une mortalité très faible). Avec les taux de fécondité projetés, les petits-fils recevraient moins de 0,1 hectare vers l'an 2040. Ainsi donc, en seulement 60 ans, la taille de l'exploitation agricole moyenne se réduira de plus de 90 pour cent par suite de la pression démographique » (Sadik, cité par Roca, 1991: 10). A l'évidence, une telle situation peut provoquer une forte émigration parmi les chefs de ménage ainsi que leurs enfants à la recherche d'autres sources de revenus, comme elle peut inciter à une réduction de la fécondité en réponse à la baisse des ressources foncières.

Les exploitants ruraux dans le monde rural malgache transmettent de génération en génération un patrimoine foncier de plus en plus exigu, souvent sans couverture juridique en raison du dispositif administratif non adapté en matière de gestion foncière. C'est ainsi que la moyenne des surfaces exploitées disponibles par ménage a baissé de 3,8 hectares en 1993 à 1,3 hectare en 1999 lors des Enquêtes Prioritaires auprès des Ménages réalisées sur l'ensemble du pays (EPM), alors que le recensement agricole réalisé en 2004-2005 révèle qu'en moyenne chaque exploitant dispose de 0,87 hectare.

Ainsi, certains comportements sociodémographiques, en particulier la fécondité, sont vus comme des facteurs de raréfaction des surfaces exploitables, alors que la migration ou encore l'entrée en union tardive sont perçues comme des réponses à la pénurie de la terre arable. Cet objet de recherche n'a pas donné lieu à notre connaissance à des travaux sur les Hautes Terres malgaches ni sur l'ensemble de Madagascar. Dans d'autres contextes géographiques, Stokes et Schutjer (1983, 1984) menant leur investigation en Egypte, ont analysé l'impact de l'accès à la terre sur la fécondité à travers deux indicateurs : le mode d'acquisition des terres et la superficie de l'exploitation agricole. Cette dernière influence la fécondité positivement dans la mesure où le ménage qui a accès à de larges surfaces cultivables peut augmenter son revenu en employant un nombre élevé de ses membres dans l'exploitation familiale. Cette idée qui relie la fécondité à la question de main-d'œuvre a été nommée « *land-labour demand hypothesis* » (Stokes and Schutjer, (1984).

Au Bangladesh, une étude menée par Sharif et Saha (1993) montre que le fait d'être propriétaire est une variable déterminante dans le niveau de la fécondité. Clay et Johnson (1992) soulignent un effet significatif de la taille de l'exploitation agricole sur la fécondité bien que la relation entre le nombre d'enfants et les surfaces cultivées soit surtout visible à partir de sept enfants. Ils montrent par ailleurs que la catégorie des grands exploitants peut assurer une nutrition meilleure pour la mère et les enfants, ce qui augmente les chances de survie des enfants et donc fournit plus de bras pour l'exploitation familiale. Les probabilités de mortalité infantile sont plus fortes parmi la catégorie des petits propriétaires qui pourraient ainsi avoir moins de bras pour l'exploitation agricole. La relation terre-fécondité est donc une question d'offre d'enfants.

Cain (1977, 1978, 1985) avance la thèse de « *Reverse causation* », en soutenant que les ménages augmentent ou bien ajustent leurs surfaces (« *adjust the land according to family size* »), en fonction de l'augmentation du nombre d'enfants, alors que la théorie de « *land-security hypothesis* » veut que la terre joue un rôle d' « assurance vieillesse » pour les individus âgés dans les milieux ruraux. La terre se substitue aux enfants et diminue leur valeur économique et par conséquent la fécondité sur le long terme. Cette thèse est validée également par Stokes et Schutjer (1984) et par Sharif et Saha au Bangladesh (1993), parmi d'autres auteurs. La baisse de la fécondité dans le milieu rural du 19e siècle en Amérique du Nord et en Europe a été attribuée au manque de terres agricoles. L'augmentation des prix de la terre en Pennsylvanie à cette période a fait baisser significativement la fécondité des ménages agricoles (Alter et *al.*, 1978). Pour sa part, Boserup (1985) note le fait que la tenure commune de la terre encourage plutôt la fertilité tandis que la privatisation de la terre pourrait décourager la fertilité. Un argument presque semblable a été proposé par Caldwell (1982), arguant que l'apparition du mode capitaliste de la production dans l'agriculture diminuerait la fertilité.

En somme, les auteurs semblent en grande partie avoir considéré la variable foncière comme déterminant de la fécondité. Certains parlent d'une relation directe, alors que d'autres soutiennent une relation indirecte, qui passerait par le système d'exploitation, le revenu ou encore l'activité économique de l'enfant dans les milieux ruraux. Par contre, l'effet inverse de la fécondité sur la disponibilité de la terre et plus largement sur le foncier, ne semble pas avoir bénéficié d'une attention suffisante dans la littérature que nous avons étudiée. Pourtant, la réduction des surfaces est directement liée au nombre d'héritiers, et dès lors, la compréhension des modes de transmission est fondamentale pour décrypter cette relation entre foncier et démographie. Pour le cas de Madagascar, nous tenterons de comprendre les réponses sociodémographiques de la population face au manque de terres arables.

Dans la configuration socio-économique malgache, la possession de la terre est essentielle. Les droits sur la terre qu'un individu exploite ont une légitimité historique ; celle de l'héritage laissé par les ancêtres qui sont les fondateurs du village. Socialement, la notion de propriété est fondée sur les liens de parenté dans le terroir. De ce fait, la communauté locale reconnaît les droits de l'individu sur ses terres par son appartenance lignagère, même si celui-ci ne possède pas de titre de propriété officiel. Dans le monde rural malgache, l'histoire des *fokontany* (village) renvoie à celle du premier occupant qui a « ouvert » les terres. L'ouverture, c'est-à-dire l'appropriation de nouvelles terres, fait l'objet au sein de certaines populations du Sud ou de l'Ouest de l'île d'un rituel religieux à travers lequel les individus demandent l'autorisation à leurs ancêtres d'exploiter les terres et bénéficient ainsi de leur bénédiction et protection des mauvais esprits (Ottino, 1998).

L'identité sociale de l'individu en milieu rural se compose de trois principaux éléments : être descendant de l'ancêtre fondateur du village, posséder des terres et avoir le tombeau familial dans le village où sont enterrés les membres du groupe familial. En exploitant la terre, l'individu malgache, à l'instar des villageois que nous avons rencontrés, considère honorer la mémoire des ancêtres qui lui ont transmis son capital foncier. Abandonner la terre ou la laisser aux mains « d'étrangers » (pour les Malgaches une personne avec qui l'on n'a pas de liens de parenté est considérée comme étrangère) provoque, selon les déclarations que nous avons recueillies dans la zone de recherche : « *la malédiction des ancêtres et un grand malheur peut frapper la personne qui fait cela* ». Les ancêtres ont en effet une place prépondérante dans la conscience collective des populations et plus de 40% des habitants de l'île se déclarent fidèles à la religion traditionnelle, fondée sur le culte des ancêtres dont certains rituels sont toujours pratiqués comme le *famadihana* (exhumation des corps). Le rapport des populations rurales malgaches aux ressources foncières, donc à l'environnement, est à lire sur le double registre économique et anthropologique. L'enjeu d'une gestion durable des ressources serait de concilier les deux dimensions. Le royaume de l'Imerina conférait à ce titre un pouvoir essentiel aux comités de village (*fokonolona*)[1], dont les membres sont issus de la communauté, dans la gestion foncière – et sociale – à l'échelon local.

L'ACCES A LA TERRE DANS LES HAUTES TERRES

Le devoir de transmettre les terres des ancêtres

La cession intergénérationnelle est le principal mode d'accès à la terre à Madagascar. Blanc-Pamard et Ramiarantsoa (2000) identifient, à partir de leur zone de recherche sur les Hautes Terres[2], trois principaux modes d'accès à la terre : (i) par le défrichement et la mise en culture de surfaces non appropriées (droit du premier occupant) ; (ii) les terres héritées (iii) et enfin les terrains acquis par achat. Au niveau national, l'héritage représente 53,2% des modes d'accès, vient ensuite l'achat dans 24,1% des cas, puis la location et le métayage à hauteur de 10,6% (République de Madagascar, 1999)[3]. Dans notre zone de recherche (commune rurale d'Ampitatafika)[4], l'accès à la terre se fait davantage par succession, puisque ce mode concerne environ 84% des parcelles exploitées.

---

[1] Le terme *fokonolona* renvoie à la communauté de descendants issus du même ancêtre et vivant dans un terroir délimité (les gens d'ici). Le terme *foko* signifie les descendants, *olona* signifie la personne.

[2] Leurs recherches ont été menées dans les villes de Tsarahoenana et d'Andranomangamanga, situées à une vingtaine de kilomètres à l'Ouest de notre zone de recherche du Programme 4D.

[3] Auxquels il faut ajouter 10,8% de terres distribuées par le village et 1,3% de « divers ».

[4] La collecte de données a été effectuée de 2003 à 2006.

La question des ancêtres à Madagascar est essentielle. Pour les Malgaches, comme ceux des Hautes Terres, la parenté est fondée sur les rapports avec les ancêtres. L'identité de l'individu par rapport à ses ascendants repose sur la succession de ceux-ci sur des terres « familiales » situées dans un village connu. C'est bien cet héritage familial – localisé – qui constitue une véritable plate-forme des liens sociaux et de parenté. Ainsi, l'ancêtre n'est pas seulement un ascendant, il est à l'origine des terres transmises de par son rôle de fondateur de village : « c'est la société des ancêtres. Les sociétés de Madagascar fondent effectivement les identités collectives et individuelles de leurs membres et les hiérarchies de leurs ordres sociaux, sur l'idée de l'ancestralité » (Ottino, 1998: 51). On est lié à un individu si l'on a un ancêtre commun, vivant ou décédé, du côté du père (*fokon-drae*), comme du côté de la mère (*fokon-drene*).

Les résultats de l'Enquête du Programme *4D* (Dynamique démographique et développement durable dans les Hautes Terres de Madagascar) montrent que la pression sur la terre est très forte à Ampitatafika[5]. Alors que la taille moyenne des exploitations est de 0,7 hectare pour l'ensemble des Hautes Terres et 1,2 hectare au niveau national (République de Madagascar, 1999), elle est de l'ordre de 0,46 hectare à Ampitatafika. Les chiffres sont éloquents : près de la moitié des ménages exploitent moins de 0,25 hectare (Tableau 1), indiquant par là même l'exiguïté des surfaces arables suite à la succession de plusieurs générations sur le même terroir. Ce sont ainsi sans doute les jeunes exploitants qui sont les plus nombreux à posséder des superficies réduites.

Tableau 1 : répartition des ménages selon la superficie exploitée

Superficie	Nombre de ménages exploitants	%
moins de 0,25 ha	768	49,1
0,25 à 0,49 ha	434	27,7
0,5 à 0,99 ha	211	13,5
1 ha et plus	150	9,6
Total	1563[6]	100,0

Source : Enquête Référence-*4D* (2003), nos calculs

[5] Sauf mention contraire, toutes les données sont tirées de l'Enquête Référence du Programme *4D* réalisée en 2003 auprès d'un échantillon de 1621 ménages dans la commune d'Ampitatafika. Ce Programme associe six institutions malgaches (Institut Catholique de Madagascar, INSTAT, Ministère de la Population, Centre National de Recherche sur l'Environnement, PACT Madagascar, Ecole Supérieure des Sciences Agronomiques d'Antananarivo) et trois institutions françaises (LPED/ Institut de Recherche pour le Développement-Université de Provence, Popinter/Université Paris-V, Forum/Université Paris-X).

[6] Sur 1621 ménages enquêtés, 58 ménages n'exploitent pas de terres.

En début de vie conjugale, les terres reçues des parents constituent l'essentiel du capital foncier de ces jeunes paysans. Le faible capital en terres héritées aujourd'hui par les jeunes chefs de ménage s'explique par deux faits majeurs. Premièrement, une fécondité encore élevée, comme en témoigne l'indice synthétique de fécondité de 6,9 enfants par femme pour la période 2000-2002 (Rapport de l'Enquête Référence, 2004), qui entraîne une forte croissance démographique presque naturelle. Deuxièmement, l'héritage successif d'un patrimoine foncier peu extensible. La population locale est généralement répartie en lignages qui se partagent le terroir tel que délimité par les premiers ancêtres fondateurs. Les paysans exploitent ainsi les terres héritées au sein de leur lignage. Au-delà de ce constat, il nous semble fondamental de comprendre la logique qui sous-tend la transmission des terres aux nouvelles générations d'exploitants. La transmission de la terre dans la zone de recherche renvoie à des valeurs sociales et familiales. Elle est perçue par les villageois comme un devoir des parents envers les enfants, voire les petits-enfants. Le rôle du paysan chef de ménage consiste à sauvegarder et transmettre les biens[7] des ancêtres à sa descendance, principalement les terres pour les habitants des Hautes Terres.

Les règles de partage

Au sein de cette population, la dotation des enfants en terres s'effectue traditionnellement lors de l'entrée en union ; habituellement après que l'enfant ait fondé un ménage indépendant de celui des parents. La dotation se fait du vivant du père, en vertu de la valeur selon laquelle : « *on n'hérite pas de ses parents vivants* ». Ces terres sont cédées en usufruit ; l'opération de dotation est appelée « *natolotra* » par les donateurs. Si l'enfant cohabite avec ses parents après le mariage, il continue, en règle générale, de cultiver les terres familiales et recevra sa part une fois qu'il aura quitté le domicile parental. Dans d'autres cas moins fréquents, le jeune paysan peut recevoir une part avant d'entrer en union pour se préparer au mariage.

Au fil des années, les cohéritiers recevront à leur tour une part à l'occasion de leur mariage. Avec cette sorte de dotation, qui fait très rarement l'objet d'un acte écrit, l'acquéreur n'accède cependant qu'au seul droit d'exploiter ; le père se réserve les pleins droits sur la terre et ne considère pas ses enfants comme propriétaires. Dans le droit traditionnel des Hautes Terres, l'individu est *masi-mandidy*, maître absolu sur ses biens. Ainsi, le partage fait par le détenteur, de son vivant comme après sa mort, doit être respecté et la jurisprudence tient compte de ce partage, même verbal. Le don des terres

[7] Dans l'esprit du droit traditionnel, comme dans celui de l'individu malgache, la notion de patrimoine renvoie principalement à la terre, au troupeau de bétail et au domicile d'habitation.

doit se faire de manière à ce que chaque enfant dispose d'au moins une parcelle. On retrouve ce principe dans la logique d'acquisition des villageois qui, ne disposant pas d'assez de parcelles à donner à leurs enfants, tentent d'en acquérir de nouvelles par achat. Cependant, la faible offre dans le village et la contrainte monétaire limitent ce mode d'accès à la terre arable.

Dans le droit malgache (Article 79) « le partage se fait par portions égales entre les cohéritiers. Il a lieu autant que possible en nature ou, à défaut, en moins prenant avec attribution de soultes pour compenser l'inégalité des lots » (République de Madagascar, 1968). Alors que dans les pratiques des populations, l'on observe une diversité des normes, le système de partage au sein de la population que nous étudions est peu égalitaire, contrairement à d'autres populations rurales de l'île comme chez les Bezanozano à l'Est où le partage des biens est très égalitaire (Aubert, 1999).

Dans les villages de la commune rurale d'Ampitatafika, les ménages semblent se partager en matière de règles d'accès à la terre en trois groupes :

1) Les ménages se réclamant d'une tradition selon laquelle les filles n'ont pas le droit à l'héritage : « une des règles coutumières les plus certaines : les biens provenant de la famille paternelle ne pouvaient échoir qu'à des parents de la ligne paternelle ; les biens de la famille maternelle doivent rester aux mains des parents maternels » (Thébault, op. cit., p. 576). Les déclarations des personnes enquêtées à Ampitatafika confirment l'existence de cette règle encore présente dans les pratiques coutumières[8] ;

2) Les ménages qui appliquent la règle d'un tiers ou d'un cinquième. Cette règle consiste à ce que les filles se partagent le tiers, proportion la plus usuelle, ou le cinquième des terres du père. En conséquence, les filles doivent assurer le tiers des dépenses liées aux obligations familiales, particulièrement la cérémonie de *famadihana* et les garçons se chargeront des deux tiers ;

3) Et enfin certains ménages plus novateurs, voire dont les ancêtres étaient eux-mêmes déjà novateurs, optent pour l'égalité du partage entre filles et garçons et par conséquent, les cohéritiers participent égalitairement aux dépenses familiales communes. Pour les trois groupes, il y a égalité de traitement entre tous les garçons et on n'observe guère de préférence entre aînés et cadets en termes de superficie. Les droits d'accès à la terre

[8] Le droit officiel de Madagascar stipule dans son Article 83 que « les cohéritiers peuvent convenir que les héritiers de sexe féminin recevront leur part de la succession sous la forme d'une somme d'argent. En ce cas, la remise de la somme sera précédée d'un inventaire estimatif des biens à partager et constatée par un acte authentique ou authentifié » (République de Madagascar, 1968).

pour les individus dépendent des règles et il faut distinguer ici les "droits" des "règles" : « les droits sont le produit des règles et non leur équivalent, ils désignent des actions particulières autorisées par les règles tandis que les règles désignent les prescriptions qui créent les autorisations (Schlager et Ostrom, 1992, cités par Chauveau, 1998 : p. 68).

Le bouc émissaire démographique

Nous l'avons vu, l'accès à la terre pour les jeunes paysans est quasi simultané à un événement démographique : l'entrée en union. On retrouve le facteur démographique dans l'accès à la terre lors du partage définitif, en fonction du nombre d'enfants, mais aussi du *sexe ratio*. Certains chefs de ménage n'appliquent pas la règle d'un tiers ou d'un cinquième, même si elle est d'usage dans le groupe familial. La faible disponibilité de la terre, ou tout du moins perçue comme telle, eu égard au nombre de garçons, pousse une partie des paysans à exclure les filles du partage. C'est ainsi que le principe du partage égal peut être abandonné parmi les paysans favorables au partage égalitaire à cause du manque de terres. Aussi, lorsqu'il y a un *sexe ratio* largement en faveur des garçons (cinq garçons et une fille par exemple), la pratique de la règle d'un tiers aboutit à ce que les garçons obtiennent individuellement moins de superficie que leur sœur. Dans ce cas, la règle d'un tiers est donc abandonnée. Pour résumer, plus le nombre de filles augmente par rapport au nombre de garçons, plus leurs chances de recevoir des terres se réduisent.

Un autre facteur « arithmétique » joue un rôle dans le morcellement des parcelles et le mode de partage. Le fait que le nombre de parcelles, divisé par le nombre des ayants-droit, ne donne pas un chiffre rond (par exemple quinze parcelles pour six enfants) va déterminer des règles d'arrondi ou d'arrangement généralement en faveur des garçons. Ainsi un donateur déclarait : « *si les parcelles sont divisibles entre les enfants* (une ou deux par enfant par exemple), *je donnerai à parts égales, sinon j'appliquerai la règle d'1/3 aux filles et 2/3 aux garçons* ».

Schématiquement, en ayant à l'esprit la règle théorique « *au moins une parcelle par enfant* » et en supposant des superficies de parcelles comparables, les pratiques observées dans la zone, semblent se résumer de la manière suivante : si le nombre de parcelles est égal au nombre de garçons, les filles ont moins de chances d'accès à la terre ; si le nombre de parcelles est supérieur au nombre de garçons, les filles ont davantage de chances d'accéder à la terre et se partagent les parcelles restantes ; si le nombre de parcelles est inférieur au nombre de garçons, la priorité est aux garçons ; enfin, si le nombre de parcelles est égal au nombre total d'enfants, les filles ont plus de chances d'accéder à la terre, à condition que les filles ne soient pas plus nombreuses que leurs frères. Dans ce milieu rural, le mariage est traditionnellement contracté en dehors de la parenté, donc souvent à l'extérieur du village. Cette tradition n'est pas sans lien avec le droit d'accès à la terre pour les filles. En effet, pour les ruraux, leur donner la terre des ancêtres revient à les donner à des individus extérieurs à la famille, à des « étrangers ».

La forme des parcelles, pas toujours d'une géométrie simple, ainsi qu'une utilisation peu fréquente de la notion de superficie de la part des villageois compliquent de surcroît l'opération de donation et la rend approximative. Nous avons relevé un seul cas de mesure des parcelles par le donateur, bien qu'elle soit très usitée dans les transactions foncières. Pour le paysan disposant de plusieurs parcelles de superficies inégales, l'exercice du partage est encore plus complexe, surtout si les parcelles sont éloignées les unes des autres.

L'opération de donation est donc complexe, incluant des dimensions foncière et démographique, mais aussi socio-historique. Les règles et normes autour du partage montrent un caractère flexible face à un foncier « éparpillé », évalué très approximativement et présentant des caractéristiques quantitatives et qualitatives variées. Les éléments démo-fonciers se conjuguent avec les normes sociales pour aboutir à des modes de partage laissés à l'appréciation du chef de ménage. Ainsi, pour un ensemble de ménages, à superficie égale et en fonction d'une même règle de partage, les superficies individuelles léguées aux enfants peuvent finalement s'avérer assez différentes en fonction de la structure démographique du ménage et du nombre de parcelles dont il dispose.

LES REPONSES SOCIO-DEMOGRAPHIQUES AU MANQUE DE TERRES ARABLES

En matière d'accès à la terre, la grande majorité des chefs de ménage sont propriétaires de leurs terres, même si un nombre limité parmi eux exploite des parcelles en métayage ou en location, en plus de celles possédées. Sociologiquement, nous n'avons pas ici une situation où l'on pourrait observer, comme au Bangladesh ou en Inde, des logiques différentes entre métayers ou locataires d'un côté et propriétaires de l'autre. Le fait de ne pas être propriétaire des terres que l'on exploite incite à avoir une logique économique différente de celle des propriétaires, ce qui pourrait justifier des comportements démographiques selon le mode d'accès à la terre agricole. Les métayers, par exemple, ne bénéficient pas de la totalité de leur production, ce qui les amène à s'inscrire dans une logique de maximisation de la production et de rapports sociaux particuliers avec les propriétaires, mais aussi avec leurs enfants en tant que bras et bouches à nourrir. Dans la région des Hautes Terres, la transmission intergénérationnelle est le principal mode d'accès à la terre qui entraîne une réduction rapide des surfaces. Le manque de terres arables, nous l'avons noté, est une contrainte pour les villageois, comme le manque d'argent ou la faiblesse des infrastructures.

La fécondité observée

Est-ce que la reproduction des couples ruraux est guidée par le besoin en bras pour l'exploitation familiale, comme le suggère la thèse de *la demande en main-d'œuvre de l'exploitation agricole* ? L'activité agricole demande en effet beaucoup de main-d'œuvre dans un contexte de faible mécanisation de l'agriculture. La taille du ménage et la taille de l'exploitation agricole sont deux variables-clé dans la compréhension du rapport entre la disponibilité de la terre et les comportements démographiques. Dans cette partie, nous tentons de savoir principalement si les superficies influent sur le nombre d'enfants.

De manière globale, plus la superficie exploitée est grande plus les exploitants ont un nombre élevé d'enfants (Tableau 2). La proportion des paysans qui ont sept enfants et plus augmente avec la taille de l'exploitation familiale. Les besoins familiaux en main-d'œuvre pour l'exploitation agricole semblent, à première vue, maintenir la demande d'une forte fécondité confortant ainsi cette théorie. Dans un contexte de faible mécanisation de l'agriculture, le nombre de bras disponibles pour la famille est un facteur de production fondamental. Le coût de l'enfant n'est pas ici un obstacle pour les parents dont la fécondité répond aux besoins en main-d'œuvre de l'exploitation. *A priori*, la valeur économique du travail de l'enfant l'emporterait sur les charges qu'il occasionne (Omrane et Ramasinjatovo, 2005).

Tableau 2. Nombre d'enfants nés vivants selon la taille de l'exploitation agricole

Taille de l'exploitation agricole (en ha)	< de 0,25		0,25 à 0,49		0,50 à 0,99		1 ha et plus		Total	
Nombre d'enfants nés vivants	Nb	%	Nb	%	Nb	%	Nb	%	Nb	%
0 à 3	273	35,5	141	32,5	52	24,6	38	25,3	504	32,2
4 à 6	170	22,1	120	27,6	62	29,4	36	24,0	388	24,8
7 et plus	325	42,3	173	39,9	97	46,0	76	50,7	671	42,9
Total	768	100,0	434	100,0	211	100,0	150	100,0	1563[9]	100,0

Source : Enquête Référence *4D* (2003), nos calculs. P (probabilité du khi2)=0,02 : la relation est significative à 5% au sens de Pearson. V (cramer) =10%.

Les paysans, en grande majorité, n'ont pas d'idées précises des superficies des terres qu'ils exploitent. Leur unité de mesure est le nombre de femmes nécessaires pour le repiquage et le nombre d'hommes pour le labour en un jour de travail. En règle générale, une femme salariée effectue un repiquage journalier sur 200 m², soit environ cinquante femmes pour un hectare, alors qu'il faut deux hommes pour labourer deux cents m². Cette notion approximative de la taille de l'exploitation agricole est renforcée par l'éparpillement des parcelles et leurs formes pas toujours géométriques[10]. Cela rend difficile l'analyse d'une corrélation entre les superficies et la fécondité. Posséder un hectare ou un hectare et demi n'est pas toujours suffisant pour assurer une totale sécurité alimentaire pour une famille nombreuse avec sept enfants ou plus, c'est-à-dire jusqu'à la prochaine récolte. Les quantités de nourriture produites sont grandes et les besoins en nourriture aussi. Encore faut-il avoir les liquidités nécessaires pour financer les travaux. S'agissant des enfants, il faut avoir une grande maison, dépenser plus pour la scolarisation, l'habillement et les soins ; autant de dépenses qui demandent une disponibilité monétaire à laquelle beaucoup de villageois n'ont pas accès. La réalité de l'agriculture rurale sur les Hautes Terres

9 Si on déduit les chefs de ménage sans union (310), on trouve la même tendance.

10 Lors de la collecte des données sur les superficies, nous avons demandé aux exploitants le nombre de femmes (repiquage) et d'hommes (labour) nécessaires pour effectuer le travail sur leurs exploitations en un jour. Nous avons ensuite converti le nombre de salariés en superficies. Pour vérifier la conversion, nous avons comparé les superficies mesurées d'environ soixante parcelles aux superficies estimées.

comme ailleurs, montre que certes, la taille de l'exploitation est un facteur important qui détermine le niveau de production agricole, mais ce n'est pas le seul.

La fécondité souhaitée

Est-ce que les paysans souhaitent avoir un nombre d'enfants en fonction des superficies exploitées ? Dans cette zone, on entre en union afin d'avoir des enfants à qui l'on se doit de transmettre des terres. Les exploitants ruraux sont convaincus du manque de terres. Cette ressource est de moins en moins suffisante pour produire les subsistances nécessaires à leurs ménages, comme en témoigne l'achat de riz et d'autres produits alimentaires. Cette perception est à inscrire dans le contexte local de pénurie en terre. Par ailleurs, la catégorie des grands exploitants n'est pas suffisamment importante pour justifier une lecture « qui tranche » entre petits et grands propriétaires, mais peut permettre de voir une tendance et d'établir des hypothèses solides.

L'articulation entre la fécondité souhaitée et la superficie exploitée confirme la même orientation que nous avons soulignée avec la fécondité réelle[11]. Les chefs de ménage souhaitant sept enfants ou plus sont d'autant plus nombreux qu'ils exploitent des superficies de terres importantes (Tableau 3).

Tableau 3. Fécondité idéale des chefs de ménage selon la taille de l'exploitation agricole

Taille de l'exploitation agricole (en ha)	< de 0,25		0,25 à 0,49		0,50 à 0,99		1 ha et plus		Total	
Nombre d'enfants souhaités	Nb	%	Nb	%	Nb	%	Nb	%	Nb	%
0 à 3	56	16,5	42	17,8	10	9,6	15	20	123	16,3
4 à 6	185	54,4	129	54,7	60	57,7	31	41,33	405	53,6
7 et plus	99	29,1	65	27,5	34	32,7	29	38,67	227	30,1
Total	340	100,0	236	100,0	104	100,0	75	100,0	*755	100,0

Source : Enquête Référence-*4D* (2003), nos calculs. P=0,02. La relation est significative à 5% au sens de Pearson. V (cramer) = 6%.

[11] L'information sur le nombre d'enfants souhaité concerne uniquement les chefs de ménage de moins de cinquante ans vivant en couple.

Le comportement reproductif des villageois semble donc s'inscrire en partie dans la gestion de l'exploitation. En comparant les petits propriétaires (moins d'un demi-hectare) aux grands propriétaires (un hectare ou plus), le comportement des villageois en matière de fécondité semble à la mesure des surfaces exploitées. Car les enfants sont une richesse qui constitue, avec la terre, le capital socio-économique des ménages ruraux. De plus, la pénurie de la terre n'entraîne pas nécessairement de baisse de la fécondité. Dans un contexte de rareté des surfaces de terres arables et de pauvreté, les ménages peuvent maintenir une fécondité élevée afin de diversifier les ressources et augmenter le revenu familial (Tabutin et Mathieu, 1996).

L'idéal pour les individus rencontrés est d'avoir « *beaucoup* » de terres et « *beaucoup* » d'enfants[12]. La disponibilité en terres – comme condition – est évoquée en premier. C'est grâce à la terre que le paysan nourrit ses enfants jusqu'à ce qu'ils soient en âge de travailler. Les paysans préfèrent avoir beaucoup de terres et peu d'enfants plutôt que l'inverse. Actuellement, la limitation des naissances est évoquée comme réponse face à « *la crise* », la réduction des surfaces disponibles pour les jeunes les conduit à vouloir une descendance moins élevée que celle de leurs parents. A leurs yeux, les subsistances sont de moins en moins disponibles. Même les ménages ayant sept ou huit enfants préféreraient en avoir la moitié.

Au sein de la population rurale d'Ampitatafika, nous observons une fécondité souhaitée égalitaire par sexe. Les individus n'ont pas de préférence pour un sexe plutôt qu'un autre et ils préfèrent généralement avoir le même nombre d'enfants par sexe. Ce souhait est visiblement lié au rôle économique des femmes et leur implication dans les principales étapes de la production rizicole familiale. Le statut de la femme est relevé par la vente de sa force de travail comme salariée agricole pour les mêmes activités durant la saison de repiquage. En définitive, face à la forte valorisation de la fécondité, le fait que nombre de paysans aient souhaité un certain nombre d'enfants parfois inférieur à celui de leurs parents, est une évolution à souligner dans le registre de la baisse de la fécondité.

La question de l'âge

Quel rôle joue le facteur « âge » dans la relation terre-fécondité ? La fécondité souhaitée est moins élevée parmi les jeunes et plus élevée parmi les plus âgés. Un tel résultat nuance l'hypothèse d'une fécondité en fonction des besoins, mais pour certains auteurs la relation terre-fécondité n'est qu'une question d'âge et le lien établi ne disparaît pas une fois la variable

[12] Il est d'usage en Imerina que l'individu soit appelé par le nom de l'un de ses enfants (Botems, 2001).

« âge du chef de ménage » contrôlée (Clay and Johnson, 1992). Car les quantités de terre peuvent augmenter à travers des acquisitions dans la vie du paysan (et celles de son épouse), ainsi que le nombre d'enfants dans des contextes ruraux des pays du Sud où la planification familiale est faiblement pratiquée. Il s'agirait donc d'une « fausse relation » entre la disponibilité de la terre et la fécondité, selon les termes de Clay et Johnson (1992). Pour lever cette ambiguïté, nous avons mis en relief les superficies exploitées selon le nombre de membres résidant avec le groupe d'âge du chef de ménage (Tableau 4)[13].

Tableau 4. Superficie moyenne par membre résidant dans le ménage selon le groupe d'âge du chef de ménage

Groupes d'âges (ans)	Ratio superficie exploitée (are) / nombre de membres résidents
16-24	08,6
25-29	09,2
30-34	07,5
35-39	08,0
40-44	09,8
45-49	11,1
50-54	12,7
55-59	11,6
60 et plus	14,9
Total	10,4

Source : Enquête Référence-*4D* (2003), nos calculs

Cette répartition est théorique ; elle représente la superficie disponible pour chaque membre du ménage s'il y a un partage égalitaire entre tous les enfants. On observe un accroissement des superficies pour l'individu avec l'élévation de son âge (les fluctuations aux premières générations s'expliquent par la variabilité des dotations parentales), car à âge de chef de ménage égal, le nombre d'enfants n'est pas toujours le même. Cela ouvre la voie à une double hypothèse :

[13] Seulement 5,0% de la population a soixante ans et plus.

- (i) les paysans augmentent leur superficie en fonction du nombre d'enfants (théorie de la causalité inverse), mais les nouvelles acquisitions nécessitent une disponibilité monétaire, qui est moins évidente pour les familles nombreuses ;

- (ii) les individus augmentent, inversement, leur descendance en fonction des surfaces auxquelles ils accèdent (théorie de *la demande en main-d'œuvre de l'exploitation agricole*). Plus fondamentalement, au regard des pratiques de transmission de la terre, l'acquisition de nouvelles surfaces n'accompagne pas nécessairement la naissance des enfants. Des jeunes reçoivent dans leur grande majorité l'essentiel de leur capital foncier de leurs parents. La *Reverse causation* ne s'applique donc pas à cette zone connaissant une forte pression sur la terre et une transmission intergénérationnelle.

Plus généralement, trouver le sens de la relation terre-fécondité est en soi un résultat scientifique important car il permet de distinguer les variables dépendantes et indépendantes. L'analyse et les informations que nous traitons ici montrent à quel point il serait dangereux de limiter la recherche à la justification de la relation causale en se focalisant sur deux variables : la taille de l'exploitation et le nombre d'enfants. La réduction attendue de la fécondité avec la réduction des surfaces ne ressortant pas de manière claire des analyses quantitatives, il faut faire appel à d'autres variables, mais aussi à des informations qualitatives. En vérité, la variable « superficie », contrairement aux deux variables « nombre d'enfants » et « individus résidents », se lit dans le sens inverse, c'est-à-dire de la baisse. La superficie n'augmente pas en fonction du nombre d'enfants ou d'individus résidents (théoriquement les cohéritiers), mais baisse toutefois en fonction de ceux-ci, à travers la transmission intergénérationnelle. Les jeunes ont moins de terres que leurs parents, et leurs enfants auront, toutes choses égales par ailleurs, moins de terres qu'eux. Nous avons réparti les chefs de ménage selon trois catégories d'âge et de superficie exploitée (Tableau 5).

Tableau 5 : superficies exploitées selon l'âge du chef de ménage

Taille de l'exploitation agricole (en ha)	Moins de 35 ans		35 – 49 ans		50 ans et +		Total	
	Nb	%	Nb	%	Nb	%	Nb	%
<0,5	461	83,8	276	74,0	465	72,7	1202	76,9
0,5 à 0,99	60	10,9	53	14,2	98	15,3	211	13,5
1 ha et plus	29	5,3	44	11,8	77	12,0	150	9,6
Total	550	100,0	373	100,0	640	100,0	1563	100,0

Source : Enquête Référence-*4D* (2003), nos calculs. Bien que d'une intensité très faible (V = 7,1%), il existe une relation entre la taille de la superficie exploitée et l'âge du chef de ménage (la valeur du Khi^2 est de 32,2 et est significative au seuil de 1%).

Effectivement, les moins de 35 ans sont un peu plus nombreux à exploiter moins de 0,25 ha. Au-delà de cet âge, les paysans sont plus nombreux à exploiter des superficies plus grandes. Les proportions observées pour la catégorie des 35-49 ans changent très légèrement pour celle des 50 ans et plus. Nous devrions avoir, surtout pour les plus de 50 ans, moins d'individus – en valeur relative – possédant de grandes superficies, car les paysans de cette catégorie cèdent une partie des terres en usufruit aux enfants entrés en union. Ceux-ci exploitent les terres, mais ce sont les parents (souvent les pères) qui demeurent les propriétaires. Les chiffres, surtout de la catégorie des 50 ans et plus, ne reflètent donc pas la fragmentation du capital foncier familial dans le temps : les superficies sont surestimées[14]. De plus, lorsque les chefs de ménage répondaient aux enquêteurs sur la question des superficies, ils incluaient les terres dont ils avaient doté leurs enfants. Ceux-ci, s'ils étaient chefs de ménage au moment de l'Enquête déclaraient seulement les terres reçues de leurs parents. Par conséquent, puisque les chefs de ménage comptent les terres transmises aux enfants, cela montre que le processus de donation n'est pas achevé.

D'emblée, les informations quantitatives ne sont pas suffisantes pour rendre compte de la relation, visiblement complexe, entre la taille de l'exploitation agricole et le niveau de la fécondité. Les acquisitions restent rares en dehors de la transmission familiale, il devient difficile d'établir un lien entre les superficies et le nombre d'enfants dans un contexte de rareté de la terre agricole où les droits sur la terre circulent peu à l'extérieur de la famille.

[14] Les informations sont fiables car elles concernent la grande majorité des enquêtés.

L'individu ne possède généralement pas la totalité des terres de son héritage au moment de son entrée en union, donc avant d'avoir des enfants, mais peut avoir préalablement une idée de la surface qui lui sera léguée par le père avant d'avoir un certain nombre d'enfants. Si l'on admet que l'individu oriente sa fécondité à la mesure de sa situation économique, celle-ci peut dépasser le capital qui repose sur la terre. Le capital économique a des origines diverses ; la première source de revenu monétaire étant, rappelons-le, le salariat agricole (23,5%), suivi de l'agriculture (17,4%), de l'élevage (16,7%), du salariat privé non-agricole (14,6%) et du commerce (12,6%) (Rapport de l'Enquête Référence, 2004). L'individu peut donc envisager d'autres sources de revenus ou bien souhaiter un nombre limité de naissances en attendant « *des jours meilleurs* ». En considérant les superficies de terre comme variable indépendante pour le cas de la population d'Ampitatafika, la répartition des paysans selon leur âge ne permet pas ici d'apporter une explication pertinente sur les quantités de terres exploitées en fonction de l'âge. Il n'est pas non plus pertinent de comparer – pour en tirer des conclusions fortes – une petite catégorie de propriétaires (environ un dixième) ayant plus d'un hectare et une majorité moins dotée en terres, mais seulement identifier une tendance.

LA MIGRATION DES ENFANTS

La migration des chefs de ménage

Dans ce milieu rural, 83,6% de la population enquêtée est née dans la commune d'Ampitatafika. Parmi les 7 820 individus recensés, seulement 16,4% sont nés en dehors de la commune, 3,6% viennent d'un autre *fokontany* de la commune et 11,8% viennent d'autres régions de la Province d'Antananarivo. La migration passée des actuels chefs de ménage, avant de s'installer définitivement dans la commune rurale, montre que nombre d'entre eux ont connu plusieurs déplacements de courte, moyenne et longue durée et se sont installés finalement dans la commune rurale d'Ampitatafika. Ils sont 698 chefs de ménage à avoir effectué au moins une migration, et nombre d'entre eux en ont effectué plusieurs. Le migrant est le plus souvent célibataire au moment du départ (61,7%). Car le plus souvent, l'individu est à la recherche d'un travail sur le lieu de sa destination. La moitié des migrations ont des objectifs professionnels, environ un tiers a des raisons familiales, notamment de mariage (9,1%) et seulement 6,6% pour suivre des études (Enquête Référence, 2003). Les migrants partent fréquemment seuls (53,3%) et ils sont 28,2% à quitter la commune avec leurs conjoints, dont certains avec des enfants. Ces individus chefs de ménage représentent une mobilité passée importante, car chacun d'eux a effectué au moins un déplacement. Les migrants vont généralement vers les zones urbaines, mais un nombre non négligeable de chefs de ménage se sont déplacés vers des milieux ruraux, notamment pour vendre leur force de travail pendant les saisons des grands travaux agricoles. La quête des revenus monétaires n'est pas une pratique nouvelle ; elle semble être liée au raisonnement socio-économique des villageois.

Nous avons recensé 1 726 enfants migrants dans la zone de recherche. Cette émigration concerne 620 ménages (parmi 1 621), soit plus du tiers d'entre eux[15]. Il faut noter que 61,8% des ménages n'ont aucun enfant migrant et 38,2% des ménages ont en moyenne 2,8 enfants en migration. Les enfants des chefs de ménage émigrent à un âge relativement jeune, puisque l'âge médian au moment du départ est de 18 ans. Les filles représentent 55,6% des enfants migrants, mais les filles et les garçons se rejoignent dans la première cause de leur migration qui est la recherche de travail (52,8%). Etant donné que près de 30% des départs sont dus au mariage, cela concerne davantage les filles que les garçons. Globalement, le mouvement des jeunes renvoie à celui de leurs parents, mais semble toutefois plus long et aboutit à des installations sur les premiers lieux de destination. Les filles sont plus nombreuses à partir que les garçons. Nous verrons plus loin que cela s'explique, en grande partie, par une question d'offre d'emploi.

L'hypothèse de la disponibilité en terres

Est-ce que les ménages qui possèdent les plus petites surfaces arables sont ceux dont les enfants sont plus nombreux à quitter la commune d'Ampitatafika ? L'hypothèse de l'effet de la rareté de la terre sur la migration se justifie par le contexte local, marqué par la pénurie des sources de revenu en dehors de l'agriculture, qui reste fondamentalement familiale et tournée vers l'autoconsommation. On peut s'attendre à moins de mobilité parmi les enfants dont les ménages sont mieux dotés en ressources foncières. Pour la première catégorie, le départ devient ainsi une stratégie de survie adoptée face à la situation de pauvreté. La répartition des ménages selon la situation foncière et la migration révèle que toutes les catégories d'exploitants sont concernées (Tableau 9).

Proportionnellement, les ménages ayant de grandes exploitations semblent plus impliqués que les autres catégories dans la migration. Or, il s'agit des chefs de ménage les plus âgés, qui ont naturellement plus d'enfants (et plus âgés) que les individus ayant moins de 0,5 hectare (majoritairement jeunes). Les chefs de ménage plus âgés possèdent plus de terres que les jeunes qui

[15] L'approche de l'enquête du Programme *4D* consiste à enregistrer les informations pour les enfants du chef de ménage ayant quitté le domicile parental en changeant de commune, ainsi que l'histoire migratoire du chef de ménage.

reçoivent un capital foncier de plus en plus exigu. Dans le monde rural malgache, l'individu accède à l'essentiel de la terre agricole à travers la transmission parentale, car les acquisitions par l'achat restent faibles et les modes de faire-valoir indirect, comme le métayage, sont peu répandus. La relation statistique entre le degré de disponibilité de la terre et le fait d'avoir ou non un enfant migrant ne montre pas un lien solide. Encore une fois, des informations qualitatives s'avèrent essentielles afin de mieux comprendre la logique migratoire au sein de la population.

Tableau 9 : répartition des enfants migrants selon la taille des exploitations agricoles de leurs ménages

Taille de l'exploitation agricole (en hectare)	Ménages ayant au moins un enfant migrant		Ménages n'ayant aucun enfant migrant		
	Nb	%	Nb	%	Total
< de 0,25	79	36,3	489	63,7	100,0
0,25 à 0,49	161	37,1	273	62,9	100,0
0,50 à 0,99	81	38,4	130	61,6	100,0
1 ha et plus	72	48,0	78	52,0	100,0
Total	593[16]	37,9	970	62,1	100,0

Source : Enquête Référence-*4D* (2003), nos calculs. Notes : $X^2 = 7,09$ est inférieure à la valeur lue dans la table du khi2 (à trois degrés de liberté)

Les entretiens menés auprès de quatorze ménages, ayant au moins un enfant migrant, montrent que tous les enfants, excepté un cas, ont reçu des offres de migration de membres de la famille, émanant du village ou d'employeurs rencontrés dans la zone. Certains enfants émigrés ont proposé aux membres restants de les rejoindre. Cette logique est valable pour les deux sexes et entraîne parfois le départ de tous les garçons ou de toutes les filles, voire tous les enfants. La proposition est faite par les membres de la famille par solidarité avec la famille d'origine, mais aussi pour renforcer leurs réseaux sociaux sur le lieu de résidence et bénéficier d'une main-d'œuvre à bas prix ; cela peut être le cas des filles recrutées comme domestiques. La proposition est généralement acceptée par les futurs migrants et leurs parents et, le plus souvent, l'activité est connue d'avance, et parfois même le salaire. Cette logique montre que les individus sont peu enclins à un départ « *en aventure* ». 89% d'entre eux sont partis en connaissant quelqu'un sur le lieu

[16] Nous ne disposons pas des superficies exploitées par 27 ménages.

de destination ; la relation entre l'employeur et l'enfant migrant est visiblement importante pour les parents. Au-delà de la sécurité recherchée à travers les liens sociaux, la logique économique consiste à ne pas vouloir perdre un membre actif pour l'exploitation familiale sans un minimum de profit.

Les raisons du départ

Un nombre assez réduit d'entretiens menés dans plusieurs villages ont montré un faisceau assez homogène de motivations de départ : « *mes enfants ont décidé de partir à Tana pour trouver du travail, puisque nous sommes pauvres et nous ne pouvons pas vivre seulement en exploitant nos terres* ». L'héritage foncier familial n'est plus en mesure de satisfaire les besoins en subsistance, faisant du projet migratoire une réponse claire de la population face au manque de terres, donc à la pauvreté. Pour Bonnemaison, « les mouvements de migration sont moins l'effet d'une attirance vers l'extérieur que le fruit d'une nécessité, indispensable à l'équilibre démographique et économique de la société villageoise » (1967 : 69).

Le rôle de la terre est implicite dans le besoin de sécurité, car les villageois raisonnent en termes de profit global tiré de l'exploitation ; donc essentiellement des quantités de subsistance disponibles pour les membres du ménage, d'une récolte à une autre. Il est cependant vrai que le revenu n'est pas la seule motivation au regard des enfants. Il y a aussi l'aspiration à vivre dans un milieu différent et à avoir un revenu régulier. Car économiquement, les revenus sur le lieu de destination ne sont pas toujours plus élevés que ceux de son lieu d'origine. Rappelons que presque le tiers des émigrants vont de ce milieu rural pour aboutir dans un milieu rural, probablement à un stade de développement comparable à celui de la région d'Ampitatafika. Deschamps avait évoqué la question du retour des jeunes migrants du milieu du 20e siècle, en mettant l'accent sur leurs aspirations à une vie différente : « cette vie libre, loin de la surveillance du village, leur plaît, même si elle est misérable. Beaucoup ne reviennent pas… » (1959 : 98).

Les chefs de ménage ou leurs conjoints que nous avons interrogés ne semblent pas hostiles à un éventuel départ des enfants restants : « *je crois que mes enfants qui restent dans le village pourraient partir, puisque si nous avions continué à exploiter les terres (vivre uniquement des terres) elles seraient vite épuisées* ». Leur logique de survie apparaît avoir comme fondement deux principales possibilités : avoir suffisamment de terres localement ou partir. La faiblesse de l'économie locale, les crises périodiques (instabilité politique, pénurie généralisée du riz) et les perspectives limitées poussent également les enfants des grands propriétaires au départ. Pour eux, la scolarisation peut aboutir à une migration de longue durée parmi les enfants. Ceux-là quittent le domicile familial dès le cycle moyen pour suivre des études dans des établissements à l'extérieur de la commune, voire de la région pour les études supérieures. La scolarisation, qui ouvre le monde extérieur aux jeunes de ce milieu rural, peut aussi leur offrir un diplôme, donc un accès au marché du travail en ville.

L'apport financier des enfants migrants : le remplacement des bras

A l'échelle de la zone, les enfants rendent visite à leurs parents en moyenne 2,9 fois par an, 19,5% des enfants n'ont rendu aucune visite et 35,1% ne sont revenus qu'une seule fois dans l'année précédant l'Enquête. La même proportion d'enfants (35,1%) sont revenus rendre visite entre deux et cinq fois. Les visites sont attendues et interprétées par certains villageois comme un désir de retour des enfants. Il n'est pas exclu que les enfants en migration se trouvent aussi dans une logique de sécurité en entretenant des liens avec leurs familles. Une relation qui peut être capitalisée en cas de non-emploi, de retour au village (en espérant avoir une part foncière), une telle hypothèse est soutenue par Lucas et Stark (1985). Au sein de la population étudiée, 74,4% des enfants aident leurs parents en leur donnant de l'argent et presque autant (70%) leur font régulièrement des cadeaux. Les ménages semblent utiliser ces ressources principalement dans l'achat de produits de première nécessité (PPN) et le paiement des salariés, des dépenses assurées autrement par la vente de la récolte ou d'une autre activité comme le commerce ou l'élevage.

Le transfert d'argent n'est pas seulement une volonté de participer aux revenus du ménage, de solidarité ou encore pour garder des liens forts avec leur village, mais aussi pour compenser la force de travail perdue. Le transfert est attendu par les parents, essentiellement pour faire fonctionner l'exploitation agricole et la survie du ménage. Ce recrutement permet, tout au moins, de remplacer les bras de ces mêmes enfants partis ; le ménage peut alors devenir employeur. La disponibilité monétaire est donc centrale dans la logique de recours aux salariés et peut être liée au nombre d'enfants. La contribution des enfants au revenu total du ménage est à observer avant et après leur départ. Cette question fait surgir, plus globalement, la problématique du profit économique tiré par les ménages de leurs enfants.

La sécurité de revenu

Dans les ménages ayant des enfants migrants, un salaire plus élevé sur le lieu de destination n'est pas une condition *sine qua none* au départ. Nous n'avons pas trouvé dans les déclarations un calcul de la différence entre le salaire dans la région de destination et localement ; mais partir en ville permet une sécurité de revenu pour le migrant sur le long terme, même si l'individu travaillait régulièrement comme salarié dans la zone. On l'a vu, la migration – hormis le placement de l'enfant – n'est pas négociée, mais perçue comme une solution à la situation de pauvreté, évoquée par les villageois eux-mêmes, même si le revenu « d'ailleurs » est bien en deçà de celui perçu localement.

A Ampitatafika, la demande en main-d'œuvre croît pendant la saison de labour-repiquage et la saison de labour-plantation lors de la période de soudure où les ménages pratiquent les cultures dites de contre-saison. La production extra-rizicole permet une nourriture supplémentaire et éventuellement la vente d'une partie de la récolte afin de faire face au manque en riz et l'augmentation de son prix. L'individu peut donc vendre sa force de travail pendant ces deux périodes pour un total de deux à quatre mois dans l'année, alors que les besoins monétaires sont réels toute l'année. Face à l'instabilité du revenu, dépendant d'une agriculture sous contraintes, les ménages semblent préférer, pour leurs enfants, un salaire durable toute l'année, afin de pouvoir en bénéficier, à leur tour, pendant les périodes difficiles[17]. La rationalité des ménages ruraux consiste à préférer une sécurité monétaire durable, même faible, aux sommes monétaires occasionnelles.

LA MARCHANDISATION DE LA TERRE

Une marchandisation monétarisée au sein de la parenté

La littérature autour de la terre à Madagascar, et particulièrement celle sur les Hautes Terres, souligne à la fois le caractère exo-inaliénable de la terre pour les populations rurales et sa forte valeur sociale ; éléments que nous avons retrouvés dans nos recherches sur le terrain. La terre pour les ruraux est source de survie et n'est que rarement proposée à la vente, à la location ou en métayage. Toutefois, la fréquence croissante des cas de vente de la terre observés dans notre zone d'étude, sur une période de cinq ans, justifie un certain intérêt pour la question de la marchandisation de la terre. La gestion sociale des échanges de la terre arable est révélatrice de nouveaux aspects de la vie socio-économique en milieu rural, tant à propos des rapports entre individus qu'entre ceux-ci et l'Etat.

La forte croissance du nombre de transactions foncières depuis les années 2000, recensées[18] à partir des archives disponibles auprès d'un chef de village, nuance à première vue la notion d'inaliénabilité de la terre souvent mise en avant par la population. Sa marchandisation et surtout la

[17] Les cyclones sont fréquents à Madagascar.

[18] En effectuant une enquête qualitative auprès de 27 individus, 14 transactions ont été identifiées, en cherchant pour chaque transaction le vendeur et l'acheteur. Nous n'avons pas trouvé d'archives avant cette période.

formalisation des « petits papiers »[19] prouvent que la vente est de plus en plus acceptable socialement. Alors qu'ailleurs, dans certaines régions de Côte d'Ivoire par exemple, il est observé une tendance à la baisse des transactions foncières parmi les producteurs ruraux pour sauvegarder le patrimoine foncier familial après une période de forte marchandisation (Chauveau, 1995). Dans le cas de la commune rurale d'Ampitatafika, on assiste actuellement au phénomène inverse : en dépit de la rareté de la terre, le nombre des échanges marchands augmente significativement (Tableau 10).

Tableau 10 : évolution des transactions enregistrées dans le village de Masoandro entre 2001 et 2005

Années	Nombre de transactions recensées
2001	10
2002	17
2003	25
2004	34
2005	39

Source : archives disponibles auprès du chef de village de Masoandro (Commune rurale d'Ampitatafika)

On pourrait se demander si cette augmentation reflète une réelle progression du marché ou celle du recours à l'écrit. Nos investigations sur le terrain montrent que ces chiffres expriment un réel accroissement des cas de vente. Avec une lecture malthusienne, on peut dire, *a priori*, que l'accroissement rapide de la population dans ce village, à l'intérieur d'un espace agricole limité en termes de surfaces exploitables, peut expliquer l'augmentation du nombre des transactions. La réduction des terres disponibles, par ménage et par individu, semble inciter certains individus à augmenter leur capital foncier, notamment par l'achat, pour assurer une nourriture suffisante au ménage. Ainsi, des mécanismes de régulation en matière d'accès à la terre émergent dans cette zone rurale en passant par des opérations d'achat. En lecture Boserupienne (Boserup, 1970), la fréquence des transactions foncières peut être un indicateur du développement des changes marchands de la terre, avec leur cortège de raisonnements et de réponses socio-économiques et d'innovations institutionnelles entre acteurs. Ce serait donc la croissance de la population qui aurait entraîné un développement du marché et poussé les

[19] Acte informel et non reconnu juridiquement, rédigé sur papier libre auprès des autorités locales.

acteurs à trouver des arrangements en matière d'échanges et aussi de sécurisation des droits.

La transmission de la terre « des ancêtres » aux enfants et même aux petits-enfants est une valeur sociale encore ancrée parmi la population dont les parents ressentent le devoir. La cession d'une partie de ces terres, surtout à des étrangers, est vue comme une « infidélité » à l'égard des ancêtres : « *depuis longtemps, il ne faut pas vendre les terres* », nous déclaraient les villageois. Le déséquilibre que nous avons observé en termes d'offre et de demande d'un côté, et la volonté de garder la terre de l'autre, favorise et justifie la démarche paysanne qui consiste à « choisir » un repreneur de la terre. Ce sont les vendeurs qui contactent les acheteurs. Le paysan ne supporte pas de voir sa terre délaissée et mal exploitée ; ce serait lourd à accepter moralement.

Cette marchandisation ne fonctionne pas dans la logique « du plus offrant ». La vente d'une partie de la terre, quoique possédée individuellement, est une question familiale, comme en témoigne cette déclaration qui revenait souvent lors des entretiens : « *si on veut vendre une parcelle, il vaut mieux discuter entre famille, c'est-à-dire moi, ma femme et mes enfants. Après, on discute avec la grande famille. Si toute la famille est d'accord, on peut la vendre. L'argent obtenu par la vente doit être utilisé à une bonne chose, il ne faut pas le gaspiller* ». L'objectif de cette procédure d'échelle est (i) d'informer – et impliquer – les membres du groupe familial de la décision ; (ii) de justifier la vente (iii) et de trouver un preneur au sein de la famille la plus proche possible.

Toutefois, le caractère exo-inaliénable de la terre ne résiste pas aux situations de contrainte dans la vie rurale, qui plus est dans une situation chronique de pauvreté qui est celle de la région que nous étudions. Si la convention sociale veut que les proches parents de l'individu voulant vendre soient informés de la mise en vente pour qu'un preneur puisse se proposer d'acheter la parcelle au sein du groupe familial, la concrétisation de ce schéma n'est pas toujours possible[20]. Les villageois sont formels, quelle que soit la génération, la consultation à l'échelle familiale est indispensable. Cette consultation n'est pas une formalité, mais une demande de l'autorisation familiale (particulièrement celle du père, propriétaire et donateur), avant de céder la terre. Si la « reprise » de la parcelle n'est pas possible par un membre de la famille, l'offre peut s'ouvrir aux « étrangers ».

[20] On peut interpréter, dans certains cas, la préférence de la vente en milieu familial comme une sorte de prêt monétaire déguisé, le vendeur ayant l'espoir de racheter la terre si sa situation financière s'améliore.

Ainsi, les membres de la famille auront partagé le « coût moral » de la scission de la parcelle, souvent possédée depuis des générations. Pour autant, la valeur monétaire perçue doit être utilisée « à de bonnes fins », faisant ainsi du contrat de vente un contrat moralement acceptable et économiquement utile, voire rentable. La question foncière reflète rapidement sa dimension sociale et, dans ces zones ; évoquer les liens sociaux conduit souvent à l'analyse des liens de parenté.

Les échanges marchands : une question d'opportunités et de contraintes

En dehors de la transmission parentale, les individus de la zone peuvent accéder à la terre arable, le plus souvent par l'achat, mais les offres ne sont pas à la mesure de la forte demande. Dans la majorité des cas, les paysans ont été contraints de vendre une parcelle, en dernier recours pour faire face à un besoin monétaire majeur, notamment en période de soudure : acheter de la nourriture ou encore payer les frais d'une hospitalisation d'un enfant malade. Il faut souligner que nous n'avons observé aucune vente pour des évènements ou des cérémonies familiales comme le mariage ou l'exhumation ; les ménages pouvant ainsi anticiper les dépenses.

Au sein de la population locale, la terre joue un rôle d'épargne et d' « assurance vieillesse » en l'absence d'un système de sécurité sociale et de crédit. La crainte de l'expropriation n'encourage guère les exploitants à privilégier, par exemple, la location pour accéder à la liquidité. Un des principaux enjeux de la sécurisation officielle des droits sur la terre est de garantir un climat serein autour de la gestion foncière qui permette le développement des différents modes d'accès aux droits d'exploitation. Certains propriétaires décident de vendre leurs parcelles à la suite d'une migration. La vente de la terre pour les migrants peut aussi être motivée par la crainte d'usurpation en l'absence de liens sociaux localement pour « surveiller » les terres. En outre, face à la faiblesse des modes de faire-valoir indirect, les individus préfèrent vendre leurs parts foncières au lieu de laisser les frères les exploiter « gratuitement ».

Certaines transactions révèlent une logique en termes de qualité. Le risque climatique conduit les paysans à développer une gestion agricole fondée sur la répartition des cultures sur des parcelles éloignées les unes des autres (en plaine et en *tanety*) pour minimiser le risque des inondations qui conditionne, pour de nombreux paysans, les quantités de récolte. Toutefois, les surfaces rizicoles limitées et la faiblesse des modes de faire-valoir indirect rendent difficile cette stratégie et poussent les paysans, disposant de surfaces inondables, à vendre ces terres peu rentables pour les remplacer en achetant des terres « hors risque ». Par conséquent, le choix de la parcelle à vendre peut porter sur une parcelle titrée (i) ; pour vendre plus cher ou convaincre l'acquéreur (ii) ; maximiser la sécurisation lorsque l'acheteur est un très proche parent ou lorsque la parcelle titrée est plus grande et/ou plus fertile, donc plus chère (iii).

Les jeunes villageois ne sont pas en reste des échanges monétarisés. C'est à leur niveau que la réduction des surfaces arables s'accélère et le désir d'accéder à la terre est le plus fort. Certains envisagent une activité extra-agricole telle que le commerce, localement ou en migration, pour se détacher de l'agriculture dont les revenus sont de moins en moins suffisants. Dans ce milieu rural, le besoin d'un fond de démarrage les pousse à vendre une parcelle ou l'ensemble des terres héritées pour financer un projet. Il n'est pas rare de trouver le comportement inverse au sein de la même catégorie : des jeunes consacrent leurs économies pour acheter des terres en pratiquant une activité rémunérée. La démarche de sécurisation des vendeurs est autant sociale qu'institutionnelle : consulter les proches parents pour partager la responsabilité morale de la vente et éviter une remise en cause du contrat, tout en déclarant la vente au niveau du chef du village.

CONCLUSION

La descendance permet au paysan malgache des Hautes Terres d'accomplir le rôle traditionnel ancestral, celui de transmission des terres aux enfants. Il y a certes une volonté, ou au moins un désir de réduire le nombre de bouches à nourrir, mais au-delà de cet argument économique, sans doute valable dans tous les milieux pauvres, il y a une volonté de réduire le nombre d'héritiers ; l'enfant étant vu par les parents comme un héritier qui a le droit de recevoir les terres laissées par les ancêtres. C'est cette plate-forme ancestro-spatiale qui est remise en cause sous l'effet de la réduction des terres transmises. La décomposition touche les deux principales composantes du schéma social : la terre, de par la réduction des surfaces et la population, à travers l'émigration car ce sont des héritiers qui partent. La fécondité est à lire dans ce mouvement. Il ne s'agit pas ici d'une « baisse » de la fécondité comme on pourrait le dire pour d'autres populations, notamment celles des pays dits développés – dans un processus de changement culturel et de modernisation – mais d'un recul de la taille de la descendance en écho à celle de l'héritage ; ce que nous appelons une fécondité d'héritage.

Une fécondité d'héritage

Au sein des populations rurales des Hautes Terres, le village où sont enterrés les ancêtres d'un individu est le centre du système de parenté. Le référentiel géographique de la parenté est essentiel : « exprimées autrement, les idées d'ancêtres ou d'ancestralité ainsi que l'identité aussi bien individuelle que collective qu'elles produisent ont – quel que soit le type lignager ou non lignager de la société – une double dimension, une dimension spatiale ou territoriale et une dimension généalogique. Ces deux dimensions se recoupent dans la personne de l'ancêtre d'origine et/ou dans le tombeau dans lequel il est enterré » (Ottino, 1998 : 51). Nous l'avons noté, les chefs de ménage veulent tout de même un minimum d'enfants, car c'est l'objectif de leur union. Avoir une descendance est important, individuellement et socialement : elle permet d'assurer la continuité de la lignée et celle de la transmission de la terre.

La logique villageoise veut que dès que l'on a moins de terres, on migre et l'on ne souhaite pas avoir beaucoup d'enfants que l'on ne pourra pas nourrir et à qui l'on ne pourra pas transmettre assez de terres à l'âge adulte : c'est la décomposition du schéma socio-foncier par l'avènement de villageois non-riziculteurs et de l'émigration. En somme, c'est le fondement même du système social villageois qui est remis en cause. Les individus des générations précédentes étaient liés entre eux par les terres et l'ancêtre commun, fondateur du village. Actuellement, les villageois semblent bien observer le morcellement et la réduction des surfaces en raison de la croissance démographique rapide et de l'économie rurale peu favorable. Leurs réponses, nous l'avons vu, sont démographiques et socio-économiques.

Les enfants sont attendus dans un premier temps pour accomplir les tâches agro-domestiques complémentaires, ensuite pour cultiver les terres familiales au sein de la famille mère, puis de manière indépendante. Au-delà du rapport profit-charge de l'enfant pour les parents jusqu'à l'âge adulte, cet individu devient héritier dès son entrée en union à un âge généralement jeune. La rationalité du paysan consiste à considérer ses enfants en tant qu'héritiers. Il s'agit donc d'une fécondité d'héritage. Le recul des capacités d'héritage semble aller dans le sens d'une baisse de la fécondité. La tradition veut que l'individu s'attende à être enterré dans le tombeau familial à côté de ses ancêtres et devenir lui-même l'ancêtre dont la descendance évoquera la mémoire et gardera les biens qu'il leur aura transmis.

Même de son vivant, l'individu s'assure du maintien des traditions ancestrales en léguant des terres à ses enfants, sous condition de financer le *famadihana* (exhumation des corps). Ici, c'est un minimum de continuité qui est recherché par le villageois, qu'il soit grand ou petit propriétaire. Pour cette raison, tous les paysans que nous avons rencontrés souhaitent qu'au moins un de leurs enfants reste dans le village où il y a les terres et le tombeau familial. La fécondité est un élément qu'il faut placer – et analyser– dans ce schéma identitaire composé de la terre et de la référence ancestrale.

Certes, le fait que les enfants soient perçus comme héritiers n'est pas une spécificité malgache, mais la particularité de la notion d'héritage au sein des populations malgaches est l'héritage culturel qui est sous-jacent à l'héritage foncier. Les Merina sont des riziculteurs ; ne pas être riziculteur par manque de terres remet en cause l'identité culturelle du paysan, sa présence dans le village et son statut socio-économique dans sa communauté. C'est pour ces raisons que la vente de la terre, qui doit revenir aux enfants et à leur descendance, est pratiquée en dernier recours et sous la contrainte par les vendeurs.

Le départ des héritiers

La mobilité des enfants dépend des opportunités, des liens sociaux et des rapports socio-économiques avec l'extérieur. Le choix du départ des enfants semble personnel, comme nous l'avons vu avec le choix au mariage ou encore l'indépendance du domicile parental lors de l'entrée en union et l'accès à une part foncière. Ce choix a besoin toutefois de la bénédiction des parents pour entamer le projet migratoire. Le salariat agricole n'est pas perçu comme une solution durable au manque de terres. Sur le plan individuel, l'entrée en vie d'adulte conduit les enfants à acquérir l'habitude d'avoir un revenu en tant que salarié agricole, les poussant à envisager une activité plus durable, et celle-ci leur semble réalisable « ailleurs ».

Face à la fragmentation des terres familiales, dans un contexte de pauvreté, l'enfant semble plus utile aux yeux de ses parents s'il émigre, car cela diminue la pression sur les terres. La logique paysanne sur ce point est explicite : « *nous ne pouvons pas rester tous ici* ». La migration joue le rôle qu'aurait pu jouer la fécondité à travers la baisse du nombre d'enfants donc le nombre de bouches à nourrir mais aussi d'héritiers, d'autant que les besoins en bras ne semblent guère satisfaits par la fécondité. Les enfants peuvent partir, ceux qui restent « s'arrangeront ». Dans la logique des ménages, l'objectif à court terme des départs est que chaque enfant trouve un revenu : faire face à la situation de pauvreté, car le ménage n'est pas en mesure d'offrir des parcelles suffisantes à chaque enfant. Cette solution permet au ménage de garder le même tissu social (en nombre de liens), un revenu à chacun et éviter la vente des terres. Elle permet, en outre, de partager la terre et la nourriture entre moins d'individus. Fondamentalement, l'émigration n'est pas un comportement à l'encontre de l'ancestralité si elle permet le prolongement de celle-ci à se perpétuer à travers le financement des travaux agricoles par des héritiers en migration, donc l'exploitation des terres laissées par les ancêtres. Toutefois, le départ de tous les enfants est sans doute contraire à la configuration villageoise fondée sur la culture ancestrale et les ressources foncières. Alors que ne pas participer financièrement aux obligations familiales qui ont lieu dans le village pour certains enfants « sans terre » est redouté par les parents. Nous l'avons souligné, chaque membre est de moins en moins responsable de la survie du groupe, mais l'on attend sa contribution – même symbolique – et qu'il garde des liens avec le groupe resté au village. Le souhait d'avoir au moins un enfant dans le village ne relève pas seulement des attentes en matière d' « assurance vieillesse » ; il a pour objectif profond de perpétuer l'histoire familiale dans le village et de transmettre la terre des ancêtres aux générations futures.

REFERENCES BIBLIOGRAPHIQUES

Alter G., Condran G., Easterlin R. A., 1978, Farm and farm families in old age and new areas: the northern states in 1860, in Hareven T. K. and Vinovskis M. A (eds.), *Family and population in Nineteenth Century America*, Princeton, Princeton University Press, 22-84.

Augustins G., 1973, *Parenté, résidence et régime foncier dans un village d'Imamo (Hauts Plateaux de Madagascar)*, Thèse de Doctorat d'Ethnologie, Nanterre, Université de Paris X-Nanterre.

Blanc-Pamard C. et Ramiarantsoa H.-R., 2000, *Le terroir et son double. Tsrahonenana 1966-1992 Madagascar*, Paris, IRD.

Bonnemaison J., 2000, Tsarahonenana ou la route circulaire, in Blanc-Pamard C. et Ramiarantsoa H.-R. (éds.), *Le terroir et son double. Tsrahonenana 1966-1992 Madagascar*, Paris, IRD, 194-206.

Bontems C. (éd.), 2001, « Les caractéristiques du mariage malgache traditionnel », in Association française d'anthropologie du droit, Université Paris-Sud 11-Paris-Sceaux, *Mariage-Mariages : actes du 2ème colloque international, 9-10 mai 1997*, Paris, PUF, 267-293.

Boserup E., 1970, *Évolution agraire et pression démographique*, Paris, Flammarion.

Cain M.,

-1977, The economic activities of children in a village in Bangladesh, *Population and Development Review*, vol. 3, n° 3, 201-227.

-1978, The household life cycle and economic mobility in rural Bangladesh, *Population and Development Review*, vol. 4, n° 3, 421-428.

-1985, « On the relationship between landholding and fertility », *Population Studies*, vol. 39, n° 1, 5-15.

Chauveau J.-P., 1995, Pression foncière, cycle domestique et crise économique : étude de cas en Côte D'Ivoire forestière, *Bulletin du GIDIS-CI (CIV)*, n° 10, 12-32.

Clay D.-C. and Johnson N.-E., 1992, Size of farm or size of family: which comes first ?, *Population Studies*, n° 46, 491-505.

Deschamps H., 1959, *Les migrations intérieures, passées et présentes à Madagascar*, Paris, Berger-Levrault.

Golaz V., 2002, *Croissance démographique, pression foncière et diversification économique : une analyse biographique des stratégies de survie à Magenche, Gucha District, Kenya*, Thèse de Doctorat, Paris, Institut d'études politiques de Paris.

Omrane M. et Ramasinjatovo N., 2005, Inégalités spatiales en matière d'accès à la terre en milieu rural malgache : impact sur les comportements démographiques et socio-économiques, in Jauze J.-M. et Guébourg J.-L. (éds.), *Inégalités et spatialité dans l'océan Indien*, Paris, l'Harmattan, 219-231.

Omrane M., 2007, *Transmission de la terre, logiques sociodémographiques et ancestralité au sein d'une population rurale des Hautes Terres de Madagascar*, Thèse de Doctorat, Paris, Université Paris Descartes.

Ottino P., 1998, *Les champs de l'ancestralité à Madagascar : parenté, alliance et patrimoine*, Paris, Karthala/ORSTOM.

Rakotovondrahona P.-L., 2003, *Pauvreté et transition de la fécondité à Madagascar, la capitale et les provinces*, Thèse de Doctorat en Géographie humaine, Bordeaux, Université Michel de Montaigne - Bordeaux III.

République de Madagascar, 1997, *Enquête Démographique et de Santé, Direction de la démographie et des statistiques sociales*, Calverton, Maryland, USA, INSTAT et Macro International Inc.

République de Madagascar, 1999, *Enquête prioritaire auprès des ménages*, Rapport principal, Ministère des finances et de l'économie, secrétariat général, direction générale de l'institut national de la statistique (INSTAT), Antananarivo.

Roca Z., 1991, Case Study on Population, Status of Women in Rural Development in Phamong District, Lesotho, in Women in Agricultural Development, Paper n° 5: *Women and Population in Agricultural and Rural Development in Sub-Saharan Africa*, FAO/FNUAP.

Sharif M. and Saha R.-K. 1993, The observed Landholding-Fertility Relationship. Is it Monotonic?, *The journal of Development Studies*, vol. 29, n° 2, 319-341.

Stokes C.-S. and Schutjer W.-A., 1984, Access to land and fertility in developing countries, in Schutjer W.-A. and Stokes C.-S. (eds.), *Rural development and human fertility*, New York, Macmillan, 195-215.

Tabutin D. et Mathieu P., 1996, Démographie, crise et environnement dans le monde rural africain, in Vallin J. et Coussy R. (éds.), *Crise et population en Afrique*, Paris, CEPED, 123-160.

CHAPITRE 8.
MUTILATIONS GENITALES FEMININES ET POLITIQUE DE POPULATION A DJIBOUTI

Véronique PETIT

Ce chapitre se propose d'interroger les relations entre comportements sociodémographiques et politiques de population à travers l'analyse de la mise en œuvre d'un programme de population visant à éradiquer les mutilations génitales féminines (MGF) à Djibouti. Le positionnement des acteurs institutionnels impliqués ainsi que leurs représentations de la population concernée dans ce processus de changement social seront analysés. Ils seront mis en regard des comportements et des attitudes de la population grâce à des données originales afin d'identifier les décalages qui existent entre ces deux catégories d'acteurs. L'objectif est donc de saisir la dynamique particulière que constitue le jeu des attentes sociales et des réponses politiques, et la manière dont la production d'indicateurs peut venir bouleverser la donne. Les analyses présentées ici reposent sur les résultats d'une enquête pluridisciplinaire[1] réalisée entre 2005 et 2008 grâce à des financements de l'UNFPA et de l'UNICEF. Elle comprenait deux phases successives : une mesure démographique des MGF grâce à une méthodologie innovante, sur laquelle nous reviendrons plus en détail dans ce chapitre ; une enquête anthropo-sociologique auprès de la population générale afin d'analyser les processus de décision relatifs à la pratique des MGF. Des femmes et des hommes de profils sociologiques différents ont été interrogés dans l'ensemble des quartiers de la capitale djiboutienne, sachant que celle-ci rassemble presque les trois quarts de la population du pays. Ces deux méthodologies ont été complétées par des analyses secondaires de l'enquête sociodémographique PAPFAM (Belbéoch, Charbit et Houssein, 2008).

LES POLITIQUES DE POPULATION : UN OUTIL DE GOUVERNEMENTALITE

Les décideurs politiques disposent d'un outil, les politiques de population, afin d'orienter les pratiques des individus vers de nouveaux modèles sociétaux. Jacques Vallin définit une politique de population comme une

[1] Yves Charbit, Olivier Belbéoch, Véronique Petit, Séverine Carillon, Mababou Kébé et Barbara Meffe (EA Population & Interdisciplinarité aujourd'hui intégrée à l'UMR CEPED, Université Paris Descartes).

« action politique visant à modifier le cours de l'évolution d'une population, voire en assumer les conséquences. Trop souvent réduit aux seules mesures (limitatives ou incitatives) prises pour peser sur la fécondité, le concept peut toutefois s'entendre de façon très large, ou, au contraire très restrictive » (2011 : 337). Dans la perspective qui est la nôtre, il ne s'agit pas de limiter « le ressort des politiques de population aux actions visant à modifier les paramètres démographiques (taille, croissance, structure) » d'une population, mais d'inclure également les politiques qui produisent un nouveau champ normatif ayant pour objectif la régulation, l'adaptation, voire la production d'un nouvel individu social à travers l'émergence de nouvelles catégories (« un bon malade », « un bon migrant », un « bon citoyen »). Selon les idéologies et les traditions propres à chaque société, la mise en œuvre des politiques de population est plus ou moins coercitive.
Dans le cas des pays en développement[2] la définition de politiques de population est fréquemment une réponse à une pression internationale. En effet, si l'élaboration des politiques est décidée par définition au niveau national, elle est également influencée par le contexte extérieur compte tenu d'une intégration de plus en plus prononcée dans un monde globalisé. Les bailleurs de fonds, que ce soit les agences internationales, les systèmes de coopération ou les ONG, cherchent en contrepartie des financements qu'ils procurent à infléchir soit la philosophie de la politique en construction, soit à décider d'un aspect concret de sa mise en œuvre[3].

L'adoption d'une politique de population constitue un puissant révélateur des tensions et des ambiguïtés qui animent toute société et tout gouvernement. Ces derniers sont conduits à ratifier des conventions et des protocoles afin de signifier aux yeux de la communauté internationale leur entrée dans la modernité et une certaine forme de respectabilité. Ces engagements contraignent dès lors leur action et les poussent à adopter une nouvelle rhétorique. L'Etat contractuel doit en effet ajuster son cadre législatif afin de transcrire dans la loi l'adoption de nouvelles valeurs et la promotion de nouveaux comportements. Les politiques de population dans le domaine de

[2] Les pays dits développés n'échappent pas non plus à un alignement sur des normes de plus en plus internationales.

[3] Les gouvernements des Etats-Unis lors des derniers mandats conservateurs ont par exemple choisi de ne pas financer des programmes de planification familiale contenant des mesures légalisant l'avortement, afin de ne pas heurter l'électorat conservateur religieux. Dans ce prolongement, le choix et l'ordre des mots du slogan « *fidélité, abstinence, préservatif* » dans les campagnes d'information relatives à la lutte contre le vih/sida ont été également déterminés par l'influence des valeurs religieuses (fidélité et abstinence). Un souci d'efficacité aurait voulu que le préservatif soit présenté comme le premier moyen de protection contre le virus, les notions d'abstinence et de fidélité étant relatives comme le montrent certaines recherches anthropologiques et historiques dans d'autres contextes.

la santé, et celui plus restreint de la santé de la reproduction[4], de l'éducation, sont ainsi fréquemment porteuses de nouveaux droits pour la globalité de la population (accès universel à l'éducation, vaccinations généralisées) ou pour des « populations-cibles » (catégories spécifiques telles que les enfants, les mineurs, les femmes, les adolescents, les hommes). La production de ce nouveau contexte normatif n'est cependant pas mécanique, il ne suffit pas de changer la loi pour qu'elle soit effective ; elle doit être impulsée par une forte volonté politique, des actes symboliques et des mesures concrètes. L'écart entre l'intention et la mise en œuvre est observable à travers le double langage que tiennent parfois les gouvernements : un premier discours tourné vers l'extérieur, dans lequel ils s'engagent en échange d'aides financières à promouvoir des normes sociales dites modernes, un second discours plus conciliant destiné aux forces conservatrices nationales rétives à un changement remettant en cause leur autorité.

La pression internationale à l'égard des Etats s'exerce subtilement grâce à la mise en comparaison systématique des pays à travers les classements réalisés par les institutions internationales (PNUD, OMS, FMI, Banque mondiale, etc.) au niveau régional (Afrique) et international. A travers des indicateurs choisis, ces classements distinguent positivement des Etats qui réussissent (exemple : la Thaïlande dans la lutte contre le vih/sida) et a contrario indiquent à d'autres pays les efforts à accomplir dans tel ou tel secteur. Les politiques de population sont alors définies par rapport à des objectifs définis à l'échelle internationale (incarnées par le système et les agences des Nations Unies), comme par exemple les Objectifs du Millénaire pour le Développement. Dans l'exemple que nous allons développer, la politique visant à l'élimination de toutes les formes de MGF à Djibouti a été conçue de manière concertée par des institutions nationales (Ministère de la santé, Ministère de la promotion de la femme, Ministère des Affaires religieuses) et les agences des Nations Unies concernées (UNFPA, UNICEF). Cela ne signifie pas pour autant que ces institutions soient porteuses de systèmes de valeurs parfaitement identiques, qu'elles y adhèrent avec une intensité égale ou qu'elles en aient le même usage. Des positionnements spécifiques sont par exemple observables au sein de ce qui pourrait paraître *a priori* être un cadre de référence unique (le système des Nations Unies ou le gouvernement) et entre ministères. Ces institutions sont prises dans des rapports de force et des enjeux spécifiques ; toutes n'ont pas un intérêt équivalent à l'élaboration de

[4] La santé de la reproduction (concept défini en 1994 au moment de la conférence du Caire) recouvre les domaines suivants : le bien-être général, tant physique que mental et social, pour tout ce qui concerne l'appareil génital, ses fonctions et son fonctionnement. La santé de la reproduction est décomposée en cinq dimensions : 1/ planification familiale, contraception ; 2/ lutte contre vih/sida et infections sexuellement transmises (IST) ; 3/ lutte contre les mutilations génitales féminines ; 4/ lutte contre la mortalité infantile et maternelle ; 5/ lutte contre la stérilité. Le contrôle de la fécondité est englobé dans une approche large incluant la santé de la mère et de l'enfant.

cette politique de population. Elles ne développent pas par conséquent les mêmes stratégies.

LE CONTEXTE DJIBOUTIEN

Avant d'entrer dans le vif du sujet, revenons brièvement sur l'histoire de cet Etat. Djibouti est situé sur la côte Ouest de la Mer Rouge. Cette région passe sous la tutelle française en 1862. Différents groupes ethniques sont rattachés à ce territoire. Un long processus de sédentarisation et d'urbanisation est entamé et poursuivi durant le XXe siècle. La puissance coloniale développe les activités portuaires, construit la ligne de chemin de fer reliant Djibouti à Addis-Abeba en Ethiopie. Suite à la visite du Général de Gaulle et au référendum de 1967, Djibouti devient le Territoire des Afars et des Issas et accède à l'indépendance en 1977. Les premières élections législatives sont organisées en 1981 ; le multipartisme est instauré en 1992. Une phase de tensions inter-ethniques conflictuelles (1991-1998) est résolue en 1999 par l'élection présidentielle qui porte au pouvoir Ismaël Omar Guelleh ; il sera réélu ensuite. Djibouti est une république islamique dont l'islam sunnite est la religion officielle.

Faute d'un recensement récent au moment de l'enquête POPINTER, l'effectif de la population fait l'objet d'estimations divergentes, allant de 500 000 à 804 000 personnes en 2005[5]. La question du recensement n'est pas anodine, car de son résultat dépend le dénominateur d'un certain nombre d'indicateurs sociodémographiques et économiques qui conditionne l'aide et les facilités accordées à Djibouti. L'immigration contribue pour moitié à la dynamique démographique. Djibouti accueille en effet un grand nombre de réfugiés en provenance des pays de la région (Somalie, Ethiopie, Erythrée, Yémen).

Ce micro Etat tire ses revenus de l'exploitation du gaz, de l'or, du cuivre, du fer et du sel. Sa position géostratégique et sa stabilité politique dans le contexte agité de la corne de l'Afrique lui assurent certaines retombées financières : la France et les Etats-Unis lui versent une contribution significative afin de disposer d'une base militaire, la modernisation du port (construction d'un terminal pétrolier afin d'acheminer le pétrole en provenance du Tchad) et la création d'une zone franche stimulent les échanges commerciaux, les banques s'installent afin d'accroître leurs activités financières dans la région. Le secteur tertiaire représente environ les trois quarts du PIB. L'Etat est le premier employeur du pays. Djibouti classé en 2005 au 148e rang du classement du PUND selon l'IDH sur 177 pays, est

[5] Sources : http://www.unicef.org/french/infobycountry/djibouti_statistics.html consulté le 8 avril 2010. http://www.dj.undp.org/abtdj.html consulté le 8 avril 2010. En 2008, le PNUD proposait 620 000 habitants tandis que l'UNICEF reprenait le nombre de 849 000.

caractérisé par des niveaux d'alphabétisation, de scolarisation et de santé insuffisants.

Depuis son élection, Ismaël Omar Guelleh cherche à effacer les particularismes et les revendications ethniques au profit de la construction d'une identité nationale djiboutienne. Cet effacement se traduit d'un point de vue statistique par la non diffusion de données selon l'appartenance ethnique. Sur la question des MGF, il est impossible d'obtenir des données statistiques selon ce critère alors que les données ethnographiques de terrain mettent en évidence des pratiques différenciées selon les groupes[6].

NORMES SOCIALES ET NORMES STATISTIQUES

Les MGF constituent une norme dans la société djiboutienne au-delà des pluralités des pratiques que ce terme générique recouvre. Elles recouvrent selon l'OMS toutes les interventions incluant l'ablation partielle ou totale des organes génitaux externes de la femme ou toute autre lésion des organes génitaux féminins qui sont pratiquées pour des raisons non médicales[7]. La définition d'une norme renvoie au consensus social qui s'est créé au fil du temps, dans une perspective plus moderne elle se rapporte également à l'établissement d'une fréquence statistique. Voyons ce qu'il en est concrètement.

Normes sociales : des pratiques généralisées et intériorisées

Les MGF constituent une pratique coutumière transmise depuis des générations dans les différents groupes qui constituent l'actuelle population djiboutienne. Faisant partie de l'héritage socioculturel où se mêlent traditions et religion incluses dans le processus de socialisation, les MGF sont profondément intériorisées par les femmes et les hommes. Les mères ont pour rôle d'élever au mieux leurs filles en les préparant aux futures tâches qu'elles devront accomplir dans leur rôle d'épouse. L'honneur et la réputation de la famille sont en jeu dans ce processus de socialisation dont les MGF constituent une étape. L'excision ou l'infibulation permettent aux familles de disposer de filles « *dignes* », d'entrer dans l'échange matrimonial : « *nos filles ne pourront jamais être mariées si elles ne sont pas excisées* » (F15)[8]. A ce

[6] Tout commentaire relatif à l'ethnicité a dû être gommé dans les rapports remis aux institutions ayant financé cette enquête. La République de Djibouti du fait des conflits civils ayant émaillé son histoire récente, cherche à construire une « identité nationale » et par conséquent s'oppose à la mise en évidence de spécificités dites ethniques.

[7] Notons que cette définition va à l'encontre de l'idée traditionnelle selon laquelle l'excision aurait une valeur prophylactique.

[8] Afin de respecter l'anonymat des personnes interrogées durant l'enquête ethnologique, celles-ci sont seulement identifiées par un F (femme) ou H (homme) et un numéro dans ce chapitre.

titre, les MGF constituent une affaire de famille : « *c'était un bout de viande qu'il fallait enlever. Il fallait le faire rapidement avant que je grandisse pour trouver... tu sais ce que disaient nos parents ? Pour trouver "un bon mari" ! Pour avoir un bon mari, pour être intégrée, être une bonne mère, une bonne épouse* » (F2). Elles contribuent, en transformant les fillettes en jeunes femmes mariables, à la reproduction de système social et au maintien de l'ordre social. Les MGF constituent donc une condition première de la nuptialité et de la fécondité ; cette dernière n'étant concevable et légitime qu'à l'intérieur du mariage : « l'imposition de la procréation va de l'intériorisation des normes par l'éducation jusqu'à la coercition, de la surveillance des événements physiologiques jusqu'au "marquage" symbolique, mais aussi physique (mutilation), des femmes comme des corps reproducteurs » (Bonte et Izard, 2002 : 663). Dans cette perspective, le marquage des corps témoigne « d'un changement d'état ou de statut d'un individu (naissance, puberté, initiation, mariage, mort). Le marquage corporel permet à l'ensemble d'une collectivité comme à chacun de ses membres d'exprimer la spécificité de son identité collective et individuelle » (Bonte et Izard, 2002 : 63). Les hommes et les femmes interrogés, quel que soit leur positionnement vis-à-vis de la perpétuation des MGF, affirment spontanément qu'une femme « *non coupée* » éprouvera des difficultés à trouver un époux et par conséquent à accéder au statut de femme mariée, seule position sociale respectable pour une femme.

Les jeunes filles doivent arriver vierges au mariage afin « *d'être ouvertes* » par leur mari durant la nuit de noces. Une jeune femme non infibulée est aussitôt suspectée d'avoir eu des relations sexuelles prénuptiales : « *c'était honteux de trouver à notre époque une fille qui n'était pas cousue. Parce que les gens de notre époque, surtout les hommes, lorsque cette fille elle va se marier et si la fille elle n'est pas cousue, elle était considérée comme une putain... il fallait que les toutes les filles soient cousues et infibulées pour qu'on ne puisse pas dire "c'est une putain"* » (F5). Cette représentation est confirmée par les hommes : « *l'histoire qu'on raconte sur les filles, si elles sont pas excisées, elles deviennent des filles faciles* » (H3). Les MGF sont supposées éviter les relations sexuelles pré et hors mariage des filles en contrôlant la sexualité des femmes qui est présentée comme étant « *débordante* » ou « *relevant de pulsions* ». Outre garantir la filiation en imposant la virginité, les MGF ont pour fonction corollaire d'amoindrir le désir féminin. Ce dernier est considéré comme dangereux s'il n'est ni contrôlé, ni soumis aux aînés, car il perturbe l'ordre social[9].

[9] Selon des analyses, les mutilations en transformant le corps féminin le civilise, le rapprochant de l'homme en lui faisant perdre sa part d'animalité (Bourdieu Pierre, *La domination masculine*, Paris, Seuil, 1998 ; Héritier Françoise, *Masculin/féminin*, Paris, Editions Odile Jacob, 2002).

Les MGF assurent également une fonction esthétique en rendant « *le sexe lisse* » selon une expression récurrente dans les entretiens. Un sexe lisse est un organe décrit comme « *propre, beau, pur* ». L'esthétisation est associée à une dimension prophylactique. Contrairement à un « *organe qui pend* », un sexe lisse protège des maladies sexuellement transmissibles. Les femmes et les hommes associent les termes de « souillure », « d'impureté », de « saleté », de « maladie » et de « honte » à un sexe « *non coupé* ». Dans la constitution des imaginaires, laideur, saleté et impureté se confondent : « *ce clitoris ce n'est pas sain, c'est sale, c'est comme ça que les grands-mères elles voyaient les choses, elles ne voient pas ça en mal. Le fait d'exciser les filles, c'est quelque chose de bien* » (F3) ; « *les hommes étaient persuadés quand on excise la fille, qu'on la nettoyait en fait !* » (F2).

Enfin, hommes et femmes se réfèrent spontanément à l'islam ou à la coutume pour expliquer cette pratique. Ces deux registres de justifications se superposent plus ou moins selon les personnes interrogées. Nombreux sont les Djiboutiens qui pensent que l'infibulation et l'excision sont prescrites par l'islam : « *tout le monde pensait que c'était écrit dans le coran* » (F14). Deux hadiths sont régulièrement cités afin d'expliciter la position du Prophète sur cette question. Il aurait affirmé que l'excision « *est le mérite des filles* ». Et voyant une exciseuse opérer, il aurait ajouté : « *lorsque tu effectues une excision, garde-toi bien de tout enlever. La femme demeurera épanouie et le mari en tirera plus de plaisir* ». Notons au passage qu'un glissement révélateur est opéré : alors que la pratique la plus répandue dans les générations des femmes adultes est l'infibulation, la référence religieuse concerne l'excision. Hommes et femmes déclarent agir au nom de la religion en invoquant leur volonté d'être considérés comme « *de bons croyants* ». « *C'est quelque chose qui va les rendre... qui ne va pas leur causer du tort, de couper un peu, et qui va même nous soulager car on a accompli notre mission vis-à-vis du coran* » (H5). Cette injonction est d'autant plus opérante qu'elle est véhiculée par les imans dont la légitimité n'est pas remise en cause : « *je l'ai fait parce que nous sommes des personnes qui connaissent la religion. Nous, on nous a appris qu'il fallait faire ça* » (F5).

Perpétuer des pratiques recommandées par l'islam et inscrites à l'intérieur d'un héritage ancestral apparaît logiquement comme la normalité ; ce n'est pas une décision que l'on interroge. A l'époque où cette recherche est conduite (2005-2008), excision et infibulation constituent des pratiques largement partagées et légitimées dans les discours. Rares sont les acteurs sociaux (femmes, hommes, chefs de famille, grand-mères) osant affirmer qu'ils souhaitent épargner leurs filles. Si dans les apartés, les confidences, les discussions privées, la pratique des MGF est contestée, dans la sphère publique la revendication reste marginale. Nous y reviendrons. Refuser d'imposer à son enfant excision ou infibulation demeure vécu comme une transgression majeure. Les Djiboutiens interrogés quel que soit leur milieu d'appartenance insistent sur le poids du conformisme et l'importance attachée aux apparences. Ils rappellent qu'il est mal vu d'instiller la discorde au sein de la communauté dans une république islamique sunnite.

Les Sunnites, qui sont désignés en arabe comme les hommes de la sunna et de la communauté (*ahl al-sunna wa'l-djama'a*), sont très attentifs à l'idée de consensus et de compromis. Cette attitude procure au sunnisme « souplesse dogmatique et réalisme politique » (Arnaldez, 1992 : 830-832) et elle explique peut-être l'attitude des imams à Djibouti qui prêchent aujourd'hui l'abandon de la pratique des MGF. Si le compromis est une attitude qui peut être positivement interprétée dans une perspective de changement, il convient néanmoins de ne pas la surinterpréter car son corollaire est une très forte pression afin d'éviter les divergences (*ikhtilafat*) trop profondes au sein de la communauté. L'*ikhtilafat* apparaît comme le « mal radical » qu'il convient de combattre : « les gens de la sunna ont le devoir d'éviter et de tenir à l'écart [...] tous ceux qui cherchent à semer la division dans la communauté » (Ibn Batta cité par Arnaldez, 1992). Le contrôle social est constitué par « l'ensemble des ressources matérielles et symboliques dont dispose une société pour assurer la conformité du comportement de ses membres à un ensemble de règles et de principes prescrits et sanctionnés » (Boudon et Bourricaud, 1982 : 112-113). Pour être réellement efficace le contrôle social doit être à la fois externe et interne. Emile Durkheim insiste par exemple sur l'éducation morale qui constitue la « contrainte » la plus subtile et la plus efficace dont dispose la société à l'égard de ses membres. Tandis que pour Freud, c'est l'identification des membres à un modèle commun qui assure l'unité symbolique des institutions. Hormis les femmes et les hommes engagés publiquement dans le combat contre les MGF, la grande majorité des individus redoute d'être suspectée de se dérober à cette coutume, de devenir l'objet d'opprobre ou de rumeur au sein de la communauté. Si la distinction en matière de réussite économique est recherchée, voire ostentatoire, en matière de mœurs c'est la discrétion qui est valorisée. Dans une société encore fortement marquée par l'interconnaissance, il importe d'être fréquentable, de ne pas être exclu des réseaux de sociabilité et de solidarité.

Normes statistiques et enjeux politiques

Cette emprise sociale est également révélée par les statistiques. Au moment de l'enquête, 98% des femmes âgées de 15 à 49 ans sont concernées par une MGF selon l'enquête PAPFAM (DISED, 2002). Ces résultats placent Djibouti dans la catégorie des Etats d'Afrique (Egypte, Soudan, Ethiopie, Erythrée, Somalie) ayant la prévalence la plus élevée (Andro et Lesclingand, 2007). De surcroît, trois quarts des femmes interrogées déclarent avoir été infibulées (74,9% en milieu urbain, 81,3% en milieu rural) et sont donc concernées par la forme la plus brutale des MGF (Tableau 1).

Tableau 1. Prévalence des MGF selon le type, l'âge et le lieu de résidence de la femme

	Age	Aucune	Type 1 sunna	Type 2 excision	Type 3 infibulation	N
Djibouti	15-19	0.0	20.0	15.0	65.0	40
	20-24	3.2	18.6	19.1	59.0	188
	25-29	2.0	12.3	18.5	66.7	351
	30-34	2.9	8.0	12.5	76.5	311
	35-39	1.9	8.5	12.0	77.5	316
	40-44	2.7	6.1	14.1	76.8	263
	45-49	1.3	9.4	11.3	78.1	160
	15-49	*2.3*	*10.4*	*14.7*	*72.5*	*1629*
Districts	15-19	0.0	6.8	18.2	72.7	44
	20-24	1.6	4.7	32.0	61.7	128
	25-29	0.8	2.5	20.6	75.6	238
	30-34	0.4	4.0	21.0	74.6	252
	35-39	1.5	1.0	20.6	76.5	204
	40-44	0.6	3.1	19.8	75.3	162
	45-49	0.0	0.0	5.6	94.4	72
	15-49	*0.8*	*2.9*	*20.8*	*75.0*	*1100*

Source : Belbéoch, 2006, Tableau 22, p.14 (enquête PAPFEM, 2002)

Se superpose à la question de la mesure de la fréquence des MGF, celle de leurs conséquences en termes de santé publique. Si leurs effets en termes de mortalité et de morbidité sont difficiles à établir avec précision ; la liste des effets des MGF sur la santé génésique des femmes alimente l'image de pratiques venant d'un autre âge et par conséquent indignes d'un Etat moderne. L'OMS distingue les complications immédiates de celles à long terme. Les premières impliquent : douleur violente, choc, hémorragie, tétanos ou septicémie, rétention d'urine, ulcération génitale et lésion des tissus génitaux adjacents. Les infections récidivantes de la vessie et des voies urinaires, les kystes, la stérilité, les interventions chirurgicales ultérieures afin de permettre les rapports sexuels et l'accouchement, les complications lors de l'accouchement constituent les conséquences à long terme.

Mesurer les effets morbides des MGF requiert une volonté politique afin de faire évoluer l'appareil statistique (elles doivent être identifiées comme cause de mortalité) et la formation des médecins (ils doivent être capables de différencier les divers types de MGF). Enoncer que l'infibulation constitue une cause de mortalité ou de morbidité, c'est prendre position vis-à-vis d'une pratique présentée jusqu'alors comme normale au regard de l'histoire locale. Ce double constat en termes de fréquence et d'intensité des MGF contribue à transformer cette « affaire de femmes » pour reprendre une expression du sens commun en un « problème de population » demandant à être définitivement réglé par une politique de population visant à leur éradication. La mesure des MGF devient alors autant un enjeu méthodologique que politique. La création d'indicateurs statistiques révèle la place accordée par les autorités politiques à ce qui devient une question de société au regard de nouvelles considérations (la santé, le droit des femmes et des enfants, la place de la société civile) qui sont progressivement introduites dans la société djiboutienne et mobilisées par certains acteurs.

L'EMERGENCE DE LA LUTTE CONTRE LES MGF : PLURALITE D'ACTEURS ET DE RHETORIQUES

Ce consensus social présenté précédemment est en réalité plus fragile qu'il n'y paraît car de nouveaux discours émergent progressivement à partir des années 1980. Quels sont les acteurs impliqués dans ce combat ; quelle est leur rhétorique et comment désignent-ils l'objet de leur combat ? L'initiative revient à des femmes pionnières regroupées dans l'association l'Union Nationale des Femmes Djiboutiennes (UNFD). Elles sont les premières à réclamer l'abandon d'une coutume physiquement et psychiquement traumatisante et ce, indépendamment de toute pression internationale. Elles ont le plus souvent suivi des études supérieures en France et elles appartiennent à des milieux sociaux privilégiés. Ce mouvement de contestation enclenche une institutionnalisation de la question des MGF à Djibouti. Cependant l'UNFD n'est pas directement partie prenante dans la construction de la politique nationale de lutte contre les MGF. L'association constitue un groupe de pression dont les membres sont proches des cadres féminins du Ministère de la Santé et du Ministère de la Promotion de la Femme. En dépit du rôle fondateur que l'UNFD a joué, l'expérience de ces femmes pionnières n'a pas été reconnue et mobilisée comme force de conviction dans les stratégies de sensibilisation. Elles n'ont été ni valorisées, ni données en exemple.

Le Comité National de Lutte contre les Pratiques Néfastes : tradition *versus* modernité

L'Etat prend acte de cette contestation en créant en 1984 le Comité National de Lutte contre les Pratiques Néfastes (CNLPN). Le Président Ismaël Omar Guelleh apporte publiquement son soutien à la lutte contre les MGF, appuyé symboliquement par son épouse dans les médias. La mise en place du CNLPN ne signifie pas pour autant que le gouvernement s'engage à réformer rapidement la société. L'expression « pratiques néfastes » euphémise de manière significative l'objet désigné car l'excision et l'infibulation ne sont pas nommées en tant que telles, chacun est libre d'associer à ce terme les pratiques qu'il souhaite. Ce flou persiste en 1995 lorsque le gouvernement modifie le code civil en introduisant l'article 333 qui désigne les MGF comme une violence faite aux femmes et par conséquent susceptible d'être sanctionnée par la loi. Dans cet article, l'acronyme MGF n'est pas explicité ; les pratiques que l'Etat se charge de combattre ne sont pas précisément désignées en tant que telles. De l'excision, de l'infibulation ou la sunna, personne ne sait quelles pratiques sont concrètement visées. De même, les termes de mutilation et de violence ne sont pas définis. Aucune condamnation n'est prononcée jusqu'à ce jour. Cette loi est inapplicable d'un point de vue sociologique. Il est en effet inconcevable qu'une femme porte plainte contre une autre femme de sa famille, contre une femme de son sang ou du lignage de son époux, pour avoir été excisée ou infibulée. Ce serait déshonorer l'ensemble de la famille et provoquer des conflits. L'engagement des autorités politiques trouve ici ses limites.

L'article 333 introduit néanmoins une rupture symbolique à Djibouti, car il substitue à l'ancienne norme sociale une norme juridique qui s'appuie sur un nouveau cadre de légitimation. Grâce à la très forte médiatisation du texte, l'ensemble de la population sait à présent qu'imposer une mutilation à une enfant est une transgression de la loi. En légiférant, l'Etat transforme la question des MGF ; elles cessent d'être seulement une affaire de femmes ou de familles, pour devenir un objet de régulation sociale. La question qui reste posée en filigrane est de savoir quelle est l'autorité la plus légitime aux yeux des femmes et des hommes : l'Etat, les institutions religieuses ou la tradition ? A partir de quelle injonction ajustent-ils leurs comportements dans un contexte normatif de plus en plus concurrentiel, et, où désormais une ligne de partage entre tradition et modernité s'établit clairement ?

Dans la perspective des dirigeants djiboutiens, cette décision s'inscrit dans un processus de modernisation du pays. L'ensemble des ministères concernés (Ministère de la santé, Ministère de la promotion de la femme, Ministère des Affaires religieuses) reprend la terminologie du CNLPN (« les pratiques néfastes »). Ce comité a pour objectif de développer des actions en matière de sensibilisation auprès des différentes catégories d'acteurs susceptibles de faire évoluer l'opinion publique (exciseuses, classe politique, leaders religieux) et en particulier les femmes qui constituent la population cible. A cet effet est lancé en 1998 le programme national de lutte contre les MGF. Il vise nommément l'excision et l'infibulation. En 1999, le ministère de la Santé dans le cadre de son programme national de maternité sans risque développe un projet spécifique de lutte contre les pratiques néfastes.

Les agences des Nations Unies

Voyons à présent comment les agences des Nations Unies concernées prennent part à ce débat. L'UNICEF utilise l'acronyme « E/MGF », c'est-à-dire « Excision/Mutilations Génitales Féminines ». Le fait de mettre en avant l'excision et de la distinguer des mutilations génitales est assez ambigu puisque cela laisse supposer que l'excision n'est pas vraiment un type de MGF ou qu'elle constitue un cas à part. Sur quelle motivation repose alors le choix de cette désignation ? La doctrine de l'UNICEF est que le changement social doit être construit en accord avec les communautés et en respectant leurs spécificités culturelles. Il est conceptualisé davantage comme un processus plutôt que comme une rupture ; les innovations dans les pratiques sociales doivent être compatibles avec le système de valeurs pour être acceptables par les populations. Dans cette perspective, les termes du changement doivent être négociés et faire l'objet d'une « convention sociale » (Digest Innocenti, 2005). C'est pourquoi face à la violence que représente l'infibulation et dans le souci de protéger les fillettes, l'excision constitue selon l'UNICEF une solution de compromis acceptable pour les communautés. La population djiboutienne se verrait reconnaître le droit de poursuivre l'excision en tant que pratique ancestrale apparaissant comme essentielle car structurante de l'organisation sociale, tandis que l'UNICEF pourrait se prévaloir d'avoir contribué à éliminer l'infibulation en tant que cause de mortalité et de morbidité. Le passage de l'infibulation à l'excision n'est pas envisagé comme une finalité, mais comme une étape préalable au glissement de l'excision à une forme plus légère et à un arrêt de cette pratique.

La position de l'UNICEF est discutable d'un point de vue scientifique et éthique. Elle soulève la question de l'identification des acteurs décidant de cette convention sociale dans la communauté concernée. En clair, quelle est la place réservée aux femmes dans ce processus de négociation alors qu'elles sont les premières concernées ? De notre point de vue, le choix sémantique – parler de convention – repose sur l'illusion anthropologique qui voit dans les communautés une unité sociale homogène, une totalisation d'individus qui avanceraient d'un même pas. Cette vision gomme les hiérarchies sociales, les rapports de pouvoir, les conflits internes, l'inégal accès aux savoirs et à l'information qui sont inhérents à toute construction sociale. Un fonctionnement communautaire n'est pas un fonctionnement démocratique.

L'UNFPA, la seconde agence des Nations Unies impliquée dans ce processus d'élaboration d'une politique de lutte contre les MGF, tient un tout autre discours. Elle utilise l'acronyme « MGF » sans distinguer tel ou tel type de mutilations. Cette agence, dont le slogan est « la cause des femmes » et l'objectif la défense des droits des femmes en matière de santé de la reproduction, adopte donc une posture beaucoup plus radicale que celle de l'UNICEF. Elle soutient l'idée d'une stratégie nationale de lutte visant l'éradication de l'ensemble des mutilations qui sont à ses yeux toutes condamnables. Cette position maximaliste ne signifie pas que l'UNFPA est dépourvue de sens politique, mais que cette question est centrale dans son champ d'action. A l'époque, la chargée de programme de l'UNFPA est une Djiboutienne doublement sensibilisée aux enjeux du contexte sociopolitique et à la situation des femmes dans le pays. C'est à son initiative que cette recherche est conduite et les résultats vont lui fournir des arguments précieux dans les débats avec ses partenaires.

Dans les années 1990 et 2000, le gouvernement djiboutien ratifie une série de conventions internationales sur les droits de la femme, les droits des enfants, adhérant ainsi au discours universaliste porté par les agences des Nations Unies. Il intègre progressivement les argumentaires portés par l'UNICEF et l'UNFPA en dépit de quelques divergences. Il ratifie notamment en 2005 le Protocole de Maputo qui élargit les droits des femmes (droit à la vie, droit à la dignité, à l'éducation, à l'intégrité et à la sécurité physique, à la protection politique, économique et sociale des droits de la santé de la reproduction). Les MGF sont dès lors considérées comme une violation des droits des fillettes et des femmes. Elles sont le reflet d'une inégalité profonde entre les sexes et elles constituent une forme extrême de discrimination à l'égard des femmes. Etant pratiquées sur des mineures, elles constituent une violation des droits de l'enfant. Ces pratiques enfreignent les droits à la santé, à la sécurité et à l'intégrité physique, le droit d'être à l'abri de la torture et de traitements cruels, inhumains ou dégradants, ainsi que le droit à la vie, car elles ont des conséquences mortelles. Pour l'UNICEF les communautés doivent devenir garantes de la santé de leurs enfants. Cet ancrage dans un nouveau type d'argumentaire mène en 2004 au projet Information, Education et communication en faveur de l'élimination des MGF : des ateliers de plaidoyer, des campagnes de sensibilisation, des conférences sont organisés et largement médiatisés.

LA MESURE COMME RUPTURE ET SOURCE DE RECONFIGURATION INSTITUTIONNELLE

C'est dans ce contexte que POPINTER conduit en 2005 une enquête ayant pour objectif une nouvelle mesure des MGF à la demande de l'UNFPA et du Ministère de la Santé.

Repenser la recherche sur les MGF

Les enquêtes menées jusqu'alors visent uniquement les femmes puisque les MGF sont considérées comme « une affaire de femmes » de manière unanime par la société et les institutions, voire les chercheurs qui travaillent sur cette question. Elles sont identifiées à la fois comme victimes et comme actrices de la perpétuation de ces pratiques. Outre la population générale des femmes âgées de 15-49 ans, des enquêtes s'intéressent aux exciseuses en tant qu'agents de la reproduction de cette pratique. Rompant avec la logique des enquêtes déclaratives auprès des femmes adultes, POPINTER décide d'établir une mesure clinique des différents types de MGF. Celle-ci est effectuée par des médecins djiboutiens lors d'une visite médicale en milieu scolaire auprès de fillettes en primaire dans un échantillon d'écoles des districts du pays.

Pourquoi choisir d'effectuer une mesure clinique ? Un effet de sur-déclaration n'est pas à exclure dans les enquêtes déclaratives : face à un enquêteur ou à une enquêtrice issus de leur propre société, les femmes auront du mal à déclarer un comportement jugé déviant, à avouer ne pas être excisées ou avoir évité cette opération à leurs filles. L'enquête de santé en milieu scolaire est menée auprès de garçons et de fillettes en classe de CM2 à l'intérieur d'un échantillon de districts de Djibouti. L'examen de l'appareil génital est inclu dans une visite médicale couvrant l'ensemble des aspects classiques du suivi de la santé des enfants, par conséquent il n'apparaît pas comme un point spécifique afin d'éviter de présenter cette pratique comme un problème. Les parents doivent donner leur accord et si l'enfant est malade ils reçoivent gratuitement des médicaments. L'ensemble des parents et des enseignants adhère à ce suivi médical et exprime au passage une demande sociale en matière de médecine scolaire préventive (Belbéoch, 2006). L'examen distingue trois types de mutilations : la « sunna » (incision, pincement, saignement), l'excision du clitoris avec une ablation partielle ou totale des petites lèvres et l'infibulation qui désigne l'excision totale avec une suture.

Des résultats inattendus

Surprenant l'ensemble des observateurs, les résultats de l'enquête clinique montrent que presque un cinquième des fillettes de la capitale Djibouti n'ont pas été touchées (17,7%) et qu'un glissement s'est opéré de l'infibulation à l'excision (Tableau 2).

Tableau 2. Prévalence des MGF par type pour le niveau CM2

	Djibouti	Districts	Ensemble
Aucune	17.7	2.9	14.2
Type 1 (« sunna »)	8.5	19.4	11.1
Type 2 (excision)	25.5	56.5	32.8
Type 3 (infibulation)	27.7	14.1	24.5
Ne sait pas	0.0	1.2	0.3
Refus	20.6	5.9	17.1
N	141	170	311
Age moyen	12.8 ans	12.3 ans	12.7 ans

Source : Belbéoch, Enquête pilote 2005-2006, Tableau 30, p. 19.

Contrairement à ce qui était déclaré dans les générations précédentes, l'infibulation n'est plus le type de MGF le plus fréquemment observé. L'âge des fillettes semble rendre irréversible ce changement au regard de l'âge normal (avant 13 ans) où l'excision, la « sunna » ou l'infibulation sont pratiquées. Ce résultat traduit une rupture dans une population où la norme était encore récemment l'infibulation. C'est une évolution extrêmement rapide par rapport aux résultats de l'enquête PAPFAM précédemment évoqués (Belbéoch, 2006 : 20).

L'abandon d'une pratique fortement intériorisée et socialement valorisée n'est pas un processus simple. Etre convaincu(e) par les arguments en faveur de la santé et des droits des femmes, est une condition nécessaire mais non suffisante au changement. Il faut savoir résister aux pressions de son entourage afin de mettre en œuvre sa décision. Les entretiens réalisés durant l'enquête anthropologique révèlent que les parents qui décident de renoncer à l'infibulation ou à toute forme de MGF traversent des phases d'atermoiements. Certaines femmes racontent que des fillettes de leur entourage demandent à leur mère ou à leur tante de « *se faire couper* » lorsqu'elles constatent qu'elles ne ressemblent pas complètement à leurs camarades de classe. Parallèlement, d'autres femmes ayant réussi à protéger leur fille avouent s'interroger sur la pertinence de leur choix lorsque leur enfant grandit, car leur décision devient irrévocable et alors même que ces femmes sont identifiées comme des actrices de premier plan de la lutte contre les MGF... Elles se demandent si elles ne devraient pas faire exciser leur fille avant qu'elle ne soit trop âgée, car elles redoutent de la voir devenir difficile à marier et l'objet du « qu'en dira-t-on ». Les récits de vie montrent qu'au sein d'une même fratrie, l'ensemble des sœurs n'a pas subi le même type de mutilation. Ces variations démontrent que les décisions sont prises pour chaque enfant dans un contexte particulier. L'engagement du père de l'enfant constitue un élément nouveau et décisif dans les choix effectués par les couples. L'homme en tant que père et chef de famille peut légitimement imposer son point de vue. L'urbanisation, les conditions de logement et l'élévation du niveau d'étude ont contribué à la nucléarisation des familles. Les jeunes couples disposent davantage de ressources que leurs aînés afin d'imposer leur conception de la famille. Ils cherchent à imposer une logique de couple primant sur celle de la famille élargie. Autonomes financièrement, ils peuvent plus facilement desserrer l'étau des contraintes sociales.

Ce qui apparaît comme une mutation significative au niveau macro social se révèle être un processus décisionnel intime aléatoire au niveau microsociologique. Ces observations sont cohérentes avec l'analyse du changement développée par Crozier et Friedberg (1977). Selon ces deux sociologues le changement n'est pas une nouvelle étape de l'évolution sociale qui correspondrait à davantage de progrès, d'organisation ou de rationalité, mais c'est avant tout la transformation d'un système d'action. Les acteurs doivent acquérir de nouvelles règles, de nouveaux modes de contrôle et de relations sociales. C'est le jeu social dans sa globalité qui est redessiné. Le recul de la pratique des MGF intervient à un moment où les relations entre sexes, entre générations et au sein des couples se modifient. La compréhension du sens et des motivations que les acteurs attribuent à leurs comportements est donc essentielle à l'analyse du changement social. Les parents sont désormais placés en position d'arbitrage quant à la perpétuation des MGF. Les décisions entre diverses orientations ne sont jamais données à l'état pur, « mais elles se trouvent incarnées dans des combinaisons institutionnelles complexes et contingentes » (Boudon et Bourricaud, 1982 : 603). Les campagnes de sensibilisation, l'instauration d'une législation rendant illégale la pratique des MGF ainsi que la diffusion des résultats des enquêtes dans les médias modifient progressivement la perception qu'a la population de sa propre société, de sa culture et de ses traditions. Ce qui autrefois allait de soi, n'est plus reçu et transmis comme une évidence mais est interrogé au regard d'un nouveau contexte. Le sens rituel des MGF ne s'impose plus. De manière paradoxale, il n'est pas interdit de penser que l'indécision des autorités a laissé le champ libre aux individus ; en l'absence d'une norme fortement imposée ils ont décidé de choisir eux-mêmes palliant aux lenteurs de l'Etat.

Un argument central dans le débat

Le recul de la pratique des MGF est inattendu tant dans son ampleur que dans sa radicalité. Aucun acteur institutionnel n'avait envisagé un instant qu'un cinquième des fillettes qui vivent sous leurs yeux n'étaient pas mutilées. Presque 18% des fillettes de la capitale, qui rappelons-le représente 80% de la population nationale, n'ont subi aucune mutilation. Ce résultat met en lumière le décalage entre les représentations des décideurs institutionnels et les attentes de la population dont ils ont la charge. Les premiers (Ministères, agences des Nations Unies, associations) considéraient qu'un changement radical dans la pratique des MGF n'était seulement envisagé sur plusieurs générations et qu'il devait être par conséquent conduit avec circonspection. Le poids de la tradition et la nécessité de ménager les convictions religieuses constituaient des arguments en faveur d'un certain immobilisme politique ou du moins de certaines lenteurs.

Cette vision ancrait la population dans un certain archaïsme alors que loin d'être une société fermée et immobile – mais elle ne l'a jamais été –, cette dernière, ou du moins certaines de ses composantes, se révèle être ouverte aux débats et aux idées nouvelles. Les migrations internationales, notamment celles des étudiant(e)s, le développement des TIC, ont contribué à la confrontation avec d'autres modèles culturels. La France qui a largement assuré la formation de l'élite djiboutienne dans le secondaire et le supérieur offre le modèle d'une société où les MGF sont interdites, où les exciseuses sont condamnées devant les tribunaux, où le sexe blessé des femmes peut être l'objet d'une chirurgie réparatrice. Ces images en introduisant pluralité et différence nourrissent le doute quant à une légitimation *de facto* des MGF.

Ce résultat contraint également les acteurs les plus modérés à revoir leur position et à s'aligner sur la position de l'UNFPA : c'est-à-dire l'abandon total de toute forme de mutilation. La position conciliante de l'UNICEF est remise en cause. Les femmes pionnières de l'UNFD disent regretter amèrement d'avoir accepté de discuter avec les autorités religieuses. Avoir accepté la pratique de l'excision et de la « sunna » en échange de l'abandon de l'infibulation, leur a valu « *d'avoir perdu dix ans* » selon leurs propres termes. La chargée de programme de l'UNFPA a été également décontenancée par les résultats de l'ingénierie sociale qu'elle avait initiée. Les brochures présentant les résultats sont restées de longues semaines sous embargo sur le port. Alors même que l'UNFPA a été le bailleur de cette recherche, elle a hésité quant à l'usage de chiffres confortant pleinement son choix. Produire des chiffres, oui, mais pour entreprendre quelle action ?

La nouvelle politique mise en place vise désormais à l'éradication de toute forme de MGF. Si le résultat statistique a accéléré l'élaboration de la nouvelle politique de population, il a aussi eu des conséquences sur le suivi de cette mesure dans les enquêtes suivantes. En effet, si le Ministère de la santé souhaite toujours suivre l'évolution de la pratique des MGF, cette mesure est réitérée de manière moins fine : les différents types de MGF ne sont plus pris en compte et la seule distinction faite d'un point de vue statistique est celle entre les fillettes ayant subi et une MGF et celles non touchées. Cette mesure ne permet plus d'observer les glissements d'une pratique à une autre, mais seulement leurs arrêts définitifs. Si elle reste cohérente avec la nouvelle stratégie – l'abandon de toute forme de mutilation –, elle considère peut-être trop vite que le changement est acquis...

REFERENCES BIBLIOGRAPHIQUES

Andro A. et Lesclingand M., 2007, *Population et Sociétés*, n° 438, octobre.

Arnaldez R., 1992, Sunnisme, *Encyclopaedia Universalis*, tome 21, 830-832.

Belbéoch O., 2006, *La médecine scolaire à Djibouti,* Enquête pilote 2005-2006, Paris, POPINTER, UNFPA.

Belbéoch O., Charbit Y., Houssein S. H., 2008, *La population de Djibouti, recherches socio-démographiques*, Paris, l'Harmattan.

Bonte P. et Izard M. (éds.), 2002 (1991), *Dictionnaire de l'ethnologie et de l'anthropologie*, Paris, PUF.

Carillon S. et Petit V., 2009, La pratique des mutilations génitales féminines à Djibouti : une "affaire de femmes" entre les mains des hommes, *Autrepart*, n° 50, 13-30.

Crozier M. et Friedberg E., 1977, *L'acteur et le système*, Paris, Le Seuil.

Desrosières A., 1993, *La politique des grands nombres. Histoire de la raison statistique*, Paris, La Découverte & Syros.

Dictionnaire de l'islam, religion et civilisation, 1997, Paris, Albin Michel (Encyclopaedia Universalis).

Digest Innocenti, 2005, *Changer une convention sociale néfaste : la pratique de l'excision/mutilation génitale féminine*, New York, UNICEF.

Direction de la statistique et des études démographiques, Ministère de la Santé, 2006, *Enquête Djiboutienne à Indicateurs Multiples,* Rapport préliminaire, Djibouti.

Direction de la statistique et des études démographiques, 2004, *Enquête Djiboutienne sur la santé de la famille, PAPFAM,* Rapport principal. Djibouti.

Fassin D. et Memmi D., 2004, Le gouvernement de la vie, mode d'emploi, in Fassin D. et Memmi D. (éds.), *Le gouvernement des corps*, Paris, EHESS, 9-33.

Foucault M., 2009, *Sécurité, territoire, population. Cours au Collège de France, 1977-1978*, Paris, Gallimard-Seuil.

Gardet L., 1982, *L'Islam, religion et communauté*, Paris, Desclée de Brouwer.

Ministère de la promotion de la femme, 2006, *Stratégie Nationale pour l'abandon de toutes formes d'excision*, Djibouti.

Petit V. et Carillon S., 2007, *Société, familles et individus face à une « question de femmes ». Déconstruire et analyser les décisions relatives à la pratique des MGF à Djibouti.* Rapport à l'intention de l'UNFPA et UNICEF, Paris, POPINTER.

CHAPITRE 9. INDIVIDUS, FAMILLES ET POLITIQUE DE DEVELOPPEMENT A LA REUNION

Franck TEMPORAL

Dans la typologie des réponses, la catégorie « héritées-orientées » a été présentée principalement dans une perspective socio-anthropologique centrée sur les individus, les familles et les communautés. Les valeurs héritées de leurs cultures sont orientées par des acteurs tels que les Etats et les acteurs supranationaux en fonction d'objectifs qui leur sont parfois étrangers, tels que la réduction de la fécondité par l'adoption de la contraception. Si l'on déplace la caméra vers un autre point de mire, celui précisément des politiques de population, la dynamique du couple changement-réponse se complique. La pression démographique entraîne une réponse de nature politique : les investissements effectués dans le secteur de la santé, de l'éducation, de l'emploi. Ils ont pour objectif de limiter les conséquences de la vague démographique qui « déferle » dans les crèches, les écoles primaires, le cycle secondaire, puis sur le marché de l'emploi.

Mais pour évaluer l'efficacité de cette réponse institutionnelle, il faut se focaliser sur les réactions des populations ciblées par ces mesures. Sont-elles ou non intériorisées ? Les populations adhèrent-elles à ces politiques ? En saisissent-elles en profondeur les enjeux ? Tels sont les objectifs de ce chapitre qui présente un territoire où la pression démographique a suscité une réponse politique fortement volontariste. La typologie marquait l'importance de la dimension psychosociologique des réponses. Parler de préférences et d'orientations, c'est s'attacher aux attitudes, aux opinions, aux représentations, qui sous-tendent les comportements observés. Evaluer l'efficacité des mesures prises par les acteurs institutionnels ne peut se limiter aux processus de réception psychosociologiques. Les individus qui adopteront ou non la contraception, qui émigreront ou non, le feront en fonction de déterminismes socio-économiques. Le capital social, culturel, hérité de leur famille va très probablement conditionner les décisions prises individuellement. C'est dire que les trois niveaux d'analyse, macro (Etat), méso (familles, communautés), micro (individu) sont indissociables.

Concrétisons cette problématique dans le cas de La Réunion. En première analyse, une situation de pénurie et de sous-développement caractérisait l'île de La Réunion au moment de sa départementalisation. La forte croissance démographique et la hausse continue du chômage ont conduit les pouvoirs publics à mettre en place une politique de contrôle des naissances et d'émigration vers la Métropole qui reste, encore aujourd'hui, très incitative. Le départ de l'île pour suivre des études ou pour un emploi à l'extérieur a été une alternative privilégiée par de nombreux jeunes adultes confrontés à de fortes difficultés d'insertion sur place. Cependant, malgré l'élargissement de l'éventail des aides publiques à la mobilité, les individus ne sont pas tous égaux devant la migration et les départs concernent plus spécifiquement les jeunes actifs, notamment les plus diplômés. Enfin, ce chapitre illustre l'importance des déterminants familiaux de la migration et conclut sur la nécessité de faire varier les niveaux d'analyses micro, méso et macro pour l'étude des migrations et de leurs déterminants.

UN DEVELOPPEMENT IMPULSE DE L'EXTERIEUR

La Réunion, île vierge, a été découverte au 16e siècle par les navires de passage. Elle est une possession française depuis 1638, sous le nom d'île Bourbon et a depuis toujours été rattachée à la France[1]. Sa mise en valeur ne viendra que plus tard avec la création de la Compagnie des Indes Orientales (1665). Dès ses débuts, le projet colonial oriente l'économie de La Réunion vers la production agricole et, peu à peu, la monoproduction de café puis de sucre s'impose. Cette orientation vers une monoculture d'exportation devant répondre aux besoins de la France aura des conséquences importantes sur le peuplement et les rapports sociaux. La traite des esclaves, puis l'engagement de travailleurs indiens et chinois, permettent d'obtenir une main-d'œuvre abondante et bon marché nécessaire à la mise en valeur de l'île. Le système inégalitaire de la plantation et les rapports de domination caractérisent le passé de La Réunion et ils vont se maintenir jusqu'à la départementalisation.

Une départementalisation sur fond de misère sociale

En 1945, la population de l'île atteint 221 000 habitants, elle est composée de groupes ethniques divers qui vivent de façon cloisonnée. La société est divisée : une minorité constituée de grands propriétaires possède l'ensemble des richesses alors que la majorité de la population vit dans la misère. L'île est sous-équipée, l'économie est en berne, la situation sanitaire et sociale est désastreuse. C'est dans ce contexte de pauvreté qu'apparaissent les premières revendications visant à changer le statut de La Réunion (Vaxelaire, 2004). La loi du changement de statut est votée à l'unanimité par l'Assemblée nationale le 19 mars 1946. Elle transforma les « anciennes colonies »

[1] A l'exception de l'occupation anglaise de 1810 à 1815 durant les guerres napoléoniennes (Vaxelaire, 1999).

composées de la Guadeloupe, de la Martinique, de la Guyane et de La Réunion en départements français d'outre-mer (DOM).

Le choix du rapprochement avec la France fait que La Réunion jouit aujourd'hui du statut institutionnel de Département français d'outre-mer (DOM), de Région française D'outre-mer (ROM) et de Région Ultrapériphérique de l'Europe (RUP). Ce rattachement institutionnel à la France et à l'Europe a un effet structurant sur les caractéristiques économiques et sociales de La Réunion. Ce statut a eu une influence considérable sur son développement. Les transferts financiers continus de l'Etat puis de l'Europe, ont permis la mise en place des infrastructures nationales et ont contribué à la modernisation de la société dans son ensemble. Peu à peu, les institutions et la législation d'Etat ont été implantées dans l'île et elle possède aujourd'hui les mêmes infrastructures administratives que les départements de la Métropole. Aujourd'hui encore, les transferts publics jouent un rôle moteur dans l'économie réunionnaise. Ces transferts permettent de soutenir le développement, de faire face aux handicaps structurels liés à l'insularité et à l'éloignement, mais aussi d'atténuer les effets des déséquilibres économiques et sociaux, notamment le sous-emploi de la population.

Avec la départementalisation, le premier objectif de l'Etat français a été d'améliorer l'état sanitaire et les conditions d'hygiène de La Réunion en luttant contre les parasitoses, en lançant des campagnes d'alimentation et de vaccination et en développant un système de soins performant. L'amélioration des conditions de vie de la population est passée également par la mise en place et le développement rapide des infrastructures sanitaires et éducatives qui vont avoir des conséquences importantes sur la croissance démographique de l'île. On assiste à la construction d'hôpitaux, de centres de planification familiale, de dispensaires, d'écoles. Un grand programme de lutte contre les maladies endémiques se met en place. Dans le même temps, des actions de lutte contre l'habitat précaire et insalubre voient le jour. Peu à peu la situation sanitaire et alimentaire de l'île s'améliore pour atteindre un niveau de développement comparable aux départements métropolitains à la fin des années 1990. Cette révolution sanitaire, très rapide, va entraîner un accroissement démographique sans précédent.

Une forte croissance démographique…

Les progrès sanitaires et sociaux ont eu pour conséquence une réduction rapide de la mortalité suivie plus tardivement de celle de la natalité. Le taux brut de mortalité qui s'établissait à 21,0‰ en 1946 a connu une chute spectaculaire, il atteignait 8,7‰ en 1967, 6,5‰ en 1974 et 5,4‰ en 1999. « Cette baisse (considérable) a été à la fois continue et continuellement ralentie » (Festy et Hamon, 1983 : 6). La chute importante des premières années s'explique par le recul des maladies infectieuses et parasitaires. Par la suite, les progrès en matière de santé ont été moins rapides et l'allongement de la durée de vie constitue la principale cause de la poursuite de la baisse la mortalité. Le nombre de décès, proche de 5 000 par an au moment de la départementalisation a chuté pour atteindre 3 800 en 1999, cela malgré la forte augmentation de la population sur la période. Il augmente de nouveau depuis 2006 avec les premiers signes du vieillissement de la population et les décès en plus grand nombre de personnes âgées.

Après la départementalisation, la natalité s'est maintenue à un niveau élevé en raison du fort potentiel reproductif de la population marquée par sa jeunesse. Le nombre de naissances a même connu une hausse prononcée après 1946. La conclusion de certains mariages empêchés par la guerre et surtout l'espoir d'amélioration des conditions de vie lié au changement de statut nourrissent la croissance démographique (Lardoux, 2002). En 1946, les naissances s'élèvent à un peu plus de 9 000 ; elles vont augmenter pour culminer à près de 17 000 en 1965 avant d'entamer une baisse lente (Ah Son, 1996). Les années 1950, puis dans une moindre mesure les années 1960, se caractérisent par des taux de natalité exceptionnellement élevés (entre 40 et 50‰) (Festy et Hamon, 1983). Jusqu'à la fin des années 1960, la fécondité des Réunionnaises était proche du régime « naturel » et atteignait les limites physiologiques (entre 6 et 7 enfants par femme), aujourd'hui, cet indice reste au-dessus du seuil de renouvellement des générations (2,4 en 1999 et en 2006). La figure 1 permet de synthétiser les grandes évolutions démographiques à La Réunion de la départementalisation à nos jours. On voit clairement, qu'à compter du début des années cinquante jusqu'à la fin des années soixante, l'écart entre les taux de natalité et de mortalité n'a cessé de croître entraînant une hausse exceptionnelle de l'accroissement naturel sur la période.

Figure 1. L'accroissement naturel à La Réunion

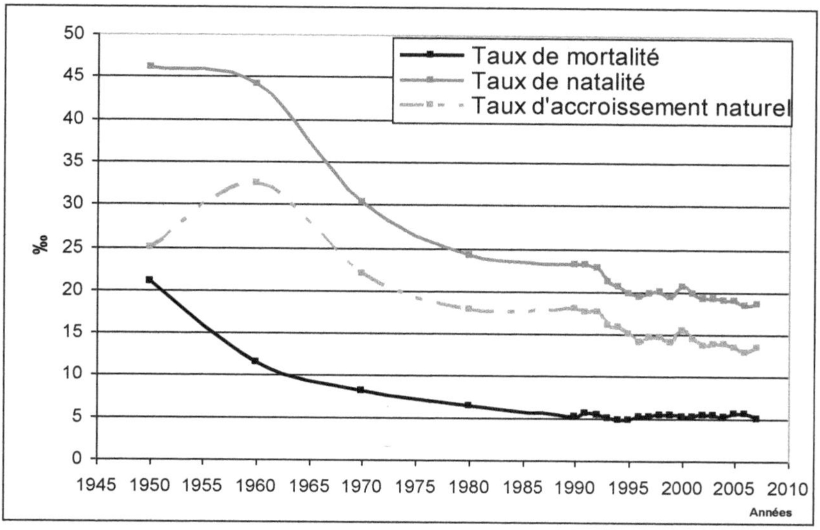

Sources : INSEE, Etat civil – estimation de population au 31/12- (Bilans démographiques)

La transition démographique de La Réunion a été courte en durée et haute en accroissement (Festy et Hamon, 1983 ; Martinez, 2001). On peut dater le début de cette transition en 1931 avec le début de la baisse de la mortalité qui a été temporairement enrayée en raison des difficultés économiques de l'île dans la période d'après guerre. Le taux de mortalité est passé de 31‰ en 1931 à 18‰ en 1952. Dans le même temps, la natalité connaît une hausse spectaculaire pour atteindre un niveau record en 1952 (51,3‰). Au cours de cette première phase de transition, La Réunion connaît un rapide accroissement de sa population en raison de l'excédent des naissances sur les décès. C'est la première fois que la croissance naturelle supplante l'immigration et explique l'essentiel de la croissance démographique. Le taux d'accroissement naturel augmente fortement, il passe de 4,0‰ en 1931 à 33,2‰ en 1952. En un peu plus de 20 ans la population de l'île croît de 30%.

La deuxième phase qui s'étale de 1952 à 1967, représente le cœur de la transition démographique réunionnaise ; c'est au cours de cette période que va se produire « l'explosion démographique ». Le taux de mortalité poursuit sa tendance à la baisse, il passe de 18,1‰ en 1952 à 8,7‰ en 1967. Dans le même temps, la natalité diminue lentement mais se maintient à un niveau encore très élevé jusqu'à la fin des années 1960 (43‰ en 1965, 38,6‰ en 1967). Au cours de cette période, les naissances augmentent et leur nombre dépasse très largement celui des décès (16 000 naissances pour 3 500 décès en 1967). Il en résulte un fort accroissement naturel qui sera supérieur à 30‰. En l'espace de 15 ans, la population réunionnaise augmentera de plus de moitié (+ 52,5%) avec un taux d'accroissement annuel de l'ordre de 3% en moyenne. Ce boom démographique a modelé la structure par âge de La Réunion d'aujourd'hui et les conséquences de ce fort accroissement sont multiples et encore très actuelles.

La troisième phase de la transition démographique débute en 1967, mais la fin de transition s'attarde à La Réunion en raison du maintien d'un nombre élevé de naissances qui s'explique par la jeunesse de la population. De 1967 à 1980, les naissances chutent, le taux de natalité suit une diminution lente, il passe de 28,4‰ à 24,2‰. La baisse de la mortalité se ralentit dans le même temps entraînant une diminution de l'accroissement naturel (17,8‰ en 1980 contre 21,9‰ en 1967). La transition démographique de La Réunion que l'on peut qualifier d'« accélérée » n'est pas totalement achevée car la natalité et la fécondité encore hautes entraînent une croissance positive de la population.

(...) qui justifie la mise en place de la planification familiale

Cette forte croissance démographique a conduit les services de l'Etat français à mettre en place une politique active de contrôle des naissances dès la fin des années soixante. Cette politique de limitation des naissances est relayée notamment par l'Association Réunionnaise d'Orientation Familiale (AROF) qui accompagne les changements de comportement des femmes. L'AROF est un point clé de la planification familiale à La Réunion depuis sa création en 1966 (Morlas, Paugam et Verhille 1992). Les centres de l'AROF se développent progressivement sur l'ensemble du département, les messages d'information en matière de planification familiale puis la promotion et la diffusion massive de moyens contraceptifs modernes et efficaces expliquent pour beaucoup la forte diminution de la fécondité et de la natalité. A partir de la fin des années soixante apparaît un changement de comportement, les taux de fécondité amorcent une baisse rapide et continue. L'indice conjoncturel de fécondité (ICF) connaît une chute spectaculaire entre 1967 et 1974, de 6,42 à 3,88, soit une baisse de 40% en seulement 7 ans. Pendant ces 13 années, la population réunionnaise va ralentir sa progression (+ 2% par an en moyenne entre 1967 et 1982) sous le double effet du ralentissement de l'accroissement naturel et de l'émigration[2] massive des jeunes Réunionnais vers la Métropole.

[2] Nous utilisons ici le terme d'émigration, bien qu'il s'agisse du déplacement d'individus entre deux régions appartenant au même ensemble national. La migration des Réunionnais vers la Métropole, bien qu'ayant de nombreux points communs avec les migrations internationales (distance, coûts financier et psychologique, etc.) est une mobilité interne à un pays.

La baisse très marquée de la fécondité s'explique par une révolution des mentalités et des comportements. La volonté des femmes de réduire leur descendance, a été facilitée par l'accès aux moyens contraceptifs modernes depuis la mise en place de la planification familiale (Festy et Hamon, 1983 ; Ah Son, 1996). La croissance se ralentit sous l'effet des premiers départs de Réunionnais en Métropole organisés par les services de l'Etat français (Ah-Son, 1996 ; Rallu et Diagne, 2005). Ces évolutions démographiques sont inscrites dans un contexte global de mutation de la société réunionnaise marquée par des changements sociaux rapides et profonds. Il est ainsi difficile d'isoler la part de chacun des facteurs pouvant expliquer cette baisse brutale de la fécondité[3] : politique de planification familiale et notamment les actions de l'AROF (Morlas, Paugam et Verhille, 1992), mise en place d'une politique d'émigration en direction de la Métropole, influence de l'immigration dans la diffusion de valeurs nouvelles et notamment d'un modèle de famille nucléaire (Squarzoni, 1992), urbanisation et améliorations de l'habitat (Wattin, 1992), développement économique et social enfin : accroissement des conditions de vie, autonomisation des femmes et de l'activité féminine (Bertile, 1992), progrès de la scolarisation (Simonin et Wolf, 2003).

La hausse du chômage : naissance d'une politique d'émigration

Notre objet est d'illustrer ici les liens historiques étroits entre migrations et développement à La Réunion. L'analyse des déterminants économiques et institutionnels de la migration montre que ceux-ci ont toujours constitué une variable privilégiée du développement, adossée ou associée aux politiques publiques de formation, d'éducation et d'emploi. Cette politique d'émigration est liée à la croissance démographique mais aussi à la forte hausse du chômage qui l'a accompagnée. L'augmentation très rapide de la population totale a eu un effet important sur la croissance de la population active : le nombre d'actifs a augmenté plus rapidement que celui des emplois créés, créant de nouveaux chômeurs. De 1967 à 1999, la population active a augmenté de 175%, la population active occupée et donc le nombre d'emplois de 84% et le nombre de chômeurs de plus de 770% (Tableau 1).

L'emploi et le chômage ont donc grandi ensemble mais le rythme de progression du chômage a été nettement plus rapide que celui des emplois. Cette croissance démographique très élevée, ainsi que la montée du chômage, ont conduit les responsables publics à mettre en place une politique d'émigration. Plusieurs expériences ont alors été pensées avec pour objectifs affichés de

---

[3] Plusieurs communications du colloque *Fécondité et insularité* organisé par le Conseil Général de La Réunion en 1992 se sont intéressées aux déterminants de la baisse de la fécondité à La Réunion (Conseil Général de La Réunion, 1992, *Les actes du colloque international Fécondité et insularité*, Saint-Denis de La Réunion, 11 au 15 mai, tomes 1 et 2).

lutter contre la croissance démographique et le chômage en faisant partir des jeunes actifs en mal d'insertion. L'émigration comme solution aux difficultés d'emploi de la population de l'île n'est pas un fait nouveau à La Réunion. Déjà au 18e siècle, le départ vers les Seychelles et Rodrigues était préconisé pour répondre à la prolétarisation de la population blanche (Chane-Kune, 1996). A plusieurs reprises, la « diaspora réunionnaise » a tenté de s'établir en Nouvelle Calédonie, à Maurice et surtout à Madagascar (Bertile et Lorraine, 1996).

Tableau 1. Evolution de la population et du taux de chômage aux recensements

	1967	1974	1982	1990	1999
Population en âge de travailler (15-64 ans)	211 641	250 180	318 279	386 296	466 290
Population active	108 600	132 381	176 142	233 622	298 847
Population active occupée	94 334	106 885	118 853	146 253	173 677
Chômeurs	14 266	25 496	54 516	86 108	124 303
Taux de chômage % (recensement)	13,1	19,3	31,0	36,9	41,6

Source : INSEE, Recensements de la population (AFD-IEDOM-INSEE 2004 : 20).

L'idée d'une émigration de petits propriétaires réunionnais démunis en direction de Madagascar est relancée entre les années 1940 et les années 1950[4]. Le BDPA (Bureau pour le Développement de la Production Agricole) créé en 1950 se tourne alors vers la grande île voisine, Madagascar, afin d'y implanter les petits cultivateurs des hauts de La Réunion confrontés à la pénurie de terres et à la diminution des emplois dans le secteur agricole (Palmas, 2005). La SAKAY[5] voit ainsi le jour en 1952 ; elle durera jusqu'en 1977. L'expérience de la SAKAY soutenue politiquement et financièrement[6]

[4] Trois rapports remis aux autorités (1941, 1948 et 1950) décrivent la nécessité d'organiser un mouvement d'émigration vers Madagascar pour répondre au problème du surpeuplement de La Réunion et pour répondre aux difficultés des plus démunis, notamment les petits propriétaires blancs des hauts de l'île (Palmas, 2005, 1999)

[5] Le terme de Sakay désigne un fleuve et une région situés dans le moyen-Ouest malgache, distante d'environ 140 kilomètres à l'Ouest de Tananarive.

[6] Le BDPA reçoit une aide de l'Etat par l'intermédiaire du FIDOM (Fonds d'Investissement pour le Développement Economique et Social des DOM) qui alloue des fonds pour la mise en place de la SAKAY et lui procure des terres à Madagascar (1 200 ha).

par l'Etat français, consistait à implanter des Réunionnais accompagnés de Métropolitains et de Malgaches afin de mettre au point et de valoriser une production agricole viable. Cette expérience de la SAKAY fut la première tentative de gestion institutionnelle de l'émigration des Réunionnais vers l'extérieur. Elle a été de courte durée et les objectifs quantitatifs non remplis car la proclamation de la République malgache en 1958, suivie de l'indépendance du pays en 1961, remettra en cause l'installation des nouveaux arrivants (Palmas, 2005). Peu à peu le projet décline et les conflits avec les Malgaches deviennent récurrents. Le flux migratoire se tarit dès 1962.

Dès les années 1960, devant le constat que la SAKAY ne peut et ne pourra pas constituer une solution durable pour répondre aux difficultés liées à la croissance démographique de l'île, l'Etat français met en place une nouvelle politique migratoire de La Réunion vers la Métropole. Une société d'Etat, le BUMIDOM (Bureau des migrations des populations d'outre-mer), est créée. Le Bureau est chargé de la gestion et de l'organisation de l'émigration des natifs des DOM vers la France métropolitaine.

L'activité du BUMIDOM se situe dans le prolongement direct de la SAKAY. Créé en juin 1963, à l'instigation de Michel Debré alors député de La Réunion[7], le BUMIDOM est une société d'Etat. Il poursuit les mêmes objectifs que le BDPA à la différence qu'il ne concerne plus seulement les travailleurs pauvres du secteur agricole mais l'ensemble des habitants et qu'il ne s'agit pas de mettre en œuvre un flux modéré mais bien d'organiser un mouvement d'émigration de masse. Le BUMIDOM n'est qu'un volet de la politique de développement que mène le député Michel Debré à La Réunion. Dès son élection en 1963, c'est sous son impulsion que s'engage réellement la politique volontariste de rattrapage économique et social sur le modèle de la Métropole. Le point de départ de cette politique de développement qui concerne tous les secteurs de la société (infrastructures routières, portuaires et aéroportuaires, état sanitaire, logement, éducation, système social, emploi, etc.), consiste à résoudre le problème démographique par une politique de limitation des naissances. Dans ce contexte, la mise en place des centres de planification familiale de l'AROF notamment, a constitué la réponse interne alors que l'émigration vers la Métropole était le moyen externe de réguler la croissance démographique tout en s'attaquant au problème du chômage (Gauvin, 2006a).

---

[7] Michel Debré a été député de La Réunion de 1963 à 1988. Il a engagé une politique volontariste de développement économique et social à La Réunion au cours des années soixante. L'historien Gilles Gauvin a consacré plusieurs ouvrages à l'action de Michel Debré. Lors d'une conférence à l'Université de La Réunion, il synthétise l'action du député de La Réunion en trois grandes « batailles » : « la bataille démographique », « la bataille économique » et « la bataille sociale » (Gauvin 2006a, 2006b).

La création du BUMIDOM voit le jour alors que La Réunion est touchée par un sous-emploi chronique et que le climat social, en raison des revendications autonomistes des partis de gauche, est particulièrement tendu. Les difficultés d'insertion professionnelle des jeunes « poussent les pouvoirs publics à institutionnaliser la migration comme principale solution de lutte contre le chômage » (Labache, 2007). Ainsi, dès sa mise en œuvre le BUMIDOM poursuit trois objectifs : démographique, économique et politique. Il s'agit premièrement de répondre au défi de la croissance démographique qualifiée de « galopante » que connaît La Réunion dans les années soixante en faisant partir des jeunes hommes et femmes en âge de procréer. Il s'agit dans le même temps de répondre aux difficultés d'insertion professionnelle des travailleurs inoccupés de La Réunion en essayant de leur procurer un emploi en Métropole ou de parfaire leur formation. Enfin, le troisième objectif est politique. Devant les troubles sociaux naissant du problème du sous-emploi et pour faire face aux mouvements progressistes et aux revendications autonomistes, notamment des partis de gauche, la solution de l'émigration, défendue par les conservateurs, apparaît comme une « soupape de sécurité » devant permettre de préserver la paix sociale dans les DOM (Bertile et Lorraine, op. cit.).

A sa création, l'activité centrale du BUMIDOM consistait à recruter et à sélectionner les candidats pour un placement direct auprès d'un employeur métropolitain ou pour une formation professionnelle. Une autre activité importante du BUMIDOM consistait à inciter les jeunes au départ, c'est-à-dire, à susciter en quelque sorte, des candidatures pour l'émigration. De véritables campagnes de communication visant à inciter les jeunes au départ ont vu le jour, de nombreuses propositions très positives comme « partir en Métropole pour y faire fortune », « trouver un emploi rapidement avec possibilités d'évolutions professionnelles rapides », inciteront des milliers de jeunes domiens à tenter leur chance hors de leur département d'origine (Labache, op.cit.). Au cours de cette période, le « mythe de la France », synonyme de promotion sociale, véhiculé par le BUMIDOM exerçait un attrait sur les populations des DOM confrontées à la montée du chômage (Bertile et Lorraine, op.cit.).

Ces incitations au départ étaient d'autant plus importantes que l'activité du BUMIDOM reposait sur des objectifs quantitatifs planifiés par les décideurs : les objectifs fixés au BUMIDOM pour La Réunion atteignaient 8 000 départs par an (Tal, 1976). G. Gauvin rapporte à ce propos qu'un rapport parlementaire datant de 1961 estimait qu'il fallait maintenir le chiffre de la population de l'île à 500 000 habitants afin d'assurer le développement économique et social, ce qui impliquait selon ce rapport « le départ chaque année de 4 000 jeunes de 18 à 25 ans » (Gauvin, 2006a). L'auteur note également que Michel Debré avait fixé un objectif qu'il qualifiait « d'impératif » de 6 000 à

8 000 départs annuels au début des années 1970. Ces objectifs quantitatifs étaient donc planifiés et réajustés en fonction des prévisions démographiques et des résultats de l'activité du bureau. Pour tenter de répondre à cet impératif quantitatif, les critères qualitatifs de sélection des candidats à l'émigration vont être peu à peu assouplis ; ce qui permettra à des candidats peu (voire pas) qualifiés de tenter l'expérience de l'émigration. Cet abaissement des critères sélectifs sera en partie responsable de situations d'échec d'insertion des migrants.

Les effectifs au départ vont rapidement augmenter. Dès le recensement de 1967, le nombre d'émigrants devient significatif. L'action du BUMIDOM va peu à peu être prépondérante. Entre 1961 et 1967, l'INSEE estime que les partants du BUMIDOM représentent entre 66 et 70% des émigrants (INSEE, 1987a). Cette proportion dépassera les 95% entre les recensements de 1967 et 1974. Le nombre de départs atteint près de 4 000 par an en moyenne au tournant des années 1970. Au cours de la période suivante, l'augmentation est plus prononcée encore ; le nombre de départs a plus que doublé pour atteindre un maximum de plus de 8 000 départs en moyenne par an entre 1974 et 1982. Au cours de cette période, le solde migratoire négatif a réduit de 30% la croissance démographique à La Réunion (Marie et Temporal, 2011). Après 1975, la crise en Métropole et les critiques de plus en plus virulentes des élus de la gauche réunionnaise, rendent plus difficile l'action du BUMIDOM. Un mouvement d'émigration spontanée se développe alors en parallèle de l'émigration organisée, la proportion des émigrants partie avec le bureau chute à environ 50% des partants (INSEE, op.cit.).

A partir des années 1980, l'accent ne sera plus mis sur le départ vers la Métropole mais sur l'insertion des migrants dans la société d'accueil (Bertile et Lorraine, op.cit.). En 1982, l'Agence Nationale pour l'insertion et la promotion des Travailleurs d'Outre-mer est créée pour remplacer le BUMIDOM. La création de l'ANT témoigne officiellement de l'arrêt de l'incitation à l'émigration des populations des DOM en Métropole qui était déjà en cours dans les faits depuis 1975. A la différence du BUMIDOM, l'objectif de l'ANT n'est plus d'organiser ou de favoriser les départs des DOM vers la Métropole mais plutôt de viser à l'insertion sociale et professionnelle des émigrants déjà présents sur le continent. Il s'agit à présent de maintenir les liens des émigrants avec leur île d'origine et si nécessaire de favoriser les retours pour ceux qui éprouvent le plus de difficultés. Le changement de cap est très net ; il signe la fin de l'organisation de l'émigration comme un objectif politique, l'insertion des Réunionnais en migration mais également sur l'île est privilégiée. On constate ainsi le rôle central joué par les pouvoirs publics dans l'organisation d'un courant d'émigration de La Réunion vers la Métropole.

DE L'EMIGRATION A LA MOBILITE : ENTRE IMPERATIF ET CHOIX POUR LES INDIVIDUS

Dans les faits, dès les années 1970, les responsables politiques se sont rendu compte que l'émigration ne constituait pas une réponse suffisante pour résoudre les problèmes de la croissance démographique et de la montée du chômage. Le chômage, loin d'être endigué, a continué de croître. L'organisation de l'émigration n'ayant pas produit les effets escomptés, les responsables prennent alors conscience que seule une politique démographique et économique dynamique au sein des départements d'outre-mer permettra de lutter contre le problème de sous-emploi (Constant, 1987). C'est la fin de la logique de transfert démographique de population d'un département à un autre dans un cadre national. L'émigration doit être un choix libre, laissé à l'initiative des populations ; il ne s'agit plus d'un acte politique décidé, encouragé et organisé par les pouvoirs publics.

Le discours politique change ainsi que le vocabulaire utilisé. A La Réunion, on ne parle plus désormais de « migration » mais de « mobilité ». Le terme de « migration » présent dans l'intitulé même du BUMIDOM, laisse entendre le déplacement d'un pays à un autre. A l'inverse, l'apparition du terme de « mobilité » renvoie plus spécifiquement au déplacement de population d'une région à une autre au sein d'un même ensemble national. Le vocabulaire utilisé a son importance, car cette notion de mobilité est également moins marquée par la longue durée ou le caractère définitif du départ ; au contraire, on perçoit une dimension plus temporaire et en tout cas plus « réversible ». Les originaires des DOM ne sont ainsi plus perçus comme des « migrants » mais bien comme des citoyens français en déplacement transnational (Labache, Medea et Verges, 2005). Ainsi, depuis le début des années 1980, le concept de mobilité a remplacé celui de migration ; il fait partie du vocabulaire utilisé communément par la population et les responsables politiques depuis une vingtaine d'années à La Réunion. Le terme de mobilité reflète mieux les objectifs de l'ANT privilégiant non plus directement l'emploi en Métropole mais plutôt la possibilité de suivre une formation avant un éventuel retour dans le département. Le changement d'orientation de la politique de mobilité et la création de l'ANT ont réduit le nombre de départs de La Réunion vers l'extérieur au début des années 1980 (5800 départs en moyenne par an).
Cet arrêt de l'incitation au départ aura été de très courte durée puisque les émeutes associées au quartier du Chaudron en 1991[8] vont à nouveau mettre

[8] En février et mars 1991, La Réunion a connu des émeutes (soulèvements, affrontements avec les forces de l'ordre, pillages de magasins) sans précédent, principalement localisées dans le quartier du Chaudron. Une décision du Conseil Supérieur de l'Audiovisuel visant l'arrêt des émissions de Télé Freedom a été le déclencheur de ces événements (Akoz, 2001).

en avant les difficultés de la jeunesse réunionnaise confrontée à un sous-emploi généralisé et replacer la question de l'émigration des jeunes Réunionnais sur le devant de la scène politique locale et nationale. Le départ des jeunes pour une formation et/ou un emploi en Métropole est à nouveau fortement encouragé par l'Etat et les collectivités locales. Il s'agit comme précédemment de réduire les tensions sur le marché du travail en « exportant » une part de la main-d'œuvre et en privilégiant la formation professionnelle tout en apportant une réponse aux mouvements sociaux et ainsi préserver la paix sociale sur l'île.

Une réponse orientée : les aides à la mobilité

Depuis les années 1990, à la différence des autres DOM, la politique de mobilité est restée très active à La Réunion. Les campagnes de publicité valorisant les réussites professionnelles des jeunes Réunionnais en mobilité se multiplient dans les médias et l'incitation au départ reste très forte. Si le choix du départ est laissé à la libre appréciation de l'individu, celui-ci se voit très souvent proposer un départ en mobilité. Aujourd'hui, la mobilité est présentée comme un instrument au service du développement de La Réunion, comme une chance en termes d'épanouissement individuel ou encore un outil mis au service de l'insertion professionnelle en Métropole et/ou après un retour dans le Département. Les objectifs sont très clairement associés aux domaines de la formation et de l'emploi. Il s'agit d'aller se former ou d'acquérir une expérience professionnelle à l'extérieur, principalement en Métropole, avant un éventuel retour dans le Département. Des slogans comme « *partir pour mieux revenir* », « *partir pour acquérir une formation ou une expérience professionnelle* » voient le jour. La possibilité d'un retour est mise en avant et celui-ci est facilité[9]. La relance de la politique de mobilité par les pouvoirs publics depuis les années 1990 est une réalité qui se vérifie par les flux. Le nombre de départs augmente à nouveau entre 1990 et 1999 (6 800 départs en moyenne par an).

La migration des natifs de La Réunion est donc fortement encadrée par les pouvoirs publics qui en assurent la prise en charge. La politique et les dispositifs actuels de mobilité diffèrent de la période précédente : le départ en mobilité apparaît plus aujourd'hui comme un choix volontaire, une possibilité offerte aux individus. Les dispositifs, nombreux, permettent « une mobilité à la carte » répondant aux besoins du plus grand nombre. Les objectifs sont néanmoins identiques : il s'agit de lutter contre le chômage et de favoriser l'insertion sociale et professionnelle. De réponse politique au

[9] La plupart des dispositifs d'« aide à la mobilité » qui prennent en charge le départ à travers le financement du billet d'avion et une aide à l'installation, prévoient en effet une aide au retour.

problème de la croissance de la population et du chômage, l'émigration devient une opportunité pour les individus de parfaire leur formation ou de partir acquérir une expérience professionnelle.

Les déterminants individuels et familiaux de la mobilité

Le contexte socio-économique difficile des départements d'outre-mer, marqué notamment par un fort taux de chômage dont les premières victimes sont les jeunes de ces départements, ne s'est pas amélioré au cours des dernières décennies. Les jeunes n'accèdent que très difficilement à l'emploi durable et lorsqu'ils se portent sur le marché du travail plus d'un sur deux est confronté au chômage : 59,8% des 15-24 ans sont au chômage à La Réunion en 2011 selon l'enquête emploi. Dans ce contexte de forte concurrence sur le marché du travail, la politique de mobilité en direction de la jeunesse a une importance considérable.

Avec l'élargissement du principe de la continuité territoriale aux départements d'outre-mer depuis 2003 et la mise en place du passeport mobilité à destination des étudiants et plus largement des résidents des DOM désirant suivre une formation professionnelle ou à la recherche d'un emploi, les aides publiques au départ se sont beaucoup diversifiées offrant à tous la possibilité de partir en mobilité[10]. Cependant, tous les individus ne font pas le choix de la migration. Alors que l'appel à l'émigration du BUMIDOM visait les générations de jeunes adultes des milieux populaires, le plus souvent peu scolarisés et ayant des perspectives professionnelles limitées, les départs en mobilité les plus récents concernent principalement de jeunes actifs à la recherche d'un emploi, diplômés, auxquels se sont ajoutés des étudiants voulant poursuivre leur cursus dans une académie de Métropole. Calculé sur la période 1999-2006 (Figure 2), le solde global apparent relativement faible (-800) de la population en âge de travailler (15-64 ans) masque la très grande complexité des flux de populations (départs, arrivées, retours), dont les profils par âge, sexe et lieu de naissance varient notablement selon le flux considéré. Ce sont les départs de jeunes natifs (âgés de 15 à 34 ans) qui constituent la part la plus grande de ces mouvements (figure 2). En solde net[11], cette classe âge enregistre un déficit de près de 19 000 jeunes sur la période (12 000 hommes pour 7 000 femmes), soit une perte totale annuelle

[10] Depuis 2010, l'agence pour la mobilité des DOM (LADOM) remplace l'ANT. La nouvelle agence gère la plupart des dispositifs de mobilité, notamment ceux au titre de la formation professionnelle et initiale des adultes et étudiants, ceux relatifs à la continuité territoriale, la mobilité culturelle et sportive, etc. L'agence a aujourd'hui deux missions principales : la formation et l'insertion professionnelle des jeunes ultramarins, d'une part et l'aide à la continuité territoriale, d'autre part, pour faciliter la mobilité des populations d'outre-mer (www.ladom.fr).

[11] Différence entre les départs et les arrivées.

de 2 700. Passé 34 ans, le solde redevient positif du fait de retours en plus grand nombre. Les 35-64 ans affichent en effet un excédent de + 6 500 (soit un gain annuel de 900), avec une contribution féminine prépondérante soulignant le net déséquilibre par sexe des mouvements de retour (+ 4 800 contre +1 700 hommes). Mais ce solde positif après 35 ans est loin de compenser le départ des plus jeunes. Dans la population d'âge actif (15 à 64 ans), La Réunion a donc vu partir plus de natifs qu'il n'en est revenu : de 1999 à 2006, le déficit a approché 10 000 chez les hommes et 2 300 chez les femmes.

Figure 2. Soldes migratoires selon le groupe d'âge et le lieu de naissance - période 1999-2006 – Réunion

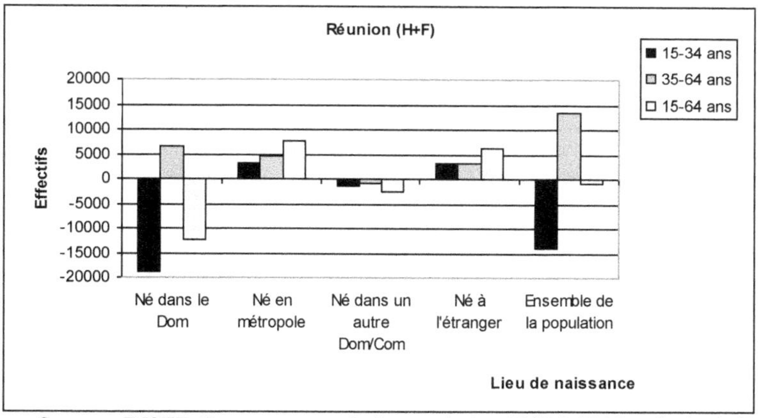

Source : INSEE, Recensements de la population 1999 à 2006, calculs de l'auteur

Les premiers résultats de l'enquête Migration, Famille et Vieillissement (MFV)[12] auprès de la population des DOM âgée de 18 à 79 ans donnent des informations complémentaires sur l'intensité des migrations. Sur 100 personnes natives de La Réunion âgées de 18 à 79 ans et vivant dans leur Département, la moitié (47%) l'a déjà quitté au moins une fois pour une durée inférieure à 6 mois et 26% l'ont quitté pour un séjour plus durable, égal ou supérieur à six mois, avant de revenir s'y installer (les « migrants-retour »). Seul un quart des natifs interrogés (26%) n'est donc jamais parti. Ces derniers affichent un profil socio-économique marqué par une très forte précarité et se distinguent très nettement de tous les autres : très faibles niveaux de diplôme, fort taux de chômage, part importante vivant au dessous du seuil de pauvreté, etc. Tout semble indiquer que leurs graves difficultés

12 « *Migrations, familles et vieillissement* » (MFV) est une enquête Ined-Insee (2009-2010) menée dans les quatre départements d'outre-mer. A La Réunion, 4 000 ménages ont été interrogés.

économiques et sociales rendent difficile tout projet professionnel et *a fortiori* toute perspective de mobilité, même de courte durée (Marie et Temporal, op.cit.).

Cette analyse centrée sur les natifs dans leur Département ne suffit pas à évaluer l'impact d'ensemble de l'émigration. Elle impose d'être complétée par l'étude de la situation de ceux qui, à la même date, vivent en France métropolitaine. En 2006, on comptait 105 000 Réunionnais en Métropole ; ce nombre est en progression continue depuis les débuts de la mise en place de la politique d'émigration sous l'égide du BUMIDOM. L'émigration des natifs de la Réunion en Métropole conserve sa caractéristique initiale de migration de travail. Sa pyramide des âges l'illustre parfaitement (Figure 3). Sa forme de toupie souligne la présence très majoritaire des adultes en âge de pleine activité : plus des trois quarts sont âgés de 20 à 59 ans. Elle met également en lumière la forte contribution des femmes d'âge actif, équivalente, voire supérieure à celle des hommes.

Le profil de ceux le plus nouvellement arrivés (dans les 5 ans précédant le recensement) est encore plus édifiant : la très grande majorité est âgée de moins de 40 ans et la moitié environ est âgée de 20 à 29 ans. La dynamique observée précédemment n'a pas changé : de jeunes adultes, autant des femmes que des hommes, quittent leur Département pour trouver un emploi ou suivre un cycle d'étude en Métropole. On ne saurait néanmoins négliger l'installation durable, sinon définitive d'une grande part de leurs aînés arrivés au même âge dans les années antérieures.

Figure 3. Pyramide des âges des natifs de la Réunion résidant en métropole en 2006

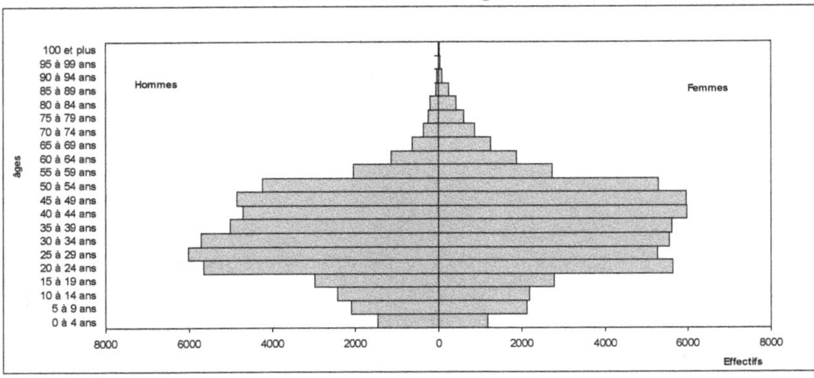

Source : INSEE, Recensement de la population, France métropolitaine

Organisés institutionnellement – au plus fort de leur croissance démographique – ces départs ont réduit les effectifs des classes d'âges féconds. Les retours, même s'ils s'accroissent, n'en compensent que très partiellement l'impact, tant la part de ceux installés durablement en Métropole demeure importante. Le rapprochement des données de recensements de Métropole et des DOM l'illustre parfaitement. En 2007, un natif de la Réunion sur sept résidait en Métropole selon les chiffres du recensement. Aux âges de pleine activité où se concentrent la majorité des émigrants installés en Métropole (15-64 ans), ce ratio atteint un natif de La Réunion sur cinq. C'est entre 20 et 30 ans que les ratios sont les plus hauts. Enfin, on remarque que les jeunes partis nombreux dans les années 1960-1970, au plus fort de la période d'émigration, et aujourd'hui âgés d'environ 45 à 55 ans, sont restés en très grand nombre en Métropole. Dans ces groupes d'âges, 20% des Réunionnais vivent en Métropole.

Figure 4. Natifs de La Réunion résidant en métropole sur l'ensemble des natifs (Réunion + Métropole) (en %)

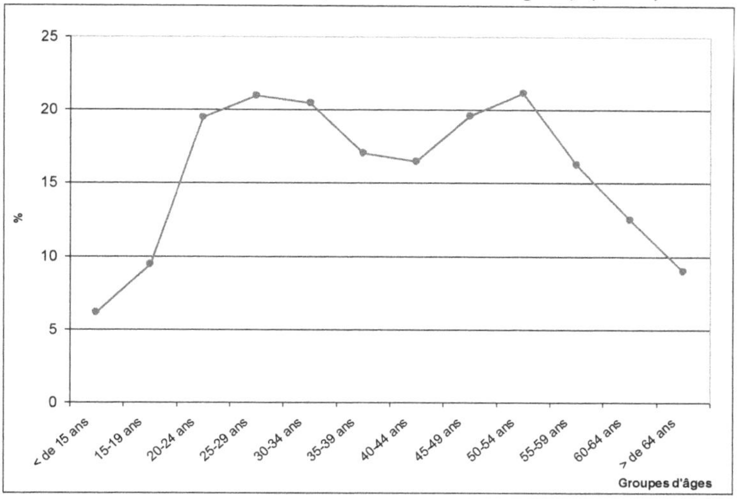

Source : INSEE, Recensements de la population 2007, Réunion et Métropole

Parce que l'emploi (avec la poursuite des études) est la première motivation au départ (Rallu et Marie, 2004), il s'opère également sur ce plan une forte sélection des populations, aussi bien au départ qu'au retour. C'est ce partage inégal que reflètent les ratios par niveau de diplôme ou statut d'activité selon le lieu de résidence[13]. En 2007, 32% des natifs de La Réunion diplômés du

[13] Rassemblant les natifs en âge de travailler (15-64 ans) qu'ils vivent dans leur Département ou résident en Métropole.

supérieur vivent en Métropole contre seulement 10% des « pas ou peu diplômés »[14] (Marie et Temporal, op.cit.). Pareillement : un quart des actifs occupés sont en Métropole[15], contre seulement 8% des chômeurs. Si l'on s'intéresse, dans les générations les plus jeunes (20-34 ans), aux diplômés du supérieur, l'inégalité du partage paraît encore plus nette : 34,5% d'entre eux résident en Métropole en 2007. A l'inverse, les « peu ou pas diplômés » du même groupe d'âge sont nettement moins présents en Métropole : seulement 11% des Réunionnais. Outre ses effets sur la structure démographique (âges, sexe et origine) des DOM, la migration impacte donc plus vivement encore la composition de leur population active et sa structure par diplôme.

Figure 5. Natifs de La Réunion résidant en Métropole sur l'ensemble des natifs (Réunion + Métropole)- en % - par niveau de diplôme

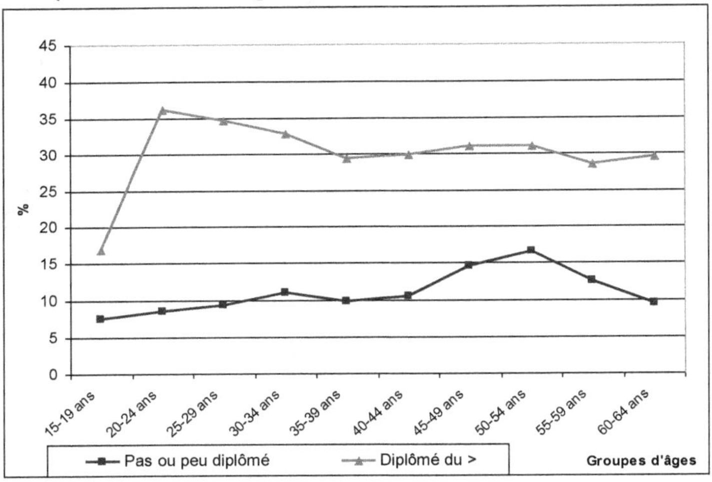

Source : INSEE, Recensement de la population 2007

Tous les individus ne sont donc pas également concernés par l'émigration. S'installent en Métropole, les jeunes, les plus diplômés et les actifs occupés. Cette sélection au départ se double d'une sélection au retour dans le département d'origine. Une fois contrôlés les effets de structure (âge, sexe, niveau de diplôme, catégorie sociale des parents, diplôme des parents), la probabilité d'avoir connu une migration dans le passé, puis d'être revenu s'installer dans son Département, est nettement plus élevée pour les natifs titulaires d'un diplôme supérieur ou égal au baccalauréat que les moins diplômés

[14] Individus n'ayant aucun diplôme, le certificat d'étude primaire ou le brevet des collèges (BEPC).

[15] Chez les jeunes de 25-29 ans, ce ratio atteint 28% pour La Réunion.

(Temporal, Marie et Bernard, 2011). Les hommes ont une probabilité de retour plus élevée que les femmes.

Au-delà de ces variations individuelles, le choix de la migration est également dépendant des caractéristiques familiales des individus. Ceux dont les parents sont cadres supérieurs et professions intermédiaires ont des probabilités d'avoir connu une migration beaucoup plus fortes que pour ceux dont les parents sont employés (Temporal, Marie et Bernard, op. cit.). L'impact des déterminants familiaux de la migration est très net concernant l'expérience migratoire antérieure des membres de la famille. Les natifs qui ont un membre de la famille proche[16] qui est actuellement en migration ou qui a migré dans le passé affichent des probabilités d'être eux-mêmes migrants de retour deux à trois fois supérieures à ceux dont les membres de la famille n'ont pas migré. Enfin, la situation familiale des individus joue un rôle important sur les intentions de mobilité. Les personnes en couple et celles qui ont des enfants sont toujours moins disposées au départ que les célibataires sans enfant. Les responsabilités familiales constituent un frein à l'intention de départ (Marie et Temporal, op. cit.).

CONCLUSION

A La Réunion, comme dans beaucoup de sociétés insulaires confrontées au problème d'un excédent de main-d'œuvre, l'émigration a été la réponse privilégiée par les pouvoirs publics pour faire face à l'accroissement démographique et aux problèmes économiques et sociaux qui en découlent. Une des spécificités de ce territoire tient au fait que l'émigration des natifs de La Réunion a été pensée, organisée et prise en charge par les services de l'Etat et des collectivités locales. Cette politique d'émigration, qui a été très volontariste dans le passé, et reste encore aujourd'hui incitative, a donné lieu à des mesures spécifiques prenant la forme d'aides publiques au départ. Cette prise en charge de la migration par les responsables publiques doit être interprétée dans le rapport de dépendance, entre centre et périphérie, qui lie La Réunion et la Métropole (Domenach et Picouet, 1992). Les migrations ont ainsi constitué la principale variable d'ajustement des déséquilibres de main-d'œuvre (excédent ou pénurie) de ces « anciennes colonies » devenues départements d'outre-mer.

La politique de mobilité actuelle se distingue de la politique d'émigration de la période BUMIDOM car la possibilité d'un départ est laissée à la libre appréciation de l'individu, et les retours sont facilités. D'une gestion politique avec des objectifs chiffrés selon une logique de « transfert

[16] Parents, enfants, frère ou sœur, conjoint.

démographique », la politique de mobilité actuelle est devenue un outil au service de l'épanouissement des individus et du développement. Les aides à la mobilité s'adressent à tous les natifs des DOM soucieux de parfaire leur formation ou de rechercher un emploi en Métropole, où le contexte socio-économique offre plus d'opportunités que le marché de l'emploi local, largement saturé.

Cependant ce sont majoritairement les jeunes les plus diplômés, les mieux « équipés » en capital scolaire, qui font le choix d'un départ en mobilité puis d'un éventuel retour dans leur Département. Les natifs de La Réunion les moins diplômés, les plus touchés par les difficultés d'emploi et la pauvreté, restent pour l'essentiel à l'écart des dispositifs de mobilité et sont moins présents en Métropole. Ces « immobiles » ou ces natifs n'ayant jamais quitté leur Département cumulent les difficultés socio-économiques dans un contexte où le marché de l'emploi est particulièrement sélectif et où la concurrence entre catégories de la population est forte.

Cette étude de la migration des natifs de La Réunion montre l'importance de faire varier les niveaux d'analyse : macro, micro mais aussi méso. La politique mise en place par les services de l'Etat pour lutter contre l'accroissement démographique et la montée du chômage est nécessaire pour comprendre la variation des flux migratoires sur la période. Cette approche macro doit cependant être complétée par une analyse des déterminants individuels de la migration, car la décision de migrer varie sensiblement d'un individu à l'autre. Enfin, l'impact des déterminants familiaux, qui reste très marqué à caractéristiques individuelles équivalentes, nous montre la nécessité d'intégrer le niveau méso à l'analyse des parcours migratoires et de leurs déterminants. A ce titre, les enquêtes spécifiques, comme l'enquête Migrations Famille Vieillissement (MFV), qui intègrent ces différentes dimensions et permettent de replacer l'étude des comportements démographiques au sein de ces différents niveaux d'analyses constituent des sources quantitatives particulièrement utiles en complément des données de la statistique publique.

REFERENCES BIBLIOGRAPHIQUES

Ah Son D., 1996, D'une fécondité naturelle à une fécondité maîtrisée, *Economie de La Réunion,* n° 82-83 spécial cinquantenaire 1946-1996 de l'INSEE, 12-17.

Akoz, 2001, La Réunion, 10 ans après le Chaudron, *Les cahiers réunionnais du développement*, n° 13, novembre.

Bertile W., 1992, Développement économique et fécondité à La Réunion, *Les actes du colloque international Fécondité et insularité*, Tome 1, 11 au 15 mai, Saint Denis de La Réunion, 258-264.

Bertile W. et Lorraine A., 1996, *Une communauté invisible : 175 000 Réunionnais en France métropolitaine*, Paris, Karthala.

Chane-Kune S., 1996, *La Réunion n'est plus une île*, Paris, l'Harmattan.

Constant F., 1987, La politique française de l'immigration antillaise de 1946 à 1987, *Revue Européenne des Migrations Internationales*, vol. 3, n° 3, 9-30.

Davisse Y., Hoarau B., Le Cointre G., 1987, Spécial migration, *Economie de La Réunion*, n° 29.

Domenach H. et Picouet M., 1992, *La dimension migratoire des Antilles*, Paris, Economica.

Festy P. et Hamon C., 1983, Croissance et révolution démographiques à La Réunion, *Travaux et documents*, *INED,* Cahier n° 100.

Gauvin G.,

-1999, Michel Debré et la départementalisation, in Maestri E. (éd.), *1946 : La Réunion, Département : regard sur La Réunion contemporaine*, Paris, l'Harmattan - Université de La Réunion.

-2006a, Michel Debré et l'île de La Réunion : La Nation, *Conférence « Les amis de l'Université de La Réunion »,* 14 février 2006, Saint-Denis de La Réunion.

-2006b, Michel Debré et l'île de La Réunion : La République et la démocratie, *Conférence « Les amis de l'Université de La Réunion »,* 15 février 2006, Saint-Denis de La Réunion.

INSEE,

-1987a, Spécial migration, *Economie de La Réunion*, n° 29, première partie, rédigé par Davisse Y, Hoarau B, Le Cointre G.

-1987b, Spécial migration, *Economie de La Réunion*, n° 31, deuxième partie, rédigé par Davisse Y, Hoarau B, Le Cointre G.

Labache L., 2007, La mobilité des jeunes Réunionnais vers la Métropole et l'espace européen, *Les 3ème rencontres Jeunes et Sociétés en Europe et autour de la méditerranée*, 24, 25, 26 octobre, Marseille, IUFM.

Labache L., Médéa L., Vergès F. (éds.), 2005, *Identité et Société réunionnaise. Nouvelles perspectives et nouvelles approches*, Paris, Karthala.

Lardoux, J.-M., 2002, La transition démographique s'attarde, *Economie de La Réunion*, n° 113.

Marie C.-V. et Temporal F., 2011, Les DOM : terres de migrations, *Espace populations sociétés,* n° 3, 475-491.

Martinez P., 2001, La transition démographique à La Réunion, in Département de La réunion, *Actes du colloque Journées de la démographie*, 21 et 23 novembre, Saint-Denis de La Réunion, 43-51.

Morlas G., Paugam C., Verhille L., 1992, Un bilan de la planification familiale à La Réunion. L'AROF : une expérience originale, *Les actes du colloque international Fécondité et insularité*, Tome 2, 11 au 15 mai, Saint Denis de la Réunion, 780-822.

Palmas (De) J.,

-1999, La SAKAY : espoir d'un équilibre social pour La réunion au milieu du XXe siècle, in Maestri E. (éd.), *1946 : La Réunion, Département : regard sur La Réunion contemporaine*, Paris, l'Harmattan - Université de La Réunion.

-2005, L'émigration réunionnaise à la SAKAY, ou l'ultime aventure coloniale française, *Conférence « Les amis de l'Université de La Réunion »*, mai 2005, Saint Denis.

Rallu L. et Diagne A., 2005, La population des départements d'outre-mer depuis les années 1950, in Bergouignan C., Blayo C., Parant A., Sardon J.-P., Tribalat M. (éds.), *La Population de la France : évolutions démographiques depuis 1946*, Pessac, CUPED, 103-125.

Rallu J. L. et Marie C. V., 2004, Migrations croisées entre DOM et Métropole : l'emploi comme moteur de la migration, *Espaces, Populations et sociétés*, n° 2, 237-252.

Simonin J. et Wolf E., 2003, Famille et école à la Réunion : regards anthropologiques et sociologiques, in Turpin F. (éd.), *Ecole et éducation*, Paris, Anthropos, 143-168.

Squarzoni R., 1992, Evolution de la famille à La Réunion, *Etudes et synthèses*, n° 17, Observatoire du Développement de La Réunion, juin.

Tal I., 1976, *Les Réunionnais en France*, Paris, Editions Entente.

Temporal F., Marie C.-V., Bernard S., 2011, Insertion professionnelle des jeunes ultramarins : DOM ou Métropole ?, *Population,* vol. 66, n° 3/4, 555-600.

Vaxelaire D,

-1999, *L'histoire de La Réunion*, tome 1, Chevagny-sur-Guye, Editions Orphie.

-2004, *Le grand livre de l'histoire de La Réunion de 1848 à nos jours*, tome 2, Chevagny-sur-Guye, Editions Orphie.

Watin M., 1992, Nouveaux espaces, nouvelles familles ?, *Les actes du colloque international « Fécondité et insularité »*, Tome 2, 11 au 15 mai, Saint Denis de La Réunion, 640-647.

CHAPITRE 10. SOCIETE ET POLITIQUE DE REDUCTION DES INEGALITES PROVINCIALES EN NOUVELLE-CALEDONIE

Laure HADJ

LA QUESTION DES INEGALITES DANS UN CONTEXTE POSTCOLONIAL

La Nouvelle-Calédonie est une collectivité d'outre-mer *sui generis* du Pacifique Sud. Elle est engagée dans un processus de décolonisation envers l'Etat français qui doit se solder par un référendum d'autodétermination en 2014. Les inégalités profondes au sein de la population sont à l'origine de ce processus. Lorsque la Nouvelle-Calédonie devient un territoire d'outre-mer en 1946, les inégalités économiques ont opposé les grandes fortunes de la période coloniale (1853-1946) à la pauvreté du reste de la population. Le rapport inégalitaire se transforme dans les années soixante en raison de deux événements majeurs. D'une part, la population originaire, les Kanak, est restée en marge du développement économique contrairement au reste de la société. D'autre part, la politique migratoire orchestrée par l'Etat français a mis à mal la nette reprise démographique de la population kanak. En 1974, 78 000 non Kanak vivaient sur le territoire, soit 1,4 fois plus que les Kanak. Dix ans plus tôt, les effectifs de ces deux sous-populations étaient équivalents. La dimension ethnique – Kanak contre non Kanak – du rapport inégalitaire se superpose à la dimension économique.

Ces rapports inégalitaires sont dénoncés par les leaders kanak dans les années soixante-dix. Afin de s'extraire du joug de l'Etat français, ils revendiquent l'indépendance sous l'égide du Front de Libération National Kanak Socialiste (FLNKS), tandis que les partisans du maintien du statut de la Nouvelle-Calédonie se regroupent derrière la bannière du Rassemblement pour la Calédonie dans la République (RPCR). Au cours des années quatre-vingt, la cristallisation des positions des deux principaux partis politiques aboutit à un climat social violent et sanglant. Trouver une solution politique à ces tensions devient alors une priorité d'ordre social pour le gouvernement de Michel Rocard sous la présidence de François Mitterrand. De son action naissent les Accords de Matignon-Oudinot en 1988, qui sont renouvelés par l'Accord de Nouméa en 1998. Ces textes sont signés par les deux principales instances politiques de la Nouvelle-Calédonie et l'Etat français. Ils engagent la Nouvelle-Calédonie sur la voie de l'indépendance grâce à l'organisation d'un référendum d'autodétermination et instituent une politique de « rééquilibrage ». Elle a pour objet de créer les conditions sociales et politiques propices au développement d'une économie stable grâce à la réduction des inégalités spatiales-ethniques. L'Etat cherche ainsi à désamorcer d'éventuels affrontements sociaux liés aux futurs résultats du référendum d'autodétermination. Elle s'apparente donc à la fois à une politique de développement macro-économique et à une politique d'intégration de la population autochtone au système marchand et à la « communauté de destin » en devenir (Accord de Nouméa, 1998).

En dépit de l'instauration de cette politique de rééquilibrage, les inégalités restent élevées en Nouvelle-Calédonie. Sur la période 1991-2008, l'indice de Gini[1] stagnait à 0,43. A titre de comparaison, les pays les plus égalitaires comme la Norvège ou le Japon disposent d'un Gini proche de 0,25. Quelles sont les réponses des ménages les plus vulnérables face au maintien des inégalités ? Ce chapitre s'ouvre sur un moyen institutionnel de mise en œuvre de la politique de rééquilibrage ; le découpage du territoire en provinces. Instituées en 1988, leurs délimitations se superposent à la répartition de la population issue de l'époque coloniale. En disposant de larges compétences, elles participent à la réduction des inégalités en instaurant un développement en adéquation avec les attentes locales. L'évaluation de la politique de rééquilibrage se ventile par le niveau de diplôme et le niveau de vie des Calédoniens. En détaillant les ressources constitutives du niveau de vie, deux réponses des ménages les plus modestes sont mises en évidence.

INEGALITES ET REEQUILIBRAGE

L'atout provincial

La signature des Accords de Matignon-Oudinot en 1988 représentent une « solution négociée » entre les deux principaux partis politiques calédoniens et l'Etat français. A l'exception de la mise en place d'un référendum en 1998, aucune autre mesure de décolonisation n'est prévue par les Accords de Matignon. Le consensus repose d'une part sur la reconnaissance des inégalités à l'encontre des Kanak qui sont qualifiés de « premières victimes des déséquilibres issus de la colonisation ». Cette identification s'accompagne, entre autres, de la mise en place de l'Agence de Développement de la Culture Kanak (ADCK) en charge de la valorisation culturelle de la

[1] L'indice de Gini est un indicateur statistique qui compare les inégalités de différentes distributions de ressources. Plus l'indicateur est proche de 0, plus la distribution est égalitaire.

« personnalité mélanésienne » (patrimoine archéologique et linguistique) et d'un programme de formation professionnelle des futurs dirigeants Kanak (Programme « 400 cadres », Accords de Matignon-Oudinot, 1988). D'autre part, le consensus valide le découpage du territoire en trois provinces. Leurs délimitations coïncident avec la répartition ethnique de la population issue de l'époque coloniale (Carte 1). Sur les 245 580 Calédoniens recensés en 2009, 7% vivent aux Iles Loyauté, 18% dans le Nord et 74% dans le Sud. Parmi les membres de la population loyaltienne, 97% se déclarent Kanak. Cette proportion s'élève à 74% en province Nord. La population de la province Sud est davantage hétérogène[2] mais dominée par la communauté d'origine européenne : 36% contre 27% pour les Kanak. Les provinces constituent donc un très bon proxy de la répartition ethnique.

Carte 1. Les provinces de la Nouvelle-Calédonie

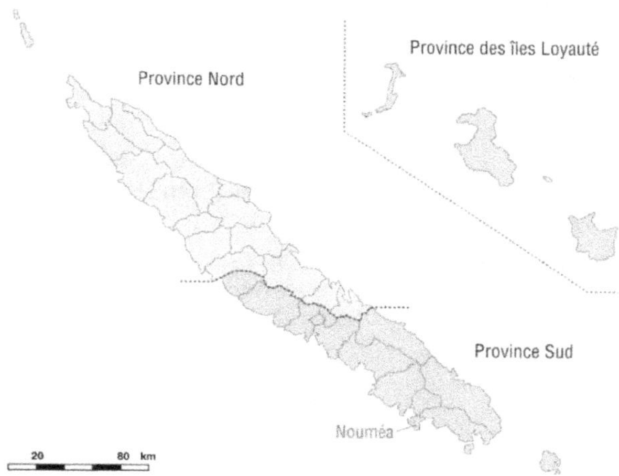

Source : Isee

La mise en place des provinces s'explique par deux faits. Premièrement, en tant que collectivités territoriales, elles disposent de larges compétences pour mettre en place des mesures de rééquilibrage. Selon l'article 20 de la loi organique du 19 mars 1999, elles sont compétentes dans toutes les matières qui ne sont pas dévolues à l'Etat ou à la Nouvelle-Calédonie. Par déduction,

[2] L'appartenance communautaire est une spécificité du recensement calédonien. Exception au concept républicain de l'égalité, l'exploitation de cette question est fortement réglementée par la CNIL. Seuls les croisements au niveau provincial sont possibles. L'hétérogénéité de la province Sud s'exprime de la manière suivante : 11% de Wallisiens et Futuniens, 10% de plusieurs communautés, 7% d'autres communautés, 3% de Tahitiens, 2% d'Indonésiens, 1% de ni-Vanuatu, 1% de Vietnamiens, 1% autres et 1% non déclarés.

elles sont compétentes en matière d'urbanisme (hors des principes directeurs du droit de l'urbanisme qui est du ressort du Congrès), d'habitat social, de construction, du maintien de l'équipement des collèges ou encore de l'insertion au travers de programmes spécifiques et du développement économique des provinces (Riera et Dubois, 2006). Chaque province est dotée d'une assemblée provinciale. Le Congrès de la Nouvelle-Calédonie est composé de sept membres de l'assemblée provinciale des Iles Loyauté, quinze de celle du Nord et trente-deux de celle du Sud. Le Congrès vote le budget et adopte les lois de pays, propres à la Nouvelle-Calédonie. Il élit le gouvernement qui prépare et exécute les délibérations du congrès. Ces larges compétences doivent favoriser la réduction des inégalités spatiales qui sévissent à l'aube des Accords de Matignon-Oudinot. Sur la période 1987-1989, les hommes de la province Sud vivent en moyenne 68,2 ans, soit six ans de plus que ceux du Nord et des Iles Loyauté. Le différentiel provincial s'observe également pour les femmes. Dans le Sud, elles vivent en moyenne jusqu'à 75,2 ans contre 67,9 ans dans les deux autres provinces (Rallu and Baudchon, 1999). Les inégalités face au marché de l'emploi sont fortes. En 1989, le taux d'emploi[3] en province Sud s'élève à 57% contre 49% dans le Nord et 34% aux Iles Loyauté. Les inégalités se traduisent également par l'exposition au chômage. En 1989, le taux de chômage des Kanak atteint 28%, suivit de près par celui des Wallisiens-Futuniens (21%) contre seulement 6% pour les Européens. Ces inégalités face au marché de l'emploi expliquent les faibles revenus. En 1991, le revenu mensuel moyen d'un ménage s'élève à 256 000 F.CFP. Près de 60% des ménages ne bénéficient pas de ce montant moyen. En province Sud, un ménage vit en moyenne avec 294 000 F.CFP par mois. C'est deux fois plus que dans le Nord et 2,3 fois plus qu'aux Iles Loyauté (Benoit et Denis, 1992 ; Denis, 1992).

Deuxièmement, les provinces constituent un moyen institutionnel de partager le pouvoir politique entre les deux tendances politiques calédoniennes. Le Nord et les Iles Loyauté sont dirigés par les Indépendantistes, tandis que les non Indépendantistes sont à la tête du Sud. Pour le leader indépendantiste Jean-Marie Tjibaou, cette répartition permet de promouvoir une « indépendance viable » (Tjibaou, 1996 : 234). Cette forme d'indépendance repose sur une dynamique particulière. Tout d'abord, elle nécessite l'élaboration de la « personnalité culturelle » kanak (1996 : 14, 131). Jean-Marie Tjibaou a joué un rôle essentiel dans la reconstruction de l'identité culturelle kanak en organisant avec des aides financières de l'Etat le festival *Mélanésia 2000* en 1975. Cet événement établit un inventaire de la culture afin de définir la « philosophie de l'art de vivre autochtone » (danse, chant, artisanat, coutume...) (1996 : 15). L'enjeu a été de taille puisque la culture kanak n'est pas vécue à l'identique aux Iles Loyauté (et entre les trois îles) et sur la Grande Terre.

[3] Le taux d'emploi est le rapport entre le nombre de personnes ayant un emploi et la population totale correspondante.

Dès lors, le festival a été le moyen de faire « renaître » un socle de valeurs culturelles permettant à la population autochtone de s'affranchir de « l'aliénation » de l'époque coloniale et d'affirmer « son droit d'être et d'exister culturellement en Nouvelle-Calédonie » (Tjibaou, 1996 : 14). Enfin, ce festival a été le moyen de faire connaître et surtout reconnaître la « culture autochtone » (Tjibaou, 1996 : 14) par les autres communautés concentrées à Nouméa afin qu'émerge un « avenir culturel ». A l'issue de ce festival, Jean-Marie Tjibaou a rédigé un ouvrage intitulé *Kanaké, Mélanésien de Nouvelle-Calédonie*, dans lequel il présente le festival, les grands traits culturels kanak et les réalités auxquelles est confronté le personnage mythique Kanaké dans le monde contemporain. Il a ainsi participé à la reconstruction de l'identité kanak qui renvoie à une norme d'appartenance consciente car fondée sur des oppositions symboliques. La « personnalité culturelle » kanak est l'expression d'un nationalisme autochtone ; élément fondamental pour revendiquer une souveraineté institutionnelle par rapport à l'Etat français (Bensa et Wittersheim, 1997).

Ensuite, toujours selon Jean-Marie Tjibaou, l'indépendance viable est accessible par une participation active de la population autochtone au pouvoir politique et par la maîtrise d'une économie solide fondée sur le « patrimoine minier viable » comme outil de développement (Tjibaou, 1996 : 116). Maîtriser le développement, économique notamment, c'est éviter de calquer par mimétisme le système marchand et c'est aussi s'extraire d'un état de soumission au système dominant en place depuis l'époque coloniale. Jean-Marie Tjibaou a résumé très clairement cette position : « l'appareil économique est entre les mains des Européens comme les finances et le savoir-faire. Le système économique n'est pas issu de la coutume, ce n'est pas le patrimoine des Kanak. Certes on l'utilise comme consommateurs… mais c'est une révolution que nous essayons d'amorcer aujourd'hui. » (1996 : 293).

La mise en œuvre des actions de rééquilibrage engagées par les provinces repose sur le financement des transferts de la Nouvelle-Calédonie et de l'Etat français. Tout d'abord, les recettes fiscales de la Nouvelle-Calédonie sont versées aux provinces par dotation de fonctionnement et par dotation d'équipement. La loi référendaire du 9 novembre 1988 spécifie que la distribution des recettes fiscales est inégalement répartie, proportionnellement à la population des provinces car l'objectif est de favoriser le développement du Nord et des Iles Loyauté par rapport au Sud. Ainsi, les dotations de fonctionnement sont réparties de la manière suivante : 50% pour le Sud, 32% pour le Nord et 18% pour les Iles Loyauté. Concernant les dotations d'équipement, la répartition s'établit à 40% pour le Sud, 40% pour le Nord et 20% pour les Iles Loyauté. L'Etat finance les provinces par une dotation globale de fonctionnement, une dotation globale de construction et d'équipement des collèges (ISEE-TEC, 2012 : 158). Il conclut également des contrats de développement[4] avec les provinces. Selon les Accords de Matignon-Oudinot, ces contrats suivent sept objectifs « l'organisation des formations initiales et continues, le rééquilibrage économique du Territoire et l'amélioration des infrastructures de désenclavement, le développement des équipements sanitaires et sociaux, la promotion de la culture mélanésienne, le développement des activités économiques productives » (Accords de Matignon-Oudinot, 1988).

Les provinces entreprennent des orientations de développement économique sous deux formes. D'une part, les subventions provinciales financent des projets d'entreprises privées. Chaque province a adopté un code (de développement et/ou d'investissement) qui recense les dispositions générales et les modalités d'application de leurs régimes d'aides respectifs. D'autre part, les sociétés d'économie mixte (SEM), créées par l'article 139 de la loi du 22 janvier 1989, sont des sociétés qui associent des partenaires privés et publics (ISEE-TEC, 2012 : 168). Dans le Sud, Promosud intervient dans le secteur de l'environnement, des énergies renouvelables et participe à des projets hôteliers. Elle détient en plus des participations significatives dans le secteur minier. Aux Iles Loyauté, la Sodil (société de développement et d'investissement de la province Iles Loyauté) priorise les projets de transport, d'hôtellerie et de la pêche. Dans le Nord, la Sofinor (société de financement et d'investissement de la province Nord) concentre ses priorités sur le secteur du nickel. Sa filiale dans ce secteur, la SMSP (Société Minière du Sud Pacifique filiale à 87,25% de la Sofinor) ne cesse de prendre de l'extension (création de l'usine d'extraction de minerai de Koniambo sur la commune de Voh, exportation de minerai à basse teneur auprès de clients métallurgistes, etc.). L'accord de Bercy ratifié quelques mois avant la signature de l'Accord de Nouméa organise le transfert des gisements de nickel du massif du Koniambo de la SLN (Société métallurgique Le Nickel) à la SMSP ainsi qu'à son partenaire industriel Falconbridge. Grâce aux retombées financières de la SMSP, la Sofinor, favorise le développement d'autres secteurs d'activités tels que l'agroalimentaire, la pêche, l'élevage, le tourisme et l'aménagement de la zone VKP[5]. L'Accord de Nouméa, signé en 1998, s'inscrit dans la continuité des Accords de Matignon-Oudinot. Il reconduit le rééquilibrage provincial et ethnique et programme le référendum d'autodétermination entre 2014 et 2018. Néanmoins, il innove sur trois points : le transfert progressif des compétences de l'Etat vers la Nouvelle-

[4] Prévus par les articles 84 et 85 de la loi référendaire n° 88-1028 du 9 novembre 1998, les premiers contrats de développement ont été signés par l'Etat et les provinces pour la période 1990-1992, les deuxièmes pour 1993-1997, prolongés par avenants en 1998 et 1999, les troisièmes contrats, pour 2000-2004, prolongés par avenants en 2005. Enfin, les contrats de 2006-2010 ont été suivis par ceux de 2011-2015.

[5] VKP correspond à la première lettre des trois communes de la côte Est : Voh, Koné, Pouembout.

Calédonie est planifié, une citoyenneté de la Nouvelle-Calédonie est créée et elle est le soubassement de l'émergence d'un « destin commun » aux « citoyens de la Nouvelle-Calédonie » (Accord de Nouméa, 1998).

Les paramètres du rééquilibrage

Les provinces sont censées impulser un rééquilibrage économique qui repose sur le déploiement d'équipements, d'infrastructures et d'actions sociales (hygiène, santé, programme d'enseignement). Deux contraintes au rééquilibrage peuvent être avancées. La première, d'ordre macroéconomique, se décline en deux temps. Tout d'abord, le découpage des provinces segmente le développement. Grossièrement, le Nord a choisi la voie de l'industrie minière et les Iles Loyauté le tourisme, pour rattraper la province Sud. Cette logique provinciale les cloisonne dans leur propre délimitation géographique laissant peu de place à l'innovation et se heurte à des rapports économiques historiquement ancrés. Les vives réactions suscitées par le rachat l'hôtel Surf de Nouméa par la province Nord au cours des années quatre-vingt-dix révèle de manière significative le sentiment du chacun chez soi selon le socio-économiste Jean Freyss. Le contexte (tensions sociales et impasse politique) à l'instauration des provinces en 1988 laisse penser que leur délimitation répond au souhait de diviser pour mieux développer localement sans créer une dynamique territoriale. Or, sur le long terme, cette partition du développement n'est certainement pas un enjeu viable pour la Nouvelle-Calédonie. Le rééquilibrage des provinces Nord et Iles loyauté ne peut être totalement isolé de celui de la province Sud qui polarise l'activité économique depuis l'époque coloniale. La Nouvelle-Calédonie risque d'être dans l'impasse d'une « intégration marginale ou d'un dualisme institutionnalisé » (Freyss, 1995 : 432). Comme le souligne Jean Freyss, « l'impératif du développement est présenté comme le problème du monde kanak, comme si la communauté européenne ainsi que les autres communautés non Kanak étaient, elles, insérées dans un système économique développé [...] le développement n'est pas l'affaire des seuls Kanak, mais de la société calédonienne tout entière » (1995 : 229). Pour autant, la volonté politique selon l'Accord de Nouméa de faire émerger un destin commun laisse présager une évolution des stratégies provinciales vers des stratégies inter provinciales. Les mesures engagées depuis les années 2000 sur la protection sociale laissent entrevoir cette nouvelle aspiration. Ensuite, le financement du rééquilibrage dépend des transferts de l'Etat français qui, depuis le début des années quatre-vingt-dix, représentent un tiers du PIB calédonien (ISEE-TEC, 2012 : 137). Il intervient au travers des dépenses directes vers les ménages et les administrations, par les contrats de développement et d'agglomération ainsi que par le dispositif de défiscalisation (ISEE-TEC, 2012 : 166). Il peut sembler paradoxal que l'Etat participe au financement du processus de décolonisation de la Nouvelle-Calédonie. La rédemption face à l'époque coloniale et la volonté de maintenir son influence dans le Pacifique Sud, sont deux explications possibles. Or, cette assistance ne permet pas d'impulser une réelle dynamique économique pour enclencher une croissance interne et ne permet pas aux Kanak de contrôler les règles du système dominant (monnaie, fiscalité, fonction publique). Ce point fait référence à la thèse défendue par Jean Freyss. Il soutient que « les contraintes socioculturelles, c'est aux Kanak d'y trouver des solutions. En revanche, c'est à l'Etat de desserrer les contraintes de l'économie assistée, c'est-à-dire de décoloniser la base économique, la rendre efficace et ouverte au développement » (1995 : 430). Dès lors, selon lui, ce constat rentre en contradiction avec le déploiement d'une « décolonisation par le bas » (1995 : 429) ; c'est-à-dire que le processus de changement au travers de micros-projets ne peut pas engendrer un changement structurel des rapports économiques. Quant aux mesures macroéconomiques, mis à part le projet de l'usine du Nord, elles restent encore marginales. Cette inertie macroéconomique influence le changement social de la société domestique kanak.

La deuxième contrainte au rééquilibrage est d'ordre microéconomique. Pour que le rééquilibrage fonctionne, il est indissociable de la logique de l'intégration (tout du moins partielle) des Kanak à l'économie marchande. Or, les dirigeants des provinces Nord et Iles Loyauté souhaitent que la population relaye les projets et les initiatives provinciales de développement tout en maintenant la tradition à travers le culte de la « personnalité culturelle kanak ». Cette dichotomie apparente signifie que la population kanak doit intégrer les rouages du système marchand (diplôme, emploi, échange marchand) sans déstructurer et mettre en péril l'intégration au système domestique kanak alors que dans ce dernier les inégalités ne revêtent pas le même sens. En effet, le système domestique kanak repose essentiellement sur une économie vivrière d'autosubsistance qui s'imbrique à des relations de parenté et de résidence. Cette économie, sans monnaie numéraire, repose sur la production agricole, les pratiques de la chasse et de l'élevage. Les pratiques agricoles concernent surtout la production de tubercules que sont le tarot et l'igname. Ils représentent à la fois un apport nutritionnel et un symbole dans le cadre des échanges coutumiers entre clans (mariage, deuil, naissance d'un enfant) (Bensa, 1990). L'anthropologue Elsa Faugère, par ses travaux sur Maré, distingue trois références à la coutume. L'expression « c'est la coutume » désigne la tradition kanak, alors que dire « c'est une coutume » fait référence à une cérémonie particulière (mariage, deuil…) tandis que « faire la coutume » signifie les gestes et les paroles effectués à l'occasion de certaines cérémonies familiales (2000, 2002). Selon les travaux de Polanyi, ce type d'économie repose sur des processus de production collectifs qui combinent trois composantes. La réciprocité des échanges selon un modèle symétrique d'organisation, la redistribution au travers d'un membre obligé et l'administration domestique fondée sur la famille restreinte comme unité de production et de consommation. Dès lors, dans ce type d'économie, les relations sociales sont encastrées dans le système économique qui n'est qu'une simple fonction de l'organisation sociale (Polanyi, 1983). L'organisation sociale du système domestique se caractérise par une hiérarchie sociale de type aristocratique qui « relie et intègre les groupes et les personnes de telle façon que la situation de paria, de clochard n'existe pas » (Bensa, 1995 : 40). Lorsqu'un conflit survient entrainant le départ d'un individu de la tribu, il trouvera ailleurs une autre position sociale. La hiérarchie dans ce type de société est « un principe de classement qui s'applique de façon conjoncturelle. Il s'agit à la fois d'ordonner qualitativement les groupes et les individus et de légitimer, par un étagement rigide, des rapports de domination politique » (Bensa, 1995 : 40). Cette hiérarchie n'est pas imperméable au changement de position sociale puisque l'espace politique repose sur la hiérarchie du clan où les statuts assurent un équilibre de fonctions. Les lignages qui composent les clans sont organisés des plus prestigieux aux moins anciens. Les noms des lignages les plus importants sont de véritables titres. Lorsque le titre tombe une compétition s'ouvre qui se solde par « une décision collective ou un coup de force » (Bensa, 1995 : 40). Dès lors, le niveau de diplôme, le type d'emploi occupé et la rémunération ne sont pas des marqueurs de distinction sociale dans le système domestique kanak ; contrairement au système capitaliste. Celui-ci est caractérisé par une économie marchande, des échanges d'importations et d'exportations, un marché agricole restreint alors que le secteur tertiaire et les services sont largement implantés sur le territoire. Les travaux de Polanyi démontrent que ce type d'économie est désencastré de la sphère sociale car la redistribution comme mode d'organisation socio-économique et politique supplante la réciprocité des échanges (Polanyi, 1983). Le système capitaliste repose sur une société hiérarchisée par la division du travail. Le salariat détermine la place occupée par l'individu dans le rapport de production, marqueur de position sociale et d'intégration sociale.

Outre la spécificité des deux systèmes qui coexistent en Nouvelle-Calédonie, il est important de saisir comment le système capitaliste s'imbrique dans le système domestique. La diffusion de l'argent en est une illustration. Dans le système domestique kanak, l'argent est régulé socialement. Il ne constitue pas un moyen de monter dans la hiérarchie sociopolitique, puisque cette dernière d'inspiration aristocratique fonde la distinction de statut sur l'ancienneté, « elle-même manifestée par les noms de terre d'où l'on tire son identité lignagère » (Bensa et Freyss, 1994 : 4). Dès lors l'argent est perçu comme le moyen d'acquérir des biens de consommation et non comme une accumulation des richesses, marqueur de différenciation sociale. Cette approche de l'argent renvoie à un type de vêtement ou d'habitat loin d'être ostentatoire. Si c'est le cas « l'orgueilleux prend le risque à des attaques de sorcellerie » (Bensa et Freyss, 1994 : 5). Qui plus est, l'argent représente les logiques marchandes des non Kanak rentrant en contradiction avec les rouages de l'économie domestique car « l'argent on le gagne en étant fonctionnaire ou salarié mais pas comme producteur indépendant ou comme chef d'entreprise » (Bensa et Freyss, 1994 : 11). Elsa Faugère confirme cette appréhension et cette distance face à l'argent mais elle souligne en même temps le décalage entre la symbolique de l'argent et les faits puisque les Kanak ont intégré l'argent dans le système domestique, au travers de la coutume notamment. Pour l'anthropologue, cette « diabolisation » de l'argent résulte d'une confusion entre argent et marché (2000 : 41). Deux exemples mettent en évidence le recours maîtrisé à l'argent dans le système domestique kanak. Premièrement, l'argent rentre dans les échanges cérémoniels qui ponctuent la vie sociale au même titre que les produits agricoles autoproduits (Bensa et Freyss, 1994 ; Faugère, 2000, 2002). Les produits d'autosubsistance sont également donnés à des parents ou à des alliés qui retournent le geste au cours de cérémonies. A ces occasions, il se pratique des échanges cérémoniels de tubercules, de tissus et de billets de banque qui sont un moyen de réaffirmer des liens familiaux (Bensa et Freyss, 1994). Deuxièmement, les usages véritables des échanges monétaires s'opèrent à la « périphérie du système socio-idéologique kanak » (Bensa et Freyss, 1994 : 5). Selon deux chercheurs de l'IAC-CIRAD, les ménages Kanak développent une stratégie reposant sur une forte présence de la pluriactivité et visant à l'acquisition de revenus (Bouard et Sourisseau, 2010 : 270). Le surplus de la production agricole peut être vendu dans les marchés ou aux abords des routes. L'argent qui en résulte sert à acheter des biens de consommation qui tous deux peuvent être réinjectés dans le circuit des échanges cérémoniels.[6]

Dans notre perspective, la coexistence des deux systèmes économiques en Nouvelle-Calédonie ne doit pas être étudiée sous l'angle de l'opposition et encore moins selon une approche évolutionniste de la tradition vers la modernité. Si la logique marchande n'est pas le moteur de la société domestique, son système économique n'est pas pour autant dépourvu de rationalité économique. Qui plus est, pour que le rééquilibrage s'enclenche, il est indissociable d'une intégration à l'économie marchande. Il faut donc comprendre l'articulation de ces deux économies et le changement social qui en résulte, selon la dialectique intégration et exclusion au système capitaliste et les formes qu'elle prend. D'ailleurs, la question de la mobilité sociale des Kanak dans le système marchand et ses conséquences sur l'intégration sociale (domestique et marchande) serait passionnante à conduire. Sont-ils et cherchent-ils à être intégrés au système capitaliste ? Comment arrivent-ils à concilier les exigences relatives au système domestique et capitaliste ? Nous nous contenterons ici d'analyser le niveau de diplôme et le niveau de vie des

[6] Ces données sont extraites d'une enquête réalisée en province Nord dans le cadre d'un dispositif de suivi participatif de l'opération groupée d'aménagement foncier (OGAF : opération de développement local) sur trois communes (Touho, Poindimié et Ponérihouen) de la côte Est, éloignée des bassins miniers et de la zone urbaine. Selon Séverine Bouard, « le dispositif [OGAF] s'appuie sur une association locale composée d'acteurs du territoire, de projets et sur des comités locaux de discussion qui favorisent la participation d'un plus grand nombre d'acteurs aux politiques de développement » (2011 : 9).

Calédoniens pour évaluer les effets de la politique de rééquilibrage sur la réduction des inégalités.

EDUCATION ET INEGALITES

Le coût du système éducatif représente 12% du PIB calédonien en 2010 contre 7% en France. Le taux de croissance, depuis 2005, de la dépense intérieure d'éducation[7] (DIE) évolue au même titre que celui du PIB alors que la population d'élèves et d'étudiants est stable. La principale explication est la jeunesse de la population, 34% contre 25% en Métropole des individus ont moins de vingt ans en 2009 (Wiorek, 2013).

La formation initiale en Nouvelle-Calédonie est obligatoire pour la population âgée entre 6 et 16 ans. Elle se répartit entre l'enseignement primaire, l'enseignement secondaire et l'enseignement supérieur. La formation initiale est une compétence partagée entre l'Etat et la Nouvelle-Calédonie. L'Accord de Nouméa planifie le transfert de compétences de la formation initiale vers la Nouvelle-Calédonie. L'Etat, pour couvrir les dépenses de fonctionnement engagées, attribue une dotation de compensation annuelle. Aujourd'hui, restent de la compétence de l'Etat la délivrance des diplômes, le contrôle pédagogique, la formation initiale et continue des enseignants du second degré public, ainsi que l'enseignement supérieur et de la recherche qui peut être transférée à la Nouvelle-Calédonie au titre de l'article 27 de la loi organique.

En vingt ans, le niveau de formation de la population calédonienne a fortement progressé (Graphiques 1 et 2). En 2009, 28% des Calédoniens n'ont aucun diplôme. C'est deux fois moins qu'en 1989. Cette élévation concerne les trois provinces. La population de la province Sud est plus fréquemment diplômée que celle des deux autres provinces. En 2009, 17% sont bacheliers et 20% sont diplômés du supérieur. C'est deux à trois fois plus que dans le Nord et aux Iles Loyauté. Dans ces deux provinces, l'élévation du niveau de diplôme concerne surtout les diplômes professionnels inférieurs au baccalauréat. La principale explication est une moindre maîtrise des fondamentaux du CE2 et de la 6ème qui conduit plus fréquemment à une orientation professionnelle (DENC, 2008 ; Vice-Rectorat de la Nouvelle-Calédonie, 2008).

---

[7] La DIE est la mesure de l'effort consenti par la collectivité pour le fonctionnement et le développement du système éducatif.

Graphique 1. Les diplômés par province - 1989.

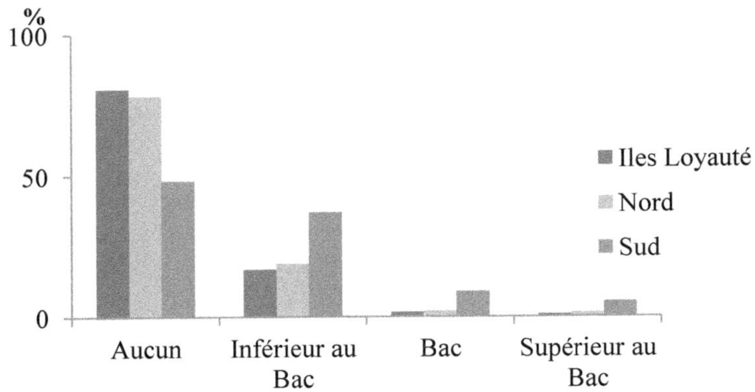

Source : Insee- Isee, Recensements de la population

Graphique 2. Les diplômés par province - 2009.

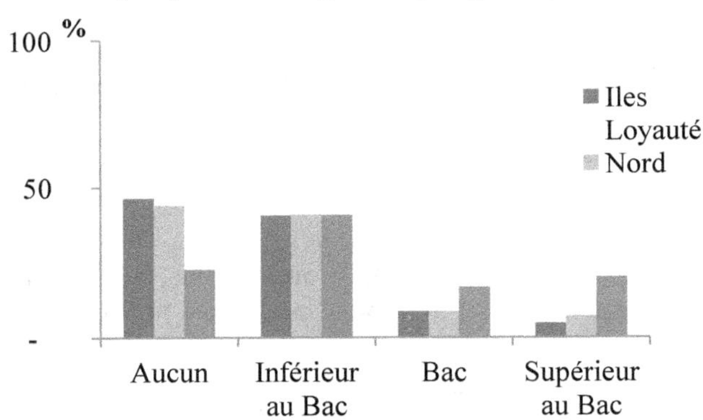

Source : Insee- Isee, Recensements de la population

Quelle que soit la province de résidence, l'élévation du niveau de diplôme profite davantage aux femmes. En vingt ans, les bachelières et diplômées du supérieur comblent leur retard et devancent même les hommes. C'est surtout au cours de la période 1996-2009 que la part des bachelières et des diplômées de l'enseignement supérieur a le plus augmenté : 16 points contre 12 points pour les hommes. Ce phénomène est commun aux trois provinces et s'explique par un effet de génération. Parmi les 20-40 ans, la part des diplômés du baccalauréat ou de l'enseignement supérieur a doublé passant de 21% à 41% en treize ans. Comme en Métropole, l'insertion des femmes dans l'enseignement supérieur résulte de leurs meilleurs résultats scolaires et de l'allongement de la durée d'étude. Les femmes kanak ne dérogent pas à cette tendance, ce qui s'explique selon l'anthropologue Hélène Nicolas par un double mouvement. Premièrement, la politique scolaire menée en Nouvelle-Calédonie tend à rendre l'école calédonienne conforme à l'école métropolitaine. Cet objectif favorise la mixité des élèves dans les établissements scolaires, véhiculant un idéal égalitaire et développant une conception psychobiologique des identités sexuées comme l'ont démontré Marie Duru-Bellat et Annette Jarlegan dans leurs travaux relatifs au système scolaire français. Deuxièmement, les indépendantistes prônent l'accès des Kanak à des postes à responsabilité dans la perspective de l'indépendance. Les filles sont alors éduquées pour réussir un diplôme et obtenir un emploi, elles ne sont plus cantonnées à la sphère domestique. Selon Hélène Nicolas, « dès les années 1990, les parents encouragent fortement les enfants des deux sexes à réussir à l'école : de la maîtrise des savoirs occidentaux dépend l'avenir du clan, de l'île, et du peuple kanak » (Nicolas, 2010 : 233). Ce double mouvement favorise l'élévation du niveau scolaire des femmes kanak en s'inscrivant à la fois dans la stratégie des indépendantistes et dans des stratégies matrimoniales. En effet, les revenus des femmes sont des aides pour le clan d'origine et pour le mari, qui participent aux dépenses de la vie quotidienne et aux échanges coutumiers. Qui plus est, le gain d'autonomie dans les relations conjugales (quitter le foyer et porter plainte lors de violences conjugales par exemple), l'engagement des femmes dans la politique ainsi que dans les associations dénonçant la domination masculine, sont d'autres conséquences de l'élévation du niveau de diplôme des femmes (Hamelin et Salomon, 2004, 2010).

L'élévation du niveau moyen de formation de la population profite à toutes les communautés ethniques (Graphiques 3 et 4). En 2009, 20% des non Kanak sont sans diplôme. C'est 2,5 fois moins qu'il y a vingt ans. Sur cette période, la proportion des Kanak sans diplôme a également baissé mais plus lentement : 41% en 2009 contre 67% en 1989. Le rééquilibrage est enclenché mais reste un processus long. Entre 1989 et 2009, les différences de pourcentages restent stables entre les Kanak et les non Kanak pour l'obtention du baccalauréat comme diplôme le plus élevé. Elles deviennent positives uniquement pour les diplômes inférieurs au baccalauréat en 2009. Ainsi, les Kanak sont en pourcentage, plus nombreux à obtenir comme diplôme le plus élevé, des CEP, BEPC, CAP, BEP. L'explication, comme les résultats par province, résulte d'un acquis moindre des fondamentaux des Kanak par rapport aux non Kanak. Pourquoi observe-t-on un tel constat ? Dans les années soixante-dix, les enseignants avancent une explication de nature psychologique, la « mentalité mélanésienne », (Kohler et Wacquant

1985 ; Salaün 2005) qui accompagne la situation matérielle des familles. Cette explication selon Marie Salaün résulte d'une définition de l'essence de la « personnalité » indigène par son indifférenciation avec la nature, s'inscrivant dans la lignée des travaux plus philosophiques qu'ethnologiques de Maurice Leenhardt. Le handicap culturel, relatif au code linguistique des travaux de Berstein, constitue la deuxième explication de l'échec scolaire des Kanak : « il leur manque (le code linguistique) parce qu'ils sont d'une autre culture » (Salaün, 2005 : 4).

La troisième explication, le paradigme des *cultural discontinuities*, n'a pas été développée en Nouvelle-Calédonie. Or l'objet de ce paradigme, largement étudié aux Etats-Unis dans un contexte d'inégalités raciales, est de mener des recherches sur des méthodes d'apprentissages efficaces lorsque l'interaction scolaire échoue. L'anthropologue souligne que paradoxalement l'explication de la cause psychologique à l'échec scolaire des Kanak a fait consensus en Nouvelle-Calédonie. Pour les uns, ces traits psychologiques, justifiaient la remise en cause de l'école métropolitaine (héritage de l'époque coloniale). Pour les autres, ce n'est pas l'institution qui est inefficace mais l'inadaptation de la « mentalité kanak » aux normes, codes et valeurs de l'école métropolitaine. Qui plus est, Marie Salaün constate en analysant les actes du colloque *Pour une école de la réussite* de 2002 que l'argument de la « mentalité » perdure. L'absolutisme d'une différence culturelle amène à concevoir « tous les Kanak parce que Kanak » indifférents au devenir scolaire des enfants ainsi qu'à l'accès à l'argent et de fait à l'emploi salarié (Salaün, 2005 : 7). Elle propose une nouvelle approche de la question de l'échec scolaire qui se résume en trois points. Premièrement, les Kanak n'ont pas bénéficié de la même manière du rééquilibrage. Ils ne sont pas égaux devant les diplômes et le marché de l'emploi. Une étude sur la stratification sociale au sein même de la société domestique permettrait d'élaborer des analyses de corrélation avec le niveau de diplôme. Deuxièmement, le rapport à la culture ne peut plus être pensé comme « un ». L'anthropologue s'appuie notamment sur son travail de recherche relatif aux familles impliquées dans l'expérimentation des langues kanak dans l'enseignement à l'école maternelle pour distinguer les compétences dans la langue et l'attachement à la culture d'origine. Le bilinguisme acquis à l'école est une stratégie parentale. Troisièmement, il faut interroger le rapport au collectif. L'enfant kanak n'est pas « englué au groupe au point de ne jamais trouver les ressources individuelles à la réussite de l'école » (Salaün, 2005 : 10). Ce qui l'amène à interroger les stratégies d'individualisation et non plus uniquement le lien individu-groupe. Ces perspectives de recherche sont intéressantes car l'élévation du niveau de diplôme (baccalauréat et enseignement supérieur) des Kanak est incontestable depuis 1989.

Graphique 3. Les diplômés selon l'ethnie – 1989

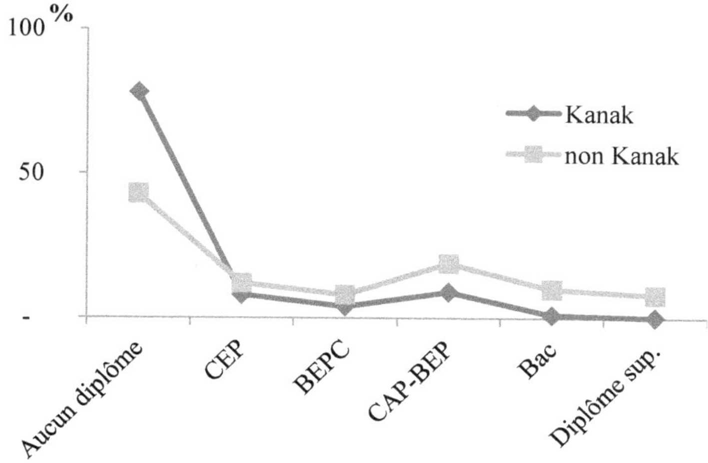

Source : Insee- Isee, Recensements de la population

Graphique 4. Les diplômés selon l'ethnie – 2009

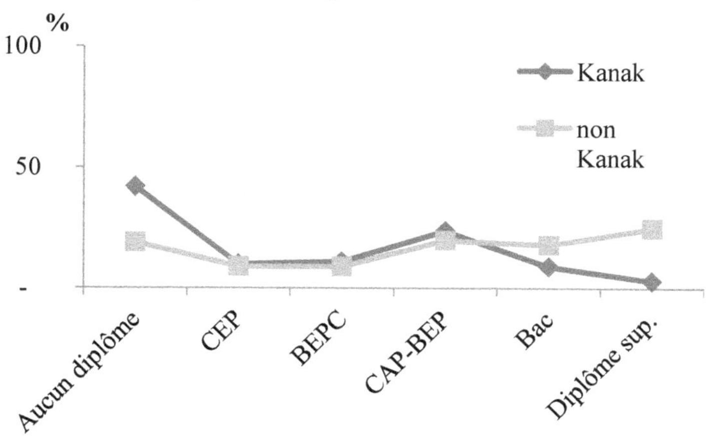

Source : Insee- Isee, Recensements de la population

En 2009 comme en 1989, un non Kanak a plus de chance d'être diplômé qu'un Kanak (Tableau 1). Plus le niveau de diplôme est élevé plus les inégalités entre les deux groupes se creusent. Par contre, en vingt ans, les rapports des chances[8] diminuent pour tous les diplômes. Ce qui confirme une certaine démocratisation de l'accès aux diplômes. C'est pour l'obtention d'un diplôme de l'enseignement supérieur que le rapport des chances a le plus diminué : 9 en 2009 contre 36 en 1989. Cette analyse portée sur la génération des 20-30 ans confirme une certaine démocratisation de l'accès aux diplômes. Les rapports des chances pour cette tranche d'âge varient considérablement selon le type de diplôme. L'écart est de 1 à 2,2 pour n'importe quel diplôme et de 1 à 7,1 pour les diplômés du supérieur (Ris, 2013). Ainsi, les inégalités ne disparaissent pas mais elles se transforment. Elles se situent, notamment sur l'hétérogénéité des types de baccalauréat et moins sur l'accès au baccalauréat. En effet, en 2009 les non Kanak ont cinq fois plus de chance de détenir comme diplôme le plus élevé le baccalauréat, quelque soit la série. Lorsqu'on distingue le type de baccalauréat, un non Kanak a autant de chance qu'un Kanak de détenir un baccalauréat professionnel-technologique. Alors que ce rapport s'élève à 6 pour l'obtention du baccalauréat général (Hadj et al., 2012).

Les inégalités dans l'accès aux diplômes sont potentiellement dues à des différences de caractéristiques observables telles que l'âge, le sexe et la province de résidence. En contrôlant par ces caractéristiques, les rapports des chances diminuent. Ainsi, un non Kanak n'a plus que 4,4 fois plus de chance d'obtenir le baccalauréat (toutes séries) et 5,5 fois plus de chance d'obtenir un baccalauréat général qu'un Kanak. La Métropole connaît également un transfert des inégalités. La démocratisation du baccalauréat traduit le maintien des inégalités dans l'accès à l'enseignement supérieur. « Ceci limite la portée de la démocratisation de l'enseignement, puisque les débouchés ne dépendent pas du niveau de diplôme, mais bien du type de filière suivie » (Hadj et al., 2012).

[8] Les rapports des chances (ou *odds ratios*) définissent l'association statistique entre deux variables dichotomiques : ici, la communauté d'appartenance (Kanak, non Kanak) et le diplôme le plus élevé (obtient ou non le baccalauréat par exemple). Plus le rapport des chances se rapproche de 1 plus il y a indépendance statistique, c'est-à-dire que les chances pour les Kanak et les non Kanak de détenir le baccalauréat comme diplôme le plus élevé sont semblables (Hadj et al., 2012).

Tableau 1. Evolution des rapports de chances relatives Non Kanak / Kanak dans l'obtention d'un diplôme

		1989	2009
Tous diplômes Rapport de chance	Non Kanak / Kanak Conditionnels	2,9	2,8 2,6
Baccalauréat (toutes séries) Rapport de chance	Non Kanak / Kanak Conditionnels	12,5	4,8 4,4
Bac. général Rapport de chance	Non Kanak / Kanak Conditionnels	15,2	6,1 5,5
Bac. Techno et prof. Rapport de chance	Non Kanak / Kanak Conditionnels	5,4	1,5 1,9
Dipl. enseignement sup. Rapport de chance	Non Kanak / Kanak Conditionnels	36,0	9,4 8,7

Source : Hadj et al., 2012

Champ : population de 14 ans et plus.
Note : en 1989, les données individuelles ne sont pas disponibles pour estimer les régressions et calculer les *odds ratios* conditionnels.
Lecture : en 2009, un non Kanak a 4,8 fois de probabilité qu'un Kanak d'être bachelier. En contrôlant pour l'âge, le sexe et la province de résidence ce rapport est de 4,4.

Les inégalités de niveau de diplôme par province se superposent à celles de niveaux de vie[9]. Selon l'enquête budget consommation des ménages (BCM-2008), en 2008, la moitié des Calédoniens ont un niveau de vie inférieur à 144 000 F.CFP par mois et par unité de consommation. A titre de

[9] Le niveau de vie correspond, aux ressources du ménage rapportées au nombre d'unité de consommation selon l'échelle d'équivalence OCDE. Les ressources totales se composent des ressources non monétaires (des denrées autoproduites par le ménage, les prélèvements sur stock pour les ménages ayant une activité professionnelle leur permettant de se servir, les cadeaux reçus d'un autre ménage et les avantages en nature reçus) et des ressources monétaires (revenu du travail, revenu du social, revenu du capital, revenu exceptionnel).

comparaison, le salaire minimum garanti (SMG)[10] s'élevait à 123 000 F.CFP par mois. Cette part de la population concentre seulement 21% du total des revenus. Cette grande inégalité se manifeste entre les provinces (Graphique 5). Les habitants de la province Sud sont plus riches que ceux des deux autres provinces. Leur niveau de vie médian s'élève à 173 000 F.CFP par mois/uc. Ce montant est deux fois supérieur à celui de la province Nord et deux fois et demie supérieur à celui des Iles Loyauté. Ces inégalités s'expliquent principalement par des revenus du travail bien plus importants en province Sud : ils représentent 70% des revenus des personnes vivant en dessous du niveau de vie médian, contre 45% en province Nord et 39% en province Iles Loyauté. Les autres types de ressources, en particulier les prestations sociales et les ressources non monétaires sont bien plus importantes au Nord et aux Iles Loyauté, mais ne suffisent pas à combler ce fossé (Hadj, 2010).

Graphique 5. Niveau mensuel de vie médian en 2008

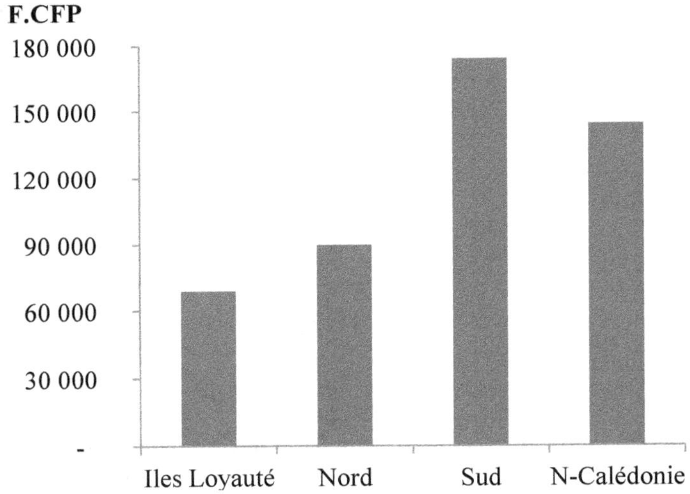

Source : Isee, BCM-2008

En dix-sept ans, le niveau de vie médian a augmenté 1,3% par an, après prise en compte de l'inflation. La moitié des Calédoniens ont un niveau de vie mensuel inférieur à 144 000 F.CFP/uc contre 116 000 F.CFP/uc en 1991,

[10] Le SMG « est un minimum légal au-dessous duquel aucun salaire contractuel ne peut être fixé sous peine de sanctions pénales (art.R.145-3) et civiles. Le SMG est applicable à tous les salariés, sauf ceux du secteur agricole qui relèvent du Salaire Minimum Agricole Garanti (SMAG). Le SMG et le SMAG sont fixés par arrêté du gouvernement de la Nouvelle-Calédonie après consultation de la commission consultative du travail. Le SMG est créé par l'ordonnance n° 85-1181 du 13 novembre 1985 » (TEC, 2011).

aux prix de 2008[11]. La principale explication est l'élévation du montant du salaire minimum garanti (SMG). La rémunération moyenne légale minimum que doit recevoir tout travailleur, est passée de 89 900 F.CFP à 123 000 F.CFP en dix-sept ans ; soit une augmentation de 1,8% par an, aux prix de 2008. Sur cette période, le niveau de vie médian a également augmenté pour les trois provinces. Mais les inégalités intra provinciales sont importantes (Graphique 6).

Graphique 6. Evolution du niveau mensuel de vie médian en 1991 et 2008

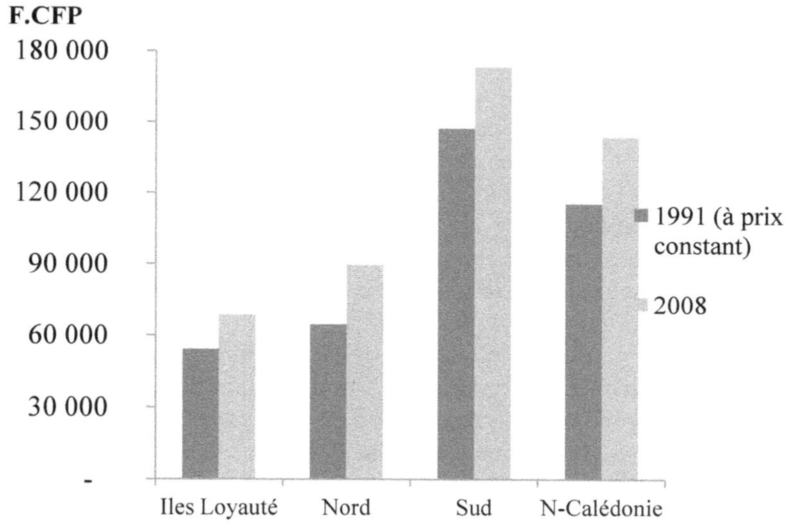

Source : Isee, BCM-1991,2008

Les inégalités à l'intérieur d'une population s'étudient par le rapport entre le décile des plus aisés et le décile des plus modestes. En Nouvelle-Calédonie, les 10% plus riches ont un niveau de vie 7,9 fois supérieur au niveau de vie des 10% plus modestes. Les inégalités de niveau de vie sont fortes comparées à la France métropolitaine où le rapport inter décile s'élève à 3,6. L'indice de Gini, confirme les inégalités de niveau de vie au sein d'une population. Plus cet indice se rapproche de 0 plus l'égalité entre les niveaux de vie est parfaite. En Nouvelle-Calédonie, en 2008, l'indice de Gini, s'élève à 0,43, ce qui révèle de fortes inégalités provinciales.

[11] Au prix de 2008 signifie que les données de 1991 tiennent compte de l'inflation des prix entre 1991 et 2008.

Le rapport inter décile (D9 /D1) de la province Sud s'élève à 6,4. C'est dans cette province qu'il y a le moins d'inégalités. C'est l'inverse aux Iles Loyauté. Le niveau de vie des plus riches est 9 fois plus élevé que celui des plus modestes. Le rapport inter décile de la province Nord est à un niveau intermédiaire, 7. En dix-sept ans, malgré l'élévation du niveau de vie médian pour les trois provinces, les inégalités intra provinciales sont toujours marquées. Elles se sont même creusées dans les provinces Sud et Iles Loyauté. En dix-sept ans, le rapport inter décile (D9/D1) des Iles Loyauté a augmenté de 8,4 à 9,3. Le creusement des inégalités des plus riches (+1,4% par an) est plus fort que celui des plus modestes (+0,8% par an). Dans une moindre mesure, les inégalités se sont aussi creusées pour la province Sud. En dix-sept ans, le rapport a augmenté de 6 à 6,4. Le niveau de vie des plus riches a aussi plus augmenté (+0,9% par an) que celui des plus modestes (+0,5% par an). Les indices de Gini de 1991 et 2008 confirment l'augmentation des inégalités : en province Sud, il passe de 0,37 à 0,40, tandis qu'aux Iles Loyauté il augmente de 0,42 à 0,44. En province Nord au contraire les inégalités entre les plus riches et les plus modestes se sont atténuées en dix-sept ans. Le rapport inter décile passe de 8,5 en 1991 à 7 en 2008. Entre ces deux dates, le niveau de vie des plus modestes a augmenté plus vite que celui des plus riches (+2,4% par an, contre +1,3% par an). La province Nord, dans un contexte de rééquilibrage provincial et de construction de l'usine du Nord a connu un important développement tant au niveau des infrastructures que de la voirie ou du foncier. Ceci a engendré des créations d'emplois, notamment dans le domaine de la construction et du nickel et donc des revenus salariaux plus importants. L'indice de Gini confirme la baisse des inégalités. En dix-sept ans, le Gini a diminué de 0,45 à 0,41 en province Nord (Hadj, 2010).

UNE DOUBLE REPONSE AU MAINTIEN DES INEGALITES DE NIVEAU DE VIE

En 2008, l'écart de niveau de vie entre les plus riches et les plus modestes est régulé par les ressources non monétaires et les prestations sociales[12]. Si l'on supprimait l'une de ces deux ressources aux plus modestes, ils auraient un niveau de vie 9,7 fois plus faible que les plus riches (contre 7,9) observé.

Le recours au non monétaire est une pratique courante en Nouvelle-Calédonie. En 2008, chaque ménage calédonien économise l'équivalent de 36 000

[12] Les prestations sociales ou revenus sociaux dans BCM 2008 correspondent : aux pensions, aux retraites, aux allocations familiales, aux allocations postnatales, aux allocations éducation, aux allocations rentrée, aux allocations sociales, aux pensions alimentaires, aux allocations personnes âgées, aux aides à l'enfant et aux autres aides financières.

F.CFP par mois grâce aux ressources non monétaires ; soit 8% des ressources totales. Le recours à ce type de ressource concerne 65% de Calédoniens. Au niveau provincial, les ménages du Nord économisent 51 000 F.CFP par mois grâce au non monétaire. Ce montant s'élève 43 000 F.CFP aux Iles Loyauté et 31 000 F.CFP en province Sud. Ces montants représentent 18% des ressources totales en province Nord et Iles Loyauté, contre 6% en province Sud. En province Sud, les avantages en nature (logement ou voiture de fonction par exemple) sont plus courants car c'est dans cette province que les cadres sont les plus nombreux (Jone, 2010). Par décile, les ressources non monétaires représentent 23% du revenu total des plus modestes (D1). Elles proviennent exclusivement de l'autoproduction (pêche, chasse, jardin). A l'autre extrémité de l'échelle des revenus, le non monétaire représente seulement 8% du revenu total des plus riches (D9). Ils sont les seuls à avoir des ressources non monétaires composées à plus de deux tiers par des avantages en nature (logement ou voiture de fonction) (Graphique 7). Quant aux prestations sociales (hors retraites), elles profitent également aux plus modestes (D1). Un quart de leur revenu total provient des transferts sociaux.

Graphique 7. Poids des ressources non monétaires dans le revenu total par décile

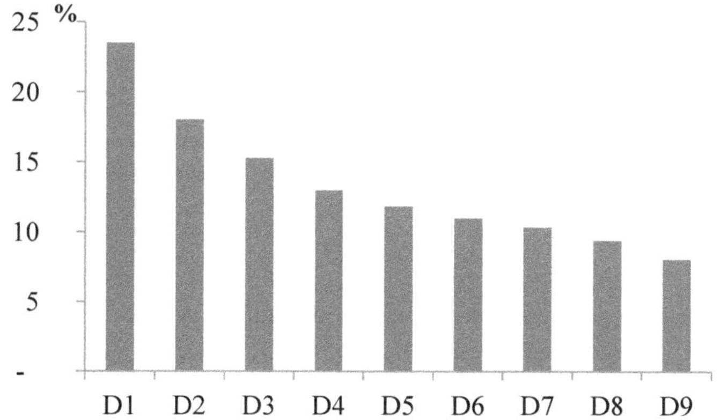

Source : Isee, BCM-2008

Graphique 8. Poids des prestations sociales dans le revenu total par décile

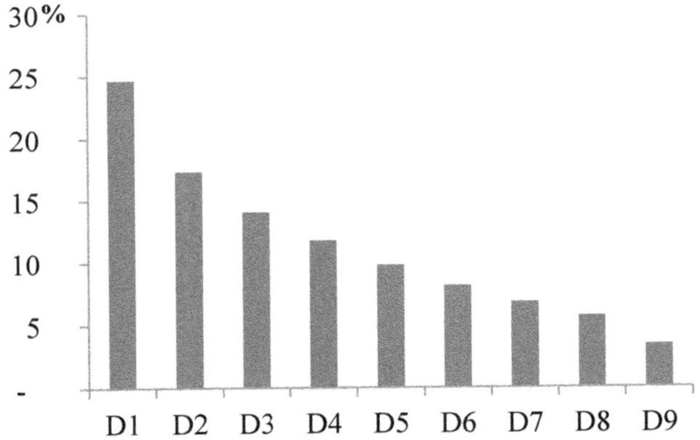

Source : Isee, BCM-2008

Pour les plus riches (D9), cette proportion s'élève à peine à 3% du revenu total (graphique 8) (Hadj, 2010). Le versement des prestations sociales est un réel enjeu politique dans leur montant, leur répartition et leur attribution. La Nouvelle-Calédonie est compétente en matière de santé, d'hygiène publique et de protection sociale. Elle dispose de son propre système de protection sociale distinct de celui de la Métropole. Le gouvernement calédonien assure le suivi et la tutelle des organismes en charge de la protection sociale. Sous sa responsabilité, la CAFAT (caisse des allocations familiales et des accidents), instaurée en 1958, gère pour les salariés cinq régimes de protection (les accidents du travail et maladies professionnelles - vieillesse et veuvage - famille - chômage - et maladie, maternité, invalidité et décès). La protection sociale gérée par la CAFAT est un système d'assurance et de prestations sociales dû à la population au titre de droit social. La redistribution s'effectue en fonction des besoins et des contributions salariales (impôts et cotisations). Les mutuelles (dont la mutuelle des fonctionnaires, la mutuelle du commerce, la mutuelle des patentés libéraux et la mutuelle le nickel) et les assurances privées proposent de couvertures complémentaires maladie, maternité et invalidité. Ce système est complété par l'assistance sociale en faveur des personnes qui n'ont pas cotisé ou pas assez pour bénéficier d'une protection du système général. La Nouvelle-Calédonie en fixe le cadre légal minimum, dont la mise en œuvre est confiée aux provinces. Ce cadre est régi par la délibération n° 49 du 28 décembre 1989 et s'organise autour de deux composantes. La première l'aide sociale légale au travers de l'aide médicale, l'aide aux personnes âgées, l'aide aux infirmes et à l'aide aux enfants assistés. Les montants de ces aides sont plus faibles dans le Nord et aux Iles Loyauté. Les responsables provinciaux légitiment cette position par un besoin d'argent limité et régulé dans l'économie domestique. Dès lors, il y a une volonté politique de ne pas déstructurer les solidarités familiales et claniques ainsi que les hiérarchies par l'introduction monétaire.

La seconde composante de l'action sociale est l'aide sociale extra légale. Elle concerne des situations bien particulières qui rentreraient ou non dans les critères de l'aide sociale légale. L'aide accordée ne relève pas du droit mais de critères d'attribution permettant une flexibilité du montant plafonné de l'aide. Cette forme d'assistance revêt un caractère discrétionnaire puisque les aides qui s'y rapportent relève de la libre initiative des instances sociales. Recouvrant un champ plus large et indéterminé, elles peuvent ainsi pallier un manque de couverture des aides sociales. Il est difficile au travers de l'enquête BCM de déterminer si la prestation sociale perçue relève de la protection sociale ou de l'assistance sociale (légale et extra légale). En établissant cette distinction, on pourrait saisir la mobilisation des ménages à bénéficier des droits sociaux soulignant à la fois leur capacité à rechercher l'information et à recourir aux droits qui leur sont accordés.

Au niveau provincial, le non monétaire et les prestations sociales, jouent différemment leur rôle de régulateur d'inégalités. Aux Iles Loyauté, l'apport des ressources non monétaires, en particulier toute la production du jardin, fait diminuer de quatre points le rapport inter décile du revenu, de 13,2 à 9,3. Mais ce sont les ressources sociales (hors retraites) qui diminuent les inégalités encore plus fortement. Sans celles-ci, le rapport inter décile monterait à 21,8. Pour la moitié la moins aisée de la population des Iles Loyauté, le revenu se compose à 28% de prestations sociales (hors retraites). Cette proportion s'élève à 59% pour les plus modestes d'entre eux (D1). Deux prestations principales expliquent cette importance. La première est l'allocation aux personnes âgées qui est versée aux plus de 60 ans disposant de moins de 31 000 F.CFP de ressources par mois. Le montant de cette aide est de 25 000 F.CFP au maximum. Au total, 263 millions de F.CFP ont été versés par la province à ce titre en 2008. La seconde prestation est le RIL (revenu pour l'insertion des Loyauté). Son montant correspond à la moitié du SMG et varie selon la composition familiale. Au total, 209 millions ont été versés en 2008 au titre de cette prestation. Les personnes qui y prétendent doivent disposer de ressources inférieures au montant du SMG, être inscrites comme demandeur d'emploi et résider aux Iles Loyauté depuis plus de 6 mois. Ce résultat coïncide avec l'évolution du poids du non monétaire dans les ressources totales des ménages. Entre 1991 et 2008, les Iles Loyauté est la seule des provinces à voir sa part diminuée de 26% à 18%. Cette baisse résulte d'une diminution des ressources non monétaires (-6%) mais surtout d'une augmentation des ressources monétaires par rapport à 1991 (plus de la moitié). En province Nord, les ressources non monétaires réduisent les inégalités bien plus qu'aux Iles Loyauté. Le rapport inter décile passe de 12,5 à 7, en ajoutant le non monétaire soit 40% de moins. Les ressources issues de l'autoproduction et des cadeaux reçus sont les principales ressources non monétaires. Les premières relèvent d'une activité domestique qui apporte un complément alimentaire. Elles permettent également au même titre que les cadeaux reçus, d'alimenter un réseau d'échange et de solidarité familiale, tribale et clanique. Par ailleurs, sans les ressources sociales, le rapport inter décile serait supérieur de 20%, passant de 7 à 8,5. La différence est plus faible que pour le non monétaire. En province Sud, le non monétaire réduit très peu les inégalités car il concerne autant le haut que le bas de l'échelle des revenus. Les plus riches bénéficient d'avantages en nature tandis que les plus modestes recourent à l'autoproduction même si l'accès à un lopin de terre est difficile en zone urbaine. Ainsi le rapport inter décile reste stable, avec ou sans ressources non monétaires. En revanche, sans prestations sociales, les inégalités se creuseraient. Le rapport inter décile s'élèverait à 7,3 au lieu de 6,4 (Hadj, 2010).

Comment caractériser le recours des ménages les plus vulnérables au non monétaire et aux prestations sociales ? Premièrement, le recours au non monétaire (autoproduction notamment) correspond selon la théorie du changement et de la réponse à une réponse héritée-préférée. Celle-ci « s'ancre dans la culture, l'ethos dans les manières d'être et de faire, transmis de génération en génération » (Charbit et Petit, 2011). Le recours à ce type de ressource est propre aux populations du Nord et des Iles Loyauté, majoritairement kanak. La production agricole est au fondement de la société domestique. Ce type de réponse est caractérisée par une « rationalité inconsciente » nécessitant l'étude des facteurs qui amènent les acteurs à modifier leur réponse (Charbit et Petit, 2011). Le développement économique du territoire, notamment dans le Nord, favorise l'élévation du niveau de vie médian des Calédoniens. Or, le poids du non monétaire dans les ressources totales est stable dans les provinces Nord et Sud. Tandis qu'aux Iles Loyauté, le non monétaire recule en faveur des ressources monétaires, notamment les prestations sociales. Ce constat amène à la deuxième réponse des ménages les plus vulnérables. L'imbrication des ressources non monétaires et monétaires (dont les prestations sociales) caractérise une réponse hybride entre les systèmes économiques de la société domestique et capitaliste. Ce type de réponse, selon la typologie de la théorie du changement et de la réponse, correspond à une réponse orientée car elle est favorisée, voire construite, par les acteurs institutionnels et politiques au travers de la politique de rééquilibrage. D'ailleurs, le renforcement de la protection sociale conforte cette réponse. En effet, l'élaboration du Pacte social en 2000 a pour objet d'améliorer les conditions de vie des salariés calédoniens et de leurs familles. Ses dispositions ont apporté des modifications au système général de protection sociale et au système d'assistance géré par les provinces. Ces modifications se ventilent en deux axes. Premièrement, trois branches du système général de protection sociale ont été développées. Au niveau de la santé, le projet de couverture sociale unifiée[13] à tous les salariés est finalisé. Garanti par le RUAMM (régime unifié d'assurance maladie maternité) depuis le 1er juillet 2002, il couvre les salariés du privé, les fonctionnaires et les travailleurs indépendants ainsi que leurs ayants-droit des risques et charges de la branche maladie, maternité, invalidité et décès du régime général de sécurité sociale. La mise en place de ce système a permis un accès aux soins beaucoup plus important qu'il ne l'était auparavant. Au niveau de la famille, les trois allocations familiales qui n'existaient jusqu'alors que pour les salariés ont été généralisées en faveur des plus défavorisés[14] : l'allocation prénatale, l'allocation de maternité et l'allocation de rentrée scolaire (dites allocations de solidarité). Elles soutiennent les familles durant la grossesse, à la naissance de l'enfant et au cours de sa scolarisation considérée comme un facteur de promotion sociale. Ces allocations ont permis d'identifier des populations qui ne disposaient jusque-là d'aucun dispositif d'aides et qui n'étaient donc pas connues des services publics ou associatifs, telles que les femmes seules avec enfants (Gouvernement de la Nouvelle-Calédonie, Haut-Commissariat de la République en Nouvelle-Calédonie, 2009). Au niveau de l'assurance vieillesse, une double avancée est instituée. D'une part, les personnes qui ont cotisé au minimum cinq années au régime des retraites de la CAFAT peuvent prétendre au complément de retraite de solidarité[15] (CRS). Cette aide est distribuée par le gouvernement. Elle vient compléter la retraite minimale de la CAFAT (31 950 F.CFP/mois) jusqu'à concurrence de 90 000 F.CFP/mois. D'autre part, les personnes qui n'ont jamais cotisé ou moins de cinq ans (qui n'ont donc pas ouvert de droits à la CAFAT au titre de la retraite) peuvent bénéficier du minimum vieillesse. Cette aide sociale reste financée et distribuée par les provinces. Elle supplante l'allocation personnes âgées précédemment accordée au titre de l'aide sociale provinciale. Son montant a été harmonisé à l'ensemble des trois provinces. Aujourd'hui, une personne seule percevra 85 000 F.CFP par mois au nom du minimum vieillesse. Alors qu'auparavant, selon son lieu de résidence, elle aurait perçu 25 000 F.CFP aux Iles Loyauté, 30 000 F.CFP dans le Nord et 50 000 F.CFP dans le Sud.

---

[13] Loi du pays n° 2001-016 du 11 janvier 2002.

[14] Loi du pays n° 2005-4 du 29 mars 2005.

[15] Loi du pays n° 2006-13 du 22 décembre 2006 portant création du complément retraite de solidarité de la Nouvelle-Calédonie. Modifiée par la loi du pays n° 2009-3 du 7 janvier 2009, par la loi du pays n° 2010-3 du 21 janvier 2010 et par la loi du pays n° 2011-7 du 28 décembre 2011.

Deuxièmement, une aide au logement[16] destinée aux locataires est créée. Ce n'est pas un droit mais un soutien financier pour les locataires de leur habitation principale. Octroyée selon certaines conditions de ressources, selon la composition familiale et le montant du loyer, elle doit être utilisée pour le paiement du loyer ainsi que le règlement de la caution à l'entrée dans le logement. Elle est accordée sur les mêmes critères et distribuée sur un même montant quelle que soit la province de résidence. Cette aide, par extension de ses critères, en lien avec la mise en place du régime handicap et dépendance puis les aides aux personnes âgées, peut également être versée aux retraités résidant en maison de retraite et aux étudiants. Pour la première fois, c'est une aide sociale qui est financée à la fois par les provinces, le Gouvernement et le fond social de l'habitat (FSH) au titre de collecteur de la cotisation payée par les employeurs privés sur les salaires (la part du FSH représente 2% au 1er janvier 2013).

En parallèle des mesures sociales issues du Pacte social, une allocation destinée aux handicapés est mise en place. Les lois relatives au handicap en Métropole ont favorisé la création du Collectif handicap de Nouvelle-Calédonie[17]. Il demande une reconnaissance des droits de la personne handicapée qui passe par la participation sociale pleine et entière (accès à la culture, au sport, à l'éducation et au marché du travail), ainsi que par la possibilité de disposer de ressources lorsque le handicap empêche d'en avoir par son travail. A cet effet, les pouvoirs publics instaurent un régime d'aide[18] : une allocation personnalisée aux personnes adultes en situation de handicap, une aide à l'hébergement, à l'accueil de jour, à l'accompagnement de vie, aux familles pour les frais supplémentaires et une aide au transport. Ce régime d'aide territoriale supplante l'aide provinciale dont les montants étaient souvent nettement plus faibles, variables d'une province à l'autre, et sans continuité d'une province à l'autre en cas de déménagement de la personne.

CONCLUSION

Depuis la signature des Accords de Matignon en 1988, la Nouvelle-Calédonie est engagée dans un processus de décolonisation. Ce processus s'accompagne d'une politique de rééquilibrage spatio-ethnique de réduction des inégalités. La mise en œuvre du rééquilibrage est conditionnée par deux paramètres. Le premier, concerne la structure macroéconomique du territoire

[16] Loi du pays n° 2007-4 du 13 avril 2007.

[17] Le Collectif handicap de Nouvelle-Calédonie a été créé en 2004. Il a participé en 2007 aux Etats généraux du handicap en Nouvelle-Calédonie. Aujourd'hui on compte 25 associations qui sont regroupés sous ce collectif.

[18] Loi du pays n° 2009-2 du 07 janvier 2009 portant création d'un régime d'aides en faveur des personnes en situation de handicap et des personnes en perte d'autonomie.

qui ne permet pas de véritables changements structurels. Le second, sur lequel porte notre travail, concerne la coexistence de deux systèmes qui ne revêtent pas le même sens au regard du statut social et des inégalités : le système domestique kanak et la société capitaliste. La politique de rééquilibrage accélère les modifications du système domestique puisqu'elle implique une intégration (au moins partielle) au système capitaliste. Ainsi, selon les recensements de la population de 1989 et de 2009, le rééquilibrage quantitatif est amorcé. En vingt ans, il y a un plus grand nombre de Kanak diplômés. Cette évolution est illustrée par l'accès au baccalauréat (toutes filières confondues), diplôme nécessaire pour poursuivre des études supérieures. En 2009, un non Kanak a 4,8 fois plus de chance d'obtenir son baccalauréat. Ce rapport s'élevait à 12,5 vingt ans plus tôt. Par contre le rééquilibrage quantitatif ne s'accompagne pas d'un rééquilibrage qualitatif. En règle générale, la population Kanak détient un niveau de diplôme moindre que la population non kanak. Ainsi, en 2009, un non Kanak a autant de chance qu'un Kanak (*odd ratio* s'élève à 1,5) d'obtenir un baccalauréat technologique ou professionnel. Mais le rapport des chances est bien plus élevé pour l'obtention d'un baccalauréat général : 6,1.

La mise en œuvre du rééquilibrage a pour conséquence d'accélérer le changement social du système domestique kanak et de modifier le rapport inégalitaire revendiqué à la veille des Accords de Matignon-Oudinot. Il repose moins sur une dimension ethnique, (Kanak par rapport aux non Kanak) que sur une logique d'exclusion (ou d'intégration) à l'économie marchande. Dans cette perspective, la persistance des inégalités est saisie par les écarts de niveau de vie provinciaux, selon l'enquête Budget Consommation des Ménages (BCM). Même si le niveau de vie des Calédoniens a augmenté en vingt ans, la province Sud reste plus riche et plus égalitaire que les deux autres provinces. Ces inégalités s'expliquent principalement par des revenus du travail bien plus importants en province Sud. Les inégalités infra provinciales sont saisies par le rapport inter-décile (D9/D1). Aux Iles Loyauté le montant du niveau de vie des plus riches (D9) est 13,2 fois plus important que celui des plus modestes (D1). En province Nord ce rapport s'élève à 7 et en province Sud, à 6,4. En près de vingt ans seul le rapport de la province Nord a diminué. Signe d'un rééquilibrage économique, la construction de l'usine KNS a favorisé un dynamisme des emplois tant au niveau des infrastructures que de la voirie ou du foncier.

Deux ressources régulent les inégalités entre le niveau de vie des plus riches et des plus modestes. Les prestations sociales jouent ce rôle surtout aux Iles Loyauté et dans le Sud, alors que dans le Nord, ce sont les ressources non monétaires qui réduisent le plus les inégalités. La théorie du changement et de la réponse permet de caractériser le recours à ces deux types de ressources comme des réponses des ménages les plus vulnérables. D'une part, le recours au non monétaire est qualifié de réponse héritée-préférée, d'autre part, l'articulation des ressources non monétaires et monétaires (dont les prestations sociales) correspond à une réponse orientée par les politiques. Une question cruciale est de savoir pourquoi les Kanak continuent à vivre de l'économie domestique et ils ne s'engagent pas plus massivement dans le système capitaliste malgré la forte incitation de la politique de rééquilibrage ? Loic Wacquant, à la fin des années quatre-vingt, a posé cette question. Son explication est que les Kanak constituent une main-d'œuvre flexible pour l'activité industrielle dominée par le nickel. En période de boom ils restent des travailleurs bon marché qui perpétuent le système marchand tandis qu'en période de récession ils permettent à celui-ci « d'externaliser la majeure partie du coût de son entretien et de sa reproduction » (Wacquant, 1986 : 59). Le sociologue va plus loin en soulignant qu' « outre son rôle de "sécurité sociale" gratuite du système marchand, l'économie domestique villageoise empêche une prolétarisation complète des Canaques qui, en les conduisant à s'urbaniser et à se présenter en masse sur le marché de l'emploi structurellement limité de la capitale, déstabiliserait l'ensemble de la société » (Wacquant, 1986 : 59). Cette position est intéressante car elle donne des pistes de réflexions pour comprendre pourquoi les réponses héritées-préférées et orientées ne deviennent pas des réponses acceptées traduisant un changement effectif de comportement.

REFERENCES BIBLIOGRAPHIQUES

Benoît J. et Denis D., 1992, *Consommation et ressources monétaires : résultats provinciaux. Budget consommation des ménages 1991*, Nouméa, ISEE.

Bensa A.,

-1990, *Nouvelle-Calédonie : un paradis dans la tourmente*, Paris, Gallimard.

-1995, *Chroniques kanak : l'ethnologie en marche*, Paris, Peuples autochtones et développement.

Bensa A. et Freyss J., 1994, La société kanak est-elle soluble dans l'argent...?, *Terrain,* n° 23, 11-29.

Bensa A. et Wittersheim E.,

-1997, Nationalisme et interdépendance : la pensée politique de Jean-Marie Tjibaou, *Tiers-Monde,* n° 38, 197-216.

-1998, Le peuple Kanak est au milieu de la rivière. A la recherche d'un destin commun en Nouvelle-Calédonie, *Le Monde Diplomatique*, juillet, 16-17.

Bouard S., 2011, *Les politiques de développement à l'épreuve de la territorialisation. Changements et stabilités dans une situation de décolonisation négociée, la province Nord de la Nouvelle-Calédonie,* Thèse de Doctorat ès Géographie, Montpellier, Université Montpellier III.

Bouard S. et Sourisseau J.-M., 2010, Stratégies des ménages kanak : hybridations entre logiques marchandes et non marchandes, *Natures Sciences Sociétés*, vol. 18, n° 3, 266-275.

Charbit Y. et Petit V., 2011, From theory of change and response to comprehensive demography. A new agenda for population and development research, *Population and Development Review.* June, vol. 37, n° 2, 219-239.

DENC, 2008, L'évolution de l'école primaire publique en Nouvelle-Calédonie depuis le transfert de compétences. Quelques repères pour mesurer le chemin parcouru, Rapport DENC, [En ligne], URL : http://www.denc.gouv.nc

Denis D., 1992, Consommation et ressources monétaires des ménages néo-calédoniens. *Budget consommation des ménages 1991,* Nouméa, ISEE.

Faugère E.,

-2000, Transactions monétaires en pays kanak, *Genèses,* vol. 41, 41-62.

-2002, La triple existence de l'argent dans les Iles Loyauté (Nouvelle-Calédonie), *Journal des anthropologues,* n° 90-91, 146-169.

Freyss J., 1995, *Economie assistée et changement social en Nouvelle-Calédonie*, Paris, PUF.

Hadj L., 2010, En 2008, le niveau de vie des plus riches est 7,9 fois supérieur au niveau de vie des plus modestes, *Synthèse,* n° 18, ISEE.

Hadj L., Lavigne G., Lagadec G., RIS C., 2012, Vingt années de politiques de rééquilibrage en Nouvelle-Calédonie. Démocratisation de l'école et persistance des inégalités. *Formation Emploi*, n° 120, 101-125.

Hamelin C. et Salomon C.,

-2004, Parenté et violences faites aux femmes en Nouvelle-Calédonie. Un éclairage sur l'ethnicité différenciée des violences subies au sein de la famille, *Espace Populations Sociétés,* n° 2, 307-329.

-2010, Vers un changement des normes de genre in Faugère E. et

Merle I. (éd.), *La Nouvelle Calédonie, vers un destin commun ?*, Paris, Karthala, 203-224.

ISEE-TEC., 2012, *Tableaux de l'économie calédonienne 2011*, Nouméa, ISEE-TEC.

Jone C., 2010, En 2008, les ressources non monétaires ont représenté une économie de 28 milliards de F.CFP, *Synthèse,* n° 16, ISEE.

Kohler J.-M. et Wacquant L., 1985, *L'école inégale. Eléments pour une sociologie de l'école en Nouvelle-Calédonie*, Nouméa, Institut culturel mélanésien, ORSTOM.

Nicolas H., 2010, Emporter un diplôme dans son sac. Les transformations de la socialisation sexuée à Lifou (1946-2004), in Faugère E. et Merle I. (éd.), *La Nouvelle-Calédonie, vers un destin commun ?,* Paris, Karthala, 225-244.

Polanyi K., 1983 (1944), *La grande transformation : aux origines politiques et économiques de notre temps*, Paris, Gallimard.

Rallu J.-L. et Baudchon G., 1999, Changement démographique et social en Nouvelle-Calédonie après les Accords de Matignon, *Population,* n° 54, 391-425.

Rier R. et Dubois P., 2006, *Rapport public sur le logement social en Nouvelle-Calédonie*, Paris, Ministère des transports, de l'équipement, du tourisme et de la mer.

Ris C., 2014, Les inégalités ethniques dans l'accès à l'emploi en Nouvelle-Calédonie, *Economie et statistique,* numéro spécial Discrimination et inégalités, avril, 59-72.

Salaün M., 2005, De la mentalité primitive au choc des cultures. L'échec scolaire kanak et son étiologie : état des lieux (communs), [En ligne], URL : http://www.recherches-nouvelle-caledonie.org/- 10 p. [publié en 2005, in *Stéréotypes et représentations en Océanie*, Nouméa, Corail/Grain de sable].

Tjibaou J.-M., 1996, *La présence kanak*, Paris, Odile Jacob.

Vice-Rectorat de la Nouvelle-Calédonie, 2008, Eléments pour un diagnostic du système éducatif en Nouvelle-Calédonie, Nouméa.

Wacquant L., 1986, Communautés canaques et société coloniale, *Actes de la recherche en sciences sociales,* n° 61, 56-64.

Wiorek P., 2013, Compte de l'éduction 2010 de Nouvelle-Calédonie, *Synthèse,* n° 25, ISEE.

www.legifrance.gouv.fr

-1988, *Accords de Matignon-Oudinot.*

-1998, *Accord de Nouméa.*

CHAPITRE 11.
L'ECHEC DE LA PLANIFICATION FAMILIALE DANS LES « CITES » DE L'ILE MAURICE

Sarah HILLCOAT-NALLETAMBY

RUPTURES ET CONTINUITES

Le texte qui suit a été écrit il y a dix-sept ans après trois ans de recherches menées dans les cités ouvrières de l'Ile Maurice (Hillcoat-Nallétamby, 2002). A l'époque, la question du changement démographique, notamment l'utilisation de la contraception afin d'accélérer la baisse de la fécondité, était au premier plan des enjeux de développement.

L'évolution démographique

Les recherches présentées dans ce chapitre ont été conduites dans les années 1990 à l'Ile Maurice. Elles ont été soutenues par le Bureau du FNUAP ainsi que le Ministère de la Santé, signe qu'elles constituaient à cette époque une question de société d'importance. Aujourd'hui, les bureaux du FNUAP sont fermés, la situation démographique de l'Ile Maurice ne justifiant plus ni le soutien, ni l'action de cette Agence des Nations Unies. En effet, la fécondité comme la croissance démographique sont jugulées. L'indice synthétique de fécondité de 2,03 en 1997, est rapidement passé ensuite sous le seuil de remplacement des générations en atteignant 1,4 en 2012. Parallèlement, le taux d'accroissement annuel respectivement 1,44% et 0,80% dans les années 1980 et 1990 est de 0,4% fin 2012 (Statistics Mauritius, 2012). Le programme de planification familiale s'oriente donc aujourd'hui vers l'amélioration de la santé sexuelle et reproductive. Cependant, de manière identique au contexte des années 1990, malgré un niveau de prévalence contraceptive élevé – plus des trois quarts des femmes âgées entre 15-49 ans utilisaient alors une méthode contraceptive –, près d'un tiers des couples ont actuellement recours au retrait, l'utilisation des méthodes modernes étant tombée à 40% en 2002 (MHQL, 2008 : 1), alors qu'elle s'élevait à presque 50% en 1985 et 1991 (Hillcoat-Nallétamby, 2002 : 56). Ces évolutions négatives ont conduit le gouvernement à mettre en place, pour la première fois en 2007, une stratégie relative à la santé sexuelle et reproductive

(MHQL, 2008 : 1-2). L'objectif de ce programme était notamment l'accroissement de la proportion des femmes utilisant les méthodes contraceptives modernes et les méthodes sympto-thermiques (atteindre 50%), la réduction des grossesses adolescentes et la baisse de la proportion de femmes ayant des besoins non-satisfaits en matière de contraception (MHQL, 2008 : 6).

Le contexte des recherches sur lesquelles nous revenons était celui bien particulier des cités ouvrières. Des logements avaient été construits dans les années 1960 à la suite des dégâts occasionnés par une série de cyclones qui avaient ravagé l'île. Ces infrastructures rudimentaires étaient dépourvues d'équipements sanitaires et d'alimentation en eau courante. Les familles installées dans ces logements précaires étaient le plus fréquemment très démunies. Alors qu'elles étaient conçues pour être provisoires, les cités où l'enquête s'est déroulée, demeurent toujours habitées. S'il n'existe pas de données précises relatives à leur état et aux conditions de vie de leurs habitants au niveau national, les statistiques permettent d'observer un recul de ce type d'habitat en tôles : la proportion de logements construits en tôles est passée d'environ 8% à 4,5% entre 2000 et 2011 (Statistics Mauritius, August 2011 : 4). Les logements sont également mieux équipés : la proportion de logements avec l'eau courante à l'intérieur est passée de 84% à 94%, salle de bains et toilettes avec eau courante de 89% à plus de 95%, cuisine à l'intérieur de 88% à plus de 95% (Statistics Mauritius, August 2011 : 8). L'usage autrefois répandu du bois, du charbon et du kérosène pour la cuisson des aliments est aujourd'hui peu fréquent. Notons que le rapport préliminaire des résultats du recensement souligne que 1400 logements ne disposent toujours pas du confort minimum (sans eau courante).

Le développement économique : le rôle de l'Etat

A l'époque, le pays connaissait une période de forte croissance et de transformation économique. Durant les décennies 1960 et 1970, l'économie qui était fondée jusqu'alors sur l'industrie sucrière, évolue profondément ; les investissements la réorientant vers les secteurs du tourisme, puis plus récemment vers celui des télécommunications (Chittoo and Suntoo, 2012). Enfin, avec l'émergence d'une économie de la connaissance, Maurice se positionne comme lieu stratégique en établissant des liens entre télécommunications, services financiers, transports et pêche (Greig, Turner and D'Arch, 2011). Sur le plan économique, Maurice a connu au cours des deux dernières décennies un accroissement significatif de son PNB ; le taux annuel d'accroissement de ce dernier atteint plus de 3% en 2013 par exemple. En 2005, il est 300% plus élevé que celui de la région Afrique et 13% que la moyenne mondiale (Statistics Mauritius, 2009 : 4-5). Néanmoins, les succès économiques de la politique libérale de Maurice sont fragiles et ils sont remis en question dans le contexte d'une concurrence mondiale généralisée et exacerbée. D'autres pays de la région, notamment Madagascar, deviennent plus compétitifs en termes de productivité en raison d'une main-d'œuvre locale meilleur marché et du recours à des travailleurs migrants, et offrent aussi de meilleures conditions d'investissements (NESCM, 2013). Le pays a réussi à répondre aux objectifs de développement énoncés dans le cadre des objectifs de développement du Millennium (Statistics Mauritius, 2012) et il reste bien placé dans le classement du PNUD selon l'IDH par rapport aux autres pays de l'Afrique subsaharienne. L'Etat mauricien poursuit son investissement dans le développement des régions rurales en particulier. Il assure également dans le domaine de l'éducation, un accès gratuit au système scolaire aux niveaux secondaire et supérieur.

Cependant, au cours de la dernière décennie, le coefficient de Gini est passé de 0,371 en 2001-2002 à 0,413 en 2012, ce qui signifie un accroissement croissant des inégalités dans la distribution du revenu des ménages (Statistics Mauritius, 2013). Ce changement a été accompagné de l'accroissement du taux de chômage, il atteint presque 9% et près de 40% chez les jeunes de moins de 25 ans en 2013. L'Etat est donc contraint de reconnaître l'existence de problèmes de pauvreté et d'exclusion sociale ; problèmes sociaux auxquels doivent répondre les agents étatiques tels que le Ministère de l'Intégration Sociale (Chittoo and Suntoo, 2012).

Par rapport au contexte de l'enquête au début des années 1990, que retenir finalement en termes d'évolutions ou de ruptures ? De manière générale, on peut dresser le constat d'une amélioration progressive et soutenue de la qualité de la vie. D'un point de vue démographique, la maîtrise de la fécondité a cessé d'être une préoccupation et elle a été remplacée par deux problématiques, celle du vieillissement et celle du contrôle des flux migratoires, partagées par de nombreux pays tant au Sud qu'au Nord. Ainsi, les conséquences du vieillissement de la population risquent d'avoir un impact plus important sur le bien-être des femmes. Mais, indépendamment des questions liées au genre, ce phénomène démographique soulèvera de nouveaux défis en termes de services de santé et sociaux. Les questions sociales telles que la transformation des relations intergénérationnelles (Hillcoat-Nallétamby, 2010), les besoins en matière de soins, de logements adaptés aux personnes âgées (Suntoo, 2012) n'ont pas fait l'objet de recherches approfondies à ce jour dans le contexte mauricien. Néanmoins, la réduction de la fécondité n'implique pas *de facto* l'absence de problèmes en matière de santé de la reproduction et sexuelle. Perdurent ainsi des problèmes en termes de connaissance des méthodes contraceptives et de besoins non satisfaits, en particulier dans les groupes victimes des inégalités socioéconomiques. Ces questions ne concernent plus néanmoins qu'une petite minorité au sein de la population mauricienne.

LES REVERS D'UNE SUCCESS-STORY

En 1991, l'Ile Maurice a reçu le prix pour la Population (United Nations Population Award) en reconnaissance de l'efficacité de son programme de planification familiale lancé à partir des années 60. En effet, le taux moyen d'accroissement annuel de la population qui était de 3,12% en 1962 est tombé à moins de 1% en 1990 (0,80%). La maîtrise progressive de cet accroissement a été attribuée aux effets du programme de planification familiale, ainsi qu'au recul de l'âge au mariage des femmes mauriciennes, et dans une moindre mesure, aux effets de la politique d'émigration. Au cours des années 80 cependant, certains changements dans la pratique de la contraception ont conduit les responsables nationaux à s'interroger sur des possibles faiblesses d'une politique de population dont le volet planification familiale n'avait pas été jusqu'ici remis en cause, qu'il s'agisse de son fonctionnement institutionnel, ou de son rôle dans la réalisation des objectifs démographiques établis par le gouvernement. Parallèlement à une augmentation progressive des taux de fécondité, quatre problèmes firent l'objet d'études et de vérifications statistiques : l'abandon de la pratique contraceptive parmi les femmes inscrites auprès des centres de planification familiale, l'utilisation du retrait comme méthode de régulation des naissances, le choix de certains couples de ne pratiquer aucune méthode de régulation des naissances (ni moderne, ni traditionnelle) et le recours à l'avortement.

Sur la base de ce constat, notre recherche a été réalisée dans certaines cités de l'Ile Maurice. Le terme « cité » reprend une appellation familière que nous aurions pu mettre entre guillemets ; le terme technique pour la désignation de ces logements étant celui de « *estates* ». La traduction la plus proche en français serait ici celle de logements sociaux. L'objectif principal était d'analyser les déterminants socioculturels de la régulation des naissances, grâce à une méthodologie mise en œuvre notamment au Sénégal (Charbit et Ndiaye, 1994), que nous avons adaptée au contexte mauricien pour analyser les causes socio-économiques et culturelles de l'échec de la contraception dans les cités mauriciennes. La population étudiée vit dans des logements provisoires érigés suite aux destructions occasionnées par les cyclones dans les années 60. Elle se caractérise, à l'inverse du reste de la population du pays, par une faible pratique contraceptive. Nous émettons l'hypothèse que ce constat résulte de trois facteurs convergents :

- un environnement socio-démographique défavorisé qui a pour effet d'isoler la population des cités par rapport à son voisinage et de l'empêcher de profiter pleinement des services socio-sanitaires situés sur place ou ailleurs. Ce contexte négatif est identifié en termes de spécificités sociodémographiques au niveau des familles (conditions de logement, familles nombreuses) et des individus (faibles niveaux de scolarisation, nuptialité instable) ;

- une méconnaissance de la population des notions élémentaires de physiologie et de santé, d'où des représentations erronées de la contraception, caractérisées par la prévalence de rumeurs.

- enfin, un décalage entre les objectifs et les intérêts des organismes responsables de la planification familiale et les attentes et besoins de la population des cités.

DES HANDICAPS SOCIO-DEMOGRAPHIQUES CUMULATIFS

La population de la cité est caractérisée par un certain nombre de handicaps socio-démographiques et culturels : les logements sont nettement inférieurs en termes d'éléments de confort et de surpeuplement à ceux du district géographique où sont situées les cités, le niveau d'instruction est plus faible que dans le reste du district et dans l'île, la nuptialité est instable et la fécondité est plus élevée que la moyenne nationale (Charbit et Hillcoat, 1992).

Prenons l'exemple de l'habitat. Les conditions de logement n'ont pas beaucoup changé depuis 1960, si ce n'est que les ménages principaux se sont complexifiés par l'adjonction de sous-ménages : faute de moyens financiers, les enfants, au moment du mariage ou à l'occasion d'une union consensuelle sont contraints de s'installer dans la cour de leurs parents où ils construisent de petits logements, d'où une densification de l'habitat. D'autre part, les femmes consacrent beaucoup de temps aux activités ménagères car aucune d'entre elles n'utilisent l'électricité, qu'elles jugent trop coûteuse : 8 femmes sur 10 utilisent le bois seul ou en combinaison avec d'autres combustibles. Or le bois est très salissant. Lorsque nous leur avons demandé ce qu'elles auraient surtout souhaité pouvoir changer dans leur vie, elles ont pour la plupart exprimé le désir d'avoir une maison plus grande et équipée d'une salle d'eau et d'une cuisine. Selon le personnel du centre de santé, un des problèmes majeurs empêchant le bon déroulement des séances de planification familiale, est que les femmes de la cité, en raison de leurs tâches ménagères considérablement alourdies par le manque d'eau, ne disposent que de peu de temps pour la consultation.

Il est pourtant peu probable que le manque de temps soit le seul facteur de la faiblesse ou de l'irrégularité de la pratique contraceptive. Le centre de santé n'est qu'à quelques mètres de la cité et une permanence est assurée par l'équipe paramédicale, mais les femmes ne veulent voir que le médecin en personne, lors de son unique consultation le mardi de 13h00 à 14h30, car selon elles, lui seul est apte à répondre à leurs questions et à leurs inquiétudes. En réalité, l'emploi du temps des femmes interrogées reste très réglé par une routine ménagère peu flexible en raison des conditions de vie et de logement et elles ne peuvent s'adapter à des heures précises de rendez-vous. Les visites pour la planification familiale ne peuvent donc pas être prioritaires pour les femmes de la cité.

RELIGION, NUPTIALITE ET PRATIQUES DE LA CONTRACEPTION

La religion catholique

83,9% des habitants de la cité sont catholiques, 14,5% sont hindous (autres : 1,5%). Lors des entretiens individuels et de groupe, les femmes se sont très souvent exprimées sur les problèmes de vie de couple. Les individus en ménage ou divorcés ne peuvent pas, en principe, participer à la communion, et cette interdiction est fortement ressentie par les femmes qui sont dans cette situation. Les raisons citées pour la rupture d'union sont pour la plupart la violence ou l'infidélité des hommes (notons cependant que nous n'avons pas pu parler aux hommes de la fidélité des femmes). Si leur pratique contraceptive est souvent irrégulière, c'est en partie, disent-elles, parce qu'elles se trouvent abandonnées par les hommes qui partent ou qui s'établissent ailleurs en ménage. Face à cette réalité, les représentants de l'église catholique suggèrent souvent un travail de réflexion et de méditation. En ce qui concerne la pratique contraceptive, l'Eglise, en réponse à la crise démographique, a créé en 1963 une association, l'Action Familiale, qui prône l'utilisation des méthodes naturelles. L'objectif de l'association était à l'origine de contribuer à la campagne nationale de planification familiale, « en misant surtout sur l'éducation des jeunes, du couple et de la famille » (Action familiale, 1988 : 1-2). Il fallait par ailleurs, en 1963 « proposer une alternative à la contraception » par laquelle les catholiques pouvaient « arriver à une régulation des naissances efficace tout en restant fidèles à la doctrine de l'Eglise » (Action familiale, 1988 : 4). Selon l'Action Familiale, la méthode proposée (la courbe thermique et aujourd'hui la méthode sympto-thermique modifiée, c'est-à-dire le suivi du cycle par l'observation des glaires et la prise de température) permettait que « l'homme et la femme découvrent ensemble la complexité et la richesse de leur anatomie, de leur physiologie, de leur psychologie » (Action Familiale, 1988 : 32).

Au moment de l'enquête, une seule femme utilisait la méthode proposée par l'Action Familiale. Pourtant, le choix d'autres méthodes de prévention des naissances parmi les femmes catholiques de la cité ne témoigne pas d'un désintérêt envers les méthodes dites naturelles. Bien au contraire, plusieurs souhaiteraient les utiliser, mais ces femmes, qui essayent d'être fidèles à leur religion, disent que ces méthodes sont difficilement conciliables avec leur vécu. L'objectif de l'Action Familiale, qui mise sur le couple et la famille, est en effet difficilement réalisable pour beaucoup de ces femmes qui doivent jongler avec les exigences d'un couple instable. Mais le fait de pratiquer d'autres méthodes, non admises par l'Eglise, les culpabilise et les freine dans leur intention d'utiliser les méthodes naturelles. Elles ont peur, si elles demandent des informations sur la méthode sympto-thermique, d'être obligées d'avouer qu'elles utilisent déjà des méthodes réprouvées par l'Eglise. Ce dilemme suscite fréquemment chez elles une réelle angoisse.

L'hindouisme

Dans le cas des Hindous, la régulation des naissances est déterminée par un ensemble de valeurs culturelles qui influencent l'organisation et la gestion des rôles sociaux. Nous avons demandé à une jeune femme hindoue qui était en train de préparer son mariage, si elle voulait avoir des enfants tout de suite après son mariage. Après un moment d'hésitation, elle a répondu que ses parents avaient prévu la date de son mariage depuis longtemps, mais qu'elle ne savait pas à quel moment allait arriver ses règles. Quel lien, lui avons-nous demandé, y-a-t-il avec la date du mariage ? Les femmes hindoues, selon elle, n'ont pas le droit d'aller au temple pendant leur période de menstruation. Si elle avait décidé de prendre la pilule avant son mariage, c'était pour éviter que ses règles ne tombent en même temps que la cérémonie. Et si le cycle de pilule devait s'arrêter au même moment que le mariage ? Elle y avait pensé et c'était pour cette raison qu'elle prenait une pilule tous les jours sans interruption pour éviter le début des règles. C'est sa mère qui lui avait suggéré cette démarche, qu'elle-même avait apprise de sa propre mère, une des premières femmes du village à avoir pris la pilule. Mais l'influence des valeurs culturelles hindoues ne s'arrête pas là. Ainsi, cette femme ne savait pas si elle allait continuer à utiliser cette méthode après son mariage, car elle ne pourrait pas avoir son premier enfant avant que son frère aîné, qui devait se marier plus tard dans l'année, ait eu le sien. Selon toute vraisemblance, elle devrait donc continuer à l'utiliser dans l'année qui allait suivre son mariage. D'un autre point de vue, cet exemple montre l'intérêt d'une approche qualitative. Cette même femme, interrogée dans le cadre d'une enquête démographique classique, aurait sûrement été comptabilisée comme une utilisatrice de la contraception avant le mariage, et ses réponses aux questions sur la fécondité désirée, sur l'intervalle proto génésique et sur l'utilisation future de la contraception, auraient été jugées incohérentes.

LE RAPPORT AU CORPS ET LES RELATIONS DE GENRE

Les rumeurs sur la contraception

Les entretiens individuels auprès des femmes démontrent clairement qu'une des raisons de la pratique irrégulière ou de l'abandon des différentes méthodes contraceptives est la peur des effets secondaires des méthodes. La mauvaise connaissance du fonctionnement du corps féminin et du cycle contribue à la prolifération de ces rumeurs. Lors de notre enquête, les femmes de la cité venaient de recevoir gratuitement du dispensaire une nouvelle marque de pilule (Ovrette), qui peut entraîner soit une suppression totale des règles, soit des pertes irrégulières. L'utilisation de cette pilule pose deux problèmes. D'abord, les femmes ne comprenaient pas pourquoi il fallait la prendre tous les jours sans aucune interruption. « *Trop fatiguées* » pour respecter cette posologie, elles ont adopté une conduite alternative qui consiste à prendre deux ou trois pilules un même jour et rien pendant les jours suivants. Plusieurs ne prennent la pilule qu'au moment des rapports, ou bien, en cas d'oubli, effectuent plusieurs prises simultanées pour rattraper les jours manqués. Ensuite elles se plaignent de ne pas avoir leurs règles. Au fond de cette inquiétude on retrouve l'idée que le sang, puisqu'il ne coule pas en dehors du corps, reste à l'intérieur, dans « *la cage bébé* », ce qui explique la sensation de lourdeur et de ventre gonflé dont se plaignent les femmes. Elles ne distinguent pas l'utérus et l'estomac, et les termes « *cage bébé* » ou utérus sont utilisés également pour décrire l'estomac comme « *le ventre* ». Elles croient que la digestion des aliments et les saignements lors des menstruations se produisent au même endroit dans le corps. La pilule reste dans « *le ventre* », ce qui explique les maux de tête, la prise de poids et les vertiges. Troublées par un problème d'obésité attribué aux effets de la pilule – mais en réalité lié à une alimentation déséquilibrée – les femmes cherchent donc à utiliser d'autres marques disponibles en pharmacie, ce qui entraîne un désintérêt et finalement un rejet de la pilule offerte gratuitement. Elles sont convaincues que, si elles pouvaient s'acheter une « *meilleure pilule* » dans le secteur privé, elles n'auraient plus de problèmes de santé. L'achat de la pilule en pharmacie ne nécessite ni visite, ni ordonnance médicale. Elles n'ont pas réellement les moyens de s'approvisionner pendant longtemps en achetant elles-mêmes les pilules.

Les mêmes formes de craintes ont été évoquées pour la piqûre hormonale, pour le stérilet et les préservatifs. Ainsi, les femmes déclarent souvent ne pas avoir utilisé les préservatifs parce que les hommes ne veulent pas s'en servir. Cependant, elles avouent également ne pas aimer les spermicides qui sont appliqués en même temps. Ces produits « *brûlent le passage* » et elles pensent qu'il se produit effectivement une véritable brûlure. Par ailleurs, selon elles les préservatifs restent dans le corps de la femme et peuvent « *monter dans le ventre* ». En résumé, ces remarques sur les effets secondaires des différentes méthodes indiquent que les rumeurs relèvent d'une expérience négative de la pratique des méthodes. Si cette expérience se transforme en explication « irrationnelle », c'est parce que les femmes n'ont pas une connaissance suffisante du fonctionnement et de l'anatomie du corps, ni des modalités correctes d'utilisation des méthodes contraceptives.

Le point de vue des hommes : l'image de la « femme-star »

Il a été très difficile de parler aux hommes individuellement ou en groupe. En fin de travail de terrain, nous avons enfin réussi à réunir une assemblée d'une vingtaine d'hommes de tous âges. Au cours de la discussion, ils ont posé de nombreuses questions relatives à notre travail. Quand nous leur avons demandé pourquoi ils n'en avaient pas discuté plus tôt, ils ont dit avoir eu « *honte* » de parler non seulement à une femme, mais à une « *blanche* ». La communication avec la communauté extérieure à la cité paraît donc réellement compromise pour ces habitants par l'importance accordée à l'appartenance ethnique.

La discussion sur la pratique contraceptive a finalement été abordée sans trop de difficulté. Les hommes, dans un premier temps, se déclarent favorables au «*family planning*» car cela aide à éviter la misère et la pauvreté. Mais ils ont eux aussi peur pour la santé et le bien-être de leurs partenaires. Ils trouvent par exemple, que la pilule est un « *mauvais médicament* » parce qu'elle entraîne des problèmes de santé. Les craintes exprimées à propos de chaque méthode sont les mêmes que celles mentionnées par les femmes, sauf que les hommes manifestent un refus beaucoup plus prononcé pour la pilule et la piqûre hormonale. Dans un premier temps, cette attitude négative s'explique par le fait qu'ils ne trouvent pas sain que les femmes n'aient pas leurs règles. De plus, elles ne répondent plus à leurs attentes : elles ne sont pas en mesure de bien s'occuper du foyer à cause des maux de tête et de la tension nerveuse qu'ils attribuent à ces méthodes. Mais en approfondissant nos questions sur ce sujet, beaucoup d'entre eux ont admis qu'ils n'aiment pas que leurs femmes prennent du poids. Ils veulent une femme qui corresponde aux «*femmes que l'on trouve à la télévision qui sont toujours belles et maigres*», car dans ce milieu défavorisé mais équipé en télévisions, les feuilletons du type Dallas sont très suivis : ils ont très souvent constitué le bruit de fond des entretiens. Les hommes ne font pas de lien entre l'alimentation et l'obésité, mais l'associent uniquement à la pratique contraceptive.

Les femmes de leur côté se sont fréquemment exprimées sur le problème d'un excès de poids lors des entretiens, et se plaignent de la difficulté qu'elles ont « *à garder leur bonhomme* » puisqu'il faut toujours rester belle, même si cela demande du temps et de l'argent. Nous retrouvons ici l'instabilité de la nuptialité : la peur d'être abandonnée suscite le désir de procréer afin de s'attacher à l'homme en lui donnant un ou plusieurs enfants. Elles ont exprimé à plusieurs reprises l'idée que si une femme n'a pas d'enfants avec son partenaire, celui-ci la quittera pour une autre.

UNE OFFRE DE CONTRACEPTION INADAPTEE

L'étude de l'offre est particulièrement importante par rapport au deuxième volet de notre cadre conceptuel. Elle est une des modalités par lesquelles le village, en tant qu'entité socio-économique, est conduit à s'ouvrir sur l'extérieur. Globalement, les femmes de la cité sont satisfaites des services de planification familiale disponibles dans le District de Grande Rivière Noire. Parmi les 28 femmes qui déclarent pratiquer une méthode contraceptive au moment de l'enquête, 17 s'adressent au Centre, 6 vont à l'Association Mauricienne pour la Planification Familiale (MFPA), 1 à l'Action Familiale, 1 à l'hôpital et 3 n'ont pas répondu. Aucune femme n'a cité le Centre comme première source d'information en matière de planification familiale, alors que 11 la citent comme seconde source.

Nous avons constaté à plusieurs reprises que les membres du personnel impliqué n'étaient pas toujours très disposés à répondre aux questions et aux demandes des femmes qui voulaient voir le médecin pour discuter d'un problème ou pour résoudre une inquiétude. Très souvent, cette demande n'est pas satisfaite ; le médecin traitant n'ayant pas suffisamment de temps à sa disposition pour pouvoir répondre à toutes les sollicitations. Cependant, la demande d'écoute demeure. Découragées par la non disponibilité du médecin, plusieurs femmes ont affirmé ne plus avoir envie de continuer à utiliser une méthode qui ne leur convient pas.

Le problème ici est double. La demande d'information reste insatisfaite pour beaucoup de ces femmes, qui, comme le suggèrent les rumeurs, sont en quête de réassurance et d'explications sur certains effets secondaires. Par ailleurs, leur demande de changement de méthode reste insatisfaite. Au moment de l'enquête, le FNUAP offrait à l'Ile Maurice environ 300 000 US$ sur une période de 5 ans pour acheter certains moyens contraceptifs. Environ 10 000 US$ par an étaient dépensés pour la pratique de la méthode sympto-thermique modifiée de l'Action Familiale : thermomètres et tableaux, grilles de température. Environ 50 000 US$ étaient également dépensés pour l'achat de la piqûre hormonale (depoprovera). Toutes les autres méthodes disponibles à Maurice étaient fournies en nature par l'USAID (pilules, préservatifs, stérilets, spermicides, etc.). Il n'existe donc que très peu de choix quant au type de pilule disponible par distribution gratuite dans les centres gouvernementaux puisqu'ils les recevaient en donation. Comme nous l'avons vu, celle-ci, la pilule Ovrette, suscite de fortes réticences de la part des femmes.

Le personnel soignant se trouve alors souvent dans l'obligation de suggérer aux femmes qu'elles s'adressent ailleurs pour un autre type de pilule. Mais la manière dont cet avis est transmis peut être déterminante pour l'abandon ou la pratique ultérieure de la méthode. La demande d'information et d'explication n'est apparemment pas satisfaite puisque les femmes de la cité se sont continuellement adressées au chercheur lors du terrain d'enquête afin d'obtenir des explications concernant le fonctionnement de la pilule, du stérilet et de la piqûre hormonale. Elles ont même demandé que l'on pose à leur place des questions au médecin et à la représentante de l'Action Familiale. Elles voulaient qu'on leur explique le fonctionnement du cycle et elles souhaitaient également voir à quoi ressemblait « *la cage bébé* » (l'utérus) par rapport à l'ensemble du corps féminin. Elles n'osaient pas demander aux représentants de l'Eglise de faire venir cette personne puisque nombre d'entre elles étaient en ménage ou bien pratiquaient une des méthodes artificielles rejetées par l'église catholique.

Lors des entretiens de groupes, les femmes se sont exprimées avec plus d'aisance que pendant les entretiens individuels et certains facteurs concernant la connaissance de la pilule sont apparus. Certaines, en travaillant dans les familles franco-mauriciennes ou dans les hôtels où elles avaient un contact avec les étrangères, ont remarqué qu'il existait plusieurs types de pilules. Elles savent donc qu'il était possible d'obtenir d'autres marques que celles fournies par le Centre Gouvernemental de Santé. Par ailleurs, les femmes disent avoir suivi des émissions françaises captées sur la chaîne de l'Ile de la Réunion, qui montrent les différents types de méthodes contraceptives disponibles en Europe.

UNE POPULATION STIGMATISEE

Au terme de ces pages, revenons sur nos hypothèses initiales. Nous avons d'abord supposé que les caractéristiques socio-économiques de la cité avaient pour effet d'isoler la communauté par rapport au village et au district où elle est située, et de l'empêcher de profiter pleinement des services sociaux et sanitaires disponibles sur place ou ailleurs. Des conditions de logement défavorisées, le manque d'espace et d'éléments de confort, tels que l'eau courante, font que les femmes ont effectivement très peu de temps à consacrer aux visites médicales pour la planification familiale. Leur temps est pris par l'organisation et la gestion du ménage.

Deuxièmement, la méconnaissance en matière de biologie élémentaire et de santé explique aussi le faible niveau de pratique de la contraception. Les femmes ont exprimé leurs inquiétudes quant aux effets secondaires des différentes méthodes contraceptives. Ces effets sont amplifiés parce que la majorité des femmes interrogées n'ont pas d'idées précises des proportions réelles de leur corps. Par exemple, l'utérus (ou « *cage bébé* »), occupe selon elles presque la totalité du ventre. Par ailleurs, elles ne reconnaissent pas l'importance d'une prise régulière de la pilule puisqu'elles ignorent sa composante hormonale et elles ont tendance à l'assimiler aux médicaments qui ne sont pas des contraceptifs. Enfin, la prise de poids, mal supportée par les hommes, remet en question des couples déjà fragiles. Nous avions suggéré qu'il existait un décalage entre les intérêts des organismes (et leurs agents) responsables de la prévention des naissances et les attentes et besoins des femmes et des couples de la cité. Bien que la plupart des femmes de la cité soient catholiques, très peu utilisent la méthode prônée par les autorités ecclésiastiques car elles supposent une stabilité de couple qui est loin d'être la règle. Même si les représentants de l'Eglise qui sont en mesure d'offrir des conseils et une formation pour la seule méthode offerte (méthode sympto-thermique modifiée) viennent parfois dans la cité, la transmission d'information est en effet compromise par deux facteurs : le manque de disponibilité des femmes évoqué plus haut et une réticence à demander des informations supplémentaires sur la pratique de la méthode sympto-thermique modifiée parce qu'elles pratiquent des méthodes qui ne sont pas acceptées par l'Eglise. Quant à l'offre par le secteur public, elle se heurte au problème de la disponibilité du personnel et de la réticence à l'égard de la marque de pilule offerte. Il faut noter un dernier facteur ; l'échec de la contraception renvoie à une image dévalorisée de la population des cités en tant que groupe social. La conduite des habitants de la cité fait parfois l'objet de critiques de la part des autres membres de la communauté extérieure. Les habitants de la cité sont conscients de l'image de « délaissés » qui leur est attribuée. Cette réputation compromet leur capacité ou leur désir de communiquer avec les autorités médicales et ecclésiastiques du village.

Finalement, c'est bien la convergence des handicaps qui explique l'absence de pratique de la contraception ou de sa pratique irrégulière. Les facteurs économiques, démographiques, sociaux et culturels entrant en synergie négative. Ceci conduit à souligner l'intérêt d'une méthodologie très diversifiée et d'une analyse aussi compréhensive que possible des phénomènes étudiés. Seule une observation au niveau micro-local permet de cerner l'ensemble des mécanismes en jeu, ce qui est impossible à l'occasion d'une opération de collecte de type enquête sur échantillon aléatoire. Ensuite, il est clair qu'une approche pluridisciplinaire permet d'éviter des interprétations erronées des comportements, comme nous l'avons vu à propos de la religion. Les entretiens qualitatifs sont ici irremplaçables. En sens inverse, les données lourdes, telles que les statistiques censitaires sur le logement ou le niveau d'instruction sont nécessaires car elles permettent d'apprécier la représentativité de la recherche monographique. L'inconvénient de cette méthodologie est qu'elle implique un travail de terrain délicat, car on ne peut confier à des enquêteurs classiques une collecte aussi fine. Il faut plutôt recruter des interprètes qualifiés que des enquêteurs traditionnels et bien les former, pour éviter les phénomènes d'induction des réponses. Enfin il va sans dire que le chercheur démographe doit lui-même s'ouvrir à d'autres disciplines pour comprendre la complexité des comportements et des attitudes, dans la mesure où cette méthodologie privilégie les référents socio-culturels.

REFERENCES BIBLIOGRAPHIQUES

Action familiale, 1988, *Action Familiale 1963-1988. Au service de l'amour, de la vie et de la famille*, Ile Maurice.

Central Statistics Office, Ministry of Finance and Economic Development, 2005, *Housing and population census. Republic of Mauritius. Analysis report*. Volume X - population ageing and the elderly [Electronic Version], Retrieved 23rd July 2013 from: http://www.gov.mu/portal/sites/ncb/cso/report/hpcen00/census10/census.pdf.

Charbit Y., Mane B., Ndiaye S., 1994, Fécondité et contraception en milieu rural : méthodologie d'un projet de recherche, in Charbit Y. et Ndiaye S. (éds.), *La population du Sénégal*, Paris, DPS/CERPAA, 271-280.

Charbit Y. et Hillcoat-Nallétamby S., 1992, Facteurs socio-culturels de la planification familiale à l'Ile Maurice : le cas des "Cités", *Actes du Colloque International Fécondité et Insularité*, Saint-Denis de la Réunion.

Chittoo H. and Suntoo, R., 2012, Rural Development in a Fast Developing African Society: The Case of Mauritius, *Global Journal of Human Social Science,* vol. 12, n° 2, 19-23.

Desforges G., 1970, *Enquête Sociale. La Vie Sociale dans les Cités CHA et EDC des Pleines Wilhems*, Ile Maurice, Institut pour le Développement et le Progrès.

Hein C., 1977, Family planning in Mauritius: a national survey, *Studies in Family Planning*, vol. 8, n° 12, 8-12.

Hillcoat-Nallétamby S.,

-2002, *La pratique contraceptive à l'Ile Maurice : politique nationale, pratiques individuelles,* Paris, l'Harmattan.

-2010, Exploring intergenerational relations in a multi-cultural context: the example of filial responsibility in Mauritius, *Journal of Cross-Cultural Gerontology*, vol. 25, n° 1, 71-86.

Mauritius Family Planning Association, Research and Evaluation Unit, 1989, *Survey on Drop-outs, Clients from MFPA Clinics*, August, Research and Evaluation Unit, Mauritius.

Mauritius Family Planning Association, 1993, *Research Report on The Use of Induced Abortion in Mauritius. Alternative to Fertility Regulation or Emergency Procedure?* July, Research and Evaluation Unit, Mauritius.

Mauritius Institute of Education, 1979, *Black River Research Project.* Preliminary Report, Mauritius.

Ministry of Economic Planning and Development, 1988-90 and 1992-1994 - *National Development Plan*, Mauritius.

Ministry of Economic Planning and Development, Central Statistical Office, 1990, *Housing and Population Census of Mauritius:*
Vol. I. *Housing and Living Conditions*, November 1991;
Vol. II. *Demographic and Fertility Characteristics*, November 1991;
Vol. IV. *Educational Characteristics*, January 1992;
Vol. V. *Household Characteristics*, March 1992.

Ministry of Health, 1987, *Mauritius Contraceptive Prevalence Survey 1985,* Final Report, Mauritius.

Ministry of Health, 1993, *Report of the Principal Medical Officer, Republic of Mauritius, Health Statistics Annual 1992*, Island of Mauritius.

Ministry of Health, Evaluation Unit, Republic of Mauritius, 1993, *Family Planning and Demographic Yearbook 1992*, Mauritius.

Ministry of Health, University of Mauritius and Centers for Disease Control and Prevention, 1991, *Mauritius Contraceptive Prevalence Survey,* Survey Report, Republic of Mauritius.

Ministry of Health and Quality of Life, 2008, *The national sexual & reproductive health strategy and plan of action 2009-2015*, [Electronic Version], Retrieved 23rd July from: http://health.gov.mu/English/Documents/actplan0915.pdf

National Economic and Social Council Mauritius, 2013, *The impact of the global financial crisis on the mauritian economy*, Report 22, [Electronic Version], Retrieved 1st August, 2013, from: http://www.nesc.mu/index.php?option=com_content&view=article&id=68&Itemid=17

Rajcoomar J. and Wong P. C., 1982, *Study of the Drop Outs in the Family Planning Programme of the Family Planning, Maternal and Child Health Division*, Ministry of Health, Mauritius.

Soroptimist International, 1988, *Les Effets de l'Industrialisation sur les Structures Familiales Mauriciennes*, Maurice, UNICEF.

Statistics Mauritius, 2012, *Millennium Development Goals*, [Electronic Version], Retrieved 23rd July 2013, from: http://statsmauritius.gov.mu/English/Pages/Leaflet%20MDG2012.pdf

Statistics Mauritius, Ministry of Finance and Economic Development, 2013, *Mauritius in Figures 2012*, [Electronic Version], Retrieved 23rd July 2013, from: http://statsmauritius.gov.mu/English/Publications/Documents/MIF/mif12.pdf

Statistics Mauritius, Ministry of Finance and Economic Development, 2012, *Population and vital statistics. Republic of Mauritius, year 2012*, [Electronic Version], Retrieved 15th December 2014 from: http://statsmauritius.govmu.org/English/StatsbySubj/Documents/ei1018/Amended%20FINAL%20_ESI%202012.pdf

Statistics Mauritius, Ministry of Finance Economic Development, 2011, *2011 Housing Census - Main Results*, [Electronic Version], Retrieved 23rd July, 2013 from: http://statsmauritius.gov.mu/English/CensusandSurveys/Documents/ESI/esi2011.pdf

Statistics Mauritius, Ministry of Finance and Economic Development, 2009, *Purchasing Power Parity. International Comparison Programme – 2005 round. Main results*, [Electronic Version], Retrieved 23rd July, 2013, from: http://statsmauritius.gov.mu/English/StatsbySubj/Documents/PPP/icpmtius.pdf.

Suntoo R., 2012, Informal care for the elderly people at family level in Mauritius, *Research Journal of Social Science and Management*, vol. 2, n° 4, 178-182.

Sussman L., 1981, Unity in Diversity in a Polyethnic Society: The Maintenance of Medical Pluralism on Mauritius, *Social Science Medicine*, vol. 15, n° 3, 247-260.

UNDP Central Statistical Office, 1993, *Population and Development. Dissemination Seminar of Census Analysis, 22 December 1993, Highlights of Census Analysis*, Republic of Mauritius.

Xenos C., 1977, *Fertility changes in Mauritius and the Impact of the Family*, Ministry of Health, Mauritius.

World Health Organisation, 2009, *WHO Country Cooperation Strategy 2008-2031, Mauritius,* [Electronic Version], Retrieved 15th December from: http://www.who.int/countryfocus/cooperation_strategy/ccs_mus_en.pdf

CHAPITRE 12.
AMBIGUÏTÉ ET COMPLEXITÉ DES RÉPONSES DES JEUNES FACE AU RISQUE VIH/SIDA AU CAMEROUN

Lucas TCHETGNIA

LES ENJEUX DE LA LUTTE CONTRE LE VIH/SIDA

Le Cameroun est l'un des pays d'Afrique les plus touchés par le vih/sida. La lutte contre la pandémie, et notamment les réponses proposées (abstinence, fidélité, préservatif, démarche volontaire de test de vih) ont constitué un enjeu politique, sanitaire et social de premier plan. Les données mobilisées ici ont été collectées dans le cadre d'une enquête socio-anthropologique dont l'objectif principal était de comprendre les logiques de protection, ou au contraire de non-protection, des jeunes Camerounais face au risque du vih/sida. En effet, l'épidémie a bousculé et remis en cause des façons de faire (sexualité transactionnelle, rapports de genre) dont les implications étaient jusque-là peu dangereuses d'un point de vue morbide pour l'individu, le couple et la société toute entière. La pratique des tests de dépistage du vih ainsi que l'utilisation du préservatif constituent dès lors des questions essentielles de la lutte contre cette pandémie. Nous examinerons les réactions des jeunes face aux campagnes de sensibilisation mises en œuvre pour susciter l'adhésion des populations, en identifiant les facteurs qui inhibent la mise en pratique par les populations du discours médical sur la prévention. Pourquoi renoncer à la protection « rationnelle » que constitue le préservatif en dépit des images de maladie et de mort associées au vih/sida ? Quelles questions en termes de négociation entre partenaires posent à la fois le dépistage et l'usage du préservatif ? Quels peuvent être les effets de la pauvreté dans l'établissement des relations sexuelles ? Nous prêterons une attention particulière aux positionnements et aux justifications que les jeunes développent afin de rendre compte de leurs pratiques et de leurs réticences à les faire évoluer. Quelles sont les « astuces » et les « combines » qu'ils mettent en œuvre afin de faire face à la maladie ?

Avant d'entrer dans l'analyse anthropo-sociologique des attitudes et des représentations des jeunes, nous présenterons le contexte épidémiologique, politique et social du Cameroun. Ensuite nous expliciterons la démarche et les choix méthodologiques qui ont présidé à cette enquête conduite entre 2004 et 2006 au Cameroun. Même si la situation a sans doute évolué depuis, la mise en évidence de la pluralité, de la complexité, sinon de l'ambiguïté des réponses des jeunes face à une politique de lutte contre le vih/sida, reste pertinente.

L'EPIDEMIE DE VIH/SIDA AU CAMEROUN

Le contexte épidémiologique

Le vih/sida émerge au Cameroun au moment où la crise économique et ses corollaires se font sentir avec acuité. La rapide détérioration de la situation économique, après une forte croissance entre 1965 et 1985, s'est accompagnée d'un accroissement de la pauvreté et des inégalités socio-économiques (INS, 2003) tant en zones rurales qu'urbaines (Eboko, 1999). Cette situation, où extrême pauvreté et extrême richesse coexistent, a favorisé l'exode rural des jeunes ruraux en particulier et a contribué à l'émergence des bidonvilles, à un plus grand anonymat urbain et à un affaiblissement du contrôle social et de certaines coutumes ancestrales. Les deux Programmes d'Ajustement Structurel (PAS) conclus par le Cameroun en 1988 et en 1991 avec le Fonds Monétaire International et la Banque mondiale ont accentué les effets sociaux de la crise. Dans le cadre des PAS, les effectifs de la fonction publique ont été revus à la baisse et les agents de la fonction publique ont subi des réductions salariales drastiques. Les secteurs de la santé et de l'éducation ont été les plus pénalisés (Eboko, 1999 : 124). En déplaçant le fardeau de l'ajustement sur les plus faibles au profit des sociétés multinationales et des élites, les PAS ont renforcé les inégalités sociales en fragilisant les couches les plus pauvres de la société (Ela, 1994).

Au moment de l'enquête (2004-2006) le Cameroun se trouve en situation d'épidémie généralisée. La séroprévalence est passée de 0,5% en 1987 à 6% en 1998. La prévalence moyenne du vih chez les jeunes de 15-24 ans est de 3,2%, mais on note un écart significatif entre les jeunes femmes (4,8%) et les jeunes hommes (1,4%). Ce taux correspond à un ratio femme/homme de 3,4. Ce qui signifie que, dans ce groupe d'âges, 340 femmes sont infectées pour 100 hommes. Ce ratio qui est deux fois plus élevé que pour l'ensemble de la population de 15-49 ans (ratio de 1,7) (Barrère et al., 2005 : 313). La prévalence augmente très rapidement avec l'âge en particulier chez les femmes : de 1,6% chez les femmes de 15-17 ans, elle passe à 5,7% à 20-22 ans puis atteint un maximum de 11,8% chez les femmes de 23-24 ans. Chez les hommes, la progression est moins rapide : moins de 1% des hommes de 15-19 ans sont séropositifs contre 2,5% à 20-24 ans. (Barrère et al., 2005 : 313). Nous reviendrons plus en détail sur le contexte socioculturel des rapports de genre et de la sexualité.

La quasi-totalité des cas de transmission du sida se fait par voie sexuelle (90%). Les impacts économique, médical, psychologique et social du sida sont multiples. La population sexuellement active (15-49 ans), qui correspond à la tranche d'âge la plus productive économiquement, est celle qui est le plus touchée par la maladie. Les conséquences se font sentir dans tous les domaines d'activités. En effet, la perte de jeunes adultes compromet la quantité et la qualité de la main-d'œuvre productive. A cela, il faut ajouter les dépenses importantes que la maladie engendre, ainsi que le coût de la prise en charge des orphelins et des enfants de parents malades. Alors que la transition démographique est loin d'être achevée en Afrique subsaharienne[1] (Guengant, 1997 : 61-63), la part des jeunes dans la population reste significative et leurs attitudes face à la sexualité lourdes de conséquences (Petit et Tchetgnia, 2009 : 205).

Les jeunes âgés de 15-24 ans représentent 20,4% de la population en 2004[2] alors que la prévalence du sida à cette période était de 4,8% chez les femmes et 1,4% chez les hommes. Ils constituent un poids démographique important alors qu'ils sont très peu représentés sur le plan social et politique. Cette faiblesse en termes de représentation se traduit par des politiques qui n'intègrent pas leurs attentes en matière de sexualité.

La lutte contre le sida au Cameroun s'inscrit dans un contexte marqué par la conjoncture économique qui se traduit dans le quotidien par le chômage massif[3], une mauvaise santé de la population, un contexte de maladies et d'incertitudes, un système de soins de santé défaillant caractérisé par une médecine « inhospitalière » pour reprendre l'expression de Yannick Jaffré et Jean-Pierre Olivier de Sardan (2003 : 3) et un ratio d'encadrement sanitaire de la population qui reste en deçà de la norme de un médecin pour 1000 habitants fixée par l'OMS (Barrère et al., 2005).

---

[1] Selon Guengant, pour la période 2000-2005, l'Afrique centrale dans laquelle est inclus le Cameroun se caractérise par un taux brut de mortalité de 18‰, un taux brut de natalité de 46‰, un indice synthétique de 6,2 enfants par femme. L'espérance de vie à la naissance n'y est que de 46 ans. Par contre le taux d'accroissement annuel est de 2,8% ce qui induit un doublement de la population dans les 25 ans à venir.

[2] 2. Source : INS, 2006, p. 35.

[3] Selon les Enquêtes sur l'Emploi et le Secteur Informel réalisées en 2005 et 2010, le taux d'activité de la population de 10 ans ou plus estimé en 2005 à 72% est passé à 69% en 2010 ; environ 76% de la population active occupée en 2005 et 70% en 2010 sont en situation de sous-emploi global, c'est-à-dire travaillent involontairement, moins que la durée hebdomadaire minimale de 35 heures, ou gagnent moins que le SMIG horaire (Barrère et al., 2012).

Emergence et mise en œuvre d'une politique de lutte contre le vih

Les premiers cas de vih/sida sont déclarés au Cameroun en 1985. L'information des populations est faite très rapidement grâce aux programmes radiophoniques et télévisés. La connaissance de l'existence de cette nouvelle maladie jette l'effroi au sein de la population d'autant plus qu'elle se transmet alors quasi exclusivement par voie sexuelle. Si la sexualité est une pratique structurante et fondamentale de toute société, cette activité est très valorisée traditionnellement dans la société camerounaise. Elle permet au chef de famille de disposer d'une descendance nombreuse et d'une main-d'œuvre gratuite afin de travailler dans la plantation familiale, de se constituer une « assurance vieillesse » dans une société où la sécurité sociale est inexistante. Avoir de nombreux enfants est interprété comme un signe de santé, de richesse et de réussite. C'est donc un comportement attendu et valorisé.

Le vih/sida bouleverse les représentations et les pratiques relatives à la sexualité des Camerounais. Il impose progressivement de nouvelles pratiques (la fidélité, l'abstinence, le port du préservatif, le test de dépistage du vih) auxquelles nombre de personnes ne sont pas habituées. La science biomédicale s'immisce dans le domaine de l'intime et impose des normes de comportements sous formes de « *bonnes pratiques* »[4]. Le Cameroun est l'un des premiers pays de l'Afrique subsaharienne à engager des actions afin d'enrayer la menace que représente le vih/sida : le Ministère de la Santé publique, en partenariat avec les associations, met en place des campagnes d'information, d'éducation et de communication auprès du grand public et des différents publics-cibles (hommes en tenue, tels les militaires, professionnels du sexe, chauffeurs routiers…) ; bien avant que le Programme National de Lutte contre le Sida (PNLS) ne soit créé en 1987 sous les directives de l'OMS, le Cameroun se dote dès 1985 d'un Comité de suivi sur le sida, alors que le premier cas de sida n'est pas encore diagnostiqué.

L'initiative du *Global Program on Aids* (GPA)[5] de l'Organisation mondiale de la Santé (OMS) ne se heurte donc à aucune résistance, ni administrative,

---

[4] L'expression « bonnes pratiques » désigne un ensemble de comportements considérés comme indispensables par la plupart des professionnels d'un domaine donné et que l'on peut trouver sous forme de *guides de bonnes pratiques* (GBP). Dans le domaine de la santé publique, les bonnes pratiques désignent le respect des normes et recommandations favorables à la santé. Cette notion implique un aspect injonctif et moralisateur dans la mesure où les personnes qui manquent de s'y conformer sont considérées comme n'œuvrant pas pour leur bien-être.

[5] Global Program on Aids, programme global de lutte contre le vih/sida à l'échelle mondiale, a été lancé en novembre 1986 par l'Organisation mondiale de la Santé.

ni politique. Elle rencontre au contraire un écho favorable auprès du personnel médical du ministère de la Santé publique dont la Direction de la santé a pris en main la question du sida (Eboko, 1999 : 125). Si les pouvoirs publics prennent très tôt la mesure de l'épidémie, ils vont au fil du temps être confrontés à l'improvisation et à une absence réelle de coordination entre les différents acteurs dans le travail. Avec du recul, on peut penser qu'une des erreurs commises par les institutions impliquées dans la lutte contre le vih/sida a été de ne pas s'appuyer sur des recherches relatives aux représentations de la maladie et de la sexualité au sein de la population. Les premiers slogans à l'attention du grand public, loin d'apaiser les esprits, suscitent l'angoisse (« *le sida tue* », « *le sida ne pardonne pas* »), de même que les brochures distribuées (« *conseils pratiques pour éviter le sida, conseils pratiques pour ne pas en mourir* »). Les réactions de la population renvoient à trois types d'attitudes de défense : le déni de la maladie, la relativisation du risque et le rejet des méthodes de protection.

En l'absence des réponses politiques appropriées afin de diminuer l'incidence de la maladie, la rumeur et le soupçon instillent progressivement le doute dans la population et contribuent à l'émergence de discours parallèles sur le vih. Il est ainsi désigné comme « *la maladie venue de chez les Blancs* », « *la maladie des prostituées, des homosexuels et des touristes* ». Ceci contribue à renforcer dans l'opinion publique l'idée que toute personne n'appartenant pas à ces catégories dites à risque n'est pas concernée par la prévention. Il est ainsi facile de se distancier de ces catégories qui renvoient toutes à la construction de l'altérité, de la figure de l'étranger, voire de l'étrangeté.

Les politiques de lutte contre le vih/sida au Cameroun ont souffert d'un manque de pragmatisme dans leur mise en œuvre. L'offre de service n'était pas toujours en phase avec les besoins effectifs des populations. Les jeunes, surtout ceux ne vivant pas en union, ont été très peu impliqués comme acteurs dans les campagnes de prévention. Les programmes sont classiquement faits pour les couples en union/couples mariés légitimes. Alors que la sexualité transactionnelle, la monétarisation est une dimension essentielle des rapports de genre. Elle est complètement minorée sinon effacée dans les programmes de lutte, d'où un décalage entre les aspirations des jeunes et l'offre de sensibilisation. C'est certainement une des explications de l'incapacité des politiques à susciter l'adhésion des jeunes. L'aspect gérontocratique du pouvoir politique au Cameroun écarte les jeunes des instances consultatives et décisionnelles, ce qui a contribué dans une certaine mesure à fragiliser leur mobilisation et dissuader leur adhésion aux réponses proposées.

Les rapports de genre et la sexualité

Les relations sexuelles précoces constituent un problème majeur pour les jeunes du fait des risques plus importants de grossesses non désirées, d'infections sexuellement transmissibles et de sida dans cette population qui n'a pas encore la maîtrise de la protection et qui a du mal à convaincre le partenaire sexuel souvent plus âgé d'utiliser le préservatif. Les implications sociales en termes de mariage précoces, de déperditions scolaires constituent des pesanteurs au bien-être social.

Les relations sont considérées comme précoces, particulièrement chez les filles parce qu'elles ont lieu « *avant l'âge* » socialement prescrit comme étant celui à partir duquel une femme peut se marier (15 ans). L'enfance est définie dans la société camerounaise comme cette période qui va de la naissance jusqu'à 15 ans. Par rapport à la religion, le facteur âge n'est pas celui qui est mis en avant. Les relations sexuelles sont dites précoces dès lors qu'elles ont lieu avant le mariage. L'église exhorte les jeunes gens à rester « purs » jusqu'au mariage. Cette virginité est très valorisée par certains jeunes pratiquants, notamment dans les églises dites de réveil. Sur le plan de la tradition, la précocité est surtout évoquée par rapport à la puberté. Toute relation sexuelle qui a lieu avant l'arrivée des premières menstrues est considérée comme une relation précoce dans la mesure où ce sont les menstrues qui indiquent qu'une femme est en âge de procréer. Selon les résultats de l'Enquête Démographique et de Santé (2004), parmi les hommes de 15-24 ans, environ un quart (23%) ont eu leur premiers rapports sexuels avant d'atteindre 15 ans. Par ailleurs, parmi les 18-24 ans, 82% ont eu leurs premiers rapports sexuels avant d'atteindre 18 ans. Contrairement aux femmes, on ne constate pas ici d'écart selon le milieu de résidence et, du point de vue de l'instruction, ce sont les hommes les plus instruits qui sont proportionnellement les plus nombreux à avoir eu leurs premiers rapports avant 15 ans (25% contre 10% chez ceux sans niveau d'instruction). (Barrère et al., 2005 : 287). Si on se limite aux femmes de 18-24 ans, la grande majorité (88%) avait eu leurs premiers rapports sexuels avant 18 ans. C'est parmi les jeunes femmes de 15-24 ans du milieu rural (43%) et parmi celles sans instruction (56%) que la proportion de celles qui ont eu des premiers rapports sexuels avant 15 ans est la plus élevée. (Barrère et al., 2005 : 286).

Si les relations sexuelles précoces concernent les deux sexes, le caractère précoce est plus fréquemment mis en exergue en ce qui concerne les filles. En effet, la société contrôle davantage le corps et la sexualité des femmes. Dans le cas des jeunes filles, les relations sexuelles précoces sont souvent initiées par des partenaires sexuels plus âgés dans le cadre de la sexualité transactionnelle (échange d'argent, de cadeaux, de biens ou de services contre les rapports sexuels). Dans un contexte de paupérisation dans lequel les jeunes filles ne sont pas forcément prises en charge par leur famille, grande est la tentation de recourir aux hommes plus âgés afin de subvenir à ses besoins. Cette solution est d'autant plus facile que ces derniers sollicitent les adolescentes pour leur virginité, ou leur moins longue exposition aux rapports sexuels, garante selon eux d'une absence d'infections sexuellement transmissibles. La précocité de l'entrée dans la vie sexuelle s'accompagne aussi d'une précocité de l'entrée en union. C'est ainsi que 22% des femmes âgées de 25-49 ans au moment de l'enquête étaient déjà en union avant d'atteindre l'âge de 15 ans, alors que l'ordonnance n° 81/062 du 29 juin 1981 fixe l'âge au mariage à 15 ans pour les filles et à 18 ans pour les garçons. Plus de la moitié des femmes (54%) étaient déjà en union avant 18 ans (Barrère et al., 2005 : 111).

Les jeunes ont un rapport ambivalent à leur corps. Il est perçu comme une arme de séduction et en même temps comme un bien périssable. Les précautions en matière de protection comprennent l'aspect physique du partenaire. Le corps en bonne santé ne revêt pas les stigmates qui renvoient au vih/sida : il ne doit ni être maigre, ni être couvert de « *boutons bizarres* » évoquant les symptômes de la maladie. En tant qu'arme de séduction, le corps est mis en valeur à travers une recherche vestimentaire. Les jeunes femmes sont constamment préoccupées par leur apparence physique : durant les entretiens elles évoquent leur peur de la vieillesse et d'être déclassées sur le marché de la séduction. Ce rapport à leur corps les pousse à le considérer comme un bien précieux que tout homme qui s'en sert doit respecter. Les hommes doivent par conséquent constamment témoigner de la considération pour cet objet corporel à travers des cadeaux ; ce qui alimente la sexualité transactionnelle.

Les jeunes filles ont acquis un peu plus d'autonomie que les femmes de la génération de leur mère. La scolarisation prolongée, l'accès des jeunes filles au revenu par le travail leur a permis de gagner un peu plus en autonomie et en considération par rapport à leurs mères. En participant aux dépenses de la famille nucléaire comme élargie, les jeunes filles sont dans la position de donner leur opinion et de négocier voir renverser des normes[6] jusque-là dominantes dans la société. L'élévation du niveau d'instruction a aussi permis un plus grand accès aux méthodes de contraception moderne et un meilleur contrôle de leur fécondité.

[6] De plus en plus des jeunes filles réussissent à s'opposer à la polygamie et au choix de leur conjoint ; questions essentielles sur lesquelles elles n'étaient pas consultées jadis.

COMPRENDRE LES ATTITUDES ET LES COMPORTEMENTS DES JEUNES : UNE DEMARCHE SOCIOLOGIQUE/ANTHROPOLOGIQUE

Recherche-action : les limites de la mise en œuvre

A partir du milieu des années 1990, des enquêtes quantitatives CAP (Connaissances Attitudes Pratiques), CACP (Connaissances Attitudes Comportements Pratiques), ESC (Enquête de Surveillance de Comportement) et sociodémographiques sont conduites auprès des populations. Elles produisent des éléments de réponse et des recommandations pouvant être déclinés en actions opérationnelles à l'intérieur des programmes de prévention mis en place. Les solutions proposées par les bailleurs de fonds et les institutions partenaires tiennent peu compte des réalités socioculturelles identifiées dans ces recherches pour plusieurs raisons. La non prise en compte de ces solutions traduit la peur d'affronter certaines réalités parmi lesquelles l'étendue de la paupérisation des populations aggravées par des mesures drastiques d'ajustements structurels mises en place par le FMI et la Banque mondiale, l'implication des élites dans la sexualité transactionnelle et leur incapacité à garantir à la population un minimum de bien-être. La prise en compte des réalités du terrain aurait impliqué une profonde remise en question des politiques imposées de l'extérieur.

La sensibilisation stigmatise des univers culturels et met en avant des messages sur les méfaits des pratiques comme la polygynie, le multipartenariat, le lévirat, le sororat comme pour évacuer les facteurs socio-économiques et dédouaner aussi bien les bailleurs de fonds que les élites des responsabilités qui leur incombent dans la lutte contre le vih/sida. La plupart des recherches réalisées sur le vih/sida surtout au début de l'épidémie sont des enquêtes quantitatives[7] avec la distribution des questionnaires standardisés à un large échantillon de personnes. Elles fournissent de précieuses informations sur les comportements sexuels, les niveaux de connaissance, les attitudes et les pratiques des populations en matière de vih/sida ; elles ne permettent cependant pas de comprendre les significations investies dans les pratiques car de telles données ne peuvent être obtenues que par le truchement d'une enquête qualitative. Notre recherche cherchait à combler cette lacune, mais elle avait aussi pour ambition de cibler les causes effectives des comportements de non-protection chez les jeunes pour pouvoir les résoudre.

---

[7] On peut citer les recherches menées par Rafalimana Hanta (1991) ; Bah Mamadou Dian (1995) ; Myriam de Loenzien (1995), IRESCO (2001 et 2002).

Dans un domaine comme celui de la santé publique, plus précisément du vih/sida, procéder par une approche privilégiant uniquement les réponses en termes de culture (lévirat, polygamie, sexualité précoce, etc.) – comme ce fut le cas dans les campagnes de sensibilisation – empêche l'identification de tous les facteurs susceptibles d'expliquer les comportements et les choix des individus (se protéger ou pas), dont des facteurs structurels contextuels, telles les relations de pouvoir ou de domination. La culture est importante dans la mesure où elle influe sur les représentations de la maladie, de la sexualité, des moyens de protection. Elle a de ce fait un impact notable sur la prise de décision de se protéger ou pas contre le vih/sida. Il est fondamental de prendre en compte des facteurs d'univers culturels pour comprendre les enjeux liés à la protection/non protection et élaborer par conséquent des politiques de lutte efficaces.

Un terrain urbain

Notre enquête a été réalisée entre 2004 et 2006 à Douala, la capitale économique du Cameroun. Ville portuaire et universitaire, Douala exerce un attrait indéniable sur les jeunes des dix régions du Cameroun grâce à son dynamisme économique et aux infrastructures dont elle dispose. Délaissant villages et zones périurbaines, les jeunes en quête d'une vie meilleure cherchent à s'insérer dans ce tissu urbain, symbole de modernité et d'opportunités quant à la poursuite des études et à l'obtention d'un emploi. Certains adoptent une attitude de débrouillardise pour trouver un petit boulot et ils ont du mal à boucler leurs fins de mois tant le coût de la vie est élevé. C'est en milieu urbain que les inégalités entre les populations sont les plus prononcées. La précarisation des jeunes diplômés entraîne une sorte de découragement à faire des études longues et une plus grande vigilance à l'orientation dans le choix des filières scolaires.

Contrairement au milieu rural où les charges relatives au loyer, à l'eau courante, à l'alimentation, aux déplacements sont réduites ou inexistantes, les citadins doivent faire face au quotidien à la cherté de la vie. Cette situation pousse les catégories les plus fragiles à s'installer dans des bidonvilles où les conditions d'hygiène sont déplorables. Elle pousse aussi certaines jeunes filles à s'engager dans la sexualité transactionnelle pour faire face à toutes les dépenses que leurs familles ne peuvent assumer. Certains parents n'hésitent pas à exercer sur leurs enfants des pressions afin qu'elles participent de manière significative aux dépenses de la famille. Ils n'hésitent pas à donner en exemple des jeunes filles qui ont réussi à relever leur famille par le biais de la sexualité transactionnelle, incitant leurs propres filles à faire de même. Le milieu urbain rend possible une pluralité de situations du fait d'un moindre contrôle social, d'une confrontation plus avancée avec l'Occident et d'une diversité sociale accrue. Les jeunes citadins adoptent des comportements déviants lorsqu'ils se retrouvent hors de leur lieu de résidence d'origine, où on les connaît moins. Ils peuvent alors se « laisser aller » à des comportements qu'impose la culture moderne de leur groupe de pairs. Les jeunes filles sont soumises aux pressions de la mode et du conformisme à travers les images diffusées par les médias et relayées par leurs aînées. Pour éviter tout sentiment de honte ou de déclassement social, elles aspirent à s'offrir les signes extérieurs de modernité et les marques ostentatoires de consommation (téléphone portable, bijoux, sacs à main, chaussures, etc.). N'ayant pas de revenus suffisants pour satisfaire leurs besoins, certaines d'entre elles s'engagent dans des relations caractérisées par la sexualité transactionnelle avec des partenaires beaucoup plus âgés. Placées en situation économique de besoin et en situation sociale de domination, elles ne sont pas en position de se protéger et de négocier notamment l'usage du préservatif.

Selon les deux précédentes Enquêtes Camerounaises auprès des Ménages (ECAM) réalisées respectivement en 2001 et 2007, deux personnes sur cinq (40%) vivaient en dessous du seuil de pauvreté (ECAM I 2001 ; ECAM II 2007). La pauvreté est un facteur qui, dans l'interaction sexuelle, est déterminant quant à la prise de décision de se protéger ou pas. La conjoncture économique à l'œuvre au Cameroun a contribué à l'émergence de la rareté sur plusieurs plans. Sur le plan professionnel cela se traduit par la rareté de l'emploi à travers le désœuvrement, l'oisiveté et la précarité. Sur le plan économique on note la rareté de l'argent et une grande difficulté pour les populations à satisfaire leurs besoins les plus élémentaires comme se nourrir, se vêtir et se soigner. Face à la pauvreté et ses effets drastiques sur la vie, le risque du vih peut être perçu comme un risque secondaire par rapport à la peur de mourir de faim, de ne pas pouvoir se payer les soins de santé, de perdre la face ou par rapport à la hantise de tomber dans la spirale de l'endettement. L'indigence produit des effets dans une société où la majorité de la population lutte pour la survie ; contexte dans lequel l'accès aux soins médicaux, même pour les maladies les plus courantes, relève d'une véritable gageure.

La conjugaison des facteurs professionnels et économiques analysés précédemment ont en partie contribué à l'éclatement des normes dans la société camerounaise, qui se traduit concrètement par l'émergence de pratiques qui restaient marginales. De plus en plus, des jeunes filles qui disposent de moyens financiers subviennent aux besoins matériels de leur partenaire, les couvrant de cadeaux alors que la norme prescrit plutôt l'inverse. Au sein des familles, certains parents n'hésitent pas à exiger de leurs enfants qu'ils les prennent en charge financièrement alors que ces derniers sont sans emploi. L'ordre ancien exigeait au contraire des parents de pourvoir aux besoins des enfants jusqu'à ce qu'ils deviennent adultes et trouvent un emploi qui leur permettent de garantir l' « assurance vieillesse » des parents.

Une des implications est l'émergence du multipartenariat simultané et de la monétarisation des rapports sexuels. Dans un contexte urbain de pauvreté, de maladies et d'incertitudes – contexte dans lequel l'accès aux soins pour les pathologies les plus courantes reste difficile – les jeunes sont les plus frappés par le chômage dans un pays où les aînés de sexe masculin détiennent tous les leviers de pouvoir. Sur le plan économique, bien que les femmes soient très actives dans la production des richesses, elles n'ont pas de pouvoir décisionnel. Elles sont plus investies dans le secteur informel et dans des travaux précaires. Si elles sont absentes des conseils d'administration de grandes entreprises, elles ne sont guère présentes à des niveaux de responsabilité élevés sur le plan politique. On ne compte aucune femme gouverneur de région sur les 10 que compte le pays, aucune femme préfet sur les 58 et seulement 20 députés sur 180 pour la mandature 2002-2007.

Méthodologie de l'enquête

L'enquête visait à comprendre comment les jeunes construisent l'idée de protection et de risque face au vih, d'identifier leurs pratiques, leurs rapports aux moyens de protection. Il s'agissait d'approfondir l'analyse des éléments susceptibles d'intervenir dans ce processus dynamique et interactionnel : la place de la sexualité, le sentiment amoureux, le degré d'implication dans la relation avec le partenaire du moment, la construction ou non d'un projet de vie, le rapport à la maladie, le rapport à la fidélité/infidélité et la pratique du test du vih.

Au total 56 entretiens individuels et 31 *focus groups* ont été conduits avec les jeunes afin d'identifier les mécanismes complexes qui structurent et organisent leur rapport à la protection. Les personnes interrogées lors des entretiens individuels ont été recrutées parmi les participants aux *focus groups*. L'échantillon était constitué de 58% de filles et de 42% de garçons. Sur le plan scolaire, les niveaux se répartissent ainsi : primaire (16%), secondaire (77%), supérieur (7%). Pour ce qui est de la profession, ils sont élèves ou étudiants (54%), sans emploi (13,9%), exercent déjà un emploi (25,5%) ou sont en situation d'apprentissage (6,6%). Ils appartiennent à différents milieux socioéconomiques et ont été recrutés dans différents quartiers de Douala. Les discussions ont été menées en français, en anglais et en pidgin par des enquêteurs des deux sexes. Pour compléter le dispositif d'enquête, des observations ont été réalisées de manière informelle dans des espaces privilégiés d'échanges comme les transports en commun, la rue, les gradins des stades de football et les marchés.

Il n'a pas été aisé de faire parler ces jeunes de leur sexualité étant donné le caractère tabou et intime qu'elle revêt dans la société moderne africaine. Chacun a un petit jardin secret qu'il s'efforce de protéger et qui constitue une résistance au dévoilement. La logique de la censure ou de l'autocensure a fonctionné lors du premier contact, avec à la clé l'utilisation par certains jeunes des stratégies de soustraction bien classiques « *je n'ai pas le temps* », « *je ne sais pas parler* », « *je ne connais rien* », « *je ne suis pas un long crayon* »[8], « *je ne sais pas parler engromologie*[9]*je suis très bête* »… Il a fallu les côtoyer régulièrement, essayer de gagner leur confiance par une attitude empathique, les encourager à parler des pratiques socialement honteuses voire réprouvées, par des petites phrases qui se sont avérées efficaces : « *nous sommes entre nous* », « *il n'y a vraiment pas de honte à parler de cela* ». La combinaison de tous ces moyens a réduit des inhibitions et libéré la parole dans les entretiens et discussions informelles.

LES JEUNES : ENTRE REFUS ET BRICOLAGE

Les représentations de l'Occident

Comme dans le cas de la plupart des maladies infectieuses redoutées (peste, choléra), le vih/sida a permis de construire un rapport fort à l'altérité notamment pour ce qui est de l'origine et des modes de transmission de la maladie. La figure de l'Occident comme l'un des boucs émissaires s'est construite dans l'opinion partout en Afrique Subsaharienne. (Tchetgnia, 2009). Les jeunes Camerounais ont une relation complexe à l'Occident comme le démontrent leurs représentations ; l'imaginaire lié à l'Occident influençant leurs rapports au risque et motivant en partie le refus de se protéger. Une occidentalisation relative coexiste avec une relation violente à l'Occident, à certains égards fantasmatique, faite de fascination, de méfiance, d'adoption et de rejet. Cette relation ambiguë renforce l'altérité du risque au travers d'une construction du risque lointain. L'Occident est associé à une forme de sexualité (voire à des pratiques déviantes ou immorales) en opposition à une certaine représentation de la sexualité camerounaise qui serait « *normale* », « *naturelle* ». Le vih/sida est plus perçu comme une maladie des personnes dont les mœurs, dites légères, se rapprocheraient de celles des Occidentaux et de toutes les personnes dont l'orientation ou les pratiques sexuelles ne rentreraient pas dans les normes établies. Les Occidentaux, perçus comme promoteurs de la légèreté des mœurs sexuelles, seraient les plus exposés au risque du vih/sida.

Des Camerounais ont souvent accusé « *l'Occident* » de profiter de la lutte contre le sida afin de promouvoir le libertinage sexuel et des pratiques

[8] Personne ayant un niveau d'études élevé.

[9] Français soutenu.

sexuelles « *perverses* » au premier rang desquelles l'homosexualité. Les homosexuels constituent un groupe particulièrement à risque face au vih, car le tabou, le rejet social et la pénalisation qui entourent la sexualité entre personnes de même sexe placent les relations homosexuelles dans la clandestinité, sans réelle possibilité pour eux d'obtenir des informations appropriées sur leurs besoins spécifiques en matière de prévention et de prise en charge médicale. Le manque d'information auquel ils font face est préjudiciable à la lutte contre la maladie. Des soutiens financiers d'organismes occidentaux visant à sensibiliser les populations homosexuelles, pourtant importants dans la lutte contre le vih/sida, sont très mal accueillis par la population. Ils braquent les populations et cristallisent les opinions. La quasi-totalité de la population, opposée à ces financements, a le sentiment que leurs priorités (lutte contre la pauvreté, amélioration des infrastructures sanitaires, accessibilité des médicaments…) ne sont pas prises en compte. Ce n'est pas tant l'homosexualité, qu'une certaine hégémonie de l'Occident et cette capacité qu'il aurait à imposer son point de vue, qui est combattue. La méfiance à l'égard de l'Occident est liée à cette générosité occidentale dans l'offre quasi-systématique du préservatif et de sa promotion alors que l'Occident ne s'engage pas suffisamment dans la lutte contre plusieurs maux qui minent l'Afrique et qui font plus de victimes que le vih/sida (famine, paludisme par exemple). Ce constat ravive l'idée très répandue d'un complot occidental contre l'Afrique (Lado, 2005).

Des discours dissidents évoquent la création du vih dans les laboratoires occidentaux pour tuer les Africains. Ces jeunes sont convaincus du fait que « *rien n'est pour rien* », ce qui les pousse à croire qu'on leur cache quelque chose. Ils désignent comme « *raisons inavouées* » de la promotion du préservatif, la limitation des naissances en Afrique que les politiques de planification familiale (introduites en Afrique au milieu des années 80) n'ont pas réussi à impulser. Si ces pressions de l'étranger ont eu parfois des effets contre-productifs, la gestion locale de l'épidémie n'a pas non plus répondu aux attentes des populations. Le test de vih proposé comme une des réponses à la réduction de la pandémie n'a pas suscité l'engouement des jeunes.

La réticence à faire le test du vih

Le test de dépistage du vih est le moyen par définition d'identifier l'infection à vih. Il est vivement conseillé aux populations dans les messages de sensibilisation de faire la démarche volontaire de dépistage pour mieux se protéger et protéger le(s) partenaire(s) sexuel(s). Les premières campagnes invitant au dépistage gratuit datent de 2005[10]. Elles s'inscrivent dans le Plan

[10] Dès 1987, des campagnes de dépistage sont organisées dans les deux grands hôpitaux de Douala et Yaoundé. Le coût est alors de 3 500 francs CFA (environ 5,5 euros) par personne ; cette somme d'argent représente le budget en alimentation d'une famille pour deux jours.

stratégique national de lutte contre le sida 2000-2005. Les résultats de la troisième EDS réalisée en 2004 indiquent que 76% de femmes et 83% d'hommes n'ont jamais effectué de test de vih. Seulement 5% des femmes et 7% des hommes ont effectué un test et ont reçu les résultats au cours des 12 derniers mois (Barrère et al., 2005 : 272). Sur les 274 jeunes qui constituent notre échantillon d'enquête, seuls 33 ont déjà fait un test de vih dans leur vie. Parmi ces 33 jeunes dépistés, 11 seulement ont fait la démarche volontaire de test et les 22 autres l'ont subi ou ont été dans l'obligation de se faire dépister pour des raisons aussi variables que des problèmes de santé, une grossesse, les concours, les fiançailles... Le test n'est pas obligatoire mais vivement conseillé pour se marier.

Chez les jeunes pratiquant le « *full contact* »[11]existe un climat général de réticence à faire la démarche volontaire de test du vih. Le test est redouté parce qu'il est susceptible de révéler la séropositivité tant redoutée. Les jeunes qui ne se protègent pas au cours des rapports sexuels disent pour la plupart d'entre eux préférer mourir dans l'ignorance de leur statut sérologique plutôt que de se savoir infectés par le vih. Si l'aspect financier de la prise en charge médicale n'est pas à négliger, il n'en demeure pas moins que le bénéfice médical du dépistage reste, à leurs yeux, inexistant. Ils préfèrent alors vivre dans l'ignorance de leur statut que de se savoir infectés sans aucune prise en charge sanitaire. Autrement dit, L'adhésion au test aurait été plus forte si le résultat d'une séropositivité impliquait *de facto* une réelle prise en charge (médicale, psychologique, sociale).

Au moment des enquêtes sur le terrain (2004-2006), la trithérapie n'est pas gratuite. Le partenariat entre le gouvernement du Cameroun et d'ESTHER (effectif depuis 2003), impliquant le renforcement des capacités de prise en charge sur tout le territoire, est encore à ses débuts. Les actions restent limitées dans la région du Centre avec l'appui des unités de prise en charge (UPEC). C'est à partir de 2008 que l'appui d'ESTHER se manifeste sur tout le territoire à travers un accompagnement de la décentralisation de la prise en charge par le tutorat. La gratuité des trithérapies intervient le 1er mai 2007.

La décision de faire le test dépend largement de la capacité du système hospitalier à assurer aux personnes qui le font une meilleure prise en charge post test, notamment une prise en charge médicale effective en cas de séropositivité. Le jeune sera démotivé s'il constate que la prise en charge même pour les maladies les plus ordinaires n'est pas effective, *a fortiori* pour celle du vih/sida qui exige une attention et un suivi médico-sanitaire particuliers. Parlant des facteurs qui entrent en compte dans la décision de

---

[11] Désigne chez ces jeunes des rapports sexuels non protégés. Le terme « contact direct » signifie la même chose.

l'individu d'adopter, de rejeter ou de se réapproprier l'innovation, Easterlin (1975) distingue deux types de coûts : les coûts objectifs ou de marché et les coûts psychiques. Que leur coûte le test en termes de coût objectif ou d'argent ? Les campagnes de dépistage anonyme et gratuit sont très souvent organisées à Douala. Lorsque le test n'est pas gratuit, le prix à payer est le même que celui qu'il faut débourser pour une consultation dans un hôpital public.

On ne peut toutefois pas en dire autant des coûts psychiques. La connaissance de sa séropositivité, « *pourrit la vie* », « *empoisonne la vie* », crée une angoisse, de la dépression, entraîne une véritable mort sociale qui précède la mort physique, et cela d'autant plus que les personnes concernées se trouvent dans un environnement social où la stigmatisation des personnes vivant avec le vih renforce leur marginalisation. Le rejet est d'autant plus prononcé que la contamination par voie sexuelle renvoie à une identité de malade coupable, malade à blâmer dont la « maladie-punition », perçue comme étant une sanction assortie au manque de précaution ou à la négligence, est le prix à payer. Cette culpabilité est renforcée par des discours religieux pointant « *l'immoralité* », et un style de « *vie sexuelle désordonnée* » comme la cause de l'infection à vih. Les « peurs irraisonnées » induisent la crainte de contracter le virus en côtoyant les malades[12] au quotidien. La honte liée à son mode de transmission provoque une stigmatisation forte et répandue dans toute la société (au sein de la famille, à l'hôpital, dans les églises…). Dans ce contexte, un résultat positif enfoncerait davantage le sujet concerné dans le labyrinthe du désespoir. Les coûts psychiques sont inhérents à la gestion de la nouvelle donne. Cette dernière est d'autant plus délicate qu'elle est associée à plusieurs types de difficultés : l'imminence de la mort, la pauvreté et ses effets sur l'accès au traitement et la prise en charge alimentaire, le rejet, « les monstruosités du corps[13] » causées par la maladie, l'accès aux ARV[14] et les contraintes liées à leur utilisation, le traumatisme psychologique. Les jeunes ayant eu des relations sexuelles non protégées sont les plus réticents à faire une démarche volontaire de test. Le préservatif, pourtant accessible, n'est pas toujours utilisé pour des raisons fort complexes.

La non-protection

Une minorité de jeunes interrogés ont justifié leurs comportements de non-protection par le fait qu'ils sont convaincus que le sida n'existe pas. Un jeune homme de 19 ans affirme n'avoir jamais vu un malade de sida. Lors d'un des groupes de discussion, il est contredit par l'un des participants qui

[12] Partager les mêmes toilettes, assiettes, couverts, logement.

[13] Erving Goffman (1975) distingue trois types de stigmates : les monstruosités du corps, les tares du caractère et les stigmates tribaux.

[14] Antirétroviraux.

est un de ses amis et qui lui rappelle qu'un de leurs voisins vit avec le vih. Ce jeune homme en réponse déclare que leur voisin souffre de la fièvre typhoïde et qu'il est victime de pratiques de sorcellerie. Il affirme que si le sida existait vraiment, il aurait déjà dû être infecté puisqu'il utilise exceptionnellement le préservatif lors des rapports sexuels.

Une catégorie plus importante de jeunes ne se protègent pas lors des rapports sexuels parce qu'ils veulent avoir le plaisir maximum via le contact maximum. Ils disent ne pas vouloir « *manger la banane avec la peau* », « *sucer le bonbon dans son emballage* » ou « *manger la noix de coco dans sa coque* ». Pour cette catégorie, le préservatif « *freine le mouvement* », avec ce bout de caoutchouc, le contact n'est pas fluide, le plaisir tel qu'il faut le prendre, sans obstacle, sans objet médiat, ne peut être obtenu qu'au travers du « *full contact* ». Eric compare cela au « *plaisir tel qu'au Jardin d'Eden où il n'y avait même pas un cache-sexe* ». Ce plaisir serait plus intense que celui obtenu dans une relation protégée. Il y a derrière une recherche de sensation inégalée. Gaëtan se déclare « *adepte des sensations fortes* ».

> - *Enquêteur* : *Tu n'as pas peur du sida ?*
>
> - *Gaëtan* : Non, quand je plonge déjà je plonge hein ! Je ne pense pas à cela. J'ai tchouké[15] la petite lors de ma dernière relation sans préso. C'est une petite[16] peu recommandable. J'ai eu peur de faire le test après.
>
> - *Enquêteur* : *Oui, mais, ce que je ne comprends pas c'est que lorsque tu fais ça et que tu as peur de faire le test, après tu recommences.*
>
> - *Gaëtan* : Moi c'est le plaisir qui compte. Je ne pense pas à cette affaire de sida. Ça ne me dit rien. C'est quand on parle du test que je tremble. J'ai tremblé à l'hôpital la dernière fois où j'ai fait. Mais lorsque je vais faire l'acte sexuel, ça ne me dit absolument rien. Le préservatif me dérange, c'est un obstacle. Sans te mentir, quand tu chausses le préso, la relation sexuelle n'a plus son intensité que comme tu fais frotti-frotta. Alors que lorsque je « combo[17] » sans préso, je suis très très content. Tu sens un plaisir vraiment exceptionnel. J'ai expérimenté. Je préfère de loin le contact maximum surtout si je sais avec qui je vais.
>
> - *Enquêteur* : *comment tu fais pour savoir avec qui tu vas ?*
>
> - *Gaëtan* : (*Rires*), Gars, c'est vraiment ton sixième sens qui te conduit dans des situations pareilles. Tu sens lorsque tu as devant toi une fille qui est clean » (24 ans, vendeur ambulant de produits de beauté, sans

[15] Pénétré, par extension, faire l'amour.

[16] Fille, copine.

[17] Faire l'amour, couper, finir avec une fille, tchouker, nioxer, faire les pompes, renvoient à la même réalité.

religion, niveau troisième, célibataire, a fait le test une fois et cela remonte à trois ans).

Gaétan ne veut surtout pas sacrifier son plaisir sur l'autel de la protection. Il sait très bien que le «*full contact*» avec le plaisir qui l'accompagne ont un prix : une probable contamination par le vih, mais ce risque est loin d'être dissuasif. L'instant le plus important pour lui est celui où il prend son plaisir à 100%. A ce moment-là, il ne pense pas à l'après. C'est une fois l'acte terminé qu'il peut « *regarder dans le rétroviseur* » et évaluer l'acte accompli et ses implications. Si sur le plan du plaisir, la recherche de la sensation naturelle milite activement en faveur du «*full contact*», il en va tout autrement sur le plan idéologique.

Certains jeunes veulent tout simplement sauver le «*full contact*», de la « *dictature du préservatif*» que la lutte contre le vih/sida tend à imposer comme l'une des parades à la protection à côté de la fidélité réciproque à un partenaire et de l'abstinence. En réalité, le fait que ces deux dernières soient moins mises en pratique par ces jeunes, fait du préservatif un outil de protection incontournable dans la lutte contre le sida. Il s'agit donc pour les défenseurs du «*full contact*», de les protéger de la menace du « *tout-préservatif*» véhiculé dans les campagnes de sensibilisation, faisant ainsi passer implicitement le préservatif pour l'unique moyen de protection. Une autre catégorie de jeunes déclare ne pas avoir confiance dans les «*préservatifs des Blancs* » qu'ils soupçonnent d'être infectés par le vih afin de tuer les Africains. Certains sont convaincus que le préservatif contient des trous minuscules à travers lesquels passerait le vih. Ces trous seraient invisibles à l'œil nu. Le désir de sauver le «*full contact* » qui s'impose peu à peu est partagé par des personnes qui estiment ne plus supporter l'idée de « *chausser la capote toute sa vie* ». Les données EDS au moment de l'enquête confirment ce peu d'engouement des jeunes de 15-24 ans pour le préservatif. En effet, 27% de jeunes hommes et 18% de jeunes femmes ont utilisé le préservatif au cours des premiers rapports sexuels, (Barrère et al., 2005 : 288). Pour d'autres jeunes encore, sauver le «*full contact* » signifie aussi garder la liberté de procréer, que le préservatif limite. Car si le préservatif empêche la mort, il empêche aussi la vie. Dans les entretiens et groupes de discussion, les jeunes gens ont souvent mentionné les effets de l'utilisation du préservatif sur la natalité des Camerounais, arguant que la promotion du préservatif pour les besoins de la protection contre le vih cachait une politique de limitation de naissance imposée par l'Occident. Des jeunes filles se sont inquiétées de la possibilité d'avoir d'enfant si elles ne prennent pas la résolution à un moment donné de leur vie de se passer du préservatif.

Des petites pratiques empiriques

La non-protection, nous l'avons vu, est sous-tendue par des raisons aussi variées que le déni de la maladie, l'accomplissement de l'acte sexuel dans des conditions d'improvisation (après la consommation d'alcool, après les soirées en boîte de nuit), la confiance accordée au partenaire du moment, la recherche d'un plaisir plus intense, la volonté de sauver le « *full contact* ». Confrontés au double enjeu terrifiant du sexe et de la mort, ces jeunes mettent en place des combines et des astuces pour se protéger. Les petites pratiques empiriques limitent le risque de transmission des infections sexuellement transmissibles. Elles intègrent l'utilisation systématique du préservatif, le flirt, la masturbation, les pratiques sans pénétration, etc. Pour les jeunes souhaitant se protéger, les slogans sont nombreux : « *Je ne prends pas de risque inutile* », « *full contact égale risque maximum* ». C'est le comportement dont font montre les « *garçons sérieux* ». Les rationalités qui existent ici vont de la sélection du partenaire au fait de différer le risque en passant par l'anticipation de celui-ci. Certains jeunes n'utilisent le préservatif qu'en cas de rapports sexuels avec un partenaire douteux. Le partenaire est généralement sélectionné dans une catégorie de la population qui est considérée comme courant un moindre risque d'exposition au vih/sida. Le corps est scruté dans ses moindres détails pour déceler le moindre signe suspect (un bouton, des grains de beauté atypiques, un eczéma) comme le déclare Ben : « *quand je veux aller avec une fille, je regarde bien son corps si je vois une seule tache suspecte sur son corps, je ne vais rien faire avec elle. C'est pour cela que j'aime toujours allumer la lumière, pas dans l'obscurité, jamais, jamais...* »[18]. L'absence de ceux-ci permet de se rassurer un peu et de pouvoir pratiquer le « *full contact* ». Certains croient anticiper le risque en se lavant directement le sexe à l'eau savonneuse après l'acte sexuel. Dans ce contexte où la norme sociale est celle de l'homme viril non monogame qui a toujours besoin de plus d'une partenaire sexuelle, quelques jeunes sortent des sentiers battus. Ceux-ci adhèrent à la fidélité à un seul partenaire. D'autres encore voient dans la pratique de la masturbation un moyen d'éviter les grossesses non désirées et le sida.

La masturbation comme pratique d'évitement du risque

Si la masturbation permet à certains de ces jeunes d'être à l'abri des IST[19] et du sida, elle remet sur la table les thèmes du normal, de l'anormal, de la déviance et du pathologique. L'un des numéros du mensuel 100% jeunes[20] a abordé la question de la masturbation en 2004. Bien qu'ayant lu les données

[18] Extrait du groupe de discussion.

[19] Infections sexuellement transmissibles.

[20] Magazine d'information et d'éducation sur la santé de la reproduction, très prisé par ces jeunes.

riches et variées sur la question ainsi proposée au public, nombre de jeunes pratiquant la masturbation culpabilisent et se posent des questions sur ses implications aussi bien sur le plan psychologique que sexuel. Les personnes qui condamnent cette pratique pensent que les jeunes qui s'y livrent le font soit par timidité, soit parce qu'ils n'ont pas le potentiel requis pour courtiser une fille. Par rapport aux jeunes hommes, très peu d'adolescentes ont reconnu s'être livrées à cette pratique. Outre le fait qu'on note une sous-déclaration de cette pratique chez les femmes et davantage chez les femmes qui commencent leur vie sexuelle (Beijin, 1993 :1445), le fait qu'elles aient été interrogées par les enquêtrices peut y avoir aussi contribué. Dans les enquêtes relatives aux comportements sexuels des Français, André Beijin (1993 : 1445) relève que les femmes ont manifesté plus de réticence à déclarer à des femmes et moins de réticence à déclarer à des hommes qu'elles s'étaient déjà masturbées. A côté de ces petites pratiques de protection, existent des pratiques plus rationalisées de protection.

Les abstentionnistes et les « personnes sérieuses »[21]

Par abstentionnistes, nous désignons les personnes qui n'ont de rapports sexuels avec aucun partenaire. Elles mobilisent des arguments tels que : « *l'amour vrai attend* », « *je m'abstiens* », « *ce sera pour plus tard* ». La catégorie des « *personnes sérieuses* » regroupe deux sous-groupes : d'une part, les individus qui sont fidèles à leur partenaire sexuel, et d'autre part des personnes qui, en plus de leur fidélité à leur partenaire, disent utiliser systématiquement le préservatif lors des rapports sexuels. Le garçon sérieux est affublé d'épithètes péjoratives du fait de sa peur ou de sa réserve à prendre des risques ; épithètes qui dans ce contexte sont attribuables aux femmes (faible, mou, doux, sensible, dominé, poltron). Il est souvent l'objet de risée de ses pairs au point de passer pour le « *canard boiteux* » du groupe. A côté de la figure du garçon sérieux mais trembleur, existe une autre figure : celle du garçon sérieux « émasculé » plus que tourné en dérision parce qu'il croit aux valeurs de chasteté avant le mariage. Ils sont d'autant plus incompris qu'ils sont de sexe masculin, car un « *mec* », un « *vrai* » aurait de réels besoins biologiques qui lui sont imposés par la nature.

Le « soldat toujours prêt » ou les tactiques de ceux qui savent anticiper le risque.

Tous les jeunes rencontrés dans le cadre de cette étude ne sont pas dans cette attitude de vivre au jour le jour, d'improviser, d'être surpris par les événements. Parmi ces jeunes, certains ont déjà loupé l'occasion d'une relation sexuelle avec une fille ; occasion unique et inespérée parce qu'ils n'ont pas voulu « *se mouiller* » sans préservatif. Certains ont même à

[21] Expression utilisée par les jeunes.

plusieurs reprises « *raté le coche* ». D'autres au contraire ont préféré prendre le risque d'avoir des relations non protégées. Aussi bien ceux qui s'abstiennent que ceux qui ont des rapports sans protection expriment des regrets. Chez les premiers, le regret vient de ce qu'ils n'ont pas pu avoir des rapports sexuels. Pour les seconds, le regret est lié à la non connaissance du statut sérologique du partenaire. A force d'être surpris et frustrés parce qu'ils n'ont pas pu parvenir à leurs fins lors d'une rencontre d'un soir, certains jeunes ont fini par mettre en œuvre des petites combines pour ne plus se laisser avoir. Le but étant de pouvoir profiter de l'occasion unique et inespérée sans avoir de regrets par la suite. Ce sont des personnes toujours prêtes. Elles le sont d'autant plus qu'elles disent ne pas maîtriser leur « *corps*[22] ». Alors, pour ne pas être pris au dépourvu, certains garçons emportent toujours avec eux leurs « *armes* » (préservatifs) parce qu'« *on ne sait jamais* ». Si cette tactique de protection se rapproche du discours préventif médical, l'on peut toutefois se demander à quelle fréquence ces « *préservatifs de secours* » sont utilisés. Leur séjour prolongé dans la poche d'une chemise ou d'un pantalon ne garantit plus leur solidité ni leur capacité à assurer la protection.

L'individu en quête de sens, n'est pas à court d'idées et d'inventions. Ces jeunes réfléchissent et d'autant plus qu'ils ne disposent pas d'informations qui les convainquent totalement. La confiance envers les élites et le monde scientifique médical s'est effritée ; ils éprouvent toujours le sentiment qu'on leur cache quelque chose (théorie du complot). Pour ne pas se laisser piéger, pour anticiper les risques ou les éviter, ils mettent en œuvre des pratiques qui peuvent se révéler contre-productives.

Des pratiques contre-productives

On note chez certains jeunes une quête de protection qui se traduit parfois par la surenchère au niveau des moyens de protection. A force de chercher à mettre toutes les chances de leur côté, certains produisent l'effet inverse. Il s'agit là des astuces dont la finalité échappe à leurs initiateurs, tant les objectifs escomptés sont différents. Ainsi en est-il lorsqu'ils décident de « *doubler* » le préservatif (enfiler l'un sur l'autre) parce qu'ils pensent être plus en sécurité[23]. D'autres jeunes refusent tout simplement de porter le préservatif qu'ils disent contaminé par le vih par l'Occident pour tuer les Africains. A leurs yeux, le risque est plus important de faire l'amour avec un préservatif que sans. Il est cependant très difficile de faire la part des choses

[22] Euphémisme, désigne ici le sexe.

[23] Cette apparente double sécurité qu'ils recherchent trouve une explication dans les plaintes formulées sur des préservatifs bon marché. Ils sont en effet perçus comme très fragiles, se perçant ou explosant lors des rapports sexuels d'une part et de la rumeur très répandue, on l'a dit, sur l'existence des petits pores sur les préservatifs, lesquels seraient invisibles à l'œil nu.

entre les discours que certains jeunes mobilisent pour justifier le rejet du préservatif et les motivations effectives qui le sous-tendent. Dans un contexte de maladie, de pauvreté et d'incertitude, qu'est-ce qui reste comme marge de manœuvre à ces jeunes qui n'ont plus confiance dans leurs dirigeants et leurs élites ? Certains s'en remettent alors à Dieu.

LE RECOURS A DIEU

De plus en plus, les jeunes se convertissent au christianisme dans les églises charismatiques venues du Nigeria et des Etats-Unis d'Amérique. Elles recrutent en majorité chez les « *déçus* » de la vie. Ce sont généralement les personnes ayant fait des études et qui se retrouvent sans emploi après plusieurs tentatives infructueuses pour s'insérer professionnellement. Elles fondent alors leurs espoirs sur Dieu pour trouver un emploi. Dans ces églises, se constituent de véritables réseaux d'emploi : certains dignitaires et fidèles de l'église sont des chefs d'entreprise, d'autres ont des relations privilégiées avec certains patrons d'entreprise ou sont eux-mêmes dans des positions de recruter du personnel. Leurs proches parlent de secte parce qu'ils ne disposent pas d'éléments concrets qui expliquent ce retournement de situation. Le terme secte renvoie au fait que ces jeunes qui étaient presque désespérés réussissent, une fois bien intégrés au sein de l'église, à décrocher un emploi décent et à se donner une seconde chance dans la vie. Ce mode de cooptation en termes de réseau de solidarité religieuse n'exclut pas l'existence de vraies sectes qui enrôlent les jeunes en leur promettant monts et merveilles. Au Cameroun, le mot secte est souvent utilisé dans le sens de « *sectes pernicieuses* ». Ce sont des organisations dites « *obscures* », ayant à leur tête un chef tout puissant qui exerce sur les membres une manipulation mentale avec comme conséquences une amélioration spectaculaire des conditions de vie économique des membres en échange des sacrifices humains[24]. La pratique religieuse a très souvent été mentionnée comme le facteur déterminant l'abstinence sexuelle par les jeunes qui se déclarent abstinents. On note dans les discours de cette minorité de jeunes pratiquants (très engagés et très enthousiastes dans leur rapport à la religion et à Dieu) beaucoup de références à Dieu et une tendance à citer les versets bibliques pour illustrer leurs propos. Ils ont pour la quasi-totalité pris la décision d'arriver vierge au mariage. Il y a un effet cumulatif de l'âge et de la religion chez ces jeunes qui les préservent des rapports sexuels, alors que l'abstinence sexuelle est perçue par les jeunes sexuellement actifs comme relevant de l'impossible. Fabrice, l'un des participants aux groupes de discussion pense que « *l'abstinence, c'est pour les futurs cardinaux* ». Les jeunes gens qui pratiquent l'abstinence sont traités par les autres de « *pasteurs* », de « *prêtres* », d' « *impuissants* ». Des mécanismes de dissuasion divers sont utilisés pour leur faire changer

---

24 La personne enrôlée donnerait en sacrifice les membres de sa famille. L'idée de sacrifices humains semble la plus déterminante pour identifier un mouvement sectaire comme tel.

d'avis. Ils vont des taquineries aux sarcasmes les plus acerbes. Les jeunes, filles ou garçons, qui souhaitent préserver leur virginité doivent être portés par des convictions personnelles fortes, notamment religieuses.

Chez le croyant dit pratiquant, l'espérance dans une vie dans l'au-delà envisagée comme beaucoup plus riche et plus agréable l'emporte sur la vie terrestre perçue comme étant plus courte et plus contraignante. Atteindre le salut suppose de parvenir à dépasser la « contradiction entre l'habitus quotidien et l'habitus religieux extra quotidien » (Max Weber, 2006 : 329). Ce dernier étant celui qui garantit durablement la certitude du salut (Max Weber, 2006 : 331). Cela peut motiver certains croyants à adopter un comportement terrestre qui se rapproche le plus des recommandations édictées par les préceptes de leur religion. Les jeunes pratiquants qui déclarent être vierge et vouloir le rester jusqu'au mariage se situent dans cette recherche de cohérence par rapport aux valeurs religieuses fortes sur lesquelles se fondent leur foi et leur espérance. Max Weber fait remarquer à juste titre que pour le croyant, « la certitude de la grâce [...] implique la possession consciente d'un fondement durable et unifié de la conduite de vie » (2006 : 329). Cela suppose la réduction des plaisirs de la vie au premier rang desquels les plaisirs sexuels.

POUR UNE OFFRE REPONDANT AUX BESOINS REELS DES POPULATIONS

L'avènement du vih/sida au Cameroun entraîne un bouleversement aussi bien dans la manière dont les populations se représentent la sexualité qu'au niveau des comportements. Les politiques et la société civile mettent en place des actions sous forme de « bonnes pratiques » à adopter pour se prémunir contre la maladie. Malgré une volonté manifeste de réduire l'incidence de la maladie, les pouvoirs publics font montre d'une absence de coordination et de moyens et d'une moindre prise en compte des données de terrain qui sont préjudiciables à la sensibilisation. Plutôt que de se saisir complètement des réponses qui leur sont proposées, les jeunes développent des réactions équivoques (acceptation, méfiance, rejet, bricolage). Certaines de ces réactions constituent leurs réponses au regard des politiques de santé mises en œuvre, mais aussi à l'incapacité des élites à mettre en place des politiques économiques et sociales qui répondent aux besoins effectifs des populations. Cet échec à mobiliser et impliquer davantage les jeunes dans la lutte contre le vih/sida questionne, de manière beaucoup plus large, la nécessité de bâtir une relation de symbiose entre recherche, volonté politique et actions pour l'élaboration des réponses adaptées aux demandes sociales.

REFERENCES BIBLIOGRAPHIQUES

Abega S. C., 1995 (éd.), *Apprentissage et vécu de la sexualité chez les jeunes camerounais de 15 à 30 ans*, Deuxième rapport, OMS, Université de Yaoundé.

Bah M. D. (1995), *Les comportements de prévention du Sida au Cameroun : cas de l'utilisation des préservatifs*, Yaoundé, IFORD.

Balepa M., Fotso M., Barrere B., 1992, *Enquête Démographique et de Santé Cameroun 1991*, Direction Nationale du deuxième recensement général de la population et de l'habitat, Macro International Inc., ORC Macro, Calverton, Maryland.

Barrere B. et al.,

-2005, *Enquête Démographique et de Santé Cameroun 2005*, Direction Nationale du troisième recensement général de la population et de l'habitat, Macro International Inc., ORC Macro, Calverton, Maryland.

-2012, *Enquête Démographique et de Santé et à Indicateurs Multiples (EDS-MICS) 2011,* Institut National de la Statistique, Ministère de l'économie de la planification et de l'aménagement du territoire, Ministère de la santé publique, Yaoundé Cameroun, ICF International, Calverton, Maryland.

Beat-Songue P., 1993, *Sida et prostitution au Cameroun*, Paris, l'Harmattan.

Beijin A., 1993, La masturbation féminine en France. Un exemple d'estimation et d'analyse de la sous déclaration d'une pratique, *Population,* vol. 48, n° 5, 1437-1450.

Bibeau G., 1991, L'Afrique terre imaginaire du Sida la subversion du discours scientifique par le jeu des fantasmes, *Anthropologie et Sociétés,* vol. 15, n° 2-3, 125-147.

Boudon R., 2003, *Raison : Bonnes raisons*, Paris, PUF.

Bourdieu P., 1977, *Algérie 60 : structures économiques et structures temporelles*, Paris, Editions de Minuit.

Dozon J.-P., 2001, Le Sida et l'Afrique ou la causalité culturelle en question, in Dozon J.-P. et Fassin D. (éds.), *Critique de la santé publique. Une approche anthropologique*, Paris, Balland, 209-231.

Easterlin R. A., 1975, An economic framework for fertility analysis, *Studies in Family Planning,* vol. 6, n° 3, 54-63.

Eboko F.,

-1999, Logiques et contradictions internationales dans le champ du sida au Cameroun, *Autrepart*, n° 12, 123-140.
-2000, Risque-Sida, sexualité et pouvoirs. La puissance de l'Etat en question, in Courade G. (éd.), *Le désarroi camerounais. L'épreuve de l'économie-monde*, Paris, Karthala, 235-262.

Ela J.-M., 1994, *L'irruption des pauvres : société contre ingérence, pouvoir et argent*, Paris, l'Harmattan.

Fassin D., 2006, *Quand les corps se souviennent : Expériences et politiques du Sida en Afrique du Sud*, Paris, La Découverte.

Feldman-Savelsberg P., Ndonko T. F., Yang S., 2004, How rumor begets rumor: collective memory, ethnic conflict, and reproductive rumors in Cameroon, in Gary Fine A. and Campion-Vincent V. (eds.), *Rumor Mills: The social impact of legend and Rumour*, Transactions Publishers, New Brunswick, New Jersery, 141-157.

Goffman E., 1975, *Stigmate* : *les usages sociaux des handicaps*, Paris, Editions de Minuit.

Guengant J.-P., 2007, La démographie entre convergences et divergences, in Ferry B. (éd.), *L'Afrique face à ses défis démographiques. Un avenir incertain*, Paris, AFD-CEPED-Karthala, 27-121.

Hanta R., 1991, Connaissance du Sida dans les provinces du Nord-Ouest et du Sud-ouest au Cameroun, *Les Annales de l'IFORD*, vol. 15, n° 1, 53-66.

Institut National de la Statistique du Cameroun, 2003, *Document de stratégie de réduction de la pauvreté, enquête ECAM I et II*, Yaoundé.

Institut National de la Statistique du Cameroun, 2006, *Annuaire statistique du Cameroun 2006*, Yaoundé.

IRESCO, 2001, *Enquête de surveillance des comportements relatifs au VIH/Sida (BSS) auprès des jeunes de 15-19 ans*, Yaoundé.

IRESCO, 2002, *Etude quantitative de suivi du projet de santé de reproduction des adolescents (100% jeunes)*, Yaoundé.

Jaffre Y. et Olivier de Sardan J. P. (éds.), 2003, *Une médecine inhospitalière. Les difficiles relations entre soignants et soignés dans cinq capitales d'Afrique de l'Ouest,* Paris, Karthala.

Kaufmann J.-C., 1996, *L'entretien compréhensif*, Paris, Nathan.

Lado L., 2005, L'imagination africaine de l'Occident. Entre ressentiment et séduction, *Etudes*, tome 403, n° 7/8, 17-27.

Latouche S., 2005, *L'occidentalisation du monde. Essai sur la signification, la portée et les limites de l'uniformisation planétaire*, Paris, La Découverte.

De Loenzien M., 1995, *Connaissances, opinions et attitudes relatives au Sida en milieu rural africain (Sénégal, Cameroun, Burundi)*, Thèse de Doctorat, Paris, Université Paris 5.

Minard A., 2007, Perception du Sida et théories du complot dans la population afro-américaine, *Sciences Sociales et Santé*, vol. 25, n° 4, 115-122.

Njikam Savage O. M., 2005, Risky sexual behaviour, Sexually Transmitted Infections, HIV/AIDS and Health Promotion Among Students in the University of Douala, *African Population Studies*, vol. 20, n° 1, 53-67.

Paicheler G., 2000, La prévention : l'articulation entre l'individu et la société dans la gestion de la santé, in Petrillo G. (ed.) *Santé et société, la santé et la maladie comme phénomènes sociaux*, Lausanne, Delachaux et Niestlé, 239-259

Petit V. et Tchetgnia L., 2009, Les enjeux de la sexualité transactionnelle pré-maritale en milieu urbain camerounais, *Autrepart*, n° 49, 205-222.

Pollak M., 1988, *Les homosexuels et le Sida : sociologie d'une épidémie*, Paris, Métailié.

Pollak M. et Schiltz M. A., 1987, Identité sociale et gestion d'un risque de santé : les homosexuels face au SIDA, *Actes de la Recherche en Sciences Sociales*, n° 68, 77-102.

Sabatier R., 1989, *Sida l'épidémie raciste*, Paris, l'Harmattan.

Talom J.-M., 2001, Cameroun : encore un effort, *Transversal*, n° 1, février, 17-19.

Tchetgnia L.,

-2007, Between Unsafe Sex and Rationalisation of Aids Risk: case study of urban and rural youths in Cameroon, *Comparative Research in The Social Sciences*, Nikolai Genov Editor, 290-300.

-2007, Enjeux et logiques sociales à l'œuvre dans la rationalité des comportements des jeunes face au test volontaire du Sida, *Socio-logos*, n° 2, [En ligne], mis en ligne le 29 mars 2007, URL : http://socio-logos.revues.org/document191.html.

-2009, *Les jeunes camerounais et le sida : sociologie d'une non-protection face à la maladie*, Thèse de Doctorat en Sociologie, Paris, Université Paris 5.

Tchoutchoua Bonjawo H., 2007, *Les femmes et les solidarités familiales en milieu urbain camerounais*, Mémoire de DEA de Sociologie, Nanterre, Université de Paris X-Nanterre.

Weber M., 2006, *Sociologie de la religion*, Paris, Flammarion.

http://www.statistics-cameroon.org/ins/annuaire.htm

CHAPITRE 13.
DE LA RECHERCHE A L'ACTION

Yves CHARBIT et Véronique PETIT

La théorie du changement et de la réponse, associée à la méthodologie des monographies de villages, ne propose pas seulement de nouvelles pistes pour aider à la mise en œuvre des projets de développement ; elle est plus généralement une réflexion sur le passage de la recherche à l'action. La question n'est certes pas neuve : les entreprises des pays industrialisés ont toujours cherché à tirer le meilleur parti de leurs « ressources humaines » et par là même accroître leur compétitivité. Ou encore comment améliorer le fonctionnement des services publics ou privés offerts aux usagers en utilisant les résultats de la recherche dans des disciplines telles que les sociologies du travail, des organisations, de la consommation, ou de la psychosociologie sociale ? Mais tel n'est pas le cas pour la quasi-totalité des démographes travaillant sur les questions de population et développement. Ils se réfèrent à la théorie de la transition démographique et implicitement ou non se situent dans la perspective de la modernisation pour interpréter les changements de comportement des individus et des ménages, par exemple en matière de nuptialité et surtout de fécondité : les femmes font moins d'enfants en utilisant la contraception et en retardant leur mariage, au moment où l'urbanisation s'affirme et que les offres d'emploi dans le secteur de l'emploi salarié sont plus nombreuses. Et il va sans dire que l'identification d'une catégorie de femmes pionnières, instruites, urbaines, salariées, n'est que très indirectement utilisable pour des projets concrets. Les bailleurs savent depuis longtemps que l'utilisation de femmes jouant le rôle de « pairs éducateurs » est cruciale pour induire des changements de comportements. Nul besoin de recourir à la transition démographique.

Dans les pages qui précèdent, nous avons milité pour une alternative au positionnement théorique classique chez les démographes en proposant un nouvel agenda pour la recherche. Au fil des exemples développés, nous avons régulièrement fait allusion à la pertinence de cette théorie pour la mise en œuvre des projets et programmes de développement et au problème central auquel nous sommes confrontés en tant que scientifiques, celui de la collaboration entre chercheurs et décideurs. Pour le chercheur universitaire, son implication dans les projets relève souvent de la catégorie dite « assistance technique internationale ». Il doit apporter une expertise et cette expertise autant que faire se peut ne doit pas être une activité de substitution, mais un véritable transfert de connaissances afin de permettre au pays d'assurer lui-même son développement futur. C'est pourquoi les aspects « recherche » sont souvent indissociables des activités de « formation » ; entendons par là de renforcement des capacités des pays, bien plutôt que de formation au sens académique. Rappelons brièvement les caractéristiques de la recherche académique, qu'il s'agisse des sciences humaines et sociales, des sciences de la vie ou encore des sciences dures. La recherche est spécialisée : elle fonctionne par accumulation de connaissances validées par des publications dites scientifiques si possible dans des revues avec évaluation par des pairs anonymes ou lors de conférences, séminaires et colloques où les chercheurs présentent leurs résultats. Enfin, la recherche académique a une vocation à la formation, ce que l'on appelle « la formation à la recherche par la recherche » : les étudiants en Master ou en Doctorat participent à des séminaires où ils viennent écouter leurs aînés et présenter leurs propres recherches, qui seront validées ou non par ces derniers. Ces grandes caractéristiques, étant dans une large mesure bien loin de la réalité de la recherche appliquée sur les questions de population et développement, il convient d'abord, pour clarifier la question complexe des relations entre la recherche et l'action dans notre domaine, d'évoquer la structuration des programmes et des projets (I), puis le fonctionnement de la recherche académique sur contrat, en nous bornant aux deux disciplines principales qui informent les chapitres précédents : la démographie et l'anthropologie (II).

LES ACTEURS : AMBIVALENCES ET INTERACTIONS COMPLEXES

Notre expérience des relations entre recherches de terrain et demandes institutionnelles nous conduit d'emblée à souligner la nécessité de prendre en compte quatre catégories d'acteurs et les interactions qui les caractérisent. Mais cette typologie ne doit pas laisser supposer un dialogue égalitaire entre ces diverses catégories d'acteurs. Ces acteurs vont en effet avoir des rôles spécifiques à des niveaux sociologiques et politiques particuliers ; ils sont marqués par des logiques institutionnelles d'actions particulières, enfin ils agissent dans des systèmes de contraintes qui peuvent être des freins ou au contraire des accélérateurs du développement. Identifier et comprendre les logiques des réponses des acteurs dans notre perspective est un point essentiel.

Le chercheur : tension entre scientificité et expertise

Le premier est évidemment le chercheur, consultant individuel ou membre d'un laboratoire de recherche. Se pose pour les chercheurs engagés dans une carrière scientifique la question de leur évaluation personnelle, puisque leur promotion au sein de leur institution (CNRS, INSERM, Universités, IRD, etc., en France par exemple) dépendra très largement de leurs productions scientifiques (articles dans des revues nationales ou internationales classées, livres, participation à des colloques, etc.) et non de leurs capacités à transformer les résultats de leurs recherches en actions concrètes ce qui, à strictement parler, ne relève ni de leurs formations, ni de leurs savoir-faire initiaux.

Cependant du fait du financement de la recherche par des acteurs non étatiques (le plus souvent des fondations privées), dont les logiques institutionnelles et financières se rapprochent de celles des entreprises du secteur privé classique, où prévaut la logique du profit, la culture du monde de la recherche évolue. Précisons que même dans les projets financés par l'Etat (par exemple ceux de l'Agence nationale de la recherche en France), on demande aujourd'hui aux chercheurs, dès la conception du projet qu'ils souhaitent soumettre, de définir quelles seront leurs actions en matière de valorisation, de dissémination des résultats et de vulgarisation. Bref, les chercheurs doivent désormais prouver que leurs recherches ont une utilité sociale très concrète sous peine d'être privés de financements. Il ne s'agit plus de faire en quelque sorte de la recherche pour la recherche sur des questions dont l'intérêt ne semble indiscutable qu'aux yeux du chercheur... Cette orientation, qui s'inscrit dans une recherche de rentabilité et d'efficacité accrue, pose une série de questions. Tout d'abord celle de la place de la recherche fondamentale : la recherche appliquée est-elle indissociable de la recherche fondamentale qui constitue son socle de connaissances ? Sur quels principes doit-on équilibrer ces deux formes de recherches, notamment par rapport à la question du court et long terme ? Quels sont les acteurs qui décident du caractère d'utilité ou d'urgence à financer telles ou telles recherches ou à les orienter vers telles problématiques ? Sur quels principes reposent leurs légitimités (une représentation démocratique, des compétences scientifiques, une auto-désignation sur des critères d'appartenance sociopolitiques ou identitaires) ? Comment sont élaborés les critères qui sont retenus dans l'évaluation des projets de recherche proposés par les chercheurs ?

Enfin, au niveau du chercheur se pose également la question de l'engagement. Face aux situations de violences sociales, aux conflits, aux inégalités économiques, à la maladie, etc., peut-il conserver une neutralité axiologique et une démarche d'objectivation ? Désire-t-il n'être qu'un observateur ou souhaite-t-il au contraire mettre ses analyses au service d'une cause ou d'un projet de société ? A l'évidence ce sont des choix strictement individuels. Cette catégorie recouvre donc des positionnements extrêmement hétéroclites, parfois violemment contradictoires comme en témoignent les débats internes aux sciences sociales entre les tenants d'une discipline anthropologique ou sociologique « pure », « impliquée » ou « engagée », terminologie recouvrant différents degrés possibles de la tension entre engagement et distanciation (Copans, 1975 ; Castel, 2002 ; Albert, 1995). Comment concilier exigence de scientificité liée à leur ethos professionnel et nécessité de produire une expertise dont les standards ne sont pas complètement définis selon un mode scientifique ? De plus en plus contraints de sortir de leur tour d'ivoire académique ou institutionnelle, les chercheurs sont sollicités afin de prendre position face aux enjeux de société auxquels ils sont confrontés et qu'ils analysent. Ils se heurtent aussi à des contextes de recherche contemporains de plus en plus complexes (Ghasarian, 2002) et sensibles (Bouillon, Fresia et Tallio, 2005). L'enjeu pour eux est de trouver une juste distance entre leur pratique et les attentes dont ils font l'objet (Agier, 1997 ; Desrosières, 2014) et de se constituer une éthique (Sheper-Hughes, 1995), d'où la question lancinante de la réflexivité du chercheur en sciences sociales. Ce questionnement paraît parfois anecdotique ou secondaire aux yeux de leurs partenaires institutionnels et des bailleurs de fonds qui ne partagent pas leurs états d'âme.

Coopérations bi- et multilatérales

Le deuxième acteur est constitué par les collaborations bilatérales (française, américaine, canadienne, japonaise, etc.) et les institutions multilatérales telles que le Fonds des Nations Unies pour la population (FNUAP), le Programme des Nations Unies pour le développement (PNUD), la Banque mondiale, l'Union européenne, auxquelles s'ajoutent les fondations privées, les plus importantes dans le domaine de la population étant les Fondations Melinda et Bill Gates, Hewlett, Rockefeller, Welcome.

Les acteurs du développement font de plus en plus l'objet d'analyses sociologiques et anthropologiques. Si logiquement les populations ont été les premières à être constituées en objet de recherche, les institutions (bailleurs, agences internationales), les ONG, les Etats, n'échappent plus de nos jours à ce regard critique. En effet, les échecs ou les difficultés rencontrées dans la mise en œuvre des projets de recherche ont conduit les chercheurs à élargir leur focale afin de mieux déconstruire les mécanismes de blocage. Il est clairement apparu au fil du temps et des analyses que ces difficultés n'étaient pas seulement imputables aux populations qui seraient rétives à certains changements, mais que tant la conception des projets que leur caractère opérationnel devaient être réexaminés à la lumière des idéologies et des cultures propres à chaque institution (Fresia, 2009). Les interactions entre les différentes catégories des acteurs du développement sont devenues une question centrale pour qui s'interroge sur l'efficacité des projets de développement (Blundio, 2003 ; Olivier de Sardan, 1995). Face à l'exigence moderne de transparence, c'est parfois les institutions elles-mêmes qui sollicitent ce regard critique[1].

Il n'est ni utile, ni possible de décrire ici dans le détail le processus complexe qui aboutit à la mise en œuvre concrète d'un projet. Evoquons seulement deux points majeurs relatifs à l'interaction entre les acteurs précités et plus particulièrement entre les bailleurs et les pays. Pour des raisons d'efficacité et de bonne gestion, on l'a dit, les demandes des gouvernements doivent s'inscrire dans les mandats des bailleurs. Par exemple le Fonds des Nations Unies pour les activités en matière de population (FNUAP) examinera avec bienveillance des projets portant dans deux de ses domaines de prédilection, la santé de la reproduction d'une part, la population et le développement d'autre part. Mais, l'intitulé du second volet est tellement vaste qu'il peut pratiquement tout englober : la promotion de la femme, l'éducation, le développement rural, l'urbanisation, etc. Cela tient à la nature même du FNUAP, qui contrairement à l'Unicef, a une vision plutôt latérale que verticale des problèmes. C'est pourquoi il a promu la mise en place dans plusieurs pays d'Afrique de Commissions nationales de la population afin de promouvoir un minimum de concertation dans les projets de développement. Un autre exemple intéressant concerne la Banque mondiale avec ses projets dits « MAP », c'est-à-dire *Mutisectoralaidsprojects*. La nature même de l'épidémie du sida a conduit à avoir une vision qui ne soit pas strictement sanitaire, mais également sociale et économique.

Les projets doivent s'inscrire dans le cycle des programmes du bailleur, en général quatre ou cinq ans, et le document de projet doit décrire de manière très précise les activités prévues, les résultats attendus et les indicateurs quantitatifs de réussite. Le document de projet doit aussi proposer un chronogramme et un budget détaillé. Souvent les bailleurs préfèrent ne pas intervenir seuls sur un projet et ils se répartissent le financement des activités prévues. Cette démarche est parfaitement légitime, car elle offre des garanties à chaque bailleur, puisque de fait le projet est évalué avec des regards et des expertises différentes. Mais nous avons pu le constater, le prix à payer pour le gouvernement bénéficiaire ou même pour le chercheur qui fournit l'assistance technique, est celui de la lourdeur administrative. Par exemple deux bailleurs co-financeurs vont demander les originaux pour une même pièce comptable. Ou encore, ils vont appliquer des taux différents pour les indemnités journalières de terrain. Par conséquent, si pour le même projet une partie du personnel est payée par un premier bailleur et l'autre partie par un second bailleur, il va en résulter des tensions à l'intérieur du projet.

[1] Par exemple, l'anthropologue Jean-Pierre Olivier de Sardan, lors d'une journée consacrée à la question de la culture comme frein au développement a proposé en conclusion l'analyse critique de la culture institutionnelle de l'AFD, institution organisatrice de cette journée.

Mais au-delà de ces tensions « logistiques », des crispations sur les objectifs même du projet de recherche peuvent exister comme nous l'avons expérimenté dans le cas de la recherche sur les mutilations génitales féminines à Djibouti. Comme nous l'avons précédemment expliqué (cf. chapitre 8) en raison des différences de positionnements propres au FNUAP et à l'UNICEF sur la politique à conduire sur ce grave problème de santé publique, qui devrait pourtant faire l'unanimité, de longues réunions réunissant l'ensemble des partenaires ont été nécessaires afin de trouver des définitions et une démarche commune acceptable par tous. Dans ce genre de situation il est évident que le poids du bailleur le plus offrant et le plus impliqué est central. Néanmoins des considérations stratégiques (partenariat entre agences des Nations Unies sur d'autres projets par exemple) et politiques interviennent également dans cette forme de négociation. Les termes du débat ne sont jamais purement scientifiques.

Les gouvernements : pénurie de moyens et tentation du double langage

La troisième catégorie d'acteurs est constituée par les gouvernements des pays en développement. La règle des programmes de développement est que la demande vienne des gouvernements et les projets ou les programmes doivent répondre aux besoins du développement tels que définis par les pays. Concrètement, dans les années 1980, les activités dans le domaine démographique et social s'inscrivaient dans des documents stratégiques de réduction de la pauvreté (les DSRP). Mais la réalité est tout autre. Le fait central, que nous avons constaté dans tous nos projets, est que les ministères sont souvent dans une situation de délabrement chronique liée à la faiblesse des budgets de fonctionnement, à la corruption dans certains contextes, ainsi qu'à la pénurie de ressources humaines surtout dans des pays qui ne bénéficient pas de la rente pétrolière ou minière. Et même lorsque les pays sont potentiellement riches, ce n'est pas pour autant que les ministères sectoriels sont fonctionnels ; les rivalités sont intenses, c'est à qui captera tel ou tel projet et bénéficiera des emplois, des voitures, des équipements informatiques, des formations qui en découleront. Dans presque tous les ministères sectoriels (santé, éducation, affaires sociales, promotion de la femme et de l'enfant, etc.) les gouvernements, en dépit de leurs efforts, restent lourdement dépendants de l'aide internationale. Il en résulte inévitablement une dépendance aiguë à l'égard des bailleurs internationaux et, de ce fait, les demandes d'aide qu'ils formulent auprès de tel ou tel bailleur s'inscrivent *de facto* dans les stratégies de ce dernier et doivent respecter les règles de fonctionnement de leurs projets, règles administratives et surtout budgétaires, même si, on l'a dit, elles sont parfois contradictoires.

On constate parfois un double langage qui conduit à douter de la réelle sincérité ou de l'implication concrète de cet acteur éminemment politique : d'un côté le gouvernement tiendra un discours conforme aux attentes des bailleurs – et dans ce sens « politiquement correct » – afin d'obtenir des fonds et, d'un autre côté, ce même gouvernement adressera à sa population un message chargé d'un contenu plus ambigu. On peut se demander si les conditionnalités politiques (transparence, démocratisation, respect des droits de l'Homme) dans une certaine mesure, certes légitimes, ne poussent pas les gouvernements à tenir ce double langage. Notre propos n'est pas de dédouaner les gouvernements de leurs responsabilités, mais il s'agit aussi de poser la question de la place de l'Etat et des processus de démocratisation dans certains contextes comme en témoignent les crises qui secouent actuellement l'Afrique ou le Moyen Orient. La réalité de l'Etat n'a pas la même consistance dans tous les pays en développement.

Société civile et demande sociale

Les projets font souvent référence au « bénéficiaire final », c'est-à-dire la population dans son ensemble. Mais en pratique, ils sont souvent ciblés sur des sous-ensembles de la population nationale. Dans le cas de la santé de la reproduction, ce sont les femmes d'âge fécond et, depuis deux décennies leurs maris, tandis que dès sa création l'Unicef s'est spécialisé sur les enfants. Pour les questions de santé et en particulier du vih/sida les populations cibles sont à la fois la population générale et les populations dites à risque : prostituées, militaires, camionneurs ou d'autres catégories à risque, par exemple les travailleurs miniers, car ils touchent une rémunération hebdomadaire qu'ils ont tendance à dépenser dans des relations sexuelles occasionnelles comme nous l'avons constaté dans une zone aurifère en Guinée-Conakry. Cependant quelquefois, des associations de personnes vivant avec le vih/sida ou encore des groupements économiques notamment en milieu rural (coopérative de production ou coopérative commercialisation) peuvent être identifiés dans certains programmes et projets de développement comme des bénéficiaires directs.

Depuis la Conférence internationale du Caire (1994), et sous l'influence des Etats-Unis, l'aide internationale a fait une large place à la société civile. Par société civile, on se réfère à l'implication du corps social en l'opposant au rôle classique et majeur détenu par le gouvernement dans l'accompagnement du changement social. L'Union européenne dans son *Livre Blanc de la gouvernance* la définit ainsi : « la société civile regroupe les organisations syndicales et patronales (c'est-à-dire les partenaires sociaux), les organisations non gouvernementales (ONG), les associations professionnelles, les organisations caritatives, les organisations de base, les organisations qui impliquent les citoyens dans la vie locale et municipale, avec une contribution spécifique des Eglises et des communautés religieuses ». Il s'agit donc de reconnaître et de promouvoir des formes d'auto-organisation de la société sous l'impulsion de certains de ses citoyens actifs dans la défense de tel groupe marginalisé ou stigmatisé (migrants sans papiers, malades, homosexuels, etc.) ou la promotion de telle valeur (égalité des droits, reconnaissance des droits reproductifs, etc.). Si le rôle des ONG semble aujourd'hui évident et non discutable, en particulier à leurs membres, il ne faut pas perdre de vue que leur légitimité est plus autoproclamée que réelle. En effet, celles-ci expriment un point de vue ou une conception particulière de la société, et même si elles ont un fonctionnement démocratique interne, elles ne sont pas représentatives au sens strict de la société ; elles n'en sont qu'une émanation particulière. Les ONG peuvent dans certains cas bénéficier d'une reconnaissance (accréditation) par les agences du système des Nations Unies symbolisant la reconnaissance de la qualité de leurs actions et de leur engagement auprès de tel ou tel groupe de population du point de vue des institutions internationales. Les Etats apportent également un soutien financier à des ONG si leurs objectifs correspondent aux politiques de ceux-ci. Olivier de Sardan, propose également la catégorie de « courtier en développement » en développement afin de mieux comprendre les enjeux et les logiques locaux. Des acteurs individuels peuvent profiter de leur appartenance à une ONG pour y faire carrière, pour espérer une mobilité sociale qu'ils ne pourraient pas connaître autrement en raison de leurs origines sociales, voire pour tenter une carrière politique.

Elles bénéficient également de plus en plus d'une forme de caution scientifique en étant impliquées dans les dispositifs de recherche mis en place par les chercheurs que ce soit dans des enquêtes ethnographiques ou des enquêtes démographiques lourdes. Elles servent de plus en plus fréquemment d'intermédiaires entre les chercheurs et les populations cibles de leurs enquêtes[2] en relayant en d'autres termes les objectifs de la recherche et en servant de caution sociale locale. Chercheurs et ONG sont dès lors impliqués dans une stratégie du « win-win » où chacun des partenaires trouve un avantage ; l'un en termes d'efficacité méthodologique, l'autre en termes de reconnaissance nationale et internationale. Néanmoins, si effectivement les ONG facilitent l'accès aux personnes enquêtées, leur implication dans certains cas peut constituer un biais de sélection ou susciter une confusion des discours (la cause servie par l'ONG est identifiée à l'objectif de l'enquête...). C'est au chercheur de calculer le risque qu'il souhaite prendre. Cette proximité pose la question de la frontière de plus en plus floue entre recherche et politique, car les ONG ont besoin pour exister de cette double caution scientifique et politique. Les revendications qu'elles portent transforment la société civile en une nouvelle source légitime de questionnements (la « demande sociale ») auxquels l'Etat est censé répondre

[2] Au Sénégal, l'ONG ENDA (environnement et développement) Tiers Monde fondée en 1972, du fait de son importance et son implication dans de nombreux secteurs de la vie sociale (santé, éducation, formation, environnement, etc.), est un partenaire privilégié dans de nombreux projets de recherche impliquant des partenariats et requérant un accès à certains groupes de population.

en proposant de nouvelles enquêtes, de nouveaux indicateurs, de nouvelles catégories statistiques (Desrosières, 2014). Il est évident que la construction de la demande sociale est moins mécanique que notre propos pourrait le laisser penser, mais la demande sociale est indéniablement l'objet de manipulations de part et d'autre par l'ensemble des acteurs qui contribuent à l'élaborer. Elle n'est ni spontanée, ni naturelle ; elle a une histoire.

En résumé, les acteurs entretiennent des relations d'interdépendance qu'il convient de déconstruire en mobilisant la théorie du changement et de la réponse.

LA RECHERCHE SUR LES QUESTIONS DE POPULATION ET DE DEVELOPPEMENT

La recherche sur contrat

A l'heure actuelle la plupart des recherches sur les questions de population et de développement sont financées sur contrat, ce qui pose des problèmes spécifiques, que ne connaît pas la recherche académique classique. La recherche appliquée s'inscrit par définition dans une logique de développement. C'est-à-dire qu'elle doit d'une manière ou d'une autre s'attacher au processus de changement, bien plus qu'au simple constat de la réalité, comme par exemple dans une recherche épidémiologique sur la prévalence de telle ou telle maladie.

Un deuxième problème est celui de l'évaluation des résultats dans un projet de renforcement des capacités. A titre d'exemple, l'indicateur retenu pour un atelier de formation est en général la feuille de présence émargée par les participants à chacune des sessions de formation. Cette feuille de présence, qui est annexée au rapport de mission des consultants, est donc considérée comme un indicateur de réussite. Or, pas un enseignant sérieux ne peut accepter l'idée que la simple participation à son cours vaut acquisition de connaissances. Nous n'avons en tout cas jamais constaté, lorsque nous avons travaillé comme consultants sur des projets de formation, l'existence de procédures crédibles de vérification des acquisitions ou des transferts des connaissances, telle que la rigueur académique l'exigerait. Il est vrai que dans les projets visant à faire évoluer concrètement les comportements, des procédures plus rigoureuses existent, telles la constitution d'échantillons ou de zones témoins ou l'organisation d'une deuxième enquête pour évaluer l'efficacité de ce qui a été fait.

Un troisième problème porte sur la nature des acteurs. L'Unicef, on l'a vu, s'attache essentiellement à l'enfant et va à juste titre insister sur l'importance de la vaccination universelle des enfants en bas âge. Mais que dire de la mesure du suivi pré et postnatal ? Certes, en termes de santé publique, il est important de connaître la proportion d'accouchement assisté par du personnel médical ou un médical ou encore la fréquence du suivi pré et postnatal des mères enceintes. Mais du point de vue de la santé de l'enfant, qui est l'objectif de l'Unicef, quelle est la réelle population cible, la mère ou l'enfant ? Ou encore, dans le cas des problèmes de malnutrition ou de violence, notamment sexuelle, on voit bien que des mesures préventives ou curatives centrées sur les mères et sur les familles sont cruciales. Par exemple en 1979, l'Unicef avait demandé à un des deux auteurs de ce chapitre d'évaluer, en tant que consultant, la situation des enfants de migrants à travers le monde, projet évidemment excessivement ambitieux qui avait été réduit, à la demande du consultant, à une analyse de la situation dans les pays d'immigration et des migrations autour du bassin méditerranéen. L'analyse des questions de santé physique, d'éducation, de protection juridique, de santé mentale, d'identité débouchera inéluctablement sur le jeu complexe d'interactions entre les enfants, les parents et les deux sociétés, celles d'origine et celles d'immigration. Et même sur une question comme l'éducation, où à l'évidence les indicateurs d'abandon, de redoublement, d'échec scolaire en général, sont incontestablement spécifiques des enfants eux-mêmes, l'analyse des facteurs sous-jacents aux problèmes rencontrés dans la scolarité renvoyait immédiatement aux dynamiques familiales et sociales dans lesquelles l'enfant était impliqué. Comment ces interactions complexes entre les quatre catégories d'acteurs influencent-elles les recherches démographiques ou anthropologiques ?

Chercheurs démographes ou anthropologues, société civile, agences de développement

Trois questions méritent d'être explorées. Quelles sont les priorités des uns et des autres ? Quels types de résultats sont attendus des chercheurs ? Quels sont les problèmes concrets de mise en œuvre ? Il faut noter pour commencer que la recherche en démographie pose beaucoup moins de problèmes que l'anthropologie, car la démographie a toujours été depuis ses origines fortement liée aux institutions étatiques, notamment à travers les instituts nationaux de statistiques (Desrosières, 1993). Non seulement les recensements et les grandes enquêtes sont irréalisables par des chercheurs ou des petits bureaux d'études indépendants, mais surtout les Etats en ont fait une de leurs prérogatives et en contrôlent étroitement la réalisation. Bien mieux, toute opération de collecte doit, dans la plupart des pays africains, comme sur d'autres continents, recevoir l'aval du gouvernement. Si la globalisation se heurte ici à la souveraineté des Etats, c'est en raison du pouvoir que représente le contrôle des chiffres. Il ne faut pas s'illusionner sur ce qui intéresse un gouvernement quand il réalise un recensement. Ce n'est pas l'extraordinaire possibilité qu'il offre d'optimiser la planification du développement (dans le jargon d'aujourd'hui sa « gouvernance ») : où est-il le plus rationnel d'installer des postes de santé et *a fortiori* de créer un hôpital ? Le recensement va avant tout lui permettre de découper les circonscriptions électorales à l'avantage du parti au pouvoir, de minorer l'importance numérique de telle ou telle ethnie, etc. Evoquer les sources démographiques, conduit donc inévitablement à la dimension politique sous-jacente à cette discipline.

Il n'en va pas de même pour l'anthropologie pour toute une série de raisons. La première est que le calendrier de production des connaissances par la recherche anthropologique s'inscrit dans une durée bien supérieure au calendrier des bailleurs dont les échéances sont souvent annuelles, et qui ne peuvent attendre que les chercheurs mettent autant de temps à apporter des solutions à leurs problèmes. Quand il y a urgence, payer des chercheurs qui réclament de travailler en profondeur et refusent de faire ce qu'ils considèrent comme du « *quick and dirty* » apparaît aux bailleurs comme un luxe incompatible avec la nécessité d'obtenir des résultats permettant de prendre des décisions à chaud.

Cependant, entre l'anthropologie classique « en profondeur » et l'anthropologie du développement, l'écart est assez profond. A notre sens, cette dernière permet d'analyser les conditions concrètes de fonctionnement des programmes. Tel est le cas avec la mise en évidence du rôle des courtiers du développement (Oliver de Sardan, 1995). L'anthropologie du développement permet aussi de prendre en compte la dimension locale ou régionale des questions de santé ou de migration. Elle apporte donc une contribution significative à l'analyse du développement, alors même que les programmes d'intervention (de santé en particulier) sont souvent des programmes verticaux, de surcroît élaborés au niveau des ministères centraux dans les capitales des pays, qui négligent, dans leur mise en œuvre, les réalités et les différences régionales à l'intérieur des pays. Telle fut la remarque qui nous avait été faite à l'issue de la présentation de la théorie du changement et de la réponse lors d'un séminaire interne de l'Agence française de développement. La théorie du changement et de la réponse associée à la méthodologie des monographies de villages, permet en effet d'éviter uniquement le processus de décision verticale descendante (*top down*). En analysant les facteurs au niveau des acteurs bénéficiaires, donc les villageois, elle permet, dans le cadre de la mise en œuvre d'un projet, de contrebalancer ce processus de décision verticale par une prise en compte des réels besoins des acteurs (*bottom up*). Une anecdote de terrain mérite d'être citée. Elle se déroule au moment où les effets catastrophiques des programmes d'ajustement structurels avaient incité la Banque mondiale et le FMI à mettre en place des projets compensateurs en matière de santé et d'éducation. En 2003 en Guinée, il était admis que les besoins prioritaires des paysans étaient la santé et l'éducation. L'enquête auprès des villageois révéla *leurs* priorités : premièrement disposer d'un guichet du crédit rural et deuxièmement améliorer les routes, ce qui permettrait la commercialisation des récoltes.

Nous avions ainsi la preuve formelle du caractère idéologique de cette doxa. Derrière cette louable focalisation sur ces deux secteurs se dessinait en creux le maintien d'un rapport de domination : on améliore le social, mais on ne touche pas à l'économique. On objectera que bien des projets d'amélioration des infrastructures routières ou portuaires ou des systèmes bancaires visent indéniablement à faire décoller le PIB des pays bénéficiaires, mais notre objection est autre : si l'on admet que les gouvernements centraux se servent en priorité, ils ont tout intérêt à accepter pour le milieu rural ces quelques miettes de l'aide internationale. Pire encore à la cibler sur les zones qui leur sont acquises politiquement.

Tout le problème est de savoir si l'anthropologue peut convaincre les acteurs de la société civile ou les bailleurs de fonds que ses méthodes et ses concepts sont heuristiques pour analyser la réalité. On le sait, la question du vih/sida l'a amplement démontré. Nous évoquions les attentes des bailleurs. Mais même s'il n'y a pas urgence, ils reprochent aux chercheurs de ne pas, au minimum, clairement dégager des implications programmatiques « utiles » de leur recherche. Malheureusement, l'anthropologue face à une question qui lui est posée, va le plus souvent, par honnêteté intellectuelle, nuancer son diagnostic alors que le bailleur s'attend plutôt à disposer d'une matrice ou d'un tableau dans lequel certaines cases seront cochées et pas d'autres. Néanmoins, les bailleurs et la société civile jouent un rôle positif non négligeable car ils stimulent les anthropologues et les démographes en les faisant sortir de leurs domaines de recherche traditionnels pour aborder de nouveaux objets de recherche. C'est le cas des mutilations génitales féminines, qui sont devenues un enjeu de santé publique au sens des bailleurs, au lieu de demeurer une thématique exotique d'anthropologie culturelle. Bref, les anthropologues doivent savoir transformer les demandes institutionnelles en travaux de recherche inattaquables aux yeux de leur propre discipline. Leurs exigences doivent porter sur la rigueur de la méthodologie, sur la qualité du travail de terrain et de la relation qui a été créée avec les populations.

Le débat se complique avec l'évolution actuelle de la recherche : il est de plus en plus difficile de travailler de manière solitaire avec peu de moyens et la recherche devient de plus en plus institutionnelle, en ce sens qu'elle repose sur des contrats. Le chercheur a donc la responsabilité contractuelle de fournir des résultats au bailleur. Il ne s'agit certes pas de fournir les résultats attendus par le bailleur, mais de concilier une production authentiquement scientifique et la fourniture de quelques résultats programmatiques, cohérents avec la recherche conduite mais qui soient « lisibles » et utiles au bailleur. Tandis que les bailleurs attendent uniquement les données qui leur sont indispensables pour leurs programmes, le chercheur qui a une expertise approfondie de son terrain peut légitimement défendre une autre position : du point de vue de la société dont il est familier, bien d'autres questions de développement sont prioritaires pour lesquelles précisément les données nécessaires ne sont pas disponibles.

Ainsi, en Afrique subsaharienne pendant des décennies la priorité des bailleurs a été donnée au contrôle de la fécondité, d'où la mobilisation de financements considérables au détriment d'autres problèmes de développement, en particulier les migrations. Il a fallu attendre la création de l'espace Schengen et l'émergence de préoccupations sécuritaires pour que la recherche sur les migrations bénéficie enfin de moyens. De même, quand l'épidémie du vih a éclaté au milieu des années 1980, des financements très importants ont été rassemblés. Mais rappelons-le, l'objectif était alors de combattre le virus du VIH1 qui frappait les groupes homosexuels et les drogués dans les pays du Nord. Ensuite seulement les efforts ont porté sur l'Afrique, quand on a constaté l'importance des transmissions hétérosexuelles et mère-enfant. Pire encore, cette mobilisation sur le vih a eu deux « dommages collatéraux » : les moyens alloués aux autres composantes de la santé de la reproduction, notamment la contraception, ont stagné en volume pendant plusieurs années ; et toujours dans cette période, le paludisme, en dépit de sa gravité en termes de mortalité, n'a suscité ni l'intérêt de la communauté internationale, ni bénéficié de moyens comparables pour la recherche d'un vaccin.

Finalement, le problème est celui de la définition des priorités du développement. Quelles sont les données nécessaires ? Quelles sont les populations prioritaires ? Quelle instance doit hiérarchiser les efforts dans le temps et en termes de moyens : les sociétés civiles, les Etats, les instances supranationales ? Et quel rôle de conseil les chercheurs peuvent-ils jouer dans la définition de ces priorités, alors même qu'ils dépendent pour leur travail des financements des bailleurs ? Tel sont les enjeux actuels du « pilotage de la recherche ». Fort heureusement nous pouvons témoigner que dans les programmes concrets, une réelle marge de manœuvre existe pour les chercheurs. Il leur incombe de bien présenter l'argumentaire de leur projet de recherche lorsqu'ils répondent à un appel d'offre, car les bailleurs, s'ils définissent les orientations des programmes, savent parfaitement qu'ils n'ont pas la compétence pour influencer le contenu technique des protocoles de recherche.

REFERENCES BIBLIOGRAPHIQUES

Agier M. (éd.), 1997, *Anthropologues en dangers. L'engagement sur le terrain*, Place J.-M., *Les cahiers de Gradhiva,* vol. 39, n° 149, 211-214.

Albert B., 1995, *Anthropologie appliquée ou « anthropologie impliquée » ? Ethnographie, minorités et développement*, [En ligne], URL : http://hal.archives-ouvertes.fr/docs/00/35/86/15/PDF/Aplications_Anthropologie-chap5.pdf

Blundo G., 2003, Décrire le caché. Autour du cas de la corruption, in Blundo G. et Olivier de Sardan J.-P. (éds.), *Pratiques de la description*, Paris, EHESS, 75-111.

Bouillon F., Fresia M., Tallio V., 2005, *Terrains sensibles. Expériences actuelles de l'anthropologie*, Paris, CEA-EHESS.

Castel R., 2002, La sociologie et la réponse à la demande sociale, in Lahire B. (éd.), *A quoi sert la sociologie ?*, Paris, La Découverte, 57-67.

Copans J. (éd.), 1975, *Anthropologie et impérialisme*, Paris, Maspéro.

Desrosières A.,
-1993, *La politique des grands nombres. Histoire de la raison statistique*, Paris, La Découverte.
-2014, *Prouver et gouverner. Une analyse politique des statistiques publiques*, Paris, La Découverte.

Fassin D., *L'anthropologie entre engagement et distanciation. Essai de sociologie des recherches en sciences sociales sur le sida en Afrique*, Codestria, [En ligne], URL : http://www.codestria.org/IMG/pdf/02LFASSIN_.pdf

Fresia M., 2009, *Les Mauritaniens réfugiés au Sénégal. Une anthropologie critique de l'asile et de l'aide humanitaire*, Paris, l'Harmattan.

Ghasarian C. (éd.), 2002, *De l'ethnographie à l'anthropologie réflexive. Nouveaux terrains, nouvelles pratiques, nouveaux enjeux*, Paris, Armand Colin.

Horii N., 2014, La promotion de l'allaitement maternel optimal au Niger, in Charbit Y. et Mishima T. (éds.), *Migrations internationales et santé en Afrique sub-saharienne*, Paris, l'Harmattan, 149-174.

Olivier de Sardan J.-P., 1995, *Anthropologie et développement. Essai en socio-anthropologie du changement social*, Paris, APAD-Karthala.

Rey P.-P., 1993, L'anthropologue et l'engagement. De la politique à la pratique, in Choquet C. et al. (éds.), *Etat des savoirs sur le développement. Trois décennies de sciences sociales en langue française*, Paris, Karthala, 161-176.

Sheper Hughes N., 1995, The primacy of ethical propositions for a militant anthropology, *Current Anthropology*, vol. 36, n° 3, 409-420.

Environnement, Écologie et Développement aux éditions L'Harmattan

Dernières parutions

LE NOUVEAU MANUEL DE GESTION
des associations et ONG de développement (CD inclus)
Vincent Fernand
Ce manuel est un outil de travail et de gestion pour les dirigeants d'ONG/OP des pays du Sud. Il est composé d'un manuel de 320 pages et d'un CD permettant d'accéder à 200 outils de gestion et d'organisation d'ONG/OP ainsi qu'aux textes complets des cinq premiers manuels de gestion de l'auteur. Une mine d'exemples qui vous permettront d'améliorer la gestion, le développement et l'autonomie financière de votre organisation.
(35.00 euros, 316 p., Broché, Illustré en noir et blanc) ISBN : 978-2-343-05489-6, ISBN EBOOK : 978-2-336-37297-6

THÉORIE DU STOCK FROID
Développer rapidement les pays pauvres
Ducrocq François
Les pertes colossales en récoltes, parfois jusqu'à la moitié de ce qu'un paysan peut retirer de la terre, constituent le frein économique majeur pour les pays en développement. Cet ouvrage propose une approche nouvelle du stockage de produits alimentaires frais dans la théorie microéconomique, laquelle perçoit traditionnellement le stock comme un résidu. Tout au contraire, le stock a un impact déterminant dans l'accumulation primitive du capital des pays les plus pauvres.
(Coll. Rue des écoles, série Essais, 26.00 euros, 250 p.) ISBN : 978-2-343-04660-0, ISBN EBOOK : 978-2-336-37278-5

COMMENT ENTREPRENDRE EN AFRIQUE ?
Balises du porteur de projet de création d'entreprise
Lam Ibrahima Théo
Préface de Dr. Alain Capo Chichi – Postface de Cheikh Ahmed Tidiane Ba
Ce précis, basé sur une étude de cas d'entreprise durable et inclusive, donne le ton pour la valorisation des ressources locales, la promotion de l'entrepeneuriat chez les jeunes, l'*empowerment* surtout des femmes pour leur autonomisation continue, des solutions adaptées aux réalités africaines et surtout une création de valeur collective sûre. Sur tout le continent, des jeunes courageux, des femmes infatigables s'organisent, représentant une force économique indéniable.
(14.50 euros, 142 p.) ISBN : 978-2-343-05783-5, ISBN EBOOK : 978-2-336-37293-8

PAYS (LES) ACP DANS LE COMMERCE MONDIAL
Foé Aristide
Depuis les années 2000, l'Union européenne négocie avec les pays ACP des Accords de Partenariat Économique (APE) en substitution aux anciens accords de Lomé et de Cotonou. Dans ce cadre, les pays du Sud concernés seraient amenés à ouvrir leurs marchés à la plupart des produits en provenance de l'Union européenne. Selon l'auteur, les pays africains n'ont rien à craindre des accords de partenariat économique. Il implore les gouvernements et autres autorités compétentes d'informer et sensibiliser leurs populations de la nécessité d'une relation nouvelle, gagnant/gagnant, avec les partenaires occidentaux.
(24.00 euros, 238 p.)
ISBN : 978-2-343-04638-9, ISBN EBOOK : 978-2-336-36097-3

UN EXEMPLE DE COOPÉRATION NORD-SUD
Margny-lès-Compiègne et Méhanna (France-Niger)
Hellal Dany - Préface de Jacques Arrignon
Par ce témoignage, l'auteur a souhaité évoquer les jalons d'un échange Nord-Sud, qui pourrait être l'histoire de n'importe quelle commune autre que Margny ou Méhanna, afin de donner à de nouvelles générations l'envie d'entreprendre des échanges et des projets à taille humaine, dans un monde où tout semble difficile. La coopération décentralisée permet de s'enrichir les uns les autres par les différents savoir-faire et fait ici découvrir un continent ou «solidarité» et «sens du bonheur» ont toute leur authenticité.
(10.50 euros, 70 p.)
ISBN : 978-2-343-03967-1, ISBN EBOOK : 978-2-336-36065-2

GUIDE DE L'ACCOMPAGNEMENT DES PORTEURS DE PROJETS D'AUTO-EMPLOI
Rosanvallon André
En Afrique, la crise de l'emploi constitue un défi majeur pour les politiques de développement. Il faut créer massivement des emplois dans le secteur moderne (privé, public ou semi-public) et dans le secteur informel (à condition qu'il s'agisse d'emplois décents). Ces opportunités sont limitées. Il reste alors la création d'emploi par l'auto-emploi au sein d'activités génératrices de revenus. Il convient aujourd'hui de renforcer les dispositifs, d'accompagner les porteurs de projets et de renforcer les compétences de leurs agents.
(Coll. La Librairie des Humanités, 18.00 euros, 174 p.)
ISBN : 978-2-343-00319-1, ISBN EBOOK : 978-2-296-53114-7

TERRES RARES : ENJEU GÉOPOLITIQUE DU XXIe SIÈCLE
Chine, Etats-Unis, Europe, Japon, Groenland
Degeorges Damien - Préface de Per Stig Moller, ancien ministre danois des Affaires étrangères (2001-2010) ; postface de Palle Christiansen, ministre groenlandais de l'Éducation, de la Recherche et de la Coopération nordique
Groupe de métaux aux caractéristiques indispensables pour de nombreuses applications civiles et militaires, les terres rares se retrouvent dans les technologies vertes ainsi que dans les technologies au coeur de notre société (téléphones portables, écrans plats). Elles revêtent une dimension géopolitique majeure depuis que la Chine, qui contrôle 97% de la production mondiale, a réduit ses exportations. États-Unis, Europe et économies de l'Asie-Pacifique se tournent désormais vers un des principaux eldorados en la matière : le Groenland.
(Coll. Un autre regard / Paris School of Business, 10.50 euros, 78 p.)
ISBN : 978-2-336-00222-4, ISBN EBOOK : 978-2-296-50837-8

DES EXTRÊMES DANS LE MONDE, DE DHAKA À DOHA
Le Quément Joël
Cet essai interpelle sur des réalités économiques et sociales fortement inégales dans le monde, en particulier en Asie et dans le golfe Persique. Le XXIe siècle se caractérise par une forte croissance de la population dans certaines régions du monde et par des flux migratoires puissants. Que dire des tensions nées de ces déséquilibres ? Comment répondre à l'explosion des besoins en alimentation, énergies, infrastructures ? Y a-t-il des formes nouvelles de partage des richesses possibles ?
(14.00 euros, 126 p.)
ISBN : 978-2-336-00313-9, ISBN EBOOK : 978-2-296-50933-7

DIMENSION (LA) SACRIFICIELLE DE LA GUERRE
Essai sur la martyrologie politique
Mashimango Abou-Bar Abelard
Préface de Pascal Hintermeyer
Voici une analyse polémologique fondée sur une approche multidisciplinaire et une culture de la sociologie politique dont les suggestions - comme la ritualisation de la guerre, la martyrologie, les mythes, la question de l'honneur et du prestige, et la dimension sacrificielle des stratégies

- conduisent, à la fois, à l'examen exploratoire de la dynamique guerrière et à une réflexion approfondie des conflits armés contemporains.
(Coll. Questions contemporaines, 22.50 euros, 226 p.)
ISBN : 978-2-336-00363-4, ISBN EBOOK : 978-2-296-50824-8

DIMENSIONS OF WAR
Understanding War as a Complex Adaptive System
Solvit Samuel
With today mutable identities and various kinds of warfare, how do we further our understanding of war? Reviewing influential war theories from Machiavelli to the present, this book analyses how they reduce war in terms of time, space, interaction, purpose, aim, and/or evolution. Considering war as a complex adaptive system allows us to increase our overall comprehension of contemporary wars.
(Coll. Diplomacy and Strategy, 15.50 euros, 152 p.)
ISBN : 978-2-296-99721-9, ISBN EBOOK : 978-2-296-50839-2

UN MONDE DE FEU
Réchauffement environnemental et surchauffe sociale
Berger Corinne, Roques Jean-Luc
Les phénomènes de surchauffe environnementaux et sociaux observés de nos jours semblent difficilement maîtrisables. Le monde est plus que jamais en feu. N'existe-t-il pas un certain parallélisme entre réchauffement environnemental et embrasement social ? Pour se protéger, on assiste à un retour au foyer que l'on retrouve dans des dynamiques de ségrégations territoriales. Ces comportements n'attisent-ils pas le feu ? Existe-t-il des solutions ?
(Coll. Sociologies et Environnement, 20.00 euros, 202 p.)
ISBN : 978-2-336-00453-2, ISBN EBOOK : 978-2-296-50940-5

SOLIDARITÉS (LES) À L'ÉPREUVE DES CRISES
Sous la direction de Béatrice Muller, Jean-Claude Barbier, Maryse Bresson
Notre système de protection sociale n'a pas échappé aux réformes engagées en Europe dans le contexte de crise. Il est perçu à la fois comme un rempart à la crise et comme un obstacle à une reprise économique. Les auteurs tentent donc de comprendre comment ces différentes idées pénètrent les réalités des solidarités publiques et privées.
(Coll. Institut de la Ville et du Développement, 25.00 euros, 246 p.)
ISBN : 978-2-336-00322-1, ISBN EBOOK : 978-2-296-50987-0

ÉVALUATION (L') DES POLITIQUES PUBLIQUES
Défi d'une société en tension
Sous la direction de Gaëlle Baron et Nicolas Matyjasik
L'évaluation des politiques publiques constitue un instrument à disposition des pouvoirs publics pour engager les mutations nécessaires de leur action. Elle doit accompagner et si possible précéder ces évolutions. L'implication des citoyens et la diffusion grand public sont par exemple des réponses aux attentes de participation à la décision publique. L'évaluation doit aussi adapter ses méthodologies et identifier les priorités d'intervention.
(Coll. La Librairie des Humanités, 29.00 euros, 282 p.)
ISBN : 978-2-336-00445-7, ISBN EBOOK : 978-2-296-50864-4

ÉDUQUER À LA BIODIVERSITÉ POUR UN DÉVELOPPEMENT DURABLE
Réflexions et expérimentations
Matagne Patrick
Il était utile d'aborder d'une autre façon ce champ où biodiversité et développement s'entrecroisent dans une perspective pédagogique et expérimentale. Ce livre croise les scènes de la nature avec les scènes de l'homme et de la société. Voici un manuel utile aux étudiants, enseignants, formateurs, chercheurs et éducateurs en environnement et développement durable.
(Coll. Biologie, écologie, agronomie, 13.00 euros, 112 p.)
ISBN : 978-2-296-99354-9, ISBN EBOOK : 978-2-296-50914-6

TERRE (LA), QUESTION VITALE AU XXIe SIÈCLE
Sous la direction de Belkacem Belmekki, Madhu Benoit, Michel Naumann, Joëlle Weeks
Comment l'Inde et l'Afrique ont-elles construit le rapport de l'homme à la terre ? C'est la quête d'une unité perdue et celle d'une possible reconquête de la terre que restitue cette étude. Elle se décline en trois mouvements : mythologies et religions offrent à la réflexion contemporaine un cadre intellectuel, spirituel et écologique. Le récit se clôture sur le thème d'une reconquête vitale qui allie spiritualité et développement durable, économie et écologie, richesse linguistique et patrimoniale.
(Coll. Discours identitaires dans la mondialisation, 23.00 euros, 230 p.)
ISBN : 978-2-336-00120-3, ISBN EBOOK : 978-2-296-50991-7

GENRE, CHANGEMENTS AGRAIRES ET ALIMENTATION
Sous la direction de Christine Verschuur
Cet ouvrage propose de donner matière à réfléchir sur les processus d'appauvrissement des paysannes et paysans. Près d'un milliard de personnes ont faim dans le monde et paradoxalement 70 % d'entre elles font partie de familles paysannes. Les ressources naturelles et techniques sont pourtant suffisantes pour assurer une alimentation correcte de l'humanité. Cet éclairage nouveau prétend contribuer à expliquer les inégalités d'accès à l'alimentation dans le développement rural.
(Coll. Cahier du genre et développement, 47.00 euros, 480 p.)
ISBN : 978-2-296-99303-7, ISBN EBOOK : 978-2-296-50608-4

ÉCOLOGIE ET ÉVOLUTION DU MONDE VIVANT (Volume 1)
Le vie est une transmission d'information
Godron Michel
Comment résoudre les problèmes écologiques mondiaux qui se posent aujourd'hui ? Quels changements de nos mentalités et quelles innovations techniques seront nécessaires ? Ce volume répond à la question «Qu'est-ce que la vie ?» Depuis qu'elle est apparue sur terre, l'évolution des êtres vivants a suivi un «modèle» écologique et cybernétique très général, qui a conduit à la biodiversité actuelle, qui dépend elle-même des climats et des sols.
(Coll. Biologie, écologie, agronomie, 54.50 euros, 612 p.)
ISBN : 978-2-296-55870-0

ÉCOLOGIE ET ÉVOLUTION DU MONDE VIVANT (Volume 2)
L'échelle crée le phénomène
Godron Michel
Comment résoudre les problèmes écologiques mondiaux qui se posent aujourd'hui ? Quels changements de nos mentalités et quelles innovations techniques seront nécessaires ? Ce volume présente l'étude statistique de la répartition écologique des plantes et des animaux à l'échelle biogéographique des continents et des étages de végétation ainsi qu'à l'échelle des communautés végétales et animales et des paysages.
(Coll. Biologie, écologie, agronomie, 38.00 euros, 388 p.)
ISBN : 978-2-296-55871-7

ÉCOLOGIE ET ÉVOLUTION DU MONDE VIVANT (Volume 3)
Les problèmes écologiques actuels
Godron Michel
Comment résoudre les problèmes écologiques mondiaux ? Quels changements de nos mentalités et quelles innovations techniques seront nécessaires ? Ce volume retrace l'arrivée discrète de l'Homme dans la biosphère, amorcée depuis deux millions d'années, et son emprise écologique du Paléolithique à nos jours. Il se termine par l'analyse des problèmes écologiques actuels, qui sont surtout le fruit délétère de notre société de surconsommation.
(Coll. Biologie, écologie, agronomie, 61.00 euros, 750 p.)
ISBN : 978-2-296-55872-4

L'HARMATTAN ITALIA
Via Degli Artisti 15; 10124 Torino

L'HARMATTAN HONGRIE
Könyvesbolt ; Kossuth L. u. 14-16
1053 Budapest

L'HARMATTAN KINSHASA
185, avenue Nyangwe
Commune de Lingwala
Kinshasa, R.D. Congo
(00243) 998697603 ou (00243) 999229662

L'HARMATTAN CONGO
67, av. E. P. Lumumba
Bât. – Congo Pharmacie (Bib. Nat.)
BP2874 Brazzaville
harmattan.congo@yahoo.fr

L'HARMATTAN GUINÉE
Almamya Rue KA 028, en face
du restaurant Le Cèdre
OKB agency BP 3470 Conakry
(00224) 657 20 85 08 / 664 28 91 96
harmattanguinee@yahoo.fr

L'HARMATTAN MALI
Rue 73, Porte 536, Niamakoro,
Cité Unicef, Bamako
Tél. 00 (223) 20205724 / +(223) 76378082
poudiougopaul@yahoo.fr
pp.harmattan@gmail.com

L'HARMATTAN CAMEROUN
BP 11486
Face à la SNI, immeuble Don Bosco
Yaoundé
(00237) 99 76 61 66
harmattancam@yahoo.fr

L'HARMATTAN CÔTE D'IVOIRE
Résidence Karl / cité des arts
Abidjan-Cocody 03 BP 1588 Abidjan 03
(00225) 05 77 87 31
etien_nda@yahoo.fr

L'HARMATTAN BURKINA
Penou Achille Some
Ouagadougou
(+226) 70 26 88 27

L'HARMATTAN SÉNÉGAL
10 VDN en face Mermoz, après le pont de Fann
BP 45034 Dakar Fann
33 825 98 58 / 33 860 9858
senharmattan@gmail.com / senlibraire@gmail.com
www.harmattansenegal.com

L'HARMATTAN BÉNIN
ISOR-BENIN
01 BP 359 COTONOU-RP
Quartier Gbèdjromèdé,
Rue Agbélenco, Lot 1247 I
Tél : 00 229 21 32 53 79
christian_dablaka123@yahoo.fr

Achevé d'imprimer par Corlet Numérique - 14110 Condé-sur-Noireau
N° d'Imprimeur : 123458 - Dépôt légal : novembre 2015 - *Imprimé en France*

www.ingramcontent.com/pod-product-compliance
Lightning Source LLC
LaVergne TN
LVHW011441061026
849535LV00004BA/897
* 9 7 8 2 3 4 3 0 5 9 0 5 1 *